Norbert Elb
SM-Sexualität

Folgende Titel sind bisher im Psychosozial-Verlag in der Reihe »Beiträge zur Sexualforschung« erschienen:

BAND 69 Gunter Schmidt: Jugendsexualität. Sozialer Wandel, Gruppenunterschied, Konfliktfelder. 2000.
BAND 71 Sonja Düring, Margret Hauch (Hg.): Heterosexuelle Verhältnisse. 2000.
BAND 72 Ulrich Gooß: Sexualwissenschaftliche Konzepte der Bisexualität von Männern. 2002.
BAND 73 Bettina Hoeltje: Kinderszenen. Geschlechterdifferenz und sexuelle Entwicklung im Vorschulalter. 2001.
BAND 74 Heinrich W. Ahlemeyer: Geldgesteuerte Intimkommunikation. Zur Mikrosoziologie heterosexueller Prostitution. 2002.
BAND 75 Carmen Lange: Sexuelle Gewalt gegen Mädchen. Ergebnisse einer Studie zur Jugendsexualität. 2001.
BAND 76 Gunter Schmidt, Bernhard Strauß (Hg.): Sexualität und Spätmoderne. Über den kulturellen Wandel der Sexualität. 2002.
BAND 77 Gunter Schmidt (Hg.): Kinder der sexuellen Revolution. Kontinuität und Wandel studentischer Sexualität 1966–1996. Eine empirische Untersuchung. 2000.
BAND 78 Eberhard Schorsch, Nikolaus Becker: Angst, Lust, Zerstörung. Sadismus als soziales und kriminelles Handeln. Zur Psychodynamik sexueller Tötungen. 2000.
BAND 79 Hermann Berberich, Elmar Brähler (Hg.): Sexualität und Partnerschaft in der zweiten Lebenshälfte. 2001.
BAND 80 Jannik Brauckmann: Die Wirklichkeit transsexueller Männer. Mannwerden und heterosexuelle Partnerschaften von Frau-zu-Mann-Transsexuellen. 2002.
BAND 81 Hertha Richter-Appelt, Andreas Hill (Hg.): Geschlecht zwischen Spiel und Zwang. 2004.
BAND 82 Estela V. Welldon: Perversion der Frau. 2003.
BAND 83 Hertha Richter-Appelt (Hg.): Verführung – Trauma – Missbrauch. 2002.
BAND 84 Sabine zur Nieden: Weibliche Ejakulation. 2004.
BAND 85 Rainer Herrn: Schnittmuster des Geschlechts. Transvestitismus und Transsexualität in der frühen Sexualwissenschaft. 2005.
BAND 86 Martin Dannecker, Agnes Katzenbach (Hg.): 100 Jahre Freuds »Drei Abhandlungen zur Sexualtheorie«. Aktualität und Anspruch. 2005
BAND 87 Volkmar Sigusch: Sexuelle Welten. Zwischenrufe eines Sexualforschers. 2005

BAND 88

REIHE »BEITRÄGE ZUR SEXUALFORSCHUNG«

ORGAN DER DEUTSCHEN GESELLSCHAFT ZUR SEXUALFORSCHUNG
HERAUSGEGEBEN VON MARTIN DANNECKER,
GUNTER SCHMIDT UND VOLKMAR SIGUSCH.

Norbert Elb

SM-Sexualität
Selbstorganisation einer sexuellen Subkultur

Mit einem Geleitwort von Martin Dannecker

Bibliografische Information der Deutschen Bibliothek
Die Deutsche Bibliothek verzeichnet diese Publikation in der Deutschen Nationalbibliografie; detaillierte bibliografische Daten sind im Internet über <http://dnb.d-nb.de> abrufbar.

Originalausgabe
© 2006 Psychosozial-Verlag
E-Mail: info@psychosozial-verlag.de
www.psychosozial-verlag.de
Alle Rechte vorbehalten. Kein Teil des Werkes darf in irgendeiner Form (durch Fotografie, Mikrofilm oder andere Verfahren) ohne schriftliche Genehmigung des Verlages reproduziert oder unter Verwendung elektronischer Systeme verarbeitet, vervielfältigt oder verbreitet werden.
Umschlagabbildung: Hanspeter Ludwig, »Black Lust«, © 1990
Umschlaggestaltung nach Entwürfen des Ateliers Warminski, Büdingen.
ISBN 978-3-89806-470-5

Inhalt

Geleitwort von Martin Dannecker — 9
Vorwort des Verfassers — 13
Eingang — 17

1 Zugänge — 19

Zur Methode, zur Beobachterposition, zur wissenschaftlichen Brille • Zur Spezifik der Beobachterposition • Der Winnetou-Effekt • Quellen und Forschungsfragen • Drei Quellen und drei Bestandteile dieser politischen Sexualethnographie • Wie kann SM beschrieben werden? • SM-Subkultur, SM-Szene, SM-Bewegung • Welche Fragen können mit dem vorliegenden Material untersucht werden?

2 SM-Sexualität – Neun Konzepte und vier dilemmatische Probleme — 41

Empfindungen und sexuelle Themen • Triebtätersyndrom • Sprache als Metapher von Sexualität • ChariSMa-Konzept • Dominanz des Masochismus • Verbale Kommunikation vor, nach, während und über SM • Konzept der SM-Begegnung • Nicht-sexuelle Aspekte von SM • Vier dilemmatische Probleme • Liebe/Erotik-Dilemma • Paradoxie der Autoerotik • Gewalt-Problem • Abraham-Dilemma

3 SMerInnen — 81

Alter • Geschlecht • Tendenzen in der beruflich-sozialen Entwicklung • Tendenzen im kulturell-sozialen Verhalten

4 SM-Bewegung — 91

Gründungsprozesse • SM-Gruppen-Strukturen: Stammtische

und Gesprächskreise • Beratungs- und Kontaktarbeit • Öffentlichkeitsarbeit • Team als Leitungsorgan • Geöffnete, nicht offene Szene • Clique oder Clan? • Nicht gruppenorientierte Aktivitäten der SM-Bewegung • Größe und subkulturelle Reichweite der SM-Bewegung • Hauptgründe für die Entstehung der SM-Bewegung • Initiieren eines sozialen Raums • Veränderungen in der historischen Entwicklung der SM-Szene und SM-Bewegung • Probleme von SM-Gruppen in der Gegenwart (um 2000) • Was ist politisch an der SM-Bewegung? • Drei Hauptrichtungen in der SM-Bewegung • Paradieren • Exkurs: Was für eine Gruppe ist die SM-Gruppe?

5 SM-Bewegung und SM-Sexualität   131

Interdependenzen • SM und Nicht-SM (ein subkultureller Abgrenzungsversuch) • Konsensualität und Konsensualitätsfähigkeit • Prinzip der Kompetenz • Deprivatisierung von Sex • Räume zur sexuellen Kommunikation • Verbale Qualifikation • Kontrollierte Promiskuität

6 Die SM-Szene und die anderen   145

Der Umgang, den SMerInnen von der Mainstream-Gesellschaft erfahren und der Umgang, den SMerInnen mit der Mainstream-Gesellschaft finden • Beziehungen zwischen SMerInnen und anderen sexuellen Minderheiten • Life-Style-Theorie • SMerInnen in der SM-Szene und andere SMerInnen

7 Perspektiven: SM-Bewegung 2003+   155

SM-Bewegung als zivilgesellschaftliches Projekt • »Normalisieren« oder Cruisen im Patchwork der Minderheiten • SM als Kulturbewegung

8 Ausgang   161

Hinter dem Text – statt eines Nachworts   169

Anhang   171

A1	Empirische Spuren	171
A1.1	Interview-Auszug Uwe	171
A1.2	Interview-Auszug Verena	180
A1.3	Interview-Auszug Sahra	219
A2	Dokumente von SM-Organisationen und SM-Publikationen	255
A2.1	SM-Gruppe SMash (Frankfurt am Main)	256
A2.2	SM-Gruppe Schlagseite (Mannheim)	260
A2.3	SM-Gruppe OSM Stuttgart	265
A2.4	Libertine Sadomasochismus Initiative Wien	267
A2.5	SMart Rhein-Ruhr e.V.	270
A2.6	Arbeitskreis SM & Christsein	273
A2.7	SM-Jugendorganisation SMJG	274
A2.8	SM-Szene-Magazin Schlagzeilen	276
A2.9	Auseinandersetzungen und Reflexionen in der SM-Bewegung	280
A3	Glossar	294
A4	Literatur	311

Geleitwort

Über sadomasochistische Sexualität wird seit mehr als 100 Jahren ein sexualwissenschaftlicher und ein klinisch-therapeutischer Diskurs geführt, der um den Begriff der Perversion kreist. In diesem Diskurs wurde die sadomasochistische Sexualität pathologisiert und gleichzeitig zu kontrollieren versucht. Gleichwohl gilt auch für die als Perversion begriffene sadomasochistische Sexualität die Paradoxie, auf die Michel Foucault hingewiesen hat: Die ausgreifende, auf ihre Verhinderung zielende Diskursivierung der Perversion hat zu einer Einpflanzung der Perversion in die westlichen Gesellschaften geführt. Ausdruck dieses Phänomens ist die Bildung sadomasochistischer Subkulturen und, worüber die Studie von Norbert Elb unter anderem berichtet, das Aufkommen einer sich politisch begreifenden SM-Bewegung gegen Ende der achtziger Jahre des vorigen Jahrhunderts. Beansprucht wird von der SM-Bewegung nicht weniger als die Definitionsmacht über jene Formen der Sexualität, die bislang vor allem von der Sexualwissenschaft und der Psychoanalyse in Regie genommen wurden. Auch wenn dieser Anspruch etwas hoch gegriffen ist, stellt sich die sadomasochistische Sexualität aus der erfahrungsgesättigten Perspektive, aus der Norbert Elb schreibt, in manchen Zügen doch etwas anders dar als in der klinischen Literatur.

So hat sich Reimut Reiche erst nach langem Zögern und eher halbherzig dazu entschlossen, die Vorstellung, die in der perversen Szene freigesetzte Erregung führe allemal zur sexuellen Entladung im Orgasmus, fallen zu lassen. Norbert Elb zufolge handelt es sich bei der von Reiche so lange vertretenen Vorstellung um ein normalitätszentriertes Denken. Denn bei der »normalen« Sexualität sei ein reziproker Orgasmus zumindest intendiert und die Sexualität würde unter solchen Vorzeichen als »egalitär und synchron« verstanden. In der sadomasochistischen Sexualität habe die orgastische Entladung dagegen keine zentrale Bedeutung und der »gleichzeitige Höhepunkt« sei bei ihr nicht intendiert. Demzufolge muss man sich die Sexualität derjenigen, von denen Norbert Elb spricht, als eine Sexualität vorstellen, welcher der von Freud versprochene höchste Betrag von Lust, den er mit dem Orgasmus zusammendachte, in der Regel fehlt. Das erinnert an Morgenthalers Einsicht, der zufolge bei den »Perversen« die Triebbefriedigung merkwürdig gering besetzt ist.

An die Stelle der Triebbefriedigung tritt bei jener SM-Sexualität, auf der die Erfahrung des Autors basiert, sexualisierte Hierarchie und Gewalt. Unter diesen Voraussetzungen kommt dem Fetisch eine andere Bedeutung zu als üblicherweise. Der psychoanalytischen Auffassung zufolge gehört zur Perversion ein obligater Fetisch, wobei dieser mehr oder weniger als materieller Fetisch, als Schuh, als Kleidungsstück oder als ein Teil des Körpers verstanden wird. In der SM-Sexualität sind so verstandene Fetische jedoch nur Mittel zum Zweck, um den eigentlichen, mit den Worten von Elb, »immateriellen Fetisch« Macht bzw. Ohnmacht mit Bedeutung aufzuladen. Fehlt dieser immaterielle Fetisch, kommt es also trotz des Einsatzes der materiellen Fetische nicht zu einer Sexualisierung von Macht- bzw. Ohnmachtsgefühlen, funktioniert die Sexualität nicht.

Offensichtlich gelingt es unter bestimmten Umständen nur über brachiale Gewalt und drakonische Rituale, die Sexualisierung von Macht- und Ohnmachtsgefühlen herzustellen. Die internationale SM-Bewegung hat versucht, den Konflikt, den viele ihrer Mitglieder mit der von ihnen in Szene gesetzten sexuellen Gewalt haben, zu entschärfen, indem sie diese mit der Formel »Dort, wo SM ist, handelt es sich nicht um Gewalt, und dort, wo Gewalt ist, handelt es sich nicht um SM« zum Verschwinden bringen wollte. Der Autor hält diese Eskamotierung der Gewalt nicht nur deshalb für problematisch, weil er weiß, dass die Sexualisierung von Macht- und Ohnmachtsgefühlen ohne reale sexuelle Gewalt nur schwer zu haben ist, sondern auch deshalb, weil sie eine Auseinandersetzung über den Missbrauch von Gewalt in SM-Beziehungen verhindert.

Die Frage ist folglich, ob und wie es der SM-Bewegung gelingt, die für das sexuelle Erleben vieler ihrer Mitglieder so wesentlichen Elemente von Macht und Gewalt zu legitimieren. Bewerkstelligt wird das mit dem Prinzip der Konsensualität, das, so wird behauptet, der Macht und Gewalt in der SM-Sexualität eine von der gesellschaftlichen Gewalt verschiedene Bedeutung verleihe. Gegen das von der SM-Szene hochgehaltene Konsensualitätsprinzip wendet Elb ein, dass das Konsensualitätsprinzip die für das sexuelle Erleben der Sadomasochisten unerlässliche Transgression erschwere bzw. unmöglich mache. Aber auch eine gemeinsame Vereinbarung, auf Konsensualität zu verzichten, beruht auf einem Konsensus. Dieser ist jedoch nicht gleichbedeutend mit einer sprachlich vereinbarten Festlegung von Grenzen. Es scheint sich bei der sprachlichen Vereinbarung eher um eine die sexuellen Handlungen nicht starr festlegende Rahmung zu handeln.

Obwohl die verbale Kommunikation vor und während der sexuellen Handlungen bei der SM-Sexualität ein besonderes Gewicht hat, wird während der sexuellen Session immer auch metasprachlich kommuniziert, und über diese metasprachliche Kommunikation kann das, was verbal ausgehandelt wurde, erweitert und überschritten werden, was eine nachträgliche verbale Legitimation dessen, was sexuell geschehen ist, möglich macht. Wegen der mit der realen sexuellen Gewalt einhergehenden Risiken ist die SM-Sexualität auf sprachliche Abstimmungsprozeduren geradezu angewiesen. Insofern kann sie auch als Prototyp der Verhandlungsmoral bezeichnet werden, also einer Moral, die über beständige sprachliche Manöver die Wünsche, Möglichkeiten und Grenzen der sexuell miteinander Interagierenden auslotet. Doch auch an der SM-Sexualität ist abzulesen, wie schwer es ist, schambesetzte sexuelle Wünsche zu versprachlichen.

Martin Dannecker
Frankfurt am Main, Mai 2006

Vorwort des Verfassers

Ich hatte einen Tagtraum über die Sozialwissenschaften, einen Tages-Alptraum könnte man auch sagen:

Es gab eine Volksabstimmung darüber, ob und wieviel Geld für Forschung und Lehre in den verschiedenen Bereichen ausgegeben werden sollte. Statt der Etatverteilung durch staatliche Stellen sollte das Volk selbst darüber entscheiden. In einem großen, vom Fernsehen übertragenen Hearing haben sich die Vertreter aus den verschiedenen Wissenschaftsbereichen versammelt, um ihre jeweiligen Methoden und Gegenstände vorzustellen. Auch die Sozialwissenschaften waren vertreten. Aber die Repräsentanten dieses Fachbereiches sahen der Abstimmung sehr sorgenvoll entgegen. Ihre KollegInnen aus der Medizin und Chemie hingegen waren gelassen. Sie waren sicher, daß ihnen weiterhin (und vom Volk bestätigt) Geld für ihre Forschung zukommen würde. An der Nützlichkeit von Herzschrittmachern und Medikamenten gab es keinen Zweifel. Hatten die Sozialwissenschaften dem etwas entgegenzusetzen? Konnten sie gegen die anderen Wissenschaften konkurrieren? Können sie ihren Nutzen nachweisen? Angesichts dieser Fragen machte sich unter den Vertretern der Sozialwissenschaften zunächst Schweigen breit. Dann entstand ein Streit, der nicht gelöst werden konnte. Aber ihnen allen war klar, welches Ergebnis für ihren Fachbereich erwartet werden mußte. Und so kam es auch. Nachdem jede Fakultät ihre wissenschaftliche Arbeit vorgestellt und ein Plädoyer gehalten hatte, wurden die Stimmen gezählt. Nach der Auswertung stand das befürchtete Ergebnis fest. Die Sozialwissenschaften standen beinahe auf dem letzten Platz. Sogar die Theologie kam noch vor ihnen. Hinter ihnen befanden sich nur noch die Philosophie. Für mehr als den zweitletzten Platz hatte es nicht gereicht.

Dies – wie gesagt – war nur ein Tages-Alptraum. Und doch habe ich mich gefragt, ob ich mich einer völlig spekulativen Vision überlassen habe, oder enthüllte mir diese Traumvision eine Wirklichkeit, deren Relevanz ich im rationalistisch geprägten Alltagsleben als Sozialwissenschaftler nie so hätte zur Kenntnis nehmen wollen? Je mehr ich mich damit auseinandergesetzt habe, desto mehr fand ich, daß dieser Traum

Wesentliches über die Problematik der Sozialwissenschaften zu Beginn des 21. Jahrhunderts zeigt. Diese Problematik kann man so beschreiben: Die Sozialwissenschaften sind ein System geworden, in dem SozialwissenschaftlerInnen nur noch für andere SozialwissenschaftlerInnen Sozialwissenschaft betreiben. Die Sozialwissenschaften und ihre Ergebnisse sind außerhalb ihres Systems nicht von Interesse; sie sind in dem Sinn, daß sie keinem Menschen mehr etwas zu nützen scheinen, »unmenschlich« geworden. Liegt dies möglicherweise daran, daß – ähnlich wie die französische Philosophie das Subjekt abgeschafft hat – die Sozialwissenschaften ihre Adressaten abgeschafft haben oder dabei sind, sie abzuschaffen?

Wenn ich jetzt dazu komme zu sagen mit welchen Erwartungen und – soweit das im wissenschaftlichen Kontext erlaubt ist – mit welchen Hoffnungen ich mein Vorhaben verbinde, dann ist meine wichtigste Hoffnung und meine erste Erwartung: Mit meiner Arbeit eine Sozialwissenschaft zu realisieren, die (wieder) Jemandem nützt. In dem vorliegenden Fall ist der Adressat identisch mit dem Gegenstand der sozialwissenschaftlichen Beobachtung: Die Frauen und Männer in der SM-Bewegung. Diese Arbeit soll ihnen als Akteure bzw. Entscheidungsträger Perspektiven aufzeigen und Entscheidungshilfen anbieten. Insbesondere soll sie dazu dienen die krisenhaften Umbruchprozesse dieser Bewegung (1999) zu erfassen und einen angemessenen Umgang mit ihnen vorschlagen.

Die SM-Bewegung in (West-)Deutschland ist etwa 10 Jahre alt, existiert ab 1988/1989 (jedenfalls in der Form, wie sie Gegenstand dieser Arbeit ist). Ich selbst kenne sie und gehöre der SM-Bewegung seit 1992 an (zur Beobachterposition werde ich im entsprechenden Abschnitt noch ausführlich Stellung nehmen). Ich verspreche mir von der relativen Jugend und der relativen Überschaubarkeit dieser Bewegung, daß es möglich ist, wesentliche Aspekte ihrer Problematik in ihrer Gesamtheit zu erfassen (bei der schwulen oder lesbischen Bewegung wäre das schon nicht mehr möglich). Dieser Faktor hat das Thema zu einer besonders reizvollen Herausforderung für mich werden lassen. Ich hoffe, daß es tatsächlich gelingt, wesentliche Züge dieses sozialen Phänomens (noch?) als Ganzes zu beschreiben – dies ist meine zweite wichtige Erwartung.

Ich befinde mich zum Zeitpunkt dieser Zeilen noch in einem fast vorhypothetischen Stadium. Es kann aber schon gesagt werden, daß die Hauptprobleme um die Frage kreisen werden: Was ist politisch an der

SM-Bewegung? »Das Private ist politisch!« Diese Vorstellung beeinflußte meine eigene politische Sozialisation nach 1968, sie spielte für den sozialpolitischen Diskurs und in Zusammenhang mit der Frauenbewegung eine Rolle. Das vorliegende Thema könnte auf den ersten Blick mit dieser These beschrieben oder, vielleicht besser, in diese These eingeschrieben werden. Es geht darum, zu beschreiben, wie aus einem höchst privat zu nennenden Grund – der Sexualität – Menschen in Gruppen aktiv werden bzw. diese Gruppen selbst organisieren. Wenn aber Bürgerinnen und Bürger sich in Gruppen versammeln um ihre eigene Situation zu verbessern, ist das (in einem zeitgemäßen Begriff von Politik) ein politisches Verhalten. Dieses objektiv politische Verhalten wurzelt in etwas Privatem (der gesellschaftliche Diskurs legt die Sexualität als etwas außerordentlich Privates fest!) und die Formen des Bewußtseins, die Empfindungen und Motive mit denen die Betroffenen dieses (nämlich sich politisch zu verhalten) objektiv realisieren, werden sich nicht anders charakterisieren lassen, als daß für sie das Politische etwas Privates ist. Das Private determiniert das Politische mit einer solch eklatanten Priorität – die Betroffenen selbst würden ihre Teilnahme an der SM-Bewegung nicht als politisch wahrnehmen – daß es für die Situation der Menschen in dieser Sexbewegung (ähnlich wie bei Schwulen und Lesben) tauglicher sein wird, die These umzudrehen, nämlich: »Das Politische ist privat.« Daß dies aus dem nachstehend Beschriebenen abgeleitet werden kann, ist meine dritte Erwartung. Eventuell wird dabei etwas – über das eigentliche Thema dieser Arbeit hinaus – vom Kopf auf die Füße gestellt. Doch das wird erst zu zeigen sein!

Frankfurt am Main, Anfang 1999
Norbert Elb

Eingang

Weil die Wissenschaft, ja selbst die Sexualwissenschaft, sich der sadomasochistischen Sexualität nur spärlich bemächtigt hat (jedenfalls bezüglich dessen, was in Deutsch veröffentlicht worden ist), weil über die deutsche SM-Bewegung im engeren Sinne bisher (Ende 2005) fast gar nichts veröffentlicht worden ist und weil mir immer wieder Fragen begegnen, was SM eigentlich ist (und auch Fragen darüber, was SM möglicherweise nicht ist), deswegen ist das Kapitel über die SM-Sexualität (Kapitel 2) als solche vor das Kapitel über die SM-Bewegung (Kapitel 4) gerückt. Bisher hat vor allem die bundesdeutsche Medienindustrie sich des Themas SM angenommen und hauptsächlich telegene Klischees über SM produziert. Daher möchte ich hier zurechtrücken, was von dieser Seite allzusehr verrückt wurde. Es mußte zuerst gezeigt werden, was unter SM im Kontext meiner Arbeit (Kapitel 1, *Wie kann SM beschrieben werden?*) und mit Blick auf die Menschen, von denen hier die Rede ist, verstanden werden kann.

Das Thema SM ist zwar (auch wegen dem Medienrummel) schon nicht mehr befremdlich, als wissenschaftliches Thema aber bleibt es ungewöhnlich und in gewisser Weise heikel. Wenn schon dieses Thema an sich in verschiedener Weise heikel ist, so ist es der Zugang zu diesem noch mehr gewesen. Deswegen die detaillierten Ausführungen im nächsten Kapitel. Mein Zugang zu dem Thema war auch ein teils intimer Zugang zu Menschen; von diesen wird im Kapitel 3 gesprochen. Wenn also etwas länger als in anderen Studien auf das eigentliche Thema gewartet werden muß, dann bitte ich um etwas Geduld: Es hat seinen Grund. Das eigentliche Thema beginnt aus diesem Grund mit Kapitel 4 – also schon fast mitten in diesem Text. Das Thema ist nicht SM an sich, ist keine sexualwissenschaftliche Erörterung dieser speziellen Sexualität, sondern es ist die sogenannte SM-Bewegung, es ist die soziale Bewegung *der* SM-Bewegung und es ist die soziale Bewegung *in der* SM-Bewegung. Sie ist als soziales Phänomen etwa vergleichbar mit entsprechenden sozialen Entwicklungen bei Schwulen und Lesben oder – eine ebenfalls relativ junge Erscheinung – bei den Bisexuellen (in einem weiteren Kontext auch etwa mit solchen Erscheinungen wie der Bewegung der Transsexuellen oder der Aids-Hilfen).

Dieser Text wurde Anfang 1999 begonnen und Anfang 2003 abgeschlossen. Die Studie als ganzes (die Struktur und die Aufeinanderfolge der Kapitel) als auch die wiederholten Überarbeitungsprozesse in den einzelnen Kapitel tragen den Stempel dieser Chronologie. Es wurde versucht, diesen Wachstumsprozess im Text anzudeuten. Ich möchte meine Studie mit einem Wort von Friedrich Meinecke (aus seinem Vorwort von *Die Idee der Staatsräson*. München 1937) charakterisieren: »Man verzeiht es einem Baume, wenn er, den Wettern ausgesetzt, aus seiner ursprünglichen Wachstumslinie etwas herausgedrängt wird. Man möchte es auch diesem Buche verzeihen, wofern es überhaupt nur zeigt, daß es gewachsen, nicht gemacht ist.«

1 Zugänge

Zur Methode, zur Beobachterposition, zur wissenschaftlichen Brille

Das Kreisen um die Frage »was ist politisch an der SM-Bewegung?« führte zu der Einführung der vorgelegten Studie in die wissenschaftliche Auseinandersetzung der Politologie. Daß bei diesem Thema – das soziale Feld ist eine sexuelle Minderheit – auch die Sexualwissenschaft gefragt ist, versteht sich von selbst. Auf der Suche nach angemessenen Methoden für die empirischen Befunde meiner Arbeit stieß ich auf die Sozialethnographie. Daß meine Arbeit ein interdisziplinäres Projekt wurde, kann kaum verwundern. Vielleicht wird sich herausstellen, daß sich bei Projekten wie diesem eine politische Sexualethnographie herausbildet. Sicher ist aber, daß dies nicht alleine von dieser Arbeit wird abhängen können.

Der politischen Fragestellung mußte ich mich mit den Mitteln der empirischen Sozialwissenschaft nähern. Für die speziellen Probleme der sozialethnographischen Methode in meiner Arbeit wurden die mit der Ethnographie im Allgemeinen verbundenen Probleme der ethnographischen Autorität (Clifford 1993) und die für die Sozialethnographie spezifischen Probleme der Beobachterposition (Favret-Saada 1979) relevant. Methode und Beobachterposition hängen eng miteinander zusammen.

Vor nicht allzulanger Zeit hätte man die wissenschaftliche Autorität von WissenschaftlerInnen bestritten, wenn sie in dem sozialen Feld, welches sie beschreiben wollten, involviert wären oder sogar leben würden. Ein Problem der Beobachterposition schien es nicht zu geben, da die WissenschaftlerInnen über oder außerhalb des Problems standen oder stehen sollten. Dieser objektivistische Wissenschaftsanspruch gehört zur Wissenschaftsgeschichte. Das Frauenkennersyndrom (nur Männer können über Frauen schreiben, weil sie keine Frauen sind) findet sich aber noch in einer ernstzunehmenden sexualwissenschaftlichen Anthologie der 20er-Jahre des 20. Jahrhunderts (Hirschfeld 1929). Inzwischen sind diese Positionen überwunden. Die teilnehmende Feldbeobachtung ist allgemein wissenschaftlich akzeptiert; die damit verbundene Involviertheit des beobachtenden Subjekts ist selbst Gegenstand wissenschaftlicher Reflexion und kein ernstzunehmender Einwand gegen diese Form der Datenerhebung. (Friedrichs 1973a, 1973b).

In der klassischen Ethnographie – dem für die teilnehmende Feldbeobachtung typischsten Gebiet – begeben sich die BeobachterInnen normalerweise in ein ihnen fremdes soziales Feld (eine andere Gesellschaft, ein anderes Land). Es stellt sich die Frage, ob die Anwesenheit dieser WissenschaftlerInnen in ihren jeweiligen Feldern bereits die wissenschaftliche Tauglichkeit ihrer Beobachtungen autorisieren. Falls dieses verneint wird, stellt sich die Frage, auf welche andere Weise das vorgetragene wissenschaftliche Material reliabel gemacht werden kann.

Es taucht aber noch ein zweites Problem auf. Es wird vorgegeben, ein soziales Phänomen zu beschreiben, wie es zum Zeitpunkt der Beobachtung gewesen sein soll. Der Einfluß, den die BeobachterInnen auf den beobachteten Prozeß durch den Vorgang der Beobachtung selbst nehmen, kann aber nicht ignoriert werden. Durch die (fremden) BeobachterInnen verändert sich das Feld selbst.

Hinzu kommt ein drittes Problem. Es könnte sein, daß sich im Verlauf des sozialen Prozesses, den sich die BeobachterInnen durch ihre Teilnahme an dem zu untersuchenden sozialen Prozeß unterziehen müssen, diese selbst fortlaufend verändern und sich dadurch ihre Beobachterposition mitverändert. In der wissenschaftlichen Diskussion wird behauptet, daß die Vorteile der teilnehmenden Feldbeobachtung bei der Datenerhebung Nachteilen bei der Datenauswertung entgegenstünden (Hitzler 1993). In merkwürdiger Form konvergiert dieser Diskurs zum alten »objektivistischen« Wissenschaftsbegriff. Dieser wird durch die Hintertür wieder eingeführt. Es wird befürchtet, daß die beobachtenden Individuen durch ihre Involviertheit in den zu untersuchenden sozialen Prozeß ihre »Wissenschaftlichkeit« verlieren, nichtwissenschaftliche Tendenzen Einfluß auf deren Beobachtungsfähigkeit ausüben könnten. Die Gefahr wird im Subjektivismus gesehen. Diese Ideologie der »objektivistischen Methode« suggeriert die Möglichkeit, den subjektiven Faktor auszuschalten. Ein anderer Ansatz eröffnet sich hingegen, wenn der subjektive Faktor eingeschaltet, als Teil des Beobachtungsprozesses selbst beobachtet wird. Dies versucht der Dekonstruktivismus (Derrida 1974), der feministische Dekonstruktivismus (Irigaray 1985) und – von einem anderen »point of view« – Foucault's Theorie (Foucault 1988) vom sozialen Charakter eines Diskurses, der den Platz für ein Werk – auch ein wissenschaftliches Werk –

bereits vorsieht, bevor es geschaffen wird und deswegen nicht sozial unabhängig ist. Die Vorstellungswelt der »objektivistischen Methode«, die besagt, daß eine wie auch immer geartete Distanz die wissenschaftlich beobachtende Person zu einem Neutrum gegenüber dem zu untersuchenden Objekt werden läßt, ignoriert den sozialen Kontext jeder wissenschaftlichen Tätigkeit, sie fällt hinter Marx und Engels zurück.

Strenggenommen gibt es noch ein weiteres, viertes Problem: Die Verschiebung, die sich durch die Repräsentation des wissenschaftlichen Materials ergibt. Zwischen der Beobachtung selbst und deren Repräsentation – gewöhnlich der Verschriftlichung – ergibt sich im Zusammenhang mit der möglichen Veränderung der Beobachterposition (auch durch die mit den ersten drei Problemen in Zusammenhang stehenden Prozesse) eine Verschiebung. Das repräsentierte Material ist nicht (mehr) identisch mit dem beobachteten Material.

Die Dynamik der angesprochenen Probleme verändert sich permanent. Es kann nicht darum gehen, diese zu »lösen« (das wird nicht möglich sein), es geht aber darum, einen Umgang mit ihnen zu finden. Dieser Umgang muß im Bewußtsein über sie bestehen, aber damit stellt sich die Frage, wie sich dieses Bewußtsein in meinem Untersuchungsvorhaben materialisieren könnte. Insbesondere muß eine Nachvollziehbarkeit von berichteten Beobachtungen bzw. von Ableitungen von Beobachtungen mit der jeweils eingenommen Beobachterposition gewährleistet sein.

Es kann also an dieser Stelle nicht darum gehen, die Probleme der Methode und der Beobachterposition in dieses Kapitel einzusperren; die weitgehend durch die spezifische und jeweilige Beobachterposition determinierte wissenschaftliche Brille wird sich im Verlauf der Arbeit noch verändern, und diese Veränderungen werden an der jeweiligen Stelle notiert werden müssen. An dieser Stelle meiner Recherchen kann zu dieser Brille nur insofern etwas gesagt werden, als es sich um eine Phase handelt, die (zeitlich) begrenzt wird von den ersten Ideen, sich mit einer derartigen Studie zu beschäftigen bis zu den ersten Verschriftlichungsversuchen (wozu diese Zeilen begonnen haben zu gehören).

Auf der Suche nach adäquaten wissenschaftlichen Methoden konnte ich mich nicht auf Studien zum gleichen Thema beziehen, denn solche Studien über die deutsche SM-Bewegung gibt es meines Wissens nach nicht. Nach meinen Recherchen gibt es zwei Studien über SM im engeren Sinn aus dem deutschsprachigen Raum: Die Studie von Andreas Spengler aus den 70er Jahren (Spengler 1979) bezieht sich auf empirisches Material ausschließlich von Männern und beschreibt eine anonyme und konspirative Undercover-Szene, die sich grundlegend von der heutigen SM-Szene unterscheidet; die modernere Studie von Thomas A. Wetzstein und seinen Mitarbeitern (Wetzstein 1993) beschäftigt sich mit den Mitteln der ethnographischen Sozialwissenschaft mit SM als sexuelles und kulturelles Phänomen und problematisiert SM als Karriere zum Außenseiter, als Affektkultivierung und als Teil der Herausbildung von Emotionsmärkten. Dieser letzte Aspekt berührt mein eigenes Thema, ihre Arbeit behandelt aber nicht die SM-Szene oder die SM-Bewegung als solche. Einige Artikel und Monographien befassen sich mit Teil-Phänomenen. Mit SM-Literatur befassen sich u. a. C. Deja (1991), Elke Heitmüller (1994), Monika Treut (1984), und Mariana Valverde (1989). Eine etwas größere (wenngleich ebenfalls begrenzte) Anzahl von Studien gibt es aus dem englischsprachigen Raum, worunter vor allem die Arbeiten aus dem Sammelband »S and M. Studies in Sadomasochism« (Weinberg 1983) und »Different Loving« von Gloria G. Brame und William D. Brame (Brame 1996) für meine eigenen Recherchen aufschlußreich waren. Weiter sind zu nennen die Arbeiten von Cowan (1992), Green (1974), Moser (1979, 1999), Polhemus (1994), Scott (1994). Über die SM-Szene innerhalb der schwulen Subkultur in den USA berichten eine Reihe von Arbeiten, z. B. Dominguez (1994), Mains (1984), Prezwalski (1995). In den meisten Arbeiten wird sich erstaunlich wenig über die Beobachterposition und die Konsequenzen für die entsprechenden Arbeiten auseinandergesetzt. Dies haben sie gemeinsam mit Studien über andere sexuelle Phänomene (Lautmann 1994, Rutschky 1992).

Für die methodischen Probleme der Beobachterposition war für mich die Arbeit von Jeanne Favret-Saada »Die Wörter, der Zauber, der Tod. Der Hexenglaube im Hainland von Westfrankreich« aus dem Jahre 1977 (Favret-Saada 1979) produktiv. Solange sie versuchte als (externe) Wissenschaftlerin an die dem Hexenglauben anhängenden Menschen des Hainlandes heranzutreten, hatte sie nicht nur Schwierigkeiten mit der Datenerhebung, sondern diese Erhebung war praktisch unmöglich. Erst als sie sich selbst in einer Weise in den Prozeß der Hexerei involviert hatte, daß sie einerseits von den Bauern des Hainlandes als »Entzauberin« angesehen wurde, andererseits die Hexerei für sie in einer gewissen Weise Wirklichkeit angenommen hatte, war sie in der

Lage, ihr »Feld« einer ethnographischen Beobachtung zugänglich zu machen.

»Aber unter den vielen Fallen, die unsere Arbeit bedrohen, gibt es zwei, denen wir zu mißtrauen gelernt haben wie der Pest: nämlich an der Rede der Einheimischen zu ›partizipieren‹ und den Verlockungen der Subjektivierung zu erliegen. Mir war es nicht nur unmöglich, diese Fallen zu vermeiden, sondern mit ihrer Hilfe habe ich auch den wesentlichen Teil meiner Ethnographie erarbeitet. Was immer man von dieser Ethnographie halten mag, man wird mir zugestehen, daß sich die Vorhersagen der Meister nicht unfehlbar erfüllen, die behaupten, daß es in einem solchen Fall unmöglich ist, irgendeine Distanz zwischen sich und den Eingeborenen oder zwischen sich und sich selbst zu legen.

Wie dem auch sei, ich hatte in keinem Augenblick die Möglichkeit, zwischen der Subjektivierung und der objektiven Methode zu wählen, wie man mir sie beigebracht hatte, wenn ich mir wenigstens die Mittel verschaffen wollte, meine erste Frage zu beantworten (was versuchen die Betroffenen bei einem Anfall von Hexerei in eine Form zu bringen?). Diese Arbeitsweise hat es mir jedenfalls erlaubt, eine Beschränkung zu umgehen, die die objektivierende Ethnographie regelmäßig hinnehmen muß und die nicht einmal besonders hervorgehoben wird, so sehr scheint sie sich von selbst zu verstehen: ich meine die Abhängigkeit von einem fertigen Korpus empirischer Beobachtungen und auf dem Feld gesammelter einheimischer Texte. Auf jede neue Frage antwortet diese Ethnographie, daß sich dies entweder im Korpus befindet oder nicht, sich anhand der empirischen Fakten verifizieren läßt oder nicht: über das, was dort keinen Referenten hat, kann sie nichts aussagen. (...) Die Grenze der gewöhnlichen Ethnographie ist die ihres Korpus« (Favret-Saada 1979, Seite 36–37).

Wie aus diesem Zitat herausgelesen werden kann, war eine dem objektivistischen Wissenschaftstandpunkt verpflichtete Herangehensweise für Favret-Saada's Untersuchungen ungeeignet. Und ich habe guten Grund anzunehmen, daß auch bei der von mir angegangen Forschungsaufgabe die »objektive Methode« untauglich gewesen wäre, wäre ich ursprünglich von außen in die SM-Szene eingestiegen. Auch ich hätte mich – wie Favret-Saada – in den Diskurs begeben und an ihm teilnehmen müssen. Bei Favret-Saada ist der Hexenglaube und in meiner Studie ist die SM-Sexualität ein gesellschaftlich abweichendes Verhalten einer gesellschaftlichen Minderheit, in beiden Fällen leben die Beteiligten sowohl in einer Mainstream-Gesellschaft westeuropäischen Gepräges (die Bauern des Hainlandes in der französischen Gesellschaft und Nation, die SMerInnen in mannigfachen gesamtgesellschaftlichen Bezügen durch Beruf, Familie, soziale Klassen und Gruppen, zum deutschen Staat) als auch in einer Subkultur. In beiden Fällen schützt sich diese Subkultur gegen die Diskriminierung durch die Mainstream-Gesellschaft, erschwert den Zugang für die der Subkultur nicht Angehörenden, und macht den datenerhebenden Zugang mit normalen Mitteln schwierig.

Indes ist meine Situation noch etwas anders – und das ist der wesentliche Unterschied zu Favret-Saada: Ich engagierte mich bereits fünf Jahre in der SM-Bewegung, weil ich eine sadomasochistische Sexualität lebe und dies zunächst ohne eine wissenschaftlichen Arbeit zu planen. Drei weitere Jahre (1997–1999) war ich in dieser Bewegung, als ich diese Studie plante, und ich werde weitere drei Jahre an dieser Bewegung beteiligt gewesen sein, in denen diese Studie geschrieben werden wird. Auch in diesen Jahren hat sich meine Beteiligung aus meiner Sexualität konstituiert und nicht vorrangig aus einem wissenschaftlichen Beobachtungsinteresse.

In den letzten Jahren bin ich durch meine Tätigkeit in den leitenden Teams der SM-Gruppen Schlagseite aus Mannheim und SMash aus Frankfurt/M. nicht mehr alleine durch die Zugehörigkeit zu einer sexuellen Minderheit, sondern auch durch die Beteiligung an und als (Mit-)Entscheidungsträger des sozialen Prozesses involviert, der hier untersucht werden soll. Ich bin also ein politisch handelndes Subjekt in einem Feld, was gleichzeitig Gegenstand meiner sozialwissenschaftlichen Beobachtungen geworden ist, ich war schon ein politisch teilnehmender Beobachter in dem Feld, bevor ich mich selbst sozusagen zusätzlich als sozialwissenschaftlicher Beobachter in jenem Feld eingesetzt habe. Gerade in diesem Punkt unterscheidet sich meine Situation von der Situation von Favret-Saada. Die sogenannte objektive Methode wäre also nicht nur untauglich für mich, die Frage danach konnte sich für mich persönlich erst gar nicht stellen.

Was sich aber stellt, ist ein Problem der Distanz zum Thema. Dieses Problem wird im wissenschaftlichen Diskurs immer nur so vorgestellt, als ob die wissenschaftliche Distanz zum Thema durch einen reflektierten Umgang, in gewisser Weise durch eine Überwindung der eigenen Beteiligung errungen werden müßte, um eine wissenschaftlich vertretbare Auswertung der Daten zu gewährleisten. Selbst Favret-Saada glaubt sich vor allem damit verteidigen zu müssen, daß es ihr keineswegs unmöglich war, »irgendeine Distanz zwischen sich und den Eingeborenen oder zwischen sich und sich selbst zu legen« (Favret-Saada 1979, Seite

36). Ich will die Bedeutung dieses Aspekts nicht schmälern. Ich will aber darauf hinweisen, daß das Problem der Distanz auch einer ganz anderen Betrachtungsweise zugänglich sein kann, einer Betrachtungsweise, die vielleicht mehr den Bereich der Datenerhebung und Dateninterpretation, oder der Interpretation der Relevanz der Daten (also noch nicht zur Datenauswertung im engeren Sinne) angehört – und die im wissenschaftlichen Diskurs nahezu ignoriert wird.

Dieses Problem kann so beschrieben werden: Ich könnte mich von dem Moment an, ab dem ich eine wissenschaftliche Brille aufgesetzt habe, anders in dem Feld bewegen, anders in dem Feld reflektieren und damit meine Art des Beobachtens ändern – im Vergleich zu der Zeit, als ich noch keine wissenschaftliche Beobachterposition eingenommen hatte. Mein (veränderter) Beobachterblick verändert das Feld. Meine wissenschaftliche Brille verändert die Beobachtung von Prozessen, die in gewisser Weise anders wären, als sie wären, hätte ich diese wissenschaftliche Brille nicht aufgesetzt. Weiter könnte mit dem Prozeß der Verschriftlichung dieser Beobachtungen die Distanz zu dem beobachteten Material dieses selbst verändern und eine Datenauswahl erzwungen werden, die die beobachteten Prozesse zu etwas anderem macht, als sie zum Zeitpunkt der Beobachtung sein mußten. Mein Prozeß der wissenschaftlichen Auseinandersetzung könnte mir eventuell das fremd werden lassen, was mir bisher so nah war.

Zur Spezifik der Beobachterposition

Ich möchte versuchen, meine konkrete Beobachterposition zu diesem Zeitpunkt, an dem dieser Text ein Text zu werden beginnt, zu beschreiben:
Normalerweise wird die (externe) ForscherIn das Feld durch ihre Anwesenheit verändern: Die Beteiligten werden sich durch das Bewußtsein von der Anwesenheit der ForscherIn möglicherweise anders verhalten, wodurch das Feld, das tatsächlich beobachtet wird, nicht mehr das Feld ist, das beobachtet werden sollte. Führt man diesen Gedanken zu seinen eigenen Konsequenzen, dann bedeutet dies, daß sich dem wissenschaftlichen Blick nur beobachtete Felder erschließen (also Felder, die durch den Beobachter bereits verändert sind); ein »unbeobachtetes« Feld gibt es wissenschaftlich nicht. In meinem Fall differiert

dieses Problem allerdings von dem des üblichen wissenschaftlichen Beobachters: Die Menschen in der SM-Bewegung nehmen mich nicht vorrangig als Forscher oder Beobachter wahr, selbst dann nicht, wenn (oder insofern oder seit dem) sie von dem Forschungsvorhaben wissen. Ich bin durch meine Geschichte in dem Feld und durch die bereits etablierten Beziehungen der anderen Beteiligten zu mir, schon anders determiniert. Durch diese historischen Bedingungen wird sich die Situation der Kommunikation, die hauptsächlich durch den Charakter eines Gesprächs zwischen einem SMer und einer anderen SMerIn geprägt ist, nicht wesentlich verändern.

Dieselben historischen Bedingungen determinieren mich aber auch in anderer Weise: Sie machen mich zu einer konkreten Figur, mit der die Beteiligten in einer bestimmten, konkreten Form gewohnt sind zu kommunizieren. Diese konkreten Kommunikationsbedingungen werden natürlich durch meine Persönlichkeit, durch die Art beeinflußt, mit der ich mit der Subkultur umgehe, und durch die Art, mit der ich mit SM umgehe. Meine Kommunikationsbedingungen sind auch davon geprägt, wie andere mich wahrnehmen (was nicht unbedingt damit übereinstimmt, wie ich mich selbst wahrnehme). Zu diesen mutmaßlichen Kommunikationsbedingungen, die sich aus den Wahrnehmungen der anderen in Bezug auf mich ergeben, gehören:

1. Ich repräsentiere durch Auftritt, Outfit, kommunikative Unbefangenheit im Umgang mit dem eigenen SM gegenüber der Nicht-SM-Gesellschaft einen offensiven, emanzipierten, nicht auf ein Doppelleben gerichteten, nichtkonspirativen Umgang mit der eigenen Sexualität. Dies kann zur Folge haben: Zum Einen, daß die Menschen, die mir in der SM-Bewegung begegnen, sich im relativ geschützten Rahmen der SM-Gruppen, SM-Events oder in privaten Gesprächen offener, souveräner und selbstverständlicher im Umgang mit SM darzustellen versuchen, als sie in Wirklichkeit sind. Zum Anderen: Menschen, die sich selbst in gesellschaftlichen Zwängen verstrickt fühlen, in denen sie glauben ein vergleichbar offenes Leben nicht führen zu können, suchen den Kontakt mit mir oder lassen sich von mir kontaktieren, weil sie sich dieses andere Leben ansehen wollen. Sie benutzen mich möglicherweise als Projektionsfläche für ihr nicht gelebtes Leben, als eine Art Leitbildspiegelung (Schellenbaum 1984).

2. Ich werde eingeschätzt als jemand, mit dem man über jeden Sex wird sprechen können, aber nicht als jemand, mit dem sehr unbefangen z. B. über konventionelle Lebensformen und -entwürfe, über Drogen oder über »Feigheit« im Umgang mit SM gesprochen werden kann. Dies könnte natürlich einen selektiven Umgang mit mir zur Folge haben.

3. Ich werde als Vertreter für einen »elitären SM« angesehen. Das hat möglicherweise zur Folge, daß SMerInnen mich als Bezugspunkt sehen, an dem sie ihren Umgang mit SM positionieren können. (»so etwas wie der würde ich nie tun«, »so etwas, wie ich bei dem gesehen habe, würde ich nur mit der richtigen PartnerIn tun«, »der ist ja so abgefahren, dagegen bin ich ja richtig normal«, »das ist der SM, der mich fasziniert«).

4. Ich werde so wahrgenommen, daß ich (im Rahmen von Gesprächskreisen und anderen SM-Zusammenkünften) zu jenen Leuten gezählt werde, für die SM *das* zentrale Thema ist und nicht zu den Leuten für die SM *ein* zentrales Thema ist. Das kann zur Folge haben, daß die mir zugänglicheren Teile der Szene, Gruppenmitglieder, Gesprächskreisteilnehmerinnen sich eher aus der Gruppe zusammensetzen könnten, für die SM *das* zentrale Thema ist.

5. Es wird über mich behauptet, daß ich Männern gegenüber kritischer sei als Frauen gegenüber. Das könnte die Auswirkung haben, daß mir eine entsprechende Schieflage in der Wahrnehmung unterstellt wird. In Gesprächssituationen reagieren Männer vorsichtiger, hingegen könnten Frauen das Gefühl entwickeln, bei mir mit einer ganzen Menge »durchkommen« zu können. Die andere Gesprächsinteraktion zu Frauen könnte aber auch darauf zurückzuführen sein, daß mein Lebensentwurf (als Mann) zu dem Lebensentwurf dieser Frauen nicht in direkter Konkurrenz stehend eingeschätzt wird (anders als dies möglicherweise von anderen Männern verarbeitet werden muß).

6. Ich werde als ein in Partnerschaft lebender SM-Mann wahrgenommen (was möglicherweise der wichtigste dieser Punkte sein könnte). Dadurch, daß bekannt ist, daß ich als partnerschaftlich

versorgt gelte, hat mein Kontakt innerhalb der SM-Szene einen Charakter, der nicht vorrangig von einem möglichen direkten oder indirekten erotischen Kontaktversuch (Anmache, Flirten) geprägt ist. Daß die Gespräche mit Frauen nicht durch Abgrenzungsverhalten oder auch von Kontaktwünschen erotischer Art beeinflußt sind, und daß die Gespräche von Männern (zum Beispiel auch darüber, wie man zu einer Partnerin kommt) ebenfalls relativ unbefangen sind, weil sie von Rivalitätsverhalten primär unbelastet sind, ist höchstwahrscheinlich eine Auswirkung davon, daß ich *kein* Solo-Mann bin.

Um Mißverständnissen vorzubeugen: Diese mutmaßlichen Kommunikationsbedingungen bzw. Wahrnehmungen der anderen Personen in diesem Feld zu mir sind nicht unbedingt völlig identisch mit dem, wie ich mich sehe, was ich zu senden versuche oder was ich für mich in Anspruch nehme oder nehmen will.

Der Winnetou-Effekt

Das Verhältnis der teilnehmenden beobachtenden ForscherInnen zur beobachteten Subkultur will ich im folgenden versuchen mit einem Bild zu beschreiben. Ich möchte es den »Winnetou-Effekt« nennen, wobei Winnetou die Subkultur repräsentiert, Old Shatterhand den Forscher oder die Forscherin im Feld, und die weißen Brüder Old Shatterhands die ForscherInnengemeinde.

Bei Karl May gelingt es Old Shatterhand zu Winnetou ein absolut sicheres, freundschaftliches Verhältnis des gegenseitigen Verständnisses und der Loyalität herzustellen. Es kommt aber nie dazu, daß Winnetou die weißen Brüder Old Shatterhands versteht und so etwas wie Loyalität diesen gegenüber entwickeln kann. Eine schwer erklärliche Differenz bleibt trotz aller Bemühungen Old Shatterhands, zwischen Winnetou und den Weißen so etwas wie Verständnis – Kommunikation – zu ermöglichen. Wenn ich dieses Bild jetzt verwende, muß ich wahrscheinlich schon Abstriche machen zwischen Winnetou und Old Shatterhand. Das Verhältnis zwischen der Subkultur und dem Forscher, der Forscherin im Feld wird nicht so sicher sein können, die Freundschaft wird nicht so unverbrüchlich sein. Spätestens die Veröffentlichungen der

ForscherInnen werden diese Freundschaft auf eine Probe stellen. Es ist eben ein Unterschied zwischen einer romantischen Dichtung und den realen Situationen, in denen wissenschaftliche Recherchen gemacht werden können. Wie würde sich aber die Geschichte darstellen, wenn Old Shatterhand ein Indianer, wenn der Forscher ein Subkultureller ist? Wer wird wen verstehen und wer wird wen nicht verstehen? Welche Loyalitäten bleiben?

Und wie wird diese Geschichte dann werden? Dramatisch? Tragisch? Oder doch romantisch?

Auf dieses Abenteuer habe ich mich eingelassen.

Drei Quellen und drei Bestandteile dieser politischen Sexualethnographie

Die erste, entscheidende Quelle meiner Arbeit ist die teilnehmenden Feldbeobachtung. Ich nenne sie authentische teilnehmende Feldbeobachtung, denn es existiert von mir als Teilnehmer ein authentisches soziales Interesse an der Gruppe, nicht alleine ein wissenschaftlich motiviertes Interesse. Meine Teilnahme umfaßte die SM-Gruppen Schlagseite in Mannheim (10 Jahre) und SMash in Frankfurt/M. (7 Jahre), SM-Events in Deutschland (1991–2002), das SISC, ein internationales SM-Camp in Dänemark, bei dem Deutsche die stärkste Gruppe bilden (9 Camps in 10 Jahren).

Eine zweite wichtige Quelle war die Auswertung von Literatur. Die im Literaturverzeichnis erwähnte Literatur repräsentiert etwa 100000 Buchseiten. Ich habe versucht, alles zu berücksichtigen, was – weit über das, was in dieser Arbeit direkt oder sinngemäß zitiert wird – mein Denken über die behandelten Themen beeinflußt haben könnte. Soweit es im engeren Sinne das Thema SM betrifft, sind wahrscheinlich alle wichtigen AutorInnen des deutschen und englischsprachigen Raumes, die für die vorliegenden Recherchen relevant sein könnten, berücksichtigt. Das (noch) begrenzte Untersuchungsfeld machte dies möglich.

Diese Literatur läßt sich in Bezug auf die Verwendung in dieser Arbeit in zwei Gruppen einteilen:

1. Wissenschaftliche Literatur zur Sexualität und (im ganz geringen Umfang) zu SM, zu vergleichbaren Minderheiten, zu Methoden

der empirischen Sozialforschung, psychologische und psychoanalytische Literatur. Die meisten der im Literaturverzeichnis angeführten Zeitschriftenartikel sind zu dieser Art von Literatur zu zählen. Zusammen sind sie als die Fachliteratur für diese Arbeit zu betrachten.

2. How-to-do-Bücher und Sachbücher aus der SM-Szene, andere erotische Literatur, Fiktion-Literatur mit SM-Thematik, SM-Themen oder SM-analoge Themen aus der nicht-erotischen Literatur (einschließlich der Hoch-Literatur), Bild- und Kunstbände.

An dieser zweiten Sparte der Literatur interessiert für diese Arbeit nicht die Tauglichkeit der besprochenen Themen und auch nicht die Intentionen der AutorInnen, sondern die Tauglichkeit der Themen für den Diskurs in der SM-Subkultur und für den Diskurs über SM in einem Foucault'chen Sinne (Foucault 1977, 1988). Foucault vertritt die Auffassung, daß der Autor nicht den Diskurs erfindet, sondern daß der Platz der diskursfähigen Literaturprodukte im Diskurs bereits vorgesehen ist, und daß das einzelne Werk durch eben diesen prädisponierten Platz seine mehr oder minder große Bedeutung erlangt (oder nicht erlangt); das heißt: Die Diskursfähigkeit ist bedeutender als die Autorenintention. Unter diesem Aspekt wurde diese zweite Gruppe von Literatur herangezogen. Diese muß eine spezifische Bedeutung erlangen für eine Gruppe, die wegen ihrer Minderheiten- und Außenseitersituation für ihren eigenen Diskurs nicht auf die gängige Kulturproduktion zurückgreifen kann (im Gegensatz zu Menschen mit einer Mainstream-Sexualität und in geringerem Maße auch im Gegensatz zu Schwulen und Lesben, deren eigene Kultursphäre für die Produktion eines paradigmatischen kulturellen Verhaltens zur Verfügung steht).

Eine dritte Quelle und ein dritter Bestandteil dieser Untersuchung sollten qualitative Interviews werden. Es sollte sich dabei um »Half-Structured-Interviews« handeln, die in Form eines nichtformalisierten Gesprächs (auf Tonband aufgenommen) ablaufen. Zu Grunde lagen keine völlig ausformulierten Fragen, sondern Gesprächspunkte mit Frageangeboten, die auf die jeweilige Kommunikationsfähigkeit der Befragten und auf deren jeweilige Kompetenz zu den einzelnen Punkten abgestimmt werden sollten. Das Konzept dieser Interviews ist aus der Ethnologie und aus partizipationsorientierten entwicklungspolitischen

Ansätzen bekannt. Es wurden insgesamt sieben Interviews gemacht (zwei Männer, fünf Frauen), von denen 4 vollständig ausgewertet wurden. Die 26 Gesprächsthemen benötigten etwa 2,5 bis 4 Stunden Interviewzeit mit den GesprächspartnerInnen. Im Anhang sind Auszüge aus drei Interviews dokumentiert (Anhang A 1). Der methodische Platz, dem diese Gespräche innerhalb dieser Arbeit zugeordnet werden sollten, liegt chronologisch und inhaltlich hinter der Feldbeobachtung und hinter und neben der Literaturauswertung, sie waren als letzter Rechercheschritt gedacht. Zwar brachten die Interviews gelegentlich auch neue und überraschende Informationen hervor, doch ihre Produktivität blieb hinter der teilnehmenden Feldbeobachtung zurück, was wahrscheinlich auf die spontaneren und weniger formalisierteren Kommunikationsbedingungen zurückzuführen ist. Der methodische Sinn des aus den Interviews gewonnen Materials sollte es sein, das (zu diesem Zeitpunkt bereits größtenteils vorliegende) Material aus der Feldbeobachtung zu kontrollieren, zu aktualisieren, noch offene Fragestellungen weiter zu erforschen und zu vertiefen. Sie sollten die Reliabilitätsinstanz für das Material aus anderen Quellen sein.

Diese vorgesehene Funktion der Interviews wurde ihrer Bestimmung nicht gerecht. Die während der Interviews ablaufenden interaktiven Prozesse waren höchst unterschiedlich. Sie konnten letztlich gerade als Reliabilitätsinstanz nicht befriedigen. Der Gesprächsleitfaden reproduziert zwar ein Material, das dem Diskurs in SM-Gruppen entspricht (die in ihm benutzten Konstruktionen wurden teilweise in SM-Gruppen entwickelt). Die Diskussionsdynamik innerhalb eines Gruppenprozesses scheint aber den Umgang mit relativ theoretischen Material in einer Weise zu begünstigen, wie es in der dialogischen Interviewsituation nicht der Fall ist. Es ist den Betroffenen in den Gruppendiskussionen eher möglich, sich mit (eventuell von anderen) eingeführten Konstruktionen auseinanderzusetzen und sich an relativ theoretischem Material abzuarbeiten; für die für den Gesprächspartner sehr anstrengende Kommunikationssituation des Interviews erwies sich das Material als zu theorielastig und zu komprimiert.

Ich war deswegen gezwungen, das Forschungsdesign zu ändern. Es wurden von mir drei Gruppendiskussionen mit jeweils 5-7 Opinionleadern der SM-Bewegung geplant – mit sehr offenen nicht-theoretischen Fragen. Es war (zu meiner Überraschung) unmöglich diese Gruppendiskussionen durchzuführen. Die Phänomene des Nichtzustandekommens (Ausflüchte, Terminprobleme, Absagen usw.) würden deren Gründe nicht zureichend darlegen. Letztlich sind mir selbst die Gründe hierfür nicht völlig klar geworden. Ich habe jedoch die Vermutung (auch wenn diese den Sachverhalt nicht völlig aufklärt), daß meine Rolle als (politische) Figur der SM-Bewegung (und nicht meine Rolle als Forscher) und möglicherweise der Charakter der in dieser Phase (2000–2001) sich entwickelnden inneren Auseinandersetzungen in der SM-Bewegung dem entgegenstanden. Es entstand offensichtlich eine Situation, in der für die potenziellen GesprächspartnerInnen Überlegungen, was sie von mir wollen und was sie meinen, was ich von ihnen (bezüglich der SM-Bewegung) will, zu sehr im Vordergrund gestanden haben. Das Gruppendiskussions-Projekt wurde also wahrscheinlich als mein Instrument empfunden und mißverstanden, die SM-Bewegung zu beeinflussen. Selbst wenn es gelungen wäre (mit einigem persönlichen Druck) eine dieser Gruppendiskussionen zustande zubringen, war abzusehen, daß doch ihr Verhalten taktisch bestimmt sein würde, daß die möglichen Antworten vorsichtig, zurückhaltend und formal ausfallen würden. Ich sah mich sozusagen zunächst wieder auf das Feld der Feldbeobachtung zurückverwiesen. Ich habe mit einigem zeitlichen Abstand, die im Gruppendiskussions-Konzept aufgeworfenen Fragen mit elf in der SM-Bewegung führend tätigen Personen in persönlichen Gesprächen erörtern können – allerdings ohne Interview-Situation oder formalisierte Gesprächssituation und ohne Aufzeichnung des Gesprächs. Die Erkenntnisse daraus sind in das Kapitel 5 eingegangen.

Das Material der Arbeit setzt sich (außer den Interviews) also aus insgesamt 9 Jahren Feldbeobachtung und einer ausgewerteten Literatur (deren Produktionsepoche im Kern die letzten 30 Jahre, also 1970-2001, umfaßt) zusammen.

Wie kann SM beschrieben werden?

Oberflächlich betrachtet erscheint es, als wäre der Begriff SM nur eine Abkürzung für Sadomasochismus. Sadomasochismus ist als Begriff am Ende des 19. Jahrhunderts entstanden (Krafft-Ebing 1984). Der damals geprägte Begriff hatte pathologisierenden Charakter, er entstand im Zusammenhang mit der Tendenz, sexuelle Verhaltensweisen und Phänomene abweichenden Charakters zu medizinalisieren und zu psychiatrisieren. Freud nimmt in diesem Diskurs, Perversionen hervorzubringen eine Haltung ein, die ich ambivalent-progressiv nennen möchte. Einerseits kann kaum bestritten werden, daß die Psychoanalyse Perversionen und den Diskurs über Perversionen produziert, andererseits entdeckt Freud als erster, daß es zwischen sogenannten normalen und sogenannten perversen sexuellen Verhalten keine unüberwindlichen Schranken gibt (Freud 1961b). Aber sein ideelles Festhalten an einem spezifischen erwachsenen, ausgereift-genitalen Sexualitäts-Paradigma erlaubt Freud noch nicht, einen pathologisierenden Diskurs zu verlassen. Foucault beschrieb die moderne gesellschaftliche Macht als einen Prozeß, der nicht nur repressiv (=unterdrückend) sondern auch produktiv (soziale Phänomene und die sie bezeichnenden Begriffe erzeugend) ist. Die Macht versucht nicht nur etwas zu verbieten, einzuschränken, abzuschaffen, zu liquidieren, sondern bringt auch etwas hervor – zum Beispiel Minderheiten oder pflanzt etwas ein – zum Beispiel sogenannte Perversionen (Foucault 1977, 1986).

Der soziale Prozeß, der zur Hervorbringung des pathologisierenddenunziatorischen Begriffes Sadomasochist geführt hat, hängt wahrscheinlich mit der Herausbildung einer besonders hochorganisierten kapitalistischen Gesellschaft zusammen. Einflüsse und Tendenzen, die diesen kapitalistischen Produktionsprozeß stören, sollten unter Kontrolle gebracht werden (Klöpping 1996).

Sadomasochismus ist also sozial konstruiert. SM ist ein davon relativ unabhängiger Begriff, der sozial anders geprägt ist: Er gibt den Betroffenen selbst mehr Definitionsmacht über ihr sexuelles Verhalten. SM dient (in Foucault'scher Weise) einer diskursiven Strategie, die Einpflanzung von Perversionen in ihre Abschaffung zu verwandeln. SM-Bewegung und die schwule Lederbewegung nutzen den Begriff, um zu versuchen, *das mit SM beschriebene Verhalten einem pathologisierenden Diskurs zu entwinden.*

Was aber kann mit SM beschrieben werden? Die Frage »Was ist SM?« wird von der aus der SM-Bewegung hervorgebrachten Literatur oft umgangen. Das hängt damit zusammen, daß SM ein von der SM-Bewegung sozial determinierter Begriff ist, der selbst einer bestimmten historischen Entwicklung unterliegt und sich auch in der Gegenwart weiterentwickelt und weiter verändert. Darüber hinaus unterliegt die Verwendung des Begriffes einem gewissen Interpretationsspielraum durch die SM praktizierenden Personen selbst. Das hat zur Folge, daß in der szenenahen SM-Literatur verschiedene Interpretationen verschiedener SMerInnen dargestellt werden, um die Bandbreite von SM zu dokumentieren. Es wird vermieden SM allzu allgemeingültig und szeneverbindlich zu definieren. In einem neueren Buch aus den USA werden schwule SMer mit folgenden Aussagen zitiert: »I can only say what SM is for me and even then, I can only identify it when it happens« (…) »Things have an exact meaning but SM isn't a thing. SM is simultaneously action and a state of being« (…) »SM is not monolithic. It's been so hard to define precisely because its expression is so varied« (Prezwalski 1995, Seite 9–10, 31).

In einem für die deutsche SM-Bewegung wichtigen Buch schreibt Sina-Aline Geißler (Geißler 1990) – gemäß der Präferenz der Autorin allerdings nur über Masochismus-ähnliches:

> »Die Frage ›Was ist Masochismus?‹ ist nicht zu beantworten. (…) Masochismus ist immer genau das, was der jeweilige Mensch daraus macht. Der Begriff kann ebenso die Lust nach absoluter Unterwerfung bezeichnen wie das Bedürfnis, sich im klar abgegrenzten Bereich der Sexualität devot zu verhalten, er kann Lust am körperlichen Schmerz meinen wie das Verlangen nach seelischer Demütigung. Masochismus ist nicht mehr als ein halbwegs brauchbarer Sammelbegriff, eine Leere Hülse, die jeder mit seinen spezifischen Empfindungen und Wünschen ausfüllen wird« (Geißler 1990, Seite 11).

Frühere Versuche in der wissenschaftlichen Literatur, SM als ganzes mit einzelnen Erscheinungen von SM (auch wenn diese relativ weit verbreitet sind) – wie zum Beispiel Schmerz – zu identifizieren, können nicht überzeugen (Krafft-Ebing 1984, Freud 1961b, Gebhard 1969). Neuere Tendenzen in der szenenahen, wie in Teilen der wissenschaftlichen Literatur SM sehr abstrakt zu definieren, scheinen ebenfalls das Problem nicht völlig zu fassen. »Consensual, erotic interactiv behaviors played out by partners deliberately assuming, for one, the dominant role, and for the other, the submissive role, where the role-playing forms the context for the activities, and where the behaviors can, but need not, include the use of physical and/or psychological pain to produce sexual arousal and saticfaction« (Moser 1999, Seite 33). Diskussionen in der SM-Bewegung, ob SM *machtorientierte Erotik* oder *erotische Macht* sei, oder daß SM mit Macht, aber nicht mit Gewalt zu tun habe

(»Gelungene sexuelle Kommunikation ist SM, mißlungene Kommunikation ist Gewalt«) führen m. E. nicht zu mehr Klarheit. Diese Versuche hängen damit zusammen, beunruhigende Fragestellungen zu entschärfen oder SM im Rahmen einer öffentlichkeitswirksamen Lobbyarbeit für das Nachmittagsprogramm im Fernsehen »normal« zu machen.

Meiner Annäherung an einen Diskurs über SM liegt die Überlegung zugrunde: Worin unterscheidet sich der Diskurs über SM von dem Diskurs über sogenannten normalen Sex? Seit Mitte des 20.Jahrhunderts ist in westlich geprägten Gesellschaften der dominierende Diskurs über »normalen« Sex kulturell als egalitär und synchron festgelegt. In fast jedem Kulturprodukt, mit dem wir konfrontiert werden, wird eine sexuelle Interaktion zwischen zwei Menschen verschiedenen Geschlechts gezeigt. Die im Liebesspiel agierenden Personen scheinen fast gleichzeitig gleiche oder ähnliche Handlungen aneinander vorzunehmen. Diese Akte zielen auf eine parallele und synchrone Lustentwicklung. *Die Metapher für diese Art von Sex ist der »gemeinsame«, gleichzeitige Höhepunkt.* Bei diesem Modell stört es geradezu, daß die eine Person fickt und die andere Person gefickt wird.[1] Es stört vor allem deshalb, weil damit die Fiktion von den identischen Empfindungen nicht aufrechterhalten werden kann. Daher wird bezeichnenderweise dies (außer bei der Pornographie) in den Produkten der Kulturindustrie meist nicht eindeutig, sondern nur symbolisch dargestellt. Dies ist sozusagen der theoretische Defekt dieses Diskurses. Es gibt aber noch einen praktischen Defekt: Der gleichzeitige Orgasmus – soweit meine Informationen aus der Mainstream-Welt zutreffen – gelingt in der Realität fast nie.

In der SM-Begegnung ist es offensichtlich, daß der aktive Partner bzw. die aktive Partnerin anderes agiert als der passive Partner bzw. die passive Partnerin, daß folglich die PartnerInnen verschiedene Empfindungen haben müssen, daß zum Beispiel jemanden zu schlagen andere Gefühle auslöst, als geschlagen zu werden. Die Sex-Utopie ist deswegen anders: Zwischen S und M ist der gleichzeitige Höhepunkt nicht intendiert; *SM unterscheidet sich vom »normalen« Sex-Diskurs durch seine Asynchronität.* Dies hat SM mit anderen abweichenden Sexualitäten wie etwa Exhibitionismus, Voyeurismus und bestimmten Formen homo-

---

1 Die deutsche Sprache stellt kein anderes adäquates Verb zur Bezeichnung des Geschlechtsverkehrs zur Verfügung, sondern nur Umschreibungen »beischlafen«, »vereinigen« oder Begriffe aus dem medizinischen Bereich »penetrieren«. Ähnliches gilt für die englische Sprache (Money 1988, Seite 5).

sexueller Sexualität gemeinsam. Das Spezielle an SM ist die Bedeutung von Hierarchie und/oder Gewalt und/oder machtgebenden Fetischen. Ich will deswegen – für die Zwecke meiner Recherchen – von folgender These ausgehen: *SM ist ein asynchrones sexuelles Verhalten – die Asynchronität wird durch Hierarchie, Gewalt oder Fetische hergestellt.*

SM-Subkultur, SM-Szene, SM-Bewegung

»We define subcultures as social systems in which special norms of behavior are valid that deviate from the norms of the super-imposed social system, used as a point of reference, and that make possible the deviant behavior. Where the sadomasochistic practice is affirmed and such partnerships are made possible, a social arena is created in which the usual stigmatization of sadomasochistic behavior is suspended and is partially replaced by a positiv counternorm. The independence of subcultural systems is evidenced by forms of communication peculiar to them (for example, specific linguistic systems and nonverbal rules of communication) and by special social institutions« (Spengler 1977, Seite 441–456 mit Bezug auf Arnold 1970).

Mit Benedict Anderson (Anderson 1991), der selbst Nationen als durch Sprache konstituierte imaginierte Gemeinschaften beschreibt, könnte man Subkulturen ebenfalls als imaginierte Gemeinschaften begreifen, die durch Kommunikationsstrukturen, Normen und Symbole konstituiert werden. Die Zugehörigkeit einer einzelnen Person zu einer Subkultur hängt nicht unbedingt von der Anwesenheit dieser Person in einem gesellschaftlich sichtbaren Raum ab. Sichtbar wird eine Subkultur, indem sie eine Szene oder eine Bewegung kreiert, meistens beides. Die Szene erfordert die eine oder andere Form von Anwesenheit. (Ein Grenzfall kann sich durch Szenen im Bereich kommunikativer Medien ergeben. In Internetszenen – zum Beispiel in der SM-Internetszene – kann diese Anwesenheit virtuell sein). In Party- oder Musikszenen wird die Anwesenheit aus der Teilnahme an entsprechenden Events bestehen, Schwule werden beispielsweise Klappen oder Darkrooms zur Szene zählen, das Äquivalent in der SM-Szene wären SM-Feten, SM-Wochenenden oder -Camps. Diese Art von Anwesenheit setzt noch kein größeres Bewußtsein über die eigene subkulturelle Situation voraus. *Von der Szene unterscheidet sich die Bewegung durch die größere Be-*

deutung des Bewußtseins. Eine Szene kann auch ohne den bewußten Wunsch der einzelnen Teilnehmer entstehen und sie erfordert keine oder ein wesentlich geringeres Niveau von Selbstakzeptanz. Demgegenüber würde zur Beteiligung an der SM-Bewegung (wie auch an anderen Sex-Bewegungen) ein bewußtes Selbstverständnis als SMerIn (Coming-out), Teilnahme an einer Gruppe, oder organisatorisches oder politisches Einwirken in die Szene gehören. Die SM-Szene und die SM-Bewegung überschneiden sich stark. Eine SM-Szene gab es historisch wesentlich früher als die SM-Bewegung. *Szene und Bewegung unterscheiden sich durch unterschiedliche subkulturelle Strategien.*

Welche Fragen können mit dem vorliegenden Material untersucht werden?

Normalerweise wird bei einer empirischen Untersuchung eine (hypothetische) Frage aufgeworfen und davon ausgegangen, daß das entsprechende Material zugänglich sein wird. Im vorliegenden Fall konnte ich nicht oder nur sehr bedingt in dieser Weise vorgehen. Die Sensibilität der Bedingungen der Datenerhebung machte vor Beginn der Untersuchungen eine exakte Prognose schwierig, welche Informationen zu beschaffen sein werden und welche sich einer Untersuchung zum gegenwärtigen Zeitpunkt entziehen würden. Es kann nur wenig überspitzt gesagt werden, daß das empirische Material die bearbeitbaren Fragen bestimmt hat. Folgende Fragen waren einer Erforschung zugänglich:

1. Welche Erkenntnisse können aus Beobachtungen in der SM-Bewegung über SM gewonnen werden?

2. Welches sexuelle und soziale Verhalten und welches sozial-psychologische Profil haben Menschen, die eine SM-Sexualität leben und an der SM-Bewegung teilnehmen?

3. Welche Beziehung besteht zwischen der SM-Sexualität und der Entwicklung der SM-Bewegung in Deutschland seit 1989?

4. Welche Einflüsse hat die SM-Bewegung auf das sexuelle Verhalten der SMerInnen?

5. Wie unterscheidet sich der Lifestyle zwischen SMerInnen, von Angehörigen anderer sexueller Minderheiten und von Menschen mit einer Mainstream-Sexualität?

6. Welchen Umgang finden SMerInnen mit der Mainstream-Gesellschaft? Welchen Umgang erfahren SMerInnen durch die Mainstream-Gesellschaft?

7. Welche Entwicklungsprobleme und Perspektiven hat die SM-Bewegung in der Auseinandersetzung mit der Mainstream-Gesellschaft und mit sich selbst am Beginn des 21. Jahrhunderts?

Meine Recherchen erlauben hingegen keine wissenschaftlich vertretbaren Aussagen zu folgenden Punkten:

- Das Material sagt nichts oder nichts Genaues über das sexuelle Verhalten oder das sozialpsychologische Profil von Menschen, die eine SM-Sexualität haben, aber sich *nicht* in der SM-Bewegung bzw. in der SM-Szene bewegen. Meine Recherchen können so gedeutet werden, daß zwischen SMerInnen in der SM-Bewegung und SMerInnen außerhalb der SM-Bewegung (aber mit Verbindungen zur SM-Szene) feststellbare und daß zwischen SMerInnen in der SM-Bewegung und SMerInnen außerhalb der SM-Szene signifikante Unterschiede existieren.

- Die vorliegende Arbeit ist ein qualitativ-exploratives Verfahren und es können keine gesicherten quantitativen Schlußfolgerungen gezogen werden, selbst dort nicht, wo das Datenmaterial einer quantitativen Auswertung zugänglich zu sein scheint (dazu ist das Sample zu klein und zu wenig repräsentativ). Meine Untersuchung könnte möglicherweise Hinweise darauf geben, wie eine quantitative Studie zu gestalten wäre. Soweit quantitative Angaben, Schätzungen oder Tendenzen nicht zu umgehen waren haben sie vorläufigen Charakter (und sind vorbehaltlich später zugänglichen quantitativ auswertbaren Untersuchungen).

- Die Daten aus der teilnehmende Feldbeobachtung lassen keine direkten Schlußfolgerungen zu über die besondere Situation von

Menschen, die schwule SMer oder lesbische SMerinnen sind. Soweit Aussagen über diese Gruppe in dieser Arbeit gemacht worden sind, habe ich mich weitgehend auf die gewöhnlich gut dokumentierte schwule und lesbische Literatur verlassen.

- Neben der hier beschriebenen (Präsenz-)SM-Szene hat sich unabhängig davon eine (virtuelle) Internet-SM-Szene gebildet, die nicht Gegenstand dieser Untersuchung ist. Ich gehe davon aus, daß es zwischen diesen Szenen signifikante subkulturelle Unterschiede geben kann.

2 SM-Sexualität – Neun Konzepte und vier dilemmatische Probleme

Empfindungen und sexuelle Themen

Ich bezeichne mit Empfindungen einen Vorgang, bei dem Gefühle in physische Reaktionen übergehen und umgekehrt. Empfindungen sind Schnittstellen zwischen Gefühlen und physischem Verhalten, sie sind Symbolisches im Konkreten. SM ist ein spezifisches sexuelles Verhalten, bei dem es um die Erzeugung von spezifischen Empfindungen geht. Einerseits können physische Reize Gefühle auslösen: Das Gefesselt-Sein kann Gefühle von Ausgeliefertheit oder auch Gebundenheit (an einen Partner) auslösen, Blut in Verbindung mit dem Verletzen der Haut kann Gefühle der Öffnung des Körpers oder rituelle Gefühle (»opfern«) auslösen, Geschlagen zu werden kann Gefühle von Strafe, Erniedrigung, Unterwerfung, Versklavung auslösen. Andererseits können psychische Reaktionen körperliche Reaktionen hervorrufen, wie zum Beispiel bei Scham oder Angst. Der SM-Szenediskurs würde den ersten Fall als eine sadistische bzw. masochistische Orientierung, den zweiten Fall als eine dominante bzw. devote Orientierung bezeichnen. Diese Einteilung dient Selbstverständigungsprozessen und der interpersonalen Auseinandersetzung zwischen potenziellen SM-PartnerInnen. Die Beantwortung der Frage »bist du devot oder masochistisch?« bzw. »bist du dominant oder sadistisch?« scheint zu klären, ob PartnerInnen zusammenpassen (und tut das manchmal auch tatsächlich). Reale Prozesse in einer SM-Interaktion sind aber wesentlich komplexer und hebeln diese Unterscheidungen, die auf einer banalen Sprachebene zur groben Orientierung sinnvoll sein mögen, aus. So kann zum Beispiel die Erfahrung von Schmerz durch Schläge bei einer bestimmten Person zu einem späteren Zeitpunkt dazu führen, daß bei ihr Angst oder Unterwerfung (psychisch) allein dadurch erzeugt wird, daß die Schlaginstrumente im Raum sichtbar sind. Der Befehl zu knien kann körperlich empfindbare Reaktionen auslösen (z.B. durch langes Beibehalten dieser Position), das Knien kann aber auch Empfindungen auslösen, die rein psychischer Natur sind – z.B. durch die Erfahrung des eigenen Gehorsams oder durch ein Gefühl der Scham, knien »zu müssen«. Jede SM-Interaktion enthält ein komplexes Gebilde von dominant-sadistischen und devot-masochistischen interdependenten Bedingungen. Die Ununterscheidbarkeit dieser Vorgänge zeigen sich sehr deutlich an Beispielen, wie dem Zittern oder Schaudern – Reaktionen, die sowohl durch Kälte wie auch durch Angst erzeugt werden können. In einer in Szene gesetzten SM-Situation kann sich dies realisieren als: Kälteschmerz, Angst vor dem Kälteschmerz, Angst vor dem/der dominanten PartnerIn, die wiederum durch kalte Umweltbedingungen verstärkt werden kann, ein Zittern, welches durch psychische Angst hervorgerufen, durch Angst vor Kälte verstärkt wird, ohne daß diese Kälte angewendet wird, ein Zittern, das durch Kälte erzeugt wurde und durch psychische Angst verstärkt wird, ein Zittern, das die Person fassungslos macht und dadurch andere körperliche Reaktionen auslöst (zum Beispiel Weinen) welche wiederum die psychische Befindlichkeit verändern usw. (Derrida 1994, S. 381–383) Die konkrete Interaktion zweier oder mehrerer SM-agierender Personen kann nicht durch die Ausdifferenzierung devot/dominant und masochistisch/sadistisch befriedigend ausgedrückt, (auf)geklärt oder beschrieben werden. Dieses (sehr populäre) Konzept des SM-Szene-Diskurses ist für eine differenzierte Betrachtung dieser Vorgänge untauglich.

Empfindungen sind eine Legierung aus psychischen und physischen Faktoren, von Gefühlen und körperlichen Verhalten. Sie können nur in ihrer Verschlingung miteinander analysiert werden. Daraus ergibt sich, daß das Verstehen von SM-Sexualität sich einer phänomenologisch-handlungstechnischen Ebene entzieht. Es läßt sich aber auch nicht allein auf der Ebene devot-dominanter Gefühle beschreiben. Gefühle dieser Art sind bei Nicht-SM-Verhaltensweisen gleichermaßen so virulent, daß die Spezifik von SM damit alleine kaum angemessen verdeutlicht werden kann. Um konkretes SM-Verhalten konkret beschreiben zu können, reicht es nicht aus, einfach sexuelle »Techniken« zu beschreiben, sondern es muß versucht werden, Empfindungen zu konzeptualisieren.

In der Mannheim-Heidelberger SM-Gruppe Schlagseite wurde das Konzept sexueller Themen entwickelt. Es wird damit versucht, Themen, um die die SM-Sexualität einzelner SMerInnen kreist, sprechbar zu machen. Themen korrelieren mit Empfindungen und sollen herausfinden, was am SM der betreffenden Person wichtig ist, welche Art des Ausagierens für das eigene sexuelle Erleben besonders tauglich ist. Wenn auch dieser Begriff der Themen in der gesamten SM-Bewegung nicht explizit verwendet wird, so ist er doch weitgehend in ihren Verständigungsprozessen implizit vorhanden; es wird sich nicht nur oder hauptsächlich über Techniken auseinandergesetzt (was ja oberflächlich gesehen naheliegend erscheinen müßte), sondern über mit dem Themen-Konzept analoge begriffliche Figuren. Techniken beziehen sich auf technische, physische, äußerlich beschreibbare Aspekte des sexuellen Verhaltens. Im Gegensatz dazu beziehen Themen innerpsychische Prozesse mit ein. Zu Techniken paßt die Frage: Was wird wie gemacht? Zu Themen paßt die Frage: Wie wird eine Empfindung erzeugt? Themen hängen meist grundsätzlicher mit dem individuellen sexuellen Verhalten zusammen. Techniken kreisen um Themen (es können aber auch Themen um Techniken kreisen). »Hingabe« ist ein Thema, »Schlagen« ist eine typische Technik, »Prügel« oder »Züchtigung« könnten – durch die besondere Färbung, die in diesen Wörtern mitschwingt – Themen sein.

Folgende aufgeführte sexuelle Themen sind entweder den Gesprächen und Diskussionen aus der teilnehmenden Feldbeobachtung (*kursiv*) oder Interviews (Hinweis auf das entsprechende Interview) oder (evt. zusätzlich) aus der Literatur (Literaturhinweise, soweit explizite Stellen mit Seitenangaben) entnommen. Sie sind als paradigmatische Beispiele gedacht (ohne repräsentativ sein zu können):

- *Age-play* – sexuelle Spannung wird aus Altersunterschied gewonnen (Grandes 1990, Schellenbaum 1991)
- *Auslieferung, sich ausliefern* (de Berg 1995, Ryke 1998, Sellers 1988, Tagetes 1995, Tegtmeier 1998, Scott 1997)
- Bestrafung (de Berg 1995, Seite 64–69)
- *Beute, man muß mich zur Beute machen* (de Berg 1995, Seite 16, 61)
- Bloßlegen – M-Person wird zu dem Gefühl geführt, physisch und psychisch völlig nackt gegenüber der S-Person zu sein und keine Kontrolle über ihre Integrität zu haben, konvergiert zum »Aus der Fassung bringen« (Tegtmeier 1995, Seite 230–234)
- *Blut* (A1.2 Interview Verena, Kay 2000, Bettelheim 1975, Bly 1991, Seite 289–304)
- *Dienen / Stolz der Dienenden*
- *Jemanden »brechen« / von jemanden »gebrochen werden«*
- *Dominanz und Trost*
- *Entführen, entführt werden* (Barclett 1989)
- *Zur Extase hinführen, begleiten* (A1.3 Interview Sahra)

- *Aus der Fassung bringen* – meist mit Erzeugen von entsprechenden Reaktionen wie Angst, Schreien, Weinen etc.
- *»Fliegen«* – Erzeugen einer körperlichen Befindlichkeit, bei der Schmerzempfindungen zu einem rauschhaften Zustand führen (schwuler Ausdruck)
- *Flittchen und Schlampe* – als Rollenspiel oder als kreierte SM-Persönlichkeit
- *Folterknecht* – »führt nur Aufträge aus«, agierende S-Person wird psychisch entlastet, ist nicht verantwortlich
- *Führen und geführt werden*
- Furcht (Réage 1954, Seite 137)
- *Gehorsam*
- Genderplay (A1.2 Interview Verena) und Crossdressing mit Hierarchiespielen (Ladywood 1997)
- Grausamkeit
- *Halt's für mich aus*
- Hingabe (Réage 1954, Seite 188)
- *Kontrolle und fallen lassen* (bzw. eine Variation davon)
- Liebe und Schutz – von der S-Person – gegen Liebe und Gehorsam – von der M-Person (Jo 1996, Seite 184)
- Pet – M-Partner als eine Art menschliches Haustier
- *Prostitution* – sich prostituieren als Inhalt des Masochismus (Sobota 1978, Seite 289-290, Koch 1993; Kessel 1995)
- *Rollenspiele* – z. B. Gouvernante/Kind, Pirat/Prinzessin, OffizierIn/RekrutIn, Dienstmädchen usw. (Tegtmeier 1995, Seite 208–210, Phantasie- und Science-Fiktion-Setting (Norman 1984, 1998).)
- »scientific, methodical, deliberate, and cruel« (Ladywood 1997, Seite 326)
- *Scham*
- *Schande*
- *weder devot, noch maso, sondern schlimm*
- *Als Sexobjekt behandelt werden*
- An Stelle eines Tiers (Grandes 1991, Seite 394–400)
- *Wir müssen das jetzt (zusammen) tun*
- *Tunnelspiel* – keine Abbruchmöglichkeit für beide Seiten während des sexuellen Begegnung, kein Codewort
- *Unbedingtheit*

- *Überwältigen bzw. überwältigt werden*
- *Unausweichlichkeit* (in Verbindung mit Bondage)
- *Durch Uniformen hergestellte Hierarchie*
- *Unterordnung*
- *Verachtung* (»Ich kann Frauen nur von oben herab betrachten«; Tegtmeier 1995, Seite 194–201, 206)
- *Verdinglichung* – Körper des/der M-PartnerIn wird als Objekt, z. B. als Tisch, Stuhl, Kerzenhalter usw. benutzt
- *»Vergewaltigung«* (vergleiche Berg, R. 1995, Seite 13, Grandes 1990, Seite 237–251)
- *Verschlingen*
- Vertrauen (Reich 1998, Seite 7–10)
- *Zur Verzweiflung bringen*
- *Warten und Erwarten* (vergleiche Deleuze 1991, Seite70–71, de Berg 1995, Seite 64–69)
- *Ich will die Schmerzen von Dir*
- *Dein Wille geschehe*
- *Zähmung*
- *Jemanden Zeichnen* – mit Spuren und Striemen am Körper
- *(jemanden) zeigen bzw. gezeigt werden* (A1.1 Interview Uwe)
- *Zwänge* – M-Person bringt sich bzw. wird in Zwänge und Dilemmas gebracht

Themen haben mit Empfindungen, Techniken[2] haben mit Reizen zu tun. In jeder individuellen Sexualität werden die sexuell mobilisierbaren Empfindungen sich um wenige Themen zentrieren, die meist – im Gegensatz zu sexuellen Techniken und Methoden – eine lebensgeschichtliche langfristige Konstanz aufweisen.

Das Aktivieren des individuellen Themenreservoirs einer Person wird von den spezifischen ParterInnen mitbeeinflußt (vergleiche A1.3, Interview Sahra) und die biographische Sexualgeschichte damit stark

---

[2] SM kann mit Techniken nicht substantiell beschrieben werden; die Prozesse, die dazu führen, daß SM praktiziert wird, lassen sich nicht über Techniken darstellen, weswegen in dieser Arbeit weitgehend auf detaillierte Ausführungen hierzu verzichtet wird. Soweit die technische Seite von SM nachvollzogen werden muß, um SM-Texte zu verstehen, kann auf das Glossar (A3) zurückgegriffen werden und auf folgende AutorInnen: Bannon 1992, Bean o.J., Brame 1996, Califia 1981, 1992, Grimme 1996, Herrman 1991, Hoffmann 2001, Jacques 1993, Polhemus 1994, Prezwalski 1995 Townsend 1998.

mitgeprägt. Es kann von einem Konditionierungsprozeß gesprochen werden, der bis in das jeweilige sexuelle Funktionieren des Körpers durchschlägt. Wenn auch meine eigenen Beobachtungen von SMerInnen in der SM-Szene sich auf Zeiträume von wenigen Jahren beziehen, reichen die Erzählungen dieser Personen über diesen Zeitraum hinaus.

Diese die individuelle Sexualität konstituierenden Themen werden bereits im wesentlichen festgelegt sein, bevor versucht werden kann, eine erwachsene Sexualität zu leben. Dies würde auch erklären, warum eine sexuelle Orientierung, wie Homosexualität, Heterosexualität, Bi-Sexualität, Fetischismus oder SM vom Betroffenen nicht als frei wählbar empfunden werden. Sie werden möglicherweise aus einer Lebensphase aufzuspüren sein, in der das Kind noch nicht *sexuelle* Erregung von *nicht-sexueller* Erregung unterscheiden kann. Aus dieser magischen Welt des Kindes werden sich in der weiteren Entwicklung einige Themen sexualisieren lassen, andere nicht. Die Frage ist, welche Faktoren demzufolge eine Sexualisierung bestimmter Themen ermöglichen, verhindern oder ablenken.

Da die einzelne Person ihre eigene Sexualität als prädisponiert empfinden muß, muß die individualgeschichtliche Entwicklung, von der diese Prädisposition beeinflußt worden ist (vorwiegend) vor dem Ende der Adoleszenz gesucht werden. Hier können vier grundsätzlich verschiedene Phasen oder Sphären theoretisch unterschieden werden:[3]

- eine *vorexistenzielle Phase* mit genetischen und/oder psychogenetischen Faktoren; diese Faktoren reichen vor die individuelle materielle Existenz des entsprechenden Lebewesens zurück, also vor dessen Zeugung);
- eine *vorgeburtliche Phase*; diese Phase umfaßt das Leben im Mutterleib und die Geburt;
- Sozialisierungsvorgänge *bis zur und während der Pubertät*;
- soziale Einflüsse und Bedingungen *nach der Pubertät*.

Im wissenschaftlichen Diskurs wird die erste Phase von MedizinerInnen und BiologInnen betont (während sie von SozialwissenschaftlerInnen ignoriert wird); PsychologInnen und SoziologInnen betonen die sozia-

---

3 Korrelierende Forschungsergebnisse bei John Money (Money 1988, 1989), »Lovemap«-Konzept, vergleiche Anmerkung 12 in diesem Kapitel.

lisierenden Phasen (während diese von naturwissenschaftlich orientierten WissenschaftlerInnen meist als nicht determinierend betrachtet werden); die vorgeburtliche Phase wird vergleichsweise wenig untersucht, meist nur von NischenwissenschaftlerInnen und in Zusammenhang mit der Erforschung von Angst (wie z. B. Grof 1985, 1991, Richter 1992). Im wissenschaftlichen Diskurs ist diese Auseinandersetzung in immer neuen Konjunkturen geführt worden, in jüngerer Vergangenheit unter dem Stichwort Nature/Nurture-Debatte. Diese Debatte hat den sozialen und sozialpolitischen Diskurs wesentlich beeinflußt, insbesondere was den gesellschaftlichen Umgang mit Nicht-Mainstream-Sexualitäten angeht, welches wiederum nicht ohne Rückwirkungen auf den wissenschaftlichen Diskurs selbst geblieben ist. In diesem für das vorliegende Thema relevanten Diskurs scheint es – insbesondere unter dem Einfluß der Psychoanalyse – zu einer Ablösung des Nature-Paradigmas durch das Nurture-Paradigma gekommen zu sein. Dabei hat die freudianische Psychoanalyse eine paradoxe Wirkung entfaltet. Einerseits hat sie deutlich gemacht, daß zwischen sogenannten normalen und sogenannten perversen sexuellen Verhaltensweisen keine grundsätzlichen Unterschiede bestehen, wie sie der Vor-Freudsche-Diskurs suggerierte. Anderseits suggeriert die Psychoanalyse selbst, daß sogenannte perverse Verhaltensweisen in einer unreifen und nicht abgeschlossenen (noch nicht zur genitalen Phase vorgedrungenen) Entwicklung der kindlichen Persönlichkeit zu suchen sind (vergleiche Freud 1961b, 1961c, 1961e). Dies kann (in möglicherweise letztlich mißbräuchlicher Verwendung der Psychoanalyse) zu einer gesellschaftlichen Auseinandersetzung beitragen, die die sexuell abweichende Persönlichkeit – ob Homosexuelle(r), FetischistIn, SMerIn – als zwar schuldlos, aber unreif, als Mensch mit einer psychisch steckengebliebenen Entwicklung, also letztlich wieder pathologisch und folglich therapiebedürftig definiert. Dies ist der derzeitig gesellschaftlich dominierende Diskurs mit dem sich jede sexuelle Minderheit – so auch die SMerInnen – auseinandersetzen muß.

Auf diesen Diskurs reagieren SMerInnen mit einer großen Distanz zu psychoanalytischen Konzeptionen und zur Psychotherapie. Dies kann dazu führen, daß psychotherapeutische Hilfe abgelehnt wird, obwohl das aus anderen (nicht mit der SM-Sexualität zusammenhängenden) Problemen geboten erscheinen könnte. Es wird befürchtet, die PsychotherapeutIn werde sich in die persönliche Sexualität einmischen oder hätte Vorbehalte gegen sie. Daraus entsteht die Angst, daß die eigene Sexualität zum Verschwinden gebracht werden soll. (Die schwul-lesbische Bewegung steuert ähnlichen Vorbehalten bei Schwulen bzw. Lesben mit einem Bundesverband schwul-lesbischer PsychotherapeutInnen entgegen; unter SMerInnen werden Informationen über SM-freundliche PsychotherapeutInnen weitergegeben).

Da biologistische Positionen zur Sexualität gesellschaftlich[4] auf dem Rückzug sind, erschien es mir zunächst erstaunlich, daß SMerInnen oft zu einer biogenetischen Erklärung ihrer eigenen Sexualität »Zuflucht« nehmen. Ich habe solche Thesen meist dann zu hören bekommen, wenn die betreffenden Personen mich nicht gut kannten, wenn ich für sie »ein unbeschriebenes Blatt« war, wenn ich für sie in der entsprechenden Situation nicht relevant war, wenn ich zufällig Gespräche zwischen anderen mithören konnte, oder wenn SMerInnen sich auf die Meinung Dritter bezogen haben. Sobald ich eine einschätzbare Figur war, hat man mich nur selten direkt mit solchen Positionen konfrontiert. Dies ist darauf zurückzuführen, daß ich als jemand positioniert werde, der biogenetisch-orientierte Positionen ablehnt (Vergleiche Kapitel 1, *Zur Spezifik der Beobachterposition*). Gelegentlich taucht auch eine Variante auf, die als psychogenetisch bezeichnet werden könnte. Ich zitiere die Aussage einer über 30 Jahre alten Frau: »So wie sich meine Eltern gegeneinander verhalten haben, wie die sich gefetzt und verletzt haben, muß das genetisch sein; die waren unbewußte SMer. Ich lebe das heute bewußt. Es muß also jedenfalls bei mir in den Genen liegen«. Bei dieser und ähnlichen Erklärungsfiguren ist nicht völlig geklärt, ob »Gene« mit vollem Ernst biogenetisch interpretiert wurden oder nicht auch nicht-biologische Übertragungsprozesse gemeint sein könnten. Solche Erklärungsfiguren kreisen jedoch um die genetischen Vorfahren.

Noch öfter werden (allerdings hier in relativer Übereinstimmung mit den dominierenden Tendenzen der Mainstream-Gesellschaft) Kindheitserlebnisse als Ausgangspunkt für die Selbsterklärung der jeweiligen spezifischen Tendenzen der eigenen SM-Sexualität angeführt. So unterlassen es fast keine Bondage-orientierte SMerInnen Kindheits-

---

4 Ende des 19. Jahrhunderts begann unter dem Einfluß des Marxismus und der Psychoanalyse ein anthropologischer Paradigmenwechsel, der den Menschen nicht biologistisch determiniert. Der Faschismus war ein biologistischer Rückfall, seit spätestens 1960 hat sich aber das soziale Paradigma als ideologischer Ausdruck aller reformistischen Strömungen durchgesetzt.

erlebnisse wie Indianer-Cowboy- und Räuber-Gendarm-Spiele mit spielerischen aktiven oder passiven Fesselungen mit der eigene Sexualität in Verbindung zu bringen. Dies wäre tatsächlich zwingend, wenn sich die Betreffenden an entsprechende sexuelle Gefühle tatsächlich erinnern könnten oder darauf spontan insistieren würden. Dies geschieht aber eher selten. Mein Hinweis, daß höchstwahrscheinlich fast alle Kinder entsprechende Spiele spielen, ohne deswegen später eine SM-Sexualität zu leben, wird dann als sehr störend empfunden. In ähnlicher Weise werden starke oder autoritäre Bezugspersonen während der Kindheit zur Erklärung für die Hinwendung zu dominanten SexpartnerInnen herangezogen, manchmal auch für die Hinwendung zur eigenen Dominanz im Sinne einer Übernahme von deren als attraktiv empfundenen autoritären Habitus oder als überwindende Gegenbewegung, als Umkehrung. Auch hier wäre dies nachvollziehbar, wenn eine sexuelle Besetzung der Gefühle zu diesen Personen oder zumindest ein spannendes Gefühl zu diesen Dominanzverhältnissen zum Ausdruck gebracht würde. Dies geschieht aber nur selten so glaubwürdig wie in dem Interview mit Uwe (siehe A1.1).

Sowohl bei der genetischen Variante wie auch bei diesen allzu einfachen, linearen Assoziationen von Kindheitserinnerungen könnte auch angenommen werden, daß dies ein Versuch sein kann, die »Erzählung« von der eigenen Lebensgeschichte (neu) zu gestalten.

Triebtätersyndrom

Viele SMerInnen fühlen sich – im Gegensatz zu Schwulen und Lesben – wegen eines Verhaltens angegriffen, nicht wegen einer Partnerorientierung oder wegen ihrer Identität. Gerade deswegen meinen sie mit dem Vorwurf konfrontiert zu sein, daß sie sich ja anders verhalten könnten – anders als Schwule und Lesben, deren sexuelles Verhalten kein gesellschaftliches Problem mehr sei, wenn deren gleichgeschlechtliche Partnerorientierung akzeptiert ist. Man kann die sozialpsychologische Situation von SMerInnen als einen Hang zum Sich-selbst-Kriminalisieren, als *Triebtätersyndrom* bezeichnen. SMerInnen glauben, sie würden von der sie umgebenden Gesellschaft als potentielle Sexualverbrecher angesehen. Das Triebtätersyndrom führt mit dazu, daß ein unverhältnismäßig großer Anteil von SMerInnen zu einer genetischen Erklärung der eigenen

Sexualität neigt. Dies soll – wie in abgeschwächter Form auch das frühkindliche Erklärungsmuster – entlastend wirken und von der repressiven gesellschaftlichen Kritik des eigenen sexuellen Verhaltens entheben. Dieser Prozeß kann als eine Form von gesellschaftlich notwendigen falschen Bewußtsein beschrieben werden, das im gewissen Sinne an ein Wort von Adorno erinnert (Adorno 1966).[5]

Die Entstehung einer SM-orientierten Sexualität wird selbst dort nur sehr unbefriedigend mit biogenetischen Voraussetzungen beschrieben werden können, wo möglicherweise ein biogenetischer Faktor zur Entwicklung einer spezifischen SM-Sexualität beigetragen haben könnte. Als Beispiel möchte ich dem für dieses Problem naheliegenden Fall einer schmerzorientierten M-Sexualität nachgehen. Die physiologische Grundlage der Transformation von Schmerz (und anderen körperlichen Folgen von Streß) in körperliche Empfindungen, welche diesen Schmerz verarbeitbar machen, besteht in der Ausschüttung von körpereigenen Opiaten, vor allem sogenannten Endorphinen. Diese Endorphin-Ausschüttung kann eine rauschhafte Befindlichkeit im Gehirn, die an sich schon euphorisch erlebt wird – von SMerInnen oft als Kopforgasmus bezeichnet – erzeugen. Faktisch identische physiologische Vorgänge gibt es beim Sport (Zehentbauer 1993), beim Bungee-Jumping, beim Bergsteigen (Aufmuth 1984a, 1984b), bei anderen (nicht SM-orientierten) Formen von Sex (Bolz 1992), beim Piercen oder ähnlichen Körpermanipulationen (Vale 1989), beim Tanzen und beim Gebären.[6] Dieser rauschhafte oder Trance-ähnliche Zustand kann unter bestimmten Bedingungen Sexualitäts-analoge Empfindungen auslösen (der Fakt selbst ist in der SM-Literatur beschrieben, u.a bei Califia 1992, Grimme 1996 und ist bei SM-Sessions durch das »Auftauchen« oder »Zurückbringen« der M-Person zu beobachten). Diese Endorphin-Ausschüttung funktioniert aber bei verschiedenen Personen verschieden. Auch wenn das Mobilisieren dieser Endorphin-Ausschüttungsfunktion bis zu einem gewissen Grad trainiert werden kann, scheint dieser Vorgang doch von der Konstitution des einzelnen Körpers und damit möglicherweise auch von biogenetischer Prädisposition abzuhängen.

Selbst wenn wir diese biogenetische Prädisposition unterstellen, sagt

---

[5] Diese Gedanken entwickelte ich erstmals in einem Referat über sexuelle Feindbilder (Elb 1999).
[6] Persönliche Mitteilungen zur Endorphin-Funktion beim Gebären von der SM-Bewegung angehörenden Ärzten, Hebammen und einer Mutter von zwei Kindern über deren eigene Erfahrungen.

diese aber wenig über die Entstehung von SM-Sexualität aus. Sie würde wenn es sich um nicht-schmerzorientierten SM-Sex handelte nichts erklären und selbst bei einer schmerzorientierten Sexualität bleibt der biogenetische Faktor, der die körpereigenen Opiate steuert, interpretierbar. Man könnte annehmen, daß nur Personen schmerzorientierte Sexualpraktiken ausüben, bei denen Endorphin-Ausschüttungen »gut« funktionieren – und dies wird möglicherweise oft der Fall sein. Es wäre aber genauso plausibel, dies genau umgekehrt zu interpretieren. Personen, deren Endorphin-Ausschüttung »schlecht« funktionieren, bräuchten eventuell besonders starke Reize, um die Endorphine zu einem befriedigenden Funktionieren zu bringen. Eine solche Person wird sich nicht mit leichtem Jogging zufriedengeben können, sondern »braucht« Leistungssport oder Bungee-Jumping, sie wird möglicherweise nichts mit »normalen« Sex anfangen können, sondern sie braucht z. B. Anal-Fisten oder Auspeitschungen. Die vorstehenden Zusammenhänge bestätigen sich auch darin, daß es in der SM-Szene Hinweise auf eine signifikante Gruppe von LeistungssportlerInnen gibt; einige von ihnen gaben ihren Sport auf, nachdem sie mit SM angefangen haben.[7] Es bestätigt sich auch, daß es Zusammenhänge zwischen der physischen Disposition zur Endorphin-Ausschüttung und einer schmerzorientierten Sexualität gibt, hierbei bleibt aber unklar, in welcher Weise diese Zusammenhänge sich konkret herstellen, sie werden individuell sehr verschieden interpretiert werden müssen. Darüber hinaus ist feststellbar – sowohl durch Beobachtungen von sexuellen Begegnungen von SMerInnen, als auch aus Erzählungen einzelner Personen – daß der Endorphin-Kick von psychischen Faktoren abhängig ist oder auch gesteuert sein kann. Es werden Bemerkungen über die Atmosphäre der Begegnung gemacht, oder darüber, daß die PartnerIn es »so weit gebracht hat«, daß sie mit extremeren Schmerzen umgehen kann.

Physische und psychische Dispositionen können bis vor die Geburt prädisponiert sein, ohne genetisch zu sein. Die Phase des Lebens im Mutterleib und der (eigenen) Geburt werden als prädisponierende Faktoren meistens wissenschaftlich »vergessen«. Das ist vom Vorgang her

---

7 Alleine in dem mir zugänglichen Teil der SM-Szene gibt es ein ehemaliges Mitglied der Schwimm-Olympiamannschaft, eine Vize-Weltmeisterin im Wildwasser-Kajak, SportlerInnen asiatisch inspirierter Kampfsportszenen, eine ambitionierte Fußballspielerin (eine Ausnahmeerscheinung, denn traditionelle Kampfsportarten wie Fußball oder Handball finden sich eher selten).

verwunderlich, denn daß dies ein besonders dramatischer, prägender Vorgang für ein in dieser Phase besonders empfängliches Lebewesen ist, wird kaum bestritten werden. Dieses »Vergessen« in der wissenschaftlichen Auseinandersetzung hängt eher mit der Dynamik der Nature/Nurture-Debatte zusammen. Lediglich von Angst-Forschern wie Horst-Eberhard Richter (Richter 1992) oder von aus der Forschergemeinde halb ausgegrenzten Nischenforschern wie Stanislav Grof (Grof 1985) wird diese Phase zum Mittelpunkt des wissenschaftlichen Interesses gemacht. Es gibt zwei Angsttypen (die beide durch die Geburt prädisponierend sein können): Die Angst, die Symbiose mit der Mutter aufgeben zu müssen, aus einer quasi idealtypisch sicheren Lebenssituation herausgeworfen zu werden und die Angst, im Geburtskanal während der Geburt stecken zu bleiben (oder zu ersticken). Beide Angstformen können natürlich für die Sexualisierung von Angst von Bedeutung sein. Wie verwickelt solche Probleme sind und wie vorsichtig ihre Bedeutung für ein Verstehen von SM-Sexualität betrachtet werden muß, zeigen Beobachtungen von SMerInnen, bei denen zwar ein Vorherrschen der einen oder anderen Form von Angst vorliegt, diese Angst aber nicht sexualisiert werden kann. Wenn es also einen Einfluß auf die Entwicklung der Spezifik einer individuellen SM-Sexualität gibt, besteht sie sehr oft darin, daß sie bestimmte sexuelle Praktiken und Themen behindert oder verhindert. Zum Beispiel sind gerade klaustrophobische Ängste von SMerInnen meist nicht sexualisierbar.

Horst-Eberhard Richter (Richter 1992) geht von einem für alle Menschen relativ ähnlichen Geburtserlebnis aus, welches die beiden erwähnten Angstformen ursprünglich erzeugt. Welche der beiden Angstformen für die entsprechende Personen welche Bedeutung annimmt, hängt aber seiner Theorie nach mit Erlebnissen nach der Geburt zusammen, die die eine oder andere Angstform für die entsprechende Person verstärkt oder nicht verstärkt. Stanislav Grof (Grof 1985) dagegen sieht die Entwicklung von Angst als auch die Entwicklung bestimmter sexueller Orientierungen (Gummi- und Lederfetischismus) in einem individuell unterschiedlichen Geburtserlebnis begründet, das er bei den von ihm untersuchten Personen mit bestimmten psychologischen Methoden wiederzuerinnern versucht. Zu seinen Methoden gehört auch der Einsatz von LSD – was ihn bei der etablierten Wissenschaft besonders unbeliebt gemacht hat. Er beruft sich auf Zwillings-Analysen. Die LSD-Methoden und die messianische Diktion seiner

Bücher provozieren auch bei mir eine kritisch-distanzierte Haltung; es ist aber unübersehbar, daß meine Beobachtungen bestimmter SM-Praktiken mit seinen Forschungen zu korrelieren scheinen: Atemkontrollspiele, »Spiele« mit Gummianzügen, »Verpackungen« in spezielle Lederschlafsäcke, klaustrophobische Arrangements u.ä. Wenn ich SM-Interaktionen dieser Art sehen kann oder in Gesprächen davon berichtet wird, scheinen die Grof'schen Thesen nachvollziehbar (auch wenn dies für Nicht-Betroffene vielleicht nicht so ohne weiteres verständlich erscheinen mag). Ein psychisch dramatisches Geschehen wird in SM-Aktionen in veränderter Weise wiederholt. Diese Veränderung besteht gerade darin, daß die Beteiligten sich eine Kontrolle über den Vorgang organisieren, den das ursprüngliche dramatische Erleben nicht beinhalten konnte. In diesem Wiedererleben kann deswegen ein Triumph für die Betroffenen liegen und in diesem Triumph könnte möglicherweise eine therapeutische Qualität liegen. Ich möchte dazu zwei konkrete Aktionen darstellen, die meiner Meinung nach eine dramatische Situation in diesem Sinne verdeutlichen. Im ersten Fall wird einem M-Mann mit Hilfe einer Gasmaske die Luftzufuhr eingeschränkt. An dem Schraubventil, das für den Filter der Gasmaske vorgesehen ist, wird ein Schlauch befestigt. Das Ende des Schlauchs steckt sich die S-Partnerin des Mannes in ihre Vagina. Sie bekommt damit ein sehr genaues Feedback der Atmung ihres Partners. In dem anderen Fall wird der Mann (wie bei einer Beerdigung) vergraben, die Luftzufuhr über einen solchen Gasmasken-Schlauch von der (mit der Atmung ihres Partners sehr erfahrenen) Partnerin reguliert.[8] Das Existentielle, das diesem Erleben innewohnt erinnert an das Existentielle des Geburtsvorgangs, die zum Ausdruck gebrachten Gefühle wirken ähnlich, Sex in Zusammenhang mit Gefahr, Lebensgefahr, Geburt und Tod (er-) scheinen greifbar.

Gelegentlich wird von SMerInnen problematisiert, ob auch Mißbrauchserfahrungen in der Kindheit ihre SM-Sexualität erzeugt haben oder Einfluß auf diese genommen haben könnten. Es werden hier kaum Schläge oder körperliche Bestrafungen usw. erwähnt. Viel öfter werden andere Mißbrauchsformen, vor allem sexuelle Übergriffe genannt, in den meisten Fällen von Frauen, aber auch (in deutlich geringerem Maße) von Männern. Wenn ich die Zahl von Frauen (und auch von Männern) in der SM-Bewegung, bei denen der Verdacht eines (meis-

---

8 Eine Aktion dieses Typs ist in der SM-Szene – wegen der damit verbundenen Gefahren – sehr umstritten.

tens sexuellen) Mißbrauchs während ihrer Kindheit mir zugänglich wurde, mit der Zahl der Menschen vergleiche, zu denen ich ein so vertrauensvolles Verhältnis hatte, daß sie mir ein solches Wissen mitgeteilt hätten (wenn es ihnen selbst zugänglich gewesen ist), komme ich auf eine Quote, die viel höher zu sein scheint als in der Gesamtgesellschaft.[9] Jedoch sind ähnliche überdurchschnittliche Werte von bewußt lesbisch lebenden Frauen bekannt (Bass 1990, Seite 250–251). Die Sexualität dieser Lesben (die nicht SMerinnen sind), im Vergleich zu Personen, die SM praktizieren, ist aber so verschieden, daß es eher unwahrscheinlich ist, allzu direkte Verbindungen zwischen der erwachsenen Sexualität und dem sexuellen Mißbrauch in der Kindheit abzuleiten. Viel naheliegender ist es, eine Verbindung zwischen einer vom sogenannten Normalen abweichenden bewußt gelebten Sexualität und dem Bewußtsein über den sexuellen Mißbrauch in der Kindheit zu ziehen. Nur für die vom sexuellen Normdiskurs »abweichenden« Menschen kann sich eine Frage nach dem »Warum« bzw. dem »Woher« der eigenen Sexualität stellen (der sich »normal« Empfindende wird sie als eine gegebene, nicht zu hinterfragende hinnehmen). Derart forschendes, selbstbeobachtendes Fragen kann leichter auf die Entdeckung eigener Mißbrauchserfahrung stoßen lassen. Das wiederum würde nahelegen, daß diese sehr viel höheren Quoten aus der SM-Bewegung und aus der lesbischen Bewegung auf die Gesamtgesellschaft übertragen werden müßten.[10]

Die meisten SMerInnen bringen eigene Mißbrauchserfahrungen nicht in direkten Zusammenhang mit ihrer SM-Sexualität. Soweit dies gelegentlich doch getan wird, fällt der hohe Anteil von Männern an dieser Art von Problematisierung auf. Einige Frauen berichten davon, daß ihre Mißbrauchserfahrungen ihre SM-Sexualität eingeschränkt haben, daß sie Teile, die ihnen möglicherweise andernfalls zugänglich gewesen wären, (vorsichtshalber) nicht leben können.[11]

---

9 Im einschlägigen therapeutischen Diskurs über die Häufigkeit des sexuellen Mißbrauchs wird von jedem dritten bis fünften weiblichen und von jedem siebenten bis zehnten männlichen Kind gesprochen. Mir ist nur ein Fall bekannt geworden, bei dem offensichtlich Prügelbestrafungen in der Kindheit bestimmte sexuelle Themen eingeschränkt haben könnten.
10 Diese Vermutung hat zwar etwas spekulativen Charakter. Es muß aber verdächtig erscheinen, daß dies nie untersucht worden ist. Die soziale und politische Erfahrung zeigt, daß meistens die Fragen nicht untersucht werden, deren mögliche Ergebnisse gesellschaftlich nicht erwünscht sind.

Sprache als Metapher für Sexualität

Im Diskurs der organisierten SM-Bewegung versucht man derartige »Warum?«-Fragen oft auszuklammern, indem lebensgeschichtliche Gründe der eigenen Sexualität als irrelevant dargestellt werden (»Wäre dein SM besser, wenn du genau wüßtest, woran es liegt?« / »Würdest du mit SM aufhören, wenn es an Mißbrauchserfahrungen liegt?«). Diese diskursive Strategie erscheint mir nicht sehr überzeugend und etwas kurzsichtig. Sie ist eine Ausweichbewegung. Es geht im eigentlichen Sinne auch nicht um eine »Warum?«-Frage, sondern um eine »Woher?«-Frage. Während »Warum?«-Fragen tatsächlich eine antitherapeutische und unproduktive Dynamik entfalten können, kann die »Woher?«-Frage gestellt werden, ohne damit der eigenbestimmten Lebensgestaltung im Wege zu stehen.

Ich verwende die vier oben erwähnten zeitlichen Phasen (vorexistentielle Phase, vorgeburtliche Phase, bis zur Pubertät und nach der Pubertät) als ein multikausales, deskriptives, chronologisches Modell, in dem sich die Entwicklungen individueller Sexualitäten beschreiben und verorten lassen. Ich gehe davon aus, daß die Bedeutung der einzelnen Phasen individuell sehr unterschiedlich sein kann und daß keine dieser Phasen generell prädisponierender als die anderen ist. Die jeweils individuellen Prädispositionen können in dieses Modell eingeschrieben werden.

Meine hier vorgeschlagene Untersuchungsweise bezieht sich auf das sexualtheoretische Paradigma von Sprache als Metapher für Sexualität. Ich übernehme dieses Konzept von John Money (Money 1988, 1989).[12] Die Muttersprache ist für das Individuum nicht wählbar, obwohl ihr Hauptcharakter zweifellos sozial und nicht genetisch determiniert ist. Wenn auch die Entwicklung der Sprachfähigkeit des Menschen genetischen Entwicklungen unterliegt (z. B. setzt die Sprachfähigkeit ein

---

11 Persönliche Mitteilung einer S-Frau, damals (1993) Anfang 30, dänischer Nationalität, während eines internationalen SM-Camps in Dänemark: Sie kann ihre (kleineren) masochistischen Anteile ihrer Sexualität nicht ausleben, weil sie Männern nicht trauen kann, wenn sie Macht über sie haben. Sie führt dies auf eine Vergewaltigung durch ihren Vater während ihrer Kindheit zurück.

12 »On the issue of the determinants of sexual orientation as homosexual, bisexual or heterosexual, the only sholarly position is to allow that prenatal and postnatal determinants are not mutually exclusive. When nature and nurture interact at critical developmental periods, the residual products may persist immutably. It will require new methodology and new increments of empirical data before the full catalogue of these residuals can be specified.

menschliches Gehirn, Ohren, einen Kehlkopf voraus), besteht doch kein Zweifel, daß die Muttersprache nicht genetisch programmiert, sondern von dem Menschen nach der Geburt, normalerweise durch die Ohren aufgenommen wird. Auch erscheint dem betroffenen Menschen seine sexuelle Orientierung nicht frei wählbar, sondern vordisponiert – sie wird als Schicksal empfunden – was aber nicht auf die den meisten Menschen gleichen genetischen Voraussetzungen sexuellen Erlebens (erotische Empfindungsfähigkeit der Haut, physische Voraussetzungen für die Orgasmusfähigkeit) zurückgeführt werden kann. Auf diese für (fast) alle Menschen zutreffenden Faktoren können nicht die Heraus-

>Meanwhile, it is counterproductive to characterize prenatal determinants of sexual orientation as biological, and postnatal determinants as not biological. the postnatal determinants that enter the brain through the senses by way of social communication and learning also are biological, for there is a biology of learning and remembering. That which is not biological is occult, mystical, or, to coin a term, spookological. Homosexology, the science of orientation or status as homosexual or bisexual rather than heterosexual, is not a science of spooks. Nor is the science of hetero sexology.« (Money 1988, Seite 50)

»Two paraphilic lovemaps that reciprocally match one another, as in sadomasochism, for example, may provide the basis for a consensual contract between two partners. Alternatively, one of the partners may accommodate to the paraphilic lovemap of the other partner, even to the point of collusion. The converse of accommodation is exclusion – the inchoate recognition of being left out in the imagery of the partner's paraphilic lovemap, and of being only an accessory, or a stage property, in a drama of love unrequited.

Paraphilc lovemaps are stable, usually over a livetime. There paraphilic content may be simple, unadorened, or homogeneous; or may be compound, elaborate, and hetrogeneous. The content may manifest itself promptly at puberty, or after a delay, with an interval of variable duration before imagery and ideation are transformed, if ever, into performance. The unfolding of the lovemap may be complete, on the first occasion, or in installments, like a drama with acts, scenes, and intermissions, each of variable duration. The series of installments may be misconstrued as separate paraphilias, instead of progressively enacted components of one multiplex paraphilia.

As in the case of native language, in the human species the lovemap is not innate, nor is it prenatally foreordained in all its details. It is not preprogramed, in toto, in the genome. The extent to which the genetic code may be responsible for programing prenatal components of the lovemap, however, remins to be ascertained. By anlogy with native language, it would appear that the brain must be a human brain, and that it must be healthy and intact, if the lovemap is to be healthy and intact.

Among linguists, there is increasing consensus that there is a »deep structure« of lnguistic template that predisposes the infant brain to assimilate and speak a native language, and do so sooner and more effectively than when acquiring a second language at a later age. Of course, no one will deny that the actual native language enters the brain through the ears, or alternatively through the eyes of the nonhearing, or the skin-sense of touch of those without either sight or hearing« (Money 1989, Seite 44-45).

bildung *unterschiedlicher* sexueller Orientierungen zurückgeführt werden. Wie jede Sprache eine Muttersprache für eine bestimmte Person sein kann, kann auch jede Sexualität zur grundlegenden sexuellen Orientierung einer Person werden. Offensichtlich können Menschen Fremdsprachen erlernen, wie das sexuelle Verhalten von Menschen (analog zur Fremdsprache) auch von der eigenen sexuellen Grundorientierung (analog zur Muttersprache) abweichen kann. Offensichtlich sind verschiedene Fremdsprachen verschieden schwer zu lernen, und offensichtlich ist die Fähigkeit zum Erlernen von Fremdsprachen bei unterschiedlichen Personen verschieden ausgeprägt. Ebenso ist die Kapazität zur Beherrschung verschiedener Fremdsprachen zwar individuell unterschiedlich, bei allen Personen aber begrenzt. So wie es unterschiedlich schwer sein kann Englisch, Latein, Griechisch oder Hebräisch zu lernen, so unterschiedlich schwer lassen sich auch sexuelle Verhaltensweisen praktizieren, die von der eigenen sexuellen Grundorientierung abweichen. Wie das Vokabular und die grammatikalische Struktur der entsprechenden Sprache, die sie erst verständlich macht, sind auch die Bedingungen und Bedingtheiten der eigenen Sexualität im Gehirn gespeichert, werden vom Gehirn gesteuert, sind aber nicht voluntaristisch von Ideen, Tabus, Dogmen oder Ideologien beeinflußbar. Diese »Lovemaps« bringen die Sexualität der betreffenden Person zum körperlichen Funktionieren und machen sie kommunizierbar – mit der Lovemap einer anderen Person. Lovemaps »depicting the idealized lover, the idealized love affaire, the idealized program of sexuoerotic activity with that lover, projected in imagery and ideation, or in actual performance« (Money 1989, Seite 43).

ChariSMa-Konzept

Moneys Lovemap-Konzept kann Sexualität beschreiben, wenn sie funktioniert – oder auch wenn sie nicht funktioniert. Es klärt aber nicht die PartnerInnen-Dynamik, die sich bereits in einem vorsexuellen Raum zu entfalten beginnt (in denen Lovemaps noch gar nicht kommunizieren können). Es klärt nicht, wie sich SMerInnen finden, und wie sie sich erkennen. Es klärt nicht, wieso dieser Findungsprozeß erstaunlich oft zu angemessenen Kontakten führt. Es erklärt auch nicht, wie das persönliche Profil von SMerInnen innerhalb der Szene dazu beitragen kann, die für sie erotisch tauglichen PartnerInnen anzuziehen und die untauglichen abzustoßen. Obwohl diese PartnerInnen-Dynamik für die SMerInnen eine konkrete Realität darstellt und als das Wirken höchst realer Kräfte empfunden wird, ist das Wirken eben dieser Kräfte kaum an beschreibbaren Issues festzumachen, dem Nicht-Insider (selbst SMerInnen, die keinen Bezug zur Subkultur haben) kaum nachvollziehbar zu machen. Diesen Fragen ist etwas atmosphärisches und vages nicht ganz zu nehmen.

Ich will versuchen mich mit einem Konzept zu nähern, das von dem Begriff des Charismas Anleihen nimmt. Mit diesem Konzept soll gezeigt werden, wie es zur Entwicklung von Beziehungen von SM-PartnerInnen (oder Partnergeflechten) kommt, wie eine Person von einer anderen Person als S- oder M-Gegenüber akzeptiert wird. Ich bezeichne es als ChariSMa-Konzept: [13]

- ChariSMa entsteht *nicht* wesentlich durch die Anwesenheit einer charismatischen Person, sondern durch eine interpersonale Situation, die einerseits von den an ihr beteiligten Personen abhängig ist und sich anderseits aber nicht auf eine einzelne interpersonale Situation reduzieren läßt. Sie gilt aber auch nicht für jede interpersonale Situation. ChariSMa ist eine kommunikative Energie – oder ein Medium (?).

- Eine bestimmte SMerIn kann für eine andere SMerIn entweder ein S- *oder* ein M-ChariSMa haben; dieselbe Person kann aber eventuell auch für andere Personen genau das gegensätzliche ChariSMa ausdrücken; die Entfaltung des ChariSMas und die Spezifik des ChariSMas (ob S- oder M-ChariSMa) hängt von der interpersonalen Situation ab. Es bleibt unklar, ob es ein SM-ChariSMa (also ein ChariSMa, das die S- und die M-Seite gleichermaßen ge-

---

13 Ich benutze die Schreibweise ChariSMa – in dekonstruktivistischer Weise – um auszudrücken, daß der herkömmliche Charisma-Begriff zwar in dem von mir benutzten Begriff hineinspielt, mit ihm oszilliert und Spuren hinterläßt – aber nicht mit ihm identisch ist. Der traditionelle Begriff (bezogen zum Beispiel auf Persönlichkeiten in Kunst und Politik) bezeichnet die außeralltäglichen Fähigkeiten einer Persönlichkeit »in den Augen einer verehrenden Gemeinde oder Anhängerschaft« (Kluge 1999, Seite 152). ChariSMa bezeichnet eine interpersonale (gewöhnlich zwischen zwei Menschen stattfindende) kommunikative Zuschreibung, die dann durch die Ausstrahlung dieses Paares in begrenzten Umfang (hier in der SM-Subkultur) nach außen wirkt.

genüber der gleichen Person umfaßt) gibt oder über eine längere Beziehungsgeschichte aufrechterhalten werden kann.

- Soweit das ChariSMa einer SMerin oder eines SMers außerhalb oder unabhängig von einer interpersonalen sexuellen Situation wirkt (zum Beispiel in der SM-Szene), wirkt sich die Geschichte der interpersonalen Begegnungen dieser Person aus. Dieser Vorgang gleicht einer Tradition.

- ChariSMa entscheidet über eine SM-Beziehung oder SM-Begegnung. Verschwindet das ChariSMa – oder wird es entzogen – dann erscheint lächerlich, banal und peinlich, was vorher spannend, erregend und überzeugend war.

Während Schwule und Lesben sich auch außerhalb eines schwul-lesbisch definierten sozialen Kontextes als Schwule und Lesben gegenseitig relativ leicht erkennen, trifft dies auf SMerInnen im wesentlichen nicht zu.[14] Selbst in einem Bereich, bei dem SMerInnen in einem sozialen (nicht sexuellen) Kontext zusammenkommen – wie beispielsweise an Stammtischen oder in Gesprächskreisen der SM-Bewegung – läßt sich nicht feststellen, ob eine Person mehr zur S- oder zur M-Seite neigt (oder sich zur Zeit zu der einen oder anderen Seite hingezogen fühlt) oder ob sie zu beiden Seiten neigt. Dies kann anders sein, wenn sie sich auf eine PartnerIn bezieht. Ein SM-Paar und die Identifikation von deren Rollenverteilung ist für SMerInnen manchmal auch außerhalb jedes SM-Kontextes erkennbar (eine Wirkung der interpersonalen Struktur von ChariSMa in einem vorsexuellen Bereich). Diese Erkennbarkeit vermittelt sich über etwas schwer darstellbar atmosphärisches – und über Gesten. Diese Gesten – oder auch die Art des Sprechens miteinander – können bei verschiedenen SM-Paaren ganz verschiedene Ausprägungen annehmen, eine ganz eigene Art von paarorientierter Kommunikation, die die Art der Distanz und die Linien des Machtaustauschs innerhalb dieser Beziehung enthüllen. Es entfaltet sich eine Art

---

14 Schwule und Lesben haben ein subkulturelles, nonverbales Kommunikationsverhalten, was dem Zweck der Kontaktaufnahme auch explizit dient und sich darüberhinaus auch bestimmten, nur von Insidern lesbaren Zeichen bedient, wie der Hanky-Code. Diese Zeichen wurden gelegentlich, in modifizierter Form, von der SM-Bewegung zu übernehmen versucht, spielen aber dort eine wesentlich geringere Rolle.

von Rollenverhalten, das mit geschlechtsspezifischen Stereotypen schon deswegen nicht per se zusammenfällt, weil diese konterkariert oder benutzt und überzogen statt reproduziert werden. Verbalisiert wird das etwa mit »dieses Paar ist bestimmt kein Mainstream-Paar«, »die haben doch bestimmt was damit zu tun«, »die ist doch bestimmt S, so wie die sich dem Typ gegenüber verhält« etc. Es scheint also so zu sein, daß das SM-Paar *nur* dadurch als solches evt. erkannt werden kann, wenn es sich in die eine oder andere Richtung von dem Verhalten eines Paares abhebt, das ein als gesellschaftlich angemessen angesehenes heterosexuellen Rollenverhalten praktiziert.

Dieses ChariSMa macht sich – negativ und entlarvend – bemerkbar, wenn der vorgespielten Rollenverteilung etwas unglaubwürdiges anhaftet, wenn, wie man innerhalb der Szene formulieren würde »etwas nicht stimmt«. Dieses »etwas nicht stimmen« muß wörtlich verstanden werden, es heißt nicht unbedingt, daß alles oder das meiste nicht stimmen würde. Für diese »Unstimmigkeiten« gibt es verschiedene Gründe, auch ist eine gewisse Diskrepanz zwischen einer aus den authentischen sexuellen Bedürfnissen gelebten und den vorgespielten oder vorgespiegelten Rollenverteilungen schon aus sozusagen sexualdemographischen Gründen innerhalb der SM-Szene unausweichlich. Die Zusammensetzung der SM-Population besteht aus einem unausgewogenen Verhältnis zwischen M- und S-Personen.

Dominanz des Masochismus

Es gibt ein Überangebot an Masochisten und Masochistinnen, ein Unterangebot an S-Männern und ein noch größeres Unterangebot an S-Frauen.[15] Die S-Frau hat deswegen eine außerordentlich starke Position in der SM-Szene, vor allem was ihre Chancen bei der PartnerInnen-Suche betrifft. Die Auswirkungen auf diese Bedingungen sind Promiskuität und eine Kompromißbildung bei der Paarbildung. Paare bilden sich oft aus hauptsächlich der M-Seite zugeneigten Personen, bei denen eine Person die S-Rolle einnimmt. Auch ein Teil der switchenden Paare

---

15 Diese Sexualdemographie ist (wie Beobachtungen auf ausländischen Szene-Events und ausländische Literatur zeigen) offensichtlich international und auch im homosexuellen Bereich feststellbar. Der Mangel an dominanten Personen ist bei Lesben noch größer, bei Schwulen verglichen mit der heterosexuellen SM-Population (etwas) kleiner.

wird auf diese sexualdemographischen Bedingungen zurückzuführen sein. In der SM-Szene vor 1998 waren signifikant mehr auf der S-Seite agierende Frauen auszumachen, was aber auch damals über die reale Verteilung hinwegtäuschte. Ein Teil dieser Frauen, die sich auf SM-Events dominant zeigten, waren außerhalb dieser Events auf der M-Seite (insbesondere gegenüber ihren Lebenspartnern). Gründe für dieses Verhalten könnten sein: Eine gewisse Vorsicht beim »Spielen« mit unbekannten oder nicht gut bekannten Männern, eine Annäherung an SM von der vermeintlich »sicheren« S-Seite aus (obwohl die eigentliche sexuelle Präferenz eher umgekehrt war) oder auch ein von emanzipatorischen bzw. feministischen Vorstellungen inspiriertes öffentliches Verhalten (»Ich spiel' denen doch hier nicht das Weibchen vor«) geschlechtsspezifische Rollenklischees nicht zu bedienen. In den letzten Jahren erscheint der Anteil der S-Frauen auf SM-Veranstaltungen und in der SM-Szene eher kleiner, was einer Angleichung an die wirklichen Präferenzen bedeuten könnte. Diese Relationen stehen in Zusammenhang mit der Vergrößerung der SM-Szene, mit der sich zwar auch die Zahl der S-Frauen erhöht hat, mit der aber auch ein noch schnellere Zunahme von M-Frauen verbunden war (jedenfalls soweit es deren öffentliche Präsenz in der SM-Szene betrifft).[16] Damit vergrößert sich das Partnerproblem der M-Männer, die eine S-Partnerin suchen, noch mehr. Viele M-Frauen bringen ihre M-Seite mit ihrer Weiblichkeit in Verbindung. Ein Mann dagegen reflektiert seine M-Neigung fast nie als explizit männlich. Viele S-Männer haben auch längere lebensgeschichtliche Phasen als M-Männer durchlaufen. Dieses Dominieren auch von M-Männern erklärt sich mir nicht wirklich schlüssig (sie widerspricht gerade Rollenstereotypen!). In der SM-Szene wird gelegentlich problematisiert, daß die M-Seite näher am Orgasmus, näher an der eigenen

---

16 Das bedeutendste (und auch wohl immer noch szenenahste) deutschsprachige SM-Magazin »Schlagzeilen« reproduziert diese Dominanz der M-Seite und das scheinbare Verschwinden der S-Frauen. In ihrer 55.Nummer (Erscheinungstag: 05.12.2000) gibt es keine Photographie einer gegenüber einem Mann dominierenden Frau mehr, lediglich vier pseudo-lesbische Dominas und eine Graphik im Rahmen der Vorstellung einer Künstlerin, andererseits 18 M-Frauen; Aber: Nur zwei M-Männer und ein (!) angedeuteter S-Mann, der nur von der Gürtellinie abwärts zu sehen ist (alle Angaben ohne Anzeigen). Dieses extreme Beispiel entspricht in keiner Weise den Verhältnissen in der SM-Szene und es ist auf Einflüsse zurückzuführen, wie die Verkaufbarkeit dieses Magazins auch außerhalb der SM-Szene. Es ist eine Folge der Kommerzialisierung dieser Zeitschrift, die ursprünglich aus der Hamburger SM-Szene hervorgegangen ist.

Sexualität liege als die S-Seite, daß S-Leuten, die nie ihre M-Seite gelebt haben, etwas fehle oder ähnliches. Unter Männern gibt es allerdings (auch wenn diese eine Minderheit bleiben) eine signifikante Anzahl, die sich konstant immer auf der S-Seite befinden und bereits während ihres ganzes SM-Lebens befunden haben. Mir selbst ist nur von ganz wenigen Frauen bekannt, daß sie ausschließlich die S-Seite einnehmen. Die Anzahl der Frauen jedoch, die immer die M-Seite eingenommen haben, ist größer als bei Männern. Ganz wenige Männer haben die S-Seite überhaupt nie kennengelernt. Viele M-Männer wurden durch die sexualdemographischen Bedingungen auf die S-Seite manipuliert. M. E. scheint sich eine gewisse Tendenz abzuzeichnen, daß die meisten Frauen ihre M-Seite als »masochistisch«, M-Männer sich eher als »devot« bezeichnen. Es gibt Hinweise darauf, daß innerhalb der SM-Szene die männliche Tönung von S- und M-Seite eher dominant bzw. devot ist, bei Frauen eher sadistisch bzw. masochistisch, was mit geschlechtsspezifischen sozialen Erfahrungen und mit entsprechenden ideologiegefärbten Werten korrelieren könnte.[17]

Innerhalb der SM-Szene scheinen M-Frauen, die sehr selbstbewußt wirken und die einen sehr souveränen Umgang mit ihrer M-Seite gefunden haben, häufiger anzutreffen zu sein als in ihrem Selbstverständnis ähnlich souveräne M-Männer. Tatsächlich ist bei Männern eher zu beobachten, daß sie beziehungsmäßige und soziale Unfähigkeiten in die eigene M-Sexualität zu integrieren versuchen, um sich auf andere Weise nicht mit ihnen auseinandersetzen zu müssen.

Es gibt einen bedeutenden Anteil von sowohl auf der S- wie auf der M-Seite agierenden SMerInnen. Selbst unter den SMerInnen, die sich einseitig entweder als S oder M definieren, gibt es eine bedeutende Anzahl, die die jeweilige Gegenseite vorher längere Zeit gelebt hat. Im diesem Sinne könnte man davon sprechen, daß fast alle SMerInnen lebensgeschichtlich SwitcherInnen sind. Die SM-Sexualität (soweit sie jedenfalls

---

17 Fast scheint hier die (vielleicht in dieser Form nicht ganz zutreffend) Freud zugeschriebene These vom »weiblichen Masochismus« wiederaufzuerstehen. Ich ziehe es vor, Masochismus und Sadismus als weibliche Elemente und andererseits Dominanz und Devotheit als männliche Elemente zu verstehen. Letzteres würde den in der männlichen Welt affirmativ besetzten Ideologien vom »Befehl und Gehorsam« entsprechen. Die mehr auf die direkte körperlichen Empfindung reflektierenden Begriffe von Sadismus und Masochismus könnten mit der weiblichen Erfahrungssphäre von körperlicher existentieller Gefahr (Geburt) und Sex zusammenhängen.

in der SM-Szene beobachtbar ist) kann also in verschiedener Hinsicht als von etwas entscheidend geprägt geschildert werden, daß ich als die Dominanz des Masochismus konzeptualisieren möchte.

Verbale Kommunikation vor, nach, während und über SM

In unserer Gesellschaft steht der Geschwätzigkeit über das Thema Sex das Schweigen über den konkreten Sex zwischen den sexuellen PartnerInnen gegenüber – soweit es sich um das stereotype Paar mit stereotypen Sex handelt. Über Sex zu einem konkreten Partner wird nur gesprochen wenn er schief geht. Dies ist meiner Beobachtung nach bei den SMerInnen, die sich auf die SM-Subkultur beziehen, ganz anders. Man kann deswegen von einem Konzept der verbalen Kommunikation vor, nach, während und über SM sprechen.

Besonders signifikant ist, daß eben nicht nur über Sex gesprochen wird, wenn es Schwierigkeiten gibt, daß Sex nicht nur problematisiert wird, sondern daß sich vor allem auch über gelungenen Sex verbal auseinandergesetzt wird. Dieses Sprechen über Sex hat eine forscherische Komponente: Es dient zur Auslotung dessen, was sich mit der PartnerIn in einer bestimmten Beziehungskonstellation entwickelt hat und sich weiter entwickeln läßt. Diese Verbalisierung scheint auch deswegen notwendig, weil keine allgemeinverständlichen kulturellen Muster vorliegen, welche scheinbar einen automatischen oder stereotypen Ablauf einer sexuellen Begegnung wie als »von selber« ergebend regeln oder durch entsprechende Gesten entschlüsseln. Dies kann mit der noch relativ schwachen subkulturellen Durchdringung zusammenhängen. Auch hier gibt es Ähnlichkeiten zu anderen sexuellen Minderheiten, wie Schwule und Lesben. Während diese eine Kommunikation benötigen, weil geschlechtsspezifische Rollenklischees fehlen, die der sexuellen Begegnung (scheinbar) einen »natürlichen« Verlauf evozieren, ist es bei SMerInnen vor allem eine Absprache darüber, was geht, bzw. was gehen soll. Wie beim Fisten eine klare Aussage (der zu Fistenden) da sein muß, daß diese Praktik möglich ist (A1.3, Interview Sahra), muß zum Beispiel zwischen SMerInnen ein Aushandelsmodus gefunden werden, der beinhaltet, daß zum Beispiel die Erzeugung heftiger Schmerzen oder Atemkontrollspiele, oder das Verletzten der Haut möglich ist. (Bei Schwulen allerdings gibt es – im Gegensatz zu

SMerInnen – eine wesentlich höhere Bedeutung nonverbaler Signale, möglicherweise ist dieses ausgefeiltere Zeichen- und Gestensystem auf deren wesentlich höhere subkulturelle Durchdringung zurückzuführen).

Zur verbalen Kommunikation gehört natürlich auch das sexualisierte Sprechen, das direkt Lust erzeugen soll. Dies kann Dirty Talk sein. Dies kann aber auch das schon erwähnte forscherische Sprechen über Sex sein, wenn dies dazu verwendet wird, eine sexuelle Situation (wieder) zu eröffnen.

Die Dynamik und die Spezifik der SM-Sexualität *fordert* (im Vergleich zur Mainstream-Sexualität) ein Sprechen über Sex und ein ganz anderes Niveau des sich verbal vermitteln Müssens. Dieses entfaltet gleichzeitig ein Potential, welches die Ambitionierung der Sexualität der sich begegnenden SM-PartnerInnen *fördern* kann.

Konzept der SM-Begegnung

Diese größtenteils verbal festgelegten Gestaltungsmechanismen und dieses Sich-Absprechen *vor* einer sexuellen Interaktion führt mit dazu, daß eine sexuelle Begegnung innerhalb der deutschen Szene als *Spiel* bezeichnet wird.[18] Der Spiel-Begriff suggeriert eine Metaebene. Ein solcher Diskurs hat eine gewisse Substanz, wenn es darum geht, die Teile von Gewalt, mit denen SMerInnen spielen von anderen Formen von Gewalt abzugrenzen. Diese Einführung einer Metaebene führt aber auch zu einer Diskursivierung von SM-Handlungen zu einem *Als-ob-Geschehen*. Dieses führt zu einem Paradoxieren von SM in der Selbstwahrnehmung von SMerInnen. Es wird postuliert, daß SM paradox sei – insbesondere zur sogenannten Realität (in der Realität sind die PartnerInnen gleichberechtigt, in SM sind sie nicht gleichberechtigt). Damit wird der Realitätsgehalt einer SM-Interaktion von den in ihr agierenden Personen vernebelt und dissoziiert. Dieser Prozeß kann als eine elegante psychische Strategie verstanden werden, mit der die involvierten Personen ihren SM möglichst normal werden lassen wollen. Es stellt sich die Frage, ob damit ihre Sexualität entdramatisiert werden soll. Dies steht in einem eigenartigen Gegensatz zur Intensität der dabei

---

18 In der anglo-amerikanischen Literatur wird von SM-Session gesprochen. Der Begriff Session ist zwar auch in die deutsche SM-Sprache eingegangen, jedoch wird signifikant häufiger der Begriff Spiel benutzt.

erlebten Empfindungen – in gewissem Sinne zu deren körperlichen Realität. Dies gerade könnte allerdings tatsächlich paradox sein.

Ich will für meine Recherchen von einem anderen Konzept ausgehen, welches ich das Konzept der *SM-Begegnung* nenne. Mein Begriff von Begegnung betont die Einseitigkeit der in einer SM-Interaktion wirkenden Handlungen und die Verschiedenheit der in ihr agierenden Personen. Ich begreife die sich Begegnenden als Gegenüber und – in einem sehr wörtlichen und inhaltlichen Sinne – als GegnerInnen, denn sie sollen sich begegnen.[19]

Nicht-sexuelle Aspekte von SM

SMerInnen können von ihrem SM nicht sprechen, ohne Elemente zu erwähnen, deren Zuordnung zum Bereich der Sexualität im engeren Sinne nicht recht gelingen will. Und es wird unmöglich sein, SM befriedigend wissenschaftlich darzulegen, ohne zu versuchen, neben den sexuellen Aspekten die nicht-sexuellen Aspekte von SM zu beschreiben.

Natürlich sind nicht-sexuelle Aspekte auch in der Sphäre der Mainstream-Sexualität konstatierbar. Neben allen möglichen (und unmöglichen) romantisierenden Konstruktionen im Diskurs, den dort die PartnerInnen miteinander entwickeln, wird man vor allem den Begriff der *Liebe* nennen müssen (ganz gleich, ob der Gebrauch dieses Begriffs eine sehr ernsthafte oder auch verkitschte Form annehmen mag). Vor allem im deutschen Sprachraum[20] kann Liebe nicht mit der körperlich-sexuellen Ebene gleichgesetzt werden. Mit den nicht-sexuellen Aspekten von SM meinen die SMerInnen aber etwas, das als nicht-sexuelle Selbsterfahrungen einzuordnen ist, die aber der körperlichen Sphäre relativ eng verhaftet bleiben. Solche nicht-sexuellen Selbsterfahrungen empfinden (natürlich) die betroffenen Personen als höchst individuell

---

19 Ich verdanke diesen Begriff *Gegner* Angelika Aliti. Es ist jedoch zu berücksichtigen, daß meine Übernahme sehr frei ist, und daß Aliti den Begriff in einem etwas anderen Kontext, jedoch auch auf das Verhältnis von Frauen und Männern anwendet (Aliti 1993).

20 Im Anglo-Amerikanischen ist der Begriff *love-making* wesentlich näher am körperlich-sexuellen Begehren. Eine amerikanische Studie hat den Titel *Different Loving. The World of Sexual Dominance and Submissing* (Brame 1996). Soweit im Deutschen gelegentlich Liebe in ähnlicher Weise als Metapher für Sexualität gebraucht wird, scheint dies ein (noch) nicht sehr tief verwurzelter Anglizismus zu sein.

(was soweit gehen kann, daß sie diese Erfahrungsqualitäten keineswegs immer allen anderen SMerInnen zubilligen wollen). Wenn ich also im Folgenden diesen Teil der Empfindungswelt einer nachvollziehbaren Betrachtung zugänglich zu machen versuche, dann muß vorbehalten bleiben, daß diesem Versuch etwas grobskizziertes, etwas vages und vielleicht auch etwas spekulatives anhaften wird.

Es können dabei zwei Richtungen festgestellt werden, die in Erzählungen der SMerInnen feststellbar oder in der szenenahen Literatur auffindbar sind. Die eine Richtung wird – je nach Standort der betroffenen Personen – mit Begriffen wie *magisch* oder *spirituell* belegt. Es ist kein Zufall, daß die amerikanische lesbische SM-Autorin und Sexualerzieherin Pat Califia den Begriff Sex-Magie für SM eingeführt hat. Es ist auch kein Zufall, daß gelegentlich religiöse oder Äquivalente für religiöse Gefühle genannt werden.[21] Es ist auch kein Zufall, daß die Betroffenen nur relativ zögerlich davon sprechen, sich oft nur in Andeutungen von »opfern«, »aufschauen« (und andere idealisierenden Begriffen), »er bringt mich durch seine Dominanz dazu, daß ich diese Schmerzen aushalten kann« usw. ergehen. Die von der M-Person erlebte »Hingabe« wird als etwas wertvolles oder ethisches oder heiliges empfunden, welches als unabhängig von der darin enthaltenen sexuellen Komponente wahrgenommen wird.

Auch bestimmte Gesten – z. B. das Knien – scheinen oft keinen direkten sexuellen Bezug zu haben, aber eine Funktion um eine atmosphärische Differenz zu schaffen. Immer wieder explizit oder implizit erwähnte kathartische Elemente gehören in diesen Bereich, ebenso wie ein Verhalten eines SM-Paares, das die Fraglosigkeit der in ihm waltenden Hierarchie durch eine konzentrierte und fortgesetzte (aber meist nichtstandardisierte) Gestenproduktion mit Leben erfüllt. In diesem Ausleben nicht-sexueller Elemente von SM kann der Versuch gesehen werden sich gegenüber der zivilen Alltagswelt, mit ihren regulierenden, determinierenden, einengenden und langweiligen Bedingungen eine andere – aber deswegen nicht weniger reale – aufregendere und erfüllendere Welterfahrung auszusetzen, ähnlich religiösen Lebenswelten und spirituellen Erfahrungen.[22] Es kann sich im SM – gegenüber dem Miß-

---

21 Vergleiche auch die Ausführungen im nächsten Kapitel.
22 Hier können freilich Verbindungen zur Philosophie über das Wesen der Sexualität überhaupt gezogen werden – etwa die Ausführungen zum heiligen Eros bei Bataille (Bataille 1962, 1963, 1977) oder die Untersuchungen über Eros und Spiritualität des

brauch der Macht in gesellschaftlichen Kontexten – die Sehnsucht nach einem guten Gebrauch der Macht ausdrücken. Es kann der Versuch sein, (als S) »seine eigene Größe zu ergreifen« oder (als M) »der Größe« einer anderen Person zu begegnen.

Die andere Richtung, die sich begrifflich weniger einheitlich äußert, möchte ich unter *Initiationen* zusammenfassen (obwohl dieser von mir hier zu einer gewissen Kategorisierung benutzte Begriff selbst höchstwahrscheinlich nie auftaucht). Hier spielen Gefühle eine Rolle, sich etwas zu beweisen und bewiesen zu bekommen (»durch etwas hindurchgehen«); »Liebesbeweise« sollen eine rein rhetorische und symbolische Ebene überwinden. Es kann auch darum gehen, eine Art Wahrheit durch Hierarchie zu erleben, die Souveränität zu erreichen, »unnormal« sein zu können oder sich einer antizivilisierten oder vorzivilisierten Welt auszusetzen.

Auch die Reminiszenzen der SM-Sprache an Perioden, die vor der gegenwärtigen Zivilisation liegen, könnten dafür ein Hinweis sein (Sklave, Sklavin, Herr, Herrin, Mistress, Meister usw.).[23] Dies kann mit elitären Ideologien verbunden sein: Züchtigung oder Zucht kann auch bedeuten, sich selbst oder den/die PartnerIn hochzuzüchten oder mit Veredlung zu tun haben. Es ist vielleicht interessant, daß diesen Tendenzen in der SM-Bewegung entgegenzuwirken versucht wird, indem diskutiert wird, daß SMerInnen *nicht* die besseren Menschen sind.

Auch »Wunden« können hiermit im Zusammenhang stehen, in Form von Tattoos, Schmucknarben, Piercings – oder von SM-Aktionen mit Blut. Es ist festzustellen, daß Techniken, die bewußt zum Bluten führen sollen, eine Domäne von Frauen sind. Dies kann auf den selbstverständlicheren Umgang von Frauen mit Blut aufgrund ihrer Erfahrung mit Menstruationen zurückgeführt werden. Die Hemmungen der meisten Männern in Bezug auf Blut scheinen viel höher zu sein. Andererseits kann Blut für die (wenigen) Männer, die sich in entsprechende Ak-

---

deutschen Benediktinermönchs Anselm Grün (Grün 1993). Auch wenn de Sade eher wenig aufschlußreich für SM im hier vorliegenden Sinn ist, könnte hier sein Freiheitsbegriff genannt werden, der eben nicht durch die Freiheit eines anderen begrenzt wird (Sade 1962, 1992). Philosophischen Implikationen im engeren Sinne sprengen aber den Rahmen dieser Recherchen.

23 Der Gebrauch von Begriffen wie Sklave/Herrin usw. ist aber auch einer anderen Erklärung zugänglich: Es könnte sein, daß damit ein Verhältnis kreiert werden soll, was die letztlich nicht als so »normal« (wie der Szene-Diskurs glauben machen will) empfundenen SM-Handlungen »normal« machen soll.

tionen einlassen, zu einer extremeren Erfahrung werden als dies viele Frauen empfinden würden.[24]

Die Initiationserfahrung kann auch den Schmerz als solchen betreffen. Es kann um einen Lernprozeß gehen, der Schmerz nicht mehr als etwas fremdes, sondern als etwas ursprüngliches erleben läßt (»in den Schmerz hineingehen«). Hier sind die Übergänge zu direkt sexuellen Empfindungen aus den oben erwähnten physiologischen Gründen sehr fließend.

In manchen Fällen hat die erste SM-Erfahrung eines sich als heterosexuell verstehenden Mannes (meist eines M-Mannes) mit einem anderen Mann initiatorischen Charakter – was bei entsprechenden SM-Begegnungen zwischen Frauen weniger ausgeprägt zu sein scheint. Diese homoerotischen SM-Begegnungen können natürlich einen ausgeprägt sexuellen Charakter haben, was jedoch nicht immer der Fall ist. (Es ist auch möglich, daß eine sexuelle Komponente, wenn vorhanden, sich nicht auf den anderen Mann bezieht, sondern auf eine anwesende Frau).

Auch Gefühle von Scham und Schande können in diesen Komplex hineinragen. Sie können eine eigene nicht-sexuelle oder vorsexuelle initiatorische Erlebnisqualität haben in dem Sinne, sich damit gegenüber dem Partner bzw. der Partnerin in besonders extremer Weise bloßzustellen (oder bloßstellen zu lassen). Es ist jedoch auch sehr oft so, daß Scham oder Schande eine unmittelbar sexuelle Komponente haben.

Die Abgrenzung zwischen diesen nicht-sexuellen und den sexuellen Aspekten von SM wird schwierig, wenn versucht wird, die Interaktion der ParterInnen sich als Gesamtprozeß analytisch vorzustellen. Elemente, die während der Interaktion der PartnerInnen nicht-sexuell gewesen sein mögen, können sich zeitlich versetzt sexuell auswirken – und möglicherweise auch umgekehrt. Es muß auch erwähnt werden, daß es (wenige) SMerInnen gibt, die diese nicht-sexuellen Aspekte von SM nicht zu sehen vermögen.

Ein sehr spezielle und spekulative Frage, die im Szenediskurs immer wieder auftaucht, ist die, ob SM etwas mit Tod zu tun haben könnte[25]. Wenn dies der Fall wäre, hätte dies sowohl etwas mit Spiritualität wie mit Initiation zu tun. Dabei würde es in die Irre führen, eine Verbindung

---

24 Zur psychoanalytischen Interpretation von Wunden als männliche Initiationserfahrung sind die Forschungen von Bruno Bettelheim aufschlußreich (Bettelheim 1975).
25 Das SM-Szene-Magazin Schlagzeilen widmet »Abschied ... SM und Tod« ein Schwerpunktthema (Nummer 50, Januar/Februar 2000).

zu Tod – etwas platt – in Zusammenhang mit dem schwarzen Szeneoutfit bringen zu wollen (obwohl auch das gelegentlich wahrscheinlich vermittels Einflüssen aus der Gruftiszene versucht wird). Die mythologische Farbe des Todes ist aber nicht schwarz, sondern weiß.[26] Schwarze Kleidung als Szeneoutfit hat eher etwas mit Begriffen wie Nacht, Keller, Dunkelheit, Konspiration, Geheimnis zu tun. Schwarzes Leder kann rasierte Haut symbolisieren. In der Literatur finden sich auch Verbindungen zum Begriff des Schattens, teils mit Bezug auf C.G. Jung (Cowan 1992, Moore 1990). Es könnte trotzdem sein, daß SM damit zu tun hat, sich mit dem Problem der eigenen Sterblichkeit rituell auseinanderzusetzen. Eine Zuschrift einer Leserin an die Szene-Zeitschrift Schlagzeilen:

> »SM und Tod. Daß beides etwas miteinander zu tun haben könnte, kam mir einigermaßen früh in meiner SM-Entwicklung in den Sinn, nämlich als ich den Film ›Men Maniac‹ über die US-amerikanische schwule Lederszene im Kino sah. Da trat, soweit ich mich erinnere, ein Schwuler auf, der erklärte, daß SM natürlich ganz viel mit dem Thema ›Tod‹ zu tun hätte. Was genau, hab ich leider vergessen, aber einleuchtend schien mir das gesagte anhand der Bilder von einer SM-Aktion, während der jemand komplett in Gummi eingepackt war, d.h. in so einem Sack mit Reißverschluß, in dem man gerade noch seinen kleinen Finger bewegen kann, plus Maske, die einen so eben noch atmen läßt. Daß das nahe am Sarg war, schien mir intuitiv klar. Klar war mir auch, daß es mir angst machte und ich es zugleich faszinierend fand, und letzteres vor allem, weil dieser Mensch nicht alleine war, sondern weil da jemand war, der ihn durch die Gummihaut (oder in seinem Gummisarg) berührte. (...) Vor etwa einem Jahr sah ich meinem Freund genau so: vollständig eingepackt und bewegungslos, total ausgeliefert, mit absolut eingeschränkten Sinneswahrnehmungen und reduzierter Atemtätigkeit. Das erschreckende an dieser Situation war, daß ich das Gefühl hatte, daß so wenig von ihm da war, daß ich von seiner Person, seiner Persönlichkeit nicht mehr viel erkennen konnte. Er kam mir sehr, sehr fern vor, auch wenn er direkt vor mir lag – die Entfernung eines anderen Zustandes. Hier ist dann wohl die Verbindung mit dem Thema ›Tod‹: Jemand, der mir sehr nahe war, befand sich plötzlich in einem Zustand der totalen Ferne, an einem Bewußtseinsort, zu dem ich nicht mehr

---

26 Dieser Zusammenhang wurde u. a. nachgewiesen in der Ausstellung »Die weiße Göttin?« des Frauenmuseums Wiesbaden (1998). Ein Nachhall innerhalb des Christentums für »weiß« als Farbe des Todes sind die weißen(!) Gewänder höherer kirchlicher Würdenträger.

folgen konnte, den ich nicht einmal nachvollziehen konnte. Er war komplett ausgeschlossen von der ›normalen‹ Welt, der normalen Daseinsweise, in der man sieht und riecht und hört und schmeckt, in der man anderen Menschen begegnet, sich bewegt, kommuniziert. Er war nicht mehr in meiner Welt.

Aber ähnlich wie in meiner Erinnerung an den Film gab es die Berührung, die die Welten-Trennung aufheben konnte: Indem ich ihn durch die Gummihaut berührte, streichelte, konnte ich ihn da erreichen, wo er war, konnte für ihn spürbar machen, daß ich da war.

Das ist wie ein kleines Wunder im SM: daß wir uns in andere Bewußtseinszustände, daß wir uns aus der Welt katapultieren und daß wir dabei nicht alleine sind. Auch wenn der/die andere uns nicht folgen kann in den Zustand, in den wir geraten, kann er/sie uns begleiten. Vielleicht ist es dadurch möglich, sich mit SM an Zustände, die etwas mit Tod gemeinsam haben, heranzuwagen: weil jemand bei uns ist. Für mich etwas ungeheuer Tröstliches, denn das erschreckende am Tod ist wohl die absolute Einsamkeit – und daß niemand mitgehen wird, wohin wir gehen.

»Susanne« (Schlagzeilen Nr. 50, Hamburg Januar 2000, Seite 46).[27]

SM ist also möglicherweise ein relativ zivilisierter Versuch, sich mit Tod auseinanderzusetzen, nicht unähnlich religiösen Ritualen und sehr ähnlich Kampfsportarten, die symbolisch den Tod des Gegners ausdrücken (Fechten, Boxen, asiatischer Kampfsport).

Vier dilemmatische Probleme von SM

Jede Sexualität, die auf längerfristige Partnerschaften orientiert ist, bringt offensichtlich einen Diskurs über Liebe hervor, der ohne Sexualität nicht denkbar ist und – noch wichtiger – einen Diskurs über Sexualität, der (angeblich) nicht ohne Liebe auskommt. Dabei ist es besonders interessant, daß nahezu niemand imstande zu sein scheint, auszudrücken, welchen konkreten Inhalt Liebe für sie oder ihn hat. Es werden nahezu ausschließlich Gemeinplätze oder Tautologien genannt. (»jeder liebt doch«, »Liebe kann man nicht erklären«, »wenn die richtige kommt,

---

27 Hervorhebungen von mir (N.E.). Die Autorin des Beitrags (damals 27 Jahre alt) und ihr Freund sind mir persönlich bekannt. Ich konnte durch persönliche Gespräche das hier geschilderte näher verifizieren.

schlägt die Liebe ein«, »Liebe ist Liebe«, »wenn ich so eifersüchtig bin, dann liebe ich auch«, »ich fühle, daß ich liebe« usw.). Es fällt auf, daß der hohen affektiven Besetzung des Begriffs nur sehr flache Formulierungen gegenüberstehen, daß Liebe nur affirmatorisch begriffen wird, ein dramatisches Potential nur ausgedrückt wird in dem Fall, daß sie schief geht.[28] Es wird kaum überraschen, daß dies im Mainstream-Bereich so ist. Eine Minderheit von SM-Paaren reklamieren andere Konstruktionen für ihre Beziehungen – z.B. Loyalität, (eine vom konventionellen Liebesbegriff relativ unabhängige) Hingabe oder Unterwerfung, bzw. »Versklavung« (was manchmal als zuverlässigere Bindung angesehen wird als Liebe[29]). Die Mehrzahl der SM-Paare nehmen jedoch an einem relativ konventionellen Liebes-Diskurs teil. Es wird Liebe gesucht und es werden Liebesbeziehungen gesucht. Im Gegensatz zum Mainstream-Diskurs gibt es allerdings eine (etwas) höhere Akzeptanz von einseitigen Liebesbeziehungen (das SM-Stereotyp ist der/die liebende M-PartnerIn mit dem/der nicht-liebenden S-PartnerIn; es kann sich aber abweichend davon in der Realität auch anders, komplizierter darstellen).

Liebe/Erotik-Dilemma

Das Hauptproblem sowohl in der Mainstream-Welt, wie auch in der SM-Welt kann als ein Liebe/Erotik-Dilemma bezeichnet werden, wie es der Hamburger Philosoph Holger Schenk untersucht. Wenn Schenk recht hat, dann hat der Diskurs über Liebe mit Nähe zu tun, die Entstehung erotischer Spannung hat aber (in der beobachtbaren Realität) mit Distanz zu tun. Deswegen die hohe erotische Spannung mit unbekannten PartnerInnen, bei Kontakt mit einem »neuen« Körper, bei »illegalen« Sexualkontakten usw. aufgrund des Zusammenhangs von »Geheimnis,

---

28 Es stellt sich die Frage, wie ein ernstzunehmenderer Diskurs über Liebe vorstellbar wäre. Ein Hinweis könnte die (nicht ganz gesicherte) etymologische Spekulation geben, die »Liebe« und »Glauben« beide mit »Laub« in Verbindung bringt, was auf das Begehren von Tieren nach Laub zurückgeführt werden kann. Demnach könnte Liebe als Glaube an einen Menschen gesehen werden. Buber führt dazu aus, daß Liebe selbst kein Gefühl sei, wiewohl sie mit Gefühlen erlebt wird und mit Gefühlen zusammenhängt (Buber 1958)
29 Literarisch – allerdings aus dem lesbischen Bereich – hierzu aufschlußreich: Johnson 1999 (insbesondere S. 222f) und Réage 1954 (Seite 137, 226–227).

Illusion und Lust« (Schenk 1995). Nähe stört also eher bei der Erzeugung sexueller Spannung.[30] Die stark asynchrone Struktur der sexuellen Begegnung zwischen SMerInnen könnte der Versuch sein, mit diesem Dilemma umzugehen. Praktisch dienen dazu die manchmal ausgefeilten hierarchischen Settings (wie zum Beispiel Rollenspiele), die einseitige Machtverteilung während einer Begegnung, martialische Symbole und Gesten, die symbolische Wirkung der jeweiligen Elemente von Gewalt, das Benutzen von tabuisierten sexuellen Verhaltensweisen, die Konterkarierung von Geschlechterrollen. Verbalisiert wird dies mit Formulierungen, die in der einen oder anderen Form die Entfernung oder den psychischen Abstand innerhalb der SM-Aktion verraten (in einigen Fällen auch dann, wenn auf einer oberflächlichen Ebene vom individuellen Bewußtsein der Beteiligten »Nähe« intendiert zu sein scheint). Zum Beispiel ist das Gefühl, sich zu schämen von dem Gefühl sehr entfernt, sich an der Scham der PartnerIn sexuell zu berauschen (auch wenn die betroffenen SM-PartnerInnen möglicherweise dieses Erleben als einen Moment intimer Nähe wahrnehmen).

Wie bei jeder auf längerfristige Beziehungen gegründete Sexualität, besteht das Problem, daß die sexuelle Ebene sich mit anderen (nichtsexuellen) Ebenen der Beziehungen gegenseitig beeinflußt. Das Problem wird meistens implizit (meist nichtausgesprochen) so gesehen,

---

30 Ich folge hier Schenk. Geheimnis, Illusion und Lust. Das Spiel mit der sexuellen Spannung. Reinbek 1995. Das Problem ist aber auch der philosophischen Auffassung zugänglich, daß auch Liebe sich nur durch Distanz entwickeln kann (vergleiche Angelika Aliti 1993: »Frauen und Männer sind Gegner, denn sie sollen sich begegnen«). Wenn auch Liebe in einer interpersonalen Situation entfaltet, kann sie doch als einseitiges Verhältnis begriffen werden (»Ich liebe dich«). »Wir lieben uns« wäre dann unsinnig. Es wäre denkbar, daß die Fähigkeit, die liebende Person anzunehmen mit der Fähigkeit zu lieben nicht identisch ist. Weitere philosophische und sexualtheoretische Ausführungen zu diesem Thema von Beauvoir 1964, insbesondere Seite 230–237, Beauvoir 1992, Seite 206–221, 253–254, 769–770, 806–807, Dannecker 1987, Seite 23–34, Schellenbaum 1984, Seite 12–14. 26–43, 81–87, 131–149. Abweichend dazu aber Buber (Buber 1958, insbesondere Seite 14-19): »Gefühle begleiten das metaphysische Faktum der Liebe, aber sie machen es nicht aus; und die Gefühle, die es begleiten, können sehr verschiedener Art sein (...) Gefühle werden »gehabt«; die Liebe geschieht. Gefühle wohnen im Menschen; aber der Mensch wohnt in seiner Liebe. Das ist keine Metapher, sondern die Wirklichkeit: die Liebe haftet dem Ich nicht an, so daß sie das Du nur zum »Inhalt«, zum Gegenstand hätte; sie ist zwischen Ich und Du. (...) Liebe ist Verantwortung eines Ich für ein Du: hierin besteht, die in keinerlei Gefühl bestehen kann, die Gleichheit aller Liebenden« (Buber 1958, Seite 19).

daß Befindlichkeiten, Gefährdungen und Krisen auf der sexuellen Ebene (unkontrolliert?) auf die anderen Ebenen der Beziehung durchschlagen könnten, daß also die als wenig beziehungsstabilisierend angesehene sexuelle Ebene, die als eher beziehungsstabilisierend angesehenen anderen Ebenen (Ehe, Familie/Kinder, wirtschaftliche Unternehmungen/Beruf, gemeinsame Wohnung, Beziehungszukunft) gefährden könnten. Es entwickelt sich die Tendenz, in diesen längerfristigen Beziehungen sexuell weniger zu riskieren oder eher vorsichtiger zu sein, als dies am Anfang der Beziehung der Fall war. Die paradoxe Wirkung dieses Verhaltens ist, daß viele ältere SM-Paare sich trennen, weil sexuell zu wenig passiert. Während die Szene-Ideologie zu wissen meint, daß besonders ambitionierter (und eventuell gefährlicher) SM nur von sehr erfahrenen Paaren realisiert werden kann (oder realisiert werden »sollte«), ist es in Wirklichkeit meist umgekehrt: »Neue« Paare machen den ambitionierteren SM, die alten erscheinen dagegen etwas langweilig – und zu routiniert. Diese zehren noch einige Monate oder Jahre von ihren sentimentalen Erinnerungen an früheren Sex. Dies kann durch das Szeneumfeld unterstützt werden, falls das Paar in Szenekreisen noch immer als das »ganz besondere SM-Paar« gilt, das es einmal gewesen war. Man darf wohl begründet annehmen, daß eine solche skizzierte Entwicklung mit dem Liebe/ Erotik-Nähe/Distanz-Problem zusammenhängt.

Die in der erotischen Begegnung empfundene Distanz wird als Gefahr für die Nähe auf anderen Ebenen der Beziehungen angesehen. Mit damit verbundenen ideologischen Operationen wird die »Liebe« aus dem Kontext des körperlichen Begehrens herausgelöst und von ihm getrennt.[31]

Zum Vergleich ist ein Blick auf die homosexuelle SM-Welt sinnvoll. Die Schwulen (und in etwas geringeren Maße die Lesben) haben SM als besondere Sexualität und als besonders definierte Sexualität mindestens 35–40 Jahre vor den Heterosexuellen »erfunden«. Dieses frühere Aufnehmen von SM könnte darauf zurückzuführen sein, daß das Nähe/Distanz-Problem in der weniger partnerorientierten und weniger von

---

31 Wirkliche Entwicklungen von Menschen verlaufen keineswegs so gradlinig oder eindeutig (wie diese kurzen Bemerkungen vielleicht suggerieren könnten) und der wirkliche Verlauf von Beziehungen entfalten sich aus einem komplizierten Geflecht von Tendenzen und Gegentendenzen, insofern muß vorstehendes vielleicht etwas relativiert werden. Als ältere Paare verstehe ich Paare, die länger als ca. 30 Monate zusammen sind.

anderen konventionellen (unter anderem auch geschlechtspezifischen) Rollenerwartungen geprägten schwulen Welt leichter oder unkomplizierter zu bewältigen sein könnte.[32]

Es könnte aber auch sein, daß aus anderen Gründen SM unter Männern oder unter Frauen in gewisser Weise einfacher sein könnte als unter Heterosexuellen: Weil die Probleme des gesellschaftlich belasteten Geschlechterunterschieds wegfallen, während sie beim heterosexuellen SM-Paar immer mit 'reinspielen können. Bestimmte Selbstverständigungsprozesse in der SM-Bewegung referieren auf dieses Problem. Auf einer SM-Party in Hannover in der Anfangszeit der SM-Bewegung wurde noch ein Mann des Saales verwiesen, der seine Partnerin im erotischen Spiel geohrfeigt hatte. Dieses Verhalten war den Veranstaltern damals noch zu martialisch und erinnerte möglicherweise zu penetrant an »normale« Frauenunterdrückung.[33] Andererseits konnte und kann ein besonders extrem in Erscheinung tretender männlicher Masochist in die Gefahr geraten, von anderen Männern zumindest unterschwellig mit abfälligen bis aggressiven Gefühlen konfrontiert zu werden. Die Notwendigkeit mit dem Geschlechterunterschied umzugehen ist also tatsächlich eine heterosexuelle Problematik.

Trotzdem kann ich mich dem vorstehend angesprochenen Diskurs, SM sei unter Schwulen und Lesben aus diesem Grund leichter, nicht ganz anschließen, schon weil die Geschlechterproblematik bei jedem heterosexuellen Kontakt vorliegt und auch m. E. durch SM nicht besonders »schlimmer« wird – sie ist also insofern kein SM-spezifisches Problem. Außerdem besteht in der Hetero-SM-Szene eine Möglichkeit zum Konterkarieren von rollenspezifischen Modellen, wenn etwa eine dominante Frau sich mit einem M-Mann auseinandersetzt. Die besondere Gefühlsqualität einer solchen Begegnung wird hier durch den Geschlechterunterschied geradezu erzeugt, kann aber hier die Entstehung einer erotischen

---

32 Nach dem ersten Weltkrieg entstanden in den USA »Motorrad-Clubs«, nach dem zweiten Weltkrieg in Deutschland (diese Clubs ermöglichten, Leder zu tragen). Dies waren die ersten SM-Männer. Während SM in der schwulen Gemeinschaft immer akzeptiert wurde, kultivierten Lesben neben dem Feindbild der hetero- bzw. bisexuellen Frau das Feindbild der SM-Lesbe. Diese Feindbilder sind ab Ende der 80er Jahre in den USA und erst Ende der 90er Jahre in Mitteleuropa am Bröckeln. Erst seitdem gibt es auch SM-Lesben-Organisationen, die keine reine privaten Zirkel mehr sind (Elb 1999).

33 Persönliche Mitteilung eines Mitglieds der hannoverschen SM-Gruppe. Heute (2002) würde ein solches Verhalten auf einer SM-Veranstaltung kein Problem mehr darstellen.

SM-spezifischen Distanz leichter machen (etwas, was im schwul-lesbischen Bereich nur über den Umweg von Genderplay möglich wäre).

Paradoxie der Autoerotik

Ein paradoxes Problem von SM-Sexualität ist Autoerotik. Fast alle SMerInnen berichten von einem autoerotischen SM-spezifischen Erleben vor dem ersten SM-Partnererlebnis. Diese Art von Autoerotik ist aber eher ambivalent besetzt. Sie ist mit der Frustration und dem Leiden besetzt, eben keine Partnerbeziehung zu haben. Diese Phasen eines bereits autoerotischen SM-Gefühlslebens ohne ein entsprechendes SM-Erleben mit PartnerInnen konnten und können sehr lang sein (eventuell viele Jahre). Stellt sich dann eine Möglichkeit für partnerschaftlichen SM-Sex endlich ein, wird dies – auch gegenüber der Autoerotik – als Befreiung empfunden, die autoerotische Erfahrung kann dagegen verblassen. In einigen Fällen wird davon gesprochen, daß seitdem eine Partnererfahrung vorliegt oder parallel dazu existiert, die Autoerotik ihren Leidensdruck verliere und besser oder anders geworden sei. In anderen vereinzelten Fällen wird das autoerotische Erleben als eine von dem Erleben mit SM-PartnerInnen sehr getrennte Welt empfunden. Erstaunlich wenig imaginierte Autoerotik scheint sich auf praktisch undurchführbare SM-Phantasien zu beziehen.

Es wird von einer imaginierten S-Autoerotik gesprochen und von einer realen M-Autoerotik (vergleiche A1.3 Interview Sahra). Das heißt, während SMerInnen auf der S-Seite sich autoerotisch SM-Situationen imaginieren und Autoerotik mit Hilfe von Phantasien realisieren scheinen SMerInnen auf der M-Seite autoerotisch relativ viel praktisch zu realisieren (Selbstfesseln, Selbstschlagen, sich selbst in gefährliche, gewagte Situationen bringen, sich selbst beschämen usw.). Gelegentlich wird auch von autoerotischen SM-Elementen in Verbindung mit relativ konventionellem Partner-Sex gesprochen – gerade und vor allem auf der M-Seite (meistens ohne daß die entsprechenden PartnerInnen etwas davon erfahren): Elemente des normalen Sex werden mit M-Phantasien für SM-Sex brauchbar gemacht: Gefickt werden als masochistisches Erlebnis, eine Frau mit dem Mund bedienen als Dienen bis hin zur Umwertung des chauvihaften oder aggressiven Verhalten des Partners oder das (Aus-) Nutzen der Launen der PartnerIn für ein eigenes devotes Szenario usw.

Die SM-Autoerotik leidet an einem Paradox, sie muß etwas leisten, was sich eigentlich nicht realisieren läßt: Der Imagination, sich in die Hände eines anderen Menschen zu begeben, sich jemanden auszuliefern oder zu unterwerfen, fehlt immer eine bestimmte Erlebnisqualität, wenn diese andere Person nicht existiert; umgekehrt ist wirkliche eigene Macht nie substantiell zu erleben, wenn die PartnerIn, die sich einer S-Person hingeben soll, fehlt. Im besten Fall wird sich ein irgendwie unbefriedigtes Gefühl einstellen, wenn die autoerotische Imagination wieder verlassen wird. Gleichzeitig ist SM-Autoerotik aber auch ambivalent: Es können besonders wertvolle autoerotische Phantasien zerstört werden, wenn ein katastrophales reales Erlebnis eine Umsetzung mißglücken läßt. Eine hohe sexuelle Qualität scheint Autoerotik – im Zusammenhang mit einer partnerorientierten Praxis – auch dadurch zu haben, daß die Autoerotik als Möglichkeit für realen SM erlebt wird. In manchen Fällen wird von einem Aufblühen der Autoerotik während einer SM-Beziehung gesprochen.

Theoretisch könnte Autoerotik eine Funktion für nicht realisierbaren SM wahrnehmen – es wird jedoch nur selten davon berichtet; eher als in bewußten Phantasien wird aus Nachtträumen solches angedeutet, dann aber ist oft der SM-Charakter zweifelhaft.

Gewalt-Problem

SMerInnen gehen teilweise mit Aspekten von Gewalt um. Dies ist nicht nur, wie oben ausgeführt (Kapitel 1 *Wie kann SM beschrieben werden*) ein Problem für die soziale Bewegung, sondern auch für die Selbstverständigungsprozesse der meisten in SM involvierten Personen (wahrscheinlich haben letztere die Auseinandersetzungen über diese Frage der Gewalt im Diskurs der SM-Bewegung erst erzeugt). Das Problem wird am liebsten dissoziiert: Dort, wo SM sei, ist keine Gewalt und dort wo Gewalt ist, sei kein SM. Die beliebteste ideologische Figur ist die Rede von der »realen Gewalt«, SM soll also von dieser sogenannten realen Gewalt abgegrenzt werden. Jetzt ist es zunächst einmal sehr eigenwillig, z.B. einen anderen Menschen zu schlagen (bzw. sich schlagen zu lassen) als sozusagen nicht-reale Gewalt anzusehen. Diese Gewalt ist sehr wohl höchst real – es wird auf einen Körper gewaltsam eingewirkt – realer geht es kaum. Das Gerede gegen die »reale Gewalt« wird durch Ängste hervorgerufen, diskriminiert zu werden. Es begünstigt, sich allen unangenehmen Fragen im Zusammenhang mit SM nicht zu stellen; es verhindert eine Auseinandersetzung über Gebrauch und Mißbrauch von Gewalt.

Dazu ein m. E. taugliches Gedankenexperiment aus der Mannheimer SM-Gruppe: Wenn eine Mutter ein Kind festhält, damit es in einem gefährlichen Moment nicht über die Straße läuft, ist das *Gebrauch* von Gewalt, wenn die Mutter es festhält, weil sie sich gestört fühlt oder um es zu disziplinieren, ist das *Mißbrauch* von Gewalt. Weil aber im Diskurs der Eltern-Kind-Beziehung so getan wird, als wäre der Gewaltbegriff überhaupt nicht anwendbar, ist der Mißbrauch nicht zu problematisieren.[34] Es wäre also sinnvoller, von Gewalt zu sprechen, um *Gebrauch* und *Mißbrauch* zu unterscheiden. Dem Wort *Gewalt* liegt das Verb *walten* zugrunde, in welchem die Doppelbedeutung von *(be-) herrschen* und *für jemanden oder für etwas sorgen* liegt. In einer nichtpathologischen SM-Beziehung wird diese Doppelbedeutung immer zum Ausdruck kommen können und zu empfinden sein. Um den Charakter von Gewalt im SM zu bezeichnen, könnte von kontrollierter Gewalt gesprochen werden. Nicht so sehr im Sinne einer Begrenzung von Gewalt, sondern eher im Sinne ihrer Zielorientiertheit.[35] Ist zum Beispiel innerhalb einer SM-Begegnung das sexuelle Ziel, Verzweiflung zu erzeugen, dann wird die Gewalteinwirkung mit der Erzielung dieser Verzweiflung beendet sein. Die Probleme zwischen SM-ParterInnen

---

34 Es werden nicht nur Macht- und Gewaltbeziehungen zwischen Eltern und Kinder verschleiert (vergleiche hierzu Miller 1979); LehrerInnen-SchülerInnen, Arbeitnehmer-Arbeitgeber, Offiziere-Soldaten sollen sich angeblich als PartnerInnen gegenüberstehen. Schon das Wort Gewalt ist ein Unwort, das denjenigen diskreditiert, der es affirmatorisch benutzt; es wird gar nicht geprüft, ob es nicht Gründe für Gewalt gibt. Vielleicht ein typisch deutscher politischer Diskurs; Franzosen (unabhängig vom politischen Standpunkt) würden die französische Revolution nicht wegen der Gewalt in ihr in Frage stellen. Auch in Deutschland dachte man früher anders: Selbst Gott war einmal nach einem alten protestantischen Kirchenlied »eine feste Burg, ein gute Wehr und Waffen«.

35 Gewalt an sich ist schon deswegen nicht destruktiv, weil sie zielorientiert ist; ihr kann begegnet, sie kann bekämpft, ihr kann ausgewichen oder ihr kann sich unterworfen werden. Sie ermöglicht grundsätzlich kalkulierbares Verhalten. Jean Baudrilliard setzt sich damit bei der Analyse von sozial destruktiven französischen Jugendlichen in Vorstädten auseinander; das Problem ist nicht, daß diese Jugendlichen gewaltbereit sind – damit könnte man umgehen – sondern das Problem ist ihr Hass, der sich in unberechenbaren, eruptiven, sinnlosen Aktionen auswirkt, die einer rationalen Entgegnung nur schwer zugänglich sind (Baudrillard 1992, 1995).

entstehen weniger durch die mehr oder weniger gewaltsamen Verhaltensweisen, als daraus, ob die beteiligten PartnerInnen sich informiert auf eine definierte Gewalt eingelassen haben. Der gelungene Umgang von SM-PartnerInnen mit Gewalt muß man sich als fortgesetzten Dechiffrierungs-Antizipations-Prozeß auf Seite(n) der S-PartnerIn(nen) und einem Provokations-Antizipations-Prozeß auf Seiten der M-PartnerIn(nen) vorstellen. Es gibt eine Angst vor Gewalt und diese Angst vor Gewalt kann sexualisiert werden. Es gibt eine Faszination der Gewalt, eine Faszination, die von der die Gewalt ausübenden Person ausgeht, aber auch eine Faszination der Person, die die Gewalt (an)nimmt. Beides – die Angst vor Gewalt und die Faszination von Gewalt – weisen auch darauf hin, daß für die involvierten beteiligten SM-PartnerInnen Gewalt als etwas außerordentlich Reales empfunden wird, die nicht einfach in eine spielerische, eine dissoziierende oder theoretisch-suspendierende Kategorie verwandelt werden kann, wie das der apologetische SM-Journalismus oft versucht.

Bei der Verfolgung der psychischen Deutungsmuster einzelner SMerInnen über mehrere Jahre, drängte sich mir die Schlußfolgerung auf, daß SM auch ein Reflex auf eine als feindlich, korrupt, bedrohlich und gefährlich empfundene gesellschaftliche Macht sein könnte: SM ist möglicherweise die Suche nach einer *guten* Macht.

Abraham-Dilemma

Mit dem Gewaltproblem in Zusammenhang steht das, was ich als *Abraham-Dilemma* bezeichnen will. Auf einer »Theorie-Liste« (einer geschlossenen E-Mail-Liste von theoretisch bzw. wissenschaftlich interessierten SMerInnen) wurde ausgehend von dem Text »Den Tod geben« von Jacques Derrida (Derrida 1994) über den Abraham-Isaak-Komplex diskutiert. Derrida bezieht sich auf das Essay über Abraham in Sören Kierkegaards Text »Furcht und Zittern« (Kierkegaard 1984b), der sich wiederum auf die Bibel bezieht. Darin wird das Problem betrachtet, daß Abraham bereit ist, seinen geliebten Sohn Isaak auf Anweisung Gottes zu töten. Wenn Abraham überhaupt zu verstehen ist, dann nur, wenn man unterstellt, daß die Qualität seines Glaubenserlebnisses jedes ethische Problem suspendiert. Es kann der Beschreibung der Bibel entnommen werden, daß Abraham lieber sein eigenes Leben eingesetzt hätte als das seines Sohnes. Es muß aber auch der Bibel entnommen werden, daß für Abraham (in einem für den alttestamentarischen Kontext typischen Manier) nicht ein ethisches Problem gegenüber Isaak wichtig war, sondern nur das Problem, daß Gott sein Opfer annimmt. Man könnte jetzt dieses Modell auf die Beziehungen innerhalb einer SM-Begegnung anwenden, indem man sich in einer Art gedanklicher Überblendprojektion das Verhältnis zwischen der S-Person und der M-Person einerseits so vorstellt wie das Verhältnis zwischen Gott (als S-Position) und Abraham (als M-Position) und andererseits so, wie zwischen Abraham (jetzt als S-Position) und Isaak (in diesem Verhältnis auf der M-Position). Das Verhältnis Gott-Abraham würde für die erlebnismäßige Qualität, das Verhältnis Abraham-Isaak würde für die ethische Problematik in der SM-Begegnung stehen. Das was Abraham zu tun im Begriff war – seinen Sohn zu töten – ist ethisch gesehen ein Skandal. Dies spielt aber für Abraham wegen seines Glaubens (= erlebnismäßige Qualität der SM-Begegnung) keine Rolle. Würde es eine Rolle spielen, wäre Abrahams Glaube zu bezweifeln (was spielt ein Menschenleben für eine Rolle, wenn man sich Gott hingeben kann?). Für Abraham ist das einfach: Er geht einerseits mit dem höchsten denkbaren Wesen um und muß andererseits »nur« einen Menschen töten. Für die SMerInnen ist das schwieriger. Ihr Gott (S-Person) ist auch »nur« ein Mensch, und dieser tut das, was er bzw. sie tut, einem anderen an, der auch »nur« ein Mensch ist. Das, was SMerInnen sexuell erregt und was am SM so bewegend sein kann, ist wie das Verhältnis Abraham-Gott – und hat damit das Potential, ethische Dimensionen zu sprengen. Doch andererseits sind die beiden sich begegnenden S- und M-Personen »nur« Menschen, deswegen ist es auch wie das Verhältnis Abraham-Isaak – und sie haben daher – wegen des menschlichen Charakters der Begegnung – ein ethisches Problem. Es ist eben nicht so, wie der kulturelle Überbau der SM-Bewegung am liebsten erklären möchte, daß »ethischer« SM sexuell berauscht, sondern das, was sexuell berauscht, ist nicht unbedingt ethisch (es berauscht möglicherweise, weil Ethik abwesend ist). Aber andererseits haben wir in der SM-Begegnung ein Verhältnis zwischen Menschen und damit ein ethisches Problem, das für die erlebnismäßige Qualität von SM im besten Fall belanglos ist und immer in die Gefahr kommt, eher zu stören. In diesem Dilemma müssen SMerInnen manövrieren. Dieses Manövrieren wird als Gradwanderung realisiert, die empfindungsmäßige Einblicke ins Nichtethische gewährt, ohne ethische Verhaltensweisen im praktischen Handeln völlig zu verlassen. Oder es wird versucht, ethische Probleme zu suspendieren, obwohl die agierenden Subjekte ethisch sind, es kann eine Transformation von eigentlich gefürchteter Gewalt in eine »andere« Gewalt gelingen, die mit Lust besetzt ist.

3 SMerInnen

Wenn im folgenden versucht wird eine Art soziales Profil von SMerInnen zu skizzieren, dann muß ich hier noch einmal an die Einschränkung erinnern, daß nur SMerInnen im Umfeld der SM-Szene und der SM-Bewegung untersucht werden konnten, also *nicht* SMerInnen per se, *insbesondere nicht* SMerInnen, die keinen sozialen Bezug zur SM-Subkultur haben.[36]

Alter

Was bei einer SM-Gruppe als erstes ins Auge fällt, ist die altersmäßige Zusammensetzung: Von wenigen Ausnahmen abgesehen ist niemand unter 30 Jahre und selten jemand über 55 Jahre alt. Die SM-Bewegung ist also keine Jugendorganisation. Selbst innerhalb der Szene, zum Beispiel auf SM-Feten ist das Alter nur geringfügig jünger.[37] Daß sich das Alter der TeilnehmerInnen eher auf eine mittlere Altersklasse konzentriert, kann mit drei voneinander unabhängigen Erklärungszusammenhängen in Verbindung gebracht werden.

Zum Einen kann dies mit dem Gruppencharakter der SM-Bewegung erklärt werden, die *eine spezifische soziale Kompetenz verlangt, mit Gruppen und mit Gruppenstrukturen umzugehen.* Diese Kompetenz

---

36 Vergleiche die Ausführungen im Kapitel 1 *Welche Fragen können mit dem vorliegenden Material untersucht werden* dieser Arbeit. Weiter eingeschränkt werden muß möglicherweise, daß detaillierte Beobachtungen ausschließlich auf dem Gebiet der »alten« Bundesrepublik und vorwiegend in Süddeutschland (südlich der Main-Linie) gemacht wurden. Außerdem beziehen sich diese Beobachtungen auf mittlere bis größere Städte. Auch wenn SMerInnen aus kleineren Orten an den SM-Gruppen und an SM-Events teilnehmen und damit durchaus in dem beobachteten Feld sichtbar wurden, kann nicht ausgeschlossen werden, daß SMerInnen in kleinen Orten eventuell anders leben, ein anderes soziales Profil und untereinander andere Kommunikationsstrukturen haben, als hier dargestellt. Es muß auch berücksichtigt werden, daß die Beobachtungen, auf denen diese soziale Analyse beruht, im Jahre 2002 endeten.
37 Seit etwa 2000 nehmen die »Ausnahmen« in einigen SM-Gruppen zu und werden tendenziell jünger als bisher (unter 26 Jahre). Ein Einstieg über das Internet oder die SM-Internet-Szene scheint sich auf ein jüngeres Einstiegsalter und auf einen höheren Anteil von Frauen (insbesondere Frauen, die ohne Begleitung von männlichen Partnern zur SM-Bewegung finden) auszuwirken.

ist in den gegenwärtigen gesellschaftlichen Verhältnissen nicht selbstverständlich. Sie muß als soziale Erfahrung vor dem Eintritt in die SM-Bewegung – in der Regel woanders – erlernt worden sein. Dies setzt bestimmte Erfahrungsbedingungen und auch eine gewisse Erfahrungslebenszeit voraus (die in der Regel nicht vor Ende zwanzig erreicht wird). Hinweise für eine Plausibilität dieses Erklärungsansatzes geben insbesondere die Erfahrungshintergründe der Personen, die SM-Gruppen führen oder die AktivistInnen der SM-Bewegung sind. Viele dieser AktivistInnen haben eine außerhalb der SM-Bewegung erworbene Kompetenz und Erfahrung mit der Führung von sozialen Bewegungen und Gruppen erworben. In der Mannheimer Gruppe Schlagseite waren im Verlauf von über zehn Jahren 13 Personen (7 Männer, 6 Frauen) mit Leitungsaufgaben längerfristig betraut, von denen 8 manifeste Vorerfahrungen im Umgang mit Gruppen hatten: Kirchliche Jugendarbeit (5!), politische Zusammenhänge, AIDS-Hilfe, Musikgruppen, Sport, Internat; von 14 Personen (7 Männer, 7 Frauen) in der sechsjährigen Geschichte der Frankfurter Gruppe SMash verfügten mindestens 8 über entsprechende (Vor-)Erfahrungen, davon rührten 4 aus politischen Zusammenhängen. Die Leitungsmitglieder, deren Erfahrungshintergrund aus der kirchlichen Jugendarbeit, aus Internats- oder Sportzusammenhängen herrührten waren relativ jünger als die, deren Erfahrungen aus politischen und universitären Zusammenhängen herrührten. Ähnliche Strukturen lassen sich für die TeilnehmerInnen auf überregionalen SM-Treffen feststellen.

Der zweite Erklärungsansatz für diese Altersstruktur bezieht sich auf *die Selbstmanifestierung der eigenen Sexualität*. Die Sexualität selbst ist wahrscheinlich spätestens mit dem Ende der Pubertät determiniert, das heißt aber nicht, daß die betreffende Person sich über ihre Sexualität völlig klar zu sein braucht. Zunächst begegnet dem Individuum – in diesem Fall der (zukünftigen) SMerIn – die eigene Sexualität als Phantasie. Hat sie oder er die ersten Erfahrungen in ihrer/seiner spezifischen Sexualität realisiert, erscheint diese der Person oft zunächst als eine Spielart, als eine Variation von potentiell mehreren Möglichkeiten; die eigene sexuelle Verhaltensweise wird meistens noch nicht von Anfang an mit einer grundlegenden eigenen sexuellen Orientierung in Verbindung gebracht. Zur Selbstwahrnehmung einer sexuellen Orientierung gehört nicht nur eine gewisse praktische sexuelle Erfahrung, sondern die Reflexion, daß diese sexuellen Verhaltensweisen langfristig determiniert sind. Dazu ist eine Entwicklungszeit notwendig, die die verschiedenen sexuellen Experimente als nicht mehr nur vorübergehende Tendenzen erscheinen lassen. Die Selbstmanifestierung der eigenen Sexualität hat mit einem Prozeß zu tun, der der eigenen Sexualität einen Namen gibt, mit dem Beginn der Selbstwahrnehmung als SMerIn, dem Zugehörigkeitsgefühl zu einer sexuellen Minderheit und mit damit verbundenen Coming-out-Prozessen.

Der dritte Erklärungsansatz hat mit dem sozialen *Beziehungsverhalten* vieler Menschen zu tun, was möglicherweise auch auf die SMerInnen zutreffen könnte: Nach einer Phase des sexuellen Experimentierens und Auslebens (gewöhnlich bis Mitte 20) wird der Versuch einer stabilen eheähnlichen Beziehung oder Ehe ausprobiert, die nicht vorrangig nach sexuellen Prioritäten gewählt wird, sondern eher sozial-wirtschaftliche Bezüge hat: Kinder, Haus, Karriere oder (gemeinsame) Firma etc. Erst wenn dieses Beziehungskonzept gescheitert ist, drängt sich die sexuelle Frage wieder in den Vordergrund, also im Alter von 30–45 Jahren. Da es bei der Verlaufsgeschwindigkeit von Prozessen gerade dieser Art wahrscheinlich ein Stadt/Land-Gefälle gibt, würde dies auch Erklärungsangebote für die Stadtlastigkeit der SM-Bewegung ergeben.

Die Frage stellt sich, wo sich jüngere SMerInnen sozial bewegen und wie SM von jüngeren SMerInnen psychisch vor ihrem Coming-out verarbeitet wird. Hinweise geben biographische Erzählungen von relativ jungen SMerInnen, die jünger als 30 Jahre waren, als sie in die SM-Szene eingetreten sind. Diese Hinweise deuten darauf hin, daß sich jüngere SMerInnen in »schwarzen« musikinspirierten Szenen bewegen: Gothik-, Grufti-, Black Wave-, Schwarzlicht-Szene. In diesen Szenen werden SM-Kleidung oder SM-ähnliche Kleidung bzw. entsprechende Assecoires akzeptiert. In den Musikzeitschriften dieser Szenen gibt es SM-Kontaktanzeigen (teilweise im jeweiligen Szenejargon verschlüsselte, aber auch unverschlüsselte). Am Stand von SMash auf dem CSD in Frankfurt im Jahre 2001 informierten sich hauptsächlich Frauen, die vom Outfit diesen Szenen zugeordnet werden können oder aus entsprechenden einschlägigen Szenetreffpunkten bekannt waren (vergleiche auch A1.2 Interview Verena).

Zwischen der SM-Szene und diesen »schwarzen« Musikszenen gibt es eine gewisse personelle Überschneidung. Es werden für Events der SM-Szene gelegentlich Lokalitäten dieser Szenen benutzt. Es ist ohne weiteres einleuchtend, daß das Suchen nach einem Lebensstil über Identifikationen mit Musikszenen ein jugendgemäßes Verhalten ist. Es kann aber auch als Weg benutzt werden, zumindest teilweise SM zu praktizieren, ohne sich selbst als SMerIn sehen zu müssen (sondern eben als Grufti usw.). Ab etwa Ende 1999 ist eine – nicht ganz stabile – Tendenz zu registrieren, daß vermehrt jüngere SMerInnen (unter 26 Jahren) Kontakt zur SM-Bewegung suchen (bei SMash/Frankfurt drei Frauen und zwei Männer, bei Schlagseite/Mannheim zwei Frauen, darunter eine Lesbe).

Zur Deutung der geringen Repräsentanz von älteren Menschen (ab 55 Jahre) in der SM-Subkultur habe ich letztlich keine schlüssigen Erklärungsangebote anzubieten; mir selbst erklärt sich dieses Phänomen nicht. Ich kann zu diesem Problem aber folgendes festhalten: Eher werden vereinzelte ältere Menschen in der SM-Bewegung sichtbar als in den übrigen Teilen der SM-Szene. Diese vereinzelten älteren Menschen sind meist mit der SM-Szene älter geworden, sie gehören der SM-Szene seit vielen Jahren an. Ihr Eintritt in die Sphäre der SM-Bewegung fand meist in einem Alter statt, das noch zu der für diese SMerInnen typischen mittelalterlichen Lebensphase gehört.

Ich beobachtete außerdem verschiedentlich, daß sich einige ältere SMerInnen mit Erreichen dieser Altersgrenze (von ca. 55 Jahren) aus der SM-Subkultur zurückziehen. Meist sind dies Menschen, die in einer befriedigenden SM-Partnerschaft leben. Dies wiederum könnte darauf hindeuten, daß sich das relative Fehlen älterer und alter Menschen in SM-Bewegung und SM-Szene mit einer typischen Karriere des/der subkulturellen SMerIn verstehen läßt, die in groben Zügen so generalisiert werden kann:

- Relativ späte Wahrnehmung des eigenen SM (mit über 30 Jahren) als Zentrum der eigenen Sexualität und der Unabänderlichkeit dieser sexuellen Orientierung;

- tiefempfundene Notwendigkeit SM leben zu wollen und Sexualität (wieder) in den Vordergrund zu rücken im Zusammenhang mit dem Scheitern von Ehen oder eheähnlichen Beziehungen die nicht (mehr) hauptsächlich auf Sexualität beruhten (mit 35–40 Jahren);

- ausprobieren von mehreren SM-Beziehungen und damit zusammenhängend ein soziales Interesse an SM-Bewegung und SM-Szene (mit 35/40–50 Jahren);

- Rückzug aus der SM-Bewegung, nachdem eine neue langfristige Beziehung mit einer SM-PartnerIn gelungen ist, die als stabil erscheint (in vielen Fällen erst mit über 45 Jahren).

Geschlecht

In der gesamten SM-Szene und in den SM-Gruppen scheint ein Männerüberschuß zu bestehen. In der sichtbaren Szene (vor allem auf SM-Events, SM-Feten usw.) ist dieser Männerüberschuß etwas zurückgegangen (hier liegt der Männeranteil bei 60–70 Prozent). Der Männeranteil in SM-Gruppen schwankt und ist von Gruppe zu Gruppe verschieden, er verändert sich im Verlauf einer Gruppengeschichte (der Männeranteil kann sich hier zwischen 50–80 Prozent bewegen). Trotz dieses Geschlechterverhältnisses in der (sichtbaren) Szene gibt es aber keinen plausiblen Grund anzunehmen, daß weniger Frauen als Männer SMerInnen sind. Es gibt auch keinen wirklichen Hinweis, daß weniger Frauen als Männer bewußte SMerInnen sind. Es ist aber anzunehmen, daß Frauen es einfacher haben auch unabhängig von der SM-Szene entsprechende Partner zu finden, und es kann ebenso angenommen werden, daß Frauen größere Möglichkeiten haben, SM oder SM-analoge sexuelle Verhaltensweisen zu praktizieren, ohne daß der entsprechende Partner sich als SMer begreifen muß – und dieses in vielen Fällen auch tatsächlich nicht ist.

Es erscheint so, daß von den Männern, die mit SM-Gruppen Kontakt aufnehmen, ein höherer Anteil noch keine oder wenig praktische SM-Erfahrung haben. Im Gegensatz dazu scheint es bei Frauen, die sich SM-Gruppen nähern, fast immer schon entsprechende sexuelle Erfahrungen gegeben zu haben. Es ist festzustellen, daß Frauen eine SM-Gruppe nicht vorrangig deswegen aufsuchen um ihr Partnerproblem zu lösen, sondern weil ein Informationsbedürfnis in Bezug auf SM besteht. Für die Entscheidung eine SM-Gruppe aufzusuchen ist die Partnerinnenproblematik bei Männern jedenfalls wesentlich schwerer gewichtet. Suchen einzelne Frauen SM-Gruppen alleine auf, steht meist ein Kontakt mit einer Person im Hintergrund, die diese Gruppe konkret kennt, häufig auch ein Internet-Kontakt.

Tendenzen in der beruflich-sozialen Entwicklung

Es ist augenfällig, daß Helfer-Berufe (Krankenschwestern, Krankenpfleger, Ärzte, Hebammen, Psychologen, Pädagogen, Sozialarbeiter, Lehrende) die größte beruflich-soziale Formation unter den in der SM-Szene und in den SM-Gruppen auftauchenden Menschen ausmachen. Mit einigem Abstand spielen auch Juristen, Medien- und Kunst-Berufe und ManagerInnen im weitesten Sinne (von der GeschäftführerIn kleiner Geschäfte bis zu BankmanagerInnen und Bundeswehroffizieren) eine signifikante Rolle (wahrscheinlich in dieser Reihenfolge). Es fehlen einerseits Mitglieder der wirtschaftlich herrschenden Klassen im engeren Sinne (Großkapitalisten, Eliten aus Wirtschaft und Politik). Andererseits scheinen aber auch die unteren Klassen eher gering repräsentiert zu sein. Es gibt kaum (Industrie)ArbeiterInnen.[38] Dies kann so gedeutet werden, daß die in der SM-Szene dominierenden beruflichen Tätigkeiten in besonderer Weise mit ausgeprägten und/oder relativ offenen Hierarchien umgehen (oder solche sich bei der Ausübung der beruflichen Tätigkeit ergeben). Die Unterrepräsentation von ArbeiterInnen könnte mit den Kommunikationsbedingungen in SM-Gruppen zusammenhängen, die mehr einer Gruppe der Neuen Sozialen Bewegungen ähneln und nicht etwa einem traditionellen Verein oder einer Gewerkschaft.

Über diese spezifische Berufsorientierung hinaus ist auffallend, daß die Mitglieder von SM-Gruppen berufliche Entwicklungswege nehmen, die durch Brüche und abrupte Richtungswechsel gekennzeichnet sind. Beispielhaft sind:

– ein Arzt, der als Redakteur arbeitet,
– ein Insasse von Erziehungsheimen und Gefängnissen in der ehemaligen DDR, der danach in Frankfurt am Main Hilfsarbeiten in einer Bank macht, um dann Fahrradkurier zu werden und schließlich seine eigene Kurier-Firma zu gründen,
– eine gelernte Schneiderin, die als Sozialarbeiterin arbeitet,
– ein Mann mit einer landwirtschaftlichen Ausbildung, der als Dachdecker arbeitet, anschließend Krankenpfleger wird, dann sich als Piercer betätigt und schließlich eine Internet-Firma betreibt,

---

38 Diese Ausführungen über das relative Fehlen von ArbeiterInnen müssen dahingehend eingeschränkt werden, daß in Gegenden mit (noch) ausgeprägtem Arbeitermilieu (wie in Mannheim oder im Ruhrgebiet) gelegentlich doch vereinzelt ArbeiterInnen im Umfeld der SM-Bewegung auftauchen.

- eine gelernte Druckvorlagenherstellerin, die in einem Cafe arbeitete und Schriftstellerin wird,
- ein Historiker, der in die IT-Branche umschult,
- ein Krankenpfleger (in der Psychiatrie), der Redakteur eines SM-Magazins und Piercer wird,
- eine Juristin, die bildende Künstlerin wird,
- eine Juristin, die hauptsächlich (im medizinischen Bereich) in Lehrfunktionen arbeitet.
- ein promovierter theoretischer Physiker, der einen eigenen Handwerksbetrieb für Metallschmuck betreibt,
- eine Lehrer-Studentin, die anschließend ein Fern-BWL-Studium macht, gleichzeitig (halbprofessionelle) Spitzensportlerin ist, und schließlich eine eigene Firma im IT-Bereich gründet,
- eine Krankenschwester, die Computerschulung macht[39]

Es muß hier erwähnt werden, daß es analytische Schwierigkeiten gibt, diese registrierbaren beruflichen Schwerpunkte eindeutig zu interpretieren. Es kann im einzelnen Fall daran liegen, daß sich berufliche Konstellationen in bestimmten Gruppen dadurch erklären, daß diese Menschen sich gegenseitig anziehen, weil sie sozusagen im Austausch über ihren Beruf ein zweites Thema haben. Oben stehende Ausführungen sind jedoch m.E. so signifikant, daß sie über solche Besonderheiten hinausreichen.

Tendenzen im kulturell-sozialen Verhalten

Es gibt eine auffallende Anzahl von SportlerInnen innerhalb der SM-Szene, darunter auch LeistungssportlerInnen im engeren Sinne, zugleich sind ostasiatische geprägte Kampfsportarten unter SMerInnen weitverbreitet, konventionelle (wie Fußball) dagegen eher selten. Diese ostasiatischen Kampfsportarten haben ein ausgeprägtes Hierarchie-Element in dem dort besonders wichtigen LehrerInnen-SchülerInnen-Verhältnis. Möglicherweise gibt es hier Ähnlichkeiten mit in SM-

---

[39] Auch ich selbst bin ein passendes Beispiel: Abbruch eines Gymnasiums, Metallfacharbeiter, Abitur über zweiten Bildungsweg, Mitarbeiter in einer Nachrichtenagentur, Lehrerstudium, Referendariat, Sozialwissenschaftler.

Beziehungen gelebten Verhaltensweisen. Einige – insbesondere der im engeren Sinne LeistungssportlerInnen – haben ihren Sport an einem biographischen Punkt aufgegeben, an dem für sie ihre SM-Sexualität große praktische Bedeutung erlangt hat. Dies könnte mit dem sowohl beim Leistungssport wie auch beim schmerzorientierten SM erlebten Wirkungen von Endorphinen[40] zusammenhängen. Es darf aber auch nicht übersehen werden, daß relativ konventionelle soziale und persönliche Probleme zu der Verschiebung von Sport zu SM beigetragen haben können (z. B. daß die SM-Partnerschaft mit dem hohen zeitlichen Aufwand des Leistungssport in Konflikt geraten ist, oder Probleme die mit anderen sozialen Umorientierungen zusammenhängen).

Auffallend ist die Anzahl von (im inhaltlichen und aktiven Sinne) religiösen Menschen, vor allem (kulturell bedingt) aus dem christlichen Bereich, vereinzelt aber auch andere Religionen (Buddhisten). Es ist deswegen also kein Zufall, daß es eine eigene überregionale Gruppe gibt, die sich auf das Thema »SM und Christsein« bezieht.[41]

Wie bereits eingangs dieses Kapitels erwähnt gibt es bei den in der SM-Bewegung auftauchenden Menschen, insbesondere was den Kern der SM-Bewegung betrifft, Vorerfahrungen mit Gruppen außerhalb beruflicher Bezüge, was sogar bestimmten gesellschaftlichen Tendenzen (in den letzten 20 Jahren), sich aus Gruppen zurückzuziehen, entgegenzulaufen scheint. Dieser Erfahrungshintergrund rührt beispielsweise von kirchlicher Jugendarbeit oder sozialistischer Jugendarbeit oder resultiert aus verschiedenen politischen Zusammenhängen (Greenpeace, Grüne, kommunistische Gruppen, Betriebsrats- und Gewerkschaftsarbeit, Studentenbewegung), Gruppenerfahrungen in Zusammenhang mit Sport, Erfahrungen mit Internaten, in musikalischen Zusammenhängen (»schwarze« Musikszenen, Punker) und andere Szenen, durch therapeutische und pädagogische Zusammenhänge.

SM-Szene und SM-Bewegung scheint ein Phänomen der Städte zu sein, in kleineren Orten gibt es sie (bisher) nicht. Die Beteiligten sind aber nicht unbedingt alle Großstädter, sondern rekrutieren sich auch aus einem Einzugsbereich um die Orte, in denen sich SM-Gruppen

---

40 Zum physischen Funktionieren von Endorphinen vergleiche Kapitel 2 Triebtätersyndrom und Aufmuth 1984a, 1984b, Bols 1992, Zehentbauer 1993.

41 Parallelen gibt es zu anderen sexuellen Minderheiten: Auf der Parade in New York 1994 zum 25 Jahrestag des CSD (ca. 600000–800000 TeilnehmerInnen) bildeten die religiösen Gruppierungen den größten Block.

treffen. Erfahrungen mit der Internet-SM-Szene deuten auch darauf hin, daß SMerInnen, die einen Bezug zu anderen SMerInnen suchen, nicht auf die größeren Städte beschränkt sind. Jedoch könnte es für die auffallende Stadtlastigkeit der SM-Bewegung Gründe geben, die in der Stadtkultur liegen und noch einer genaueren Erkundung bedürfen.[42]

---

42 Indirekt könnten die höhere Konstanz in eheähnlichen Beziehungen und langsamer ablaufende biographische Prozesse in ländlichen Gebieten einen Einfluß auf die Teilnahme an SM-Gruppen haben. (Vergleiche auch weiter vorn in diesem Kapitel, *Alter*).

4 SM-Bewegung

Gründungsprozesse

Die SM-Bewegung erweitert und verbreitet sich durch Bildung neuer SM-Gruppen. Diese Gruppen kopieren das Modell der bereits existierenden SM-Gruppen. SM-Gruppen sind also bereits selbst ein tradiertes subkulturelles Konstrukt. Es ist sehr einfach geworden von diesen Gruppen zu erfahren; durch einschlägige Bücher, Zeitschriften und vor allem durch das Internet werden die entsprechenden Adressen publiziert; die Schwellenängste eine SM-Gruppe aufzusuchen sind relativ gering geworden; es ist nahezu »normal« geworden als betroffener Mensch eine solche Gruppe zu kontaktieren.

Diese »Normalität« hängt nicht nur mit der seit einigen Jahren unproblematischeren gesellschaftlichen Akzeptanz von SM im besonderen und anderen devianten sexuellen und gesellschaftlichen Verhalten im allgemeinen zusammen (eine Folge der Vorarbeit der schwul-lesbischen Bewegung), sondern sie ist auch ein Reflex auf ein eingeübtes, immer selbstverständlicher werdendes soziales Verhalten, mit Gruppen umzugehen und mit Gruppen Interessen zu organisieren. Dies ist auch ein Reflex auf einen Erfahrungshintergrund, welcher mit den Neuen Sozialen Bewegungen (Moeller 1978, Elb 1996) und mit zivilgesellschaftlichen Prozessen in Verbindung gebracht werden muß, die auf Veränderungen in der Gesellschaft der Bundesrepublik Deutschland und anderer »westlicher« Länder nach 1968 zurückgeführt werden können.

Am Anfang der SM-Bewegung (um 1990) gab es noch keine ausgeprägte SM-Gruppenstruktur, wie sie heute (2001/2002) existiert. Es gab noch kein Modell für die SM-Gruppen. Das Konstrukt SM-Gruppe mußte erst geschaffen werden. Initialzündungen für die Gründung von SM-Gruppen waren damals:

1. Das Buch von Sine Aline Geißler »Lust an der Unterwerfung. Frauen bekennen sich zum Masochismus« (Geißler 1990); die Verbreitung dieses Buches wurde durch die Stern-Titelstory (Heft 10, 1. März 1990) »Eine Liebe mit Schmerzen« (Posche 1990) unterstützt. Die Auseinandersetzung mit dem Buch führte zu spontanen Treffen von SMerInnen. Diese lockereren Diskussionsgruppen standen mehr oder minder bei der

Gründung von SM-Gruppen Pate. Es ist kein Zufall, daß das gesellschaftliche Auftauchen von SM in der Bundesrepublik Deutschland sich über das literarische Outing einer weiblichen Masochistin entwickeln konnte[43]. Dieses Buch wirkte als eine Art Befreiungsschlag. Dieser Befreiungsschlag konnte in dem damaligen gesellschaftlichen Klima nur von der Position einer M-Frau geführt werden; ein S-Mann hätte das Gefühl gehabt oder haben müssen, sich zu kriminalisieren, eine S-Frau wäre nicht ernst genommen worden, ein M-Mann wäre höchstwahrscheinlich belanglos geblieben.

2. SMerInnen gaben Anzeigen in lokalen Zeitschriften auf, mit dem sie andere SMerInnen in ihrer Stadt suchten zum Gedankenaustausch. Als Beispiel die Anzeige, die zur Gründung der Gruppe Schlagseite Mannheim/Heidelberg führte:

> »Lust an der Unterwerfung? Süße Schmerzen? Spaß an der Gewalt? Frau, 27 sucht gleichgesinnte zwecks Gründung eines Gesprächskreises.«

Die Anzeige erschien im »Sperrmüll«, einer Anzeigenzeitung[44]. Es meldeten sich 2 Frauen und 3 Männer (keine Paare). Die Gruppe tagte zunächst in der Wohnung der Gründerin, später tagte der Gesprächskreis in der Mannheimer AIDS-Hilfe (AH). Das Verlagern dieser Treffen von einem privaten Raum in die AH-Räume bezeichnete den Umschlagspunkt von einem persönlichen Kreis zu einer sozialen Organisation; die Gruppe wurde gewissermaßen offiziell. Allerdings vollzogen bis auf die Gründerin die vorherigen TeilnehmerInnen diese Entwicklung nicht mit; es kamen aber andere, teils über die AH, hinzu. Die AH wurde als seriöser Treffpunkt gewählt, um die SM-Gesprächsgruppe von kommerziellen Domina-Studios oder »SM-Clubs« abzugrenzen.

---

43 Diese Aussage stimmt nur für die heterosexuelle SM-Szene; für die schwule und lesbische Szene ist SM viel länger virulent (mindestens 50 bzw. 25 Jahre), zunächst in den USA, etwas später in Deutschland.

44 Zum Vergleich: Die in Frankfurt am Main agierende SM-Gruppe SMash benutzt folgenden Anzeigentext: »Darf's ein bißchen härter sein? Stammtisch und Gesprächskreis zum Thema SM, Fetisch & Co. bietet Frauen und Männern – ganz gleich ob hetero, bi, lesbisch oder schwul – die Möglichkeit zu Austausch, Information und Diskussion.« SMash ist allerdings nicht aufgrund dieser Anzeige entstanden, sondern ursprünglich aus den Mitgliedern einer anderen SM-Gruppe. Die Anzeige dient hier als Kontaktmöglichkeit für neue TeilnehmerInnen.

SM-Gruppen-Strukturen:
Stammtische und Gesprächskreise

In der deutschen nicht-kommerziellen SM-Bewegung haben sich folgende Strukturen entwickelt, die in einer mehr oder minder ausgeprägten Form für jede SM-Gruppe zutrifft: Stammtische, Gesprächskreise, Beratungs- und Kontaktmöglichkeit (meist als Telefon, sekundär als E-Mail), SM-Parties (oder vergleichbare SM-Spiele-Möglichkeiten), bei einigen Gruppen Anfänge einer Öffentlichkeits- und Lobbyarbeit.

Jede SM-Gruppe hat einen Stammtisch, einige haben nur einen Stammtisch, fast alle SM-Gruppen begannen mit einem Stammtisch. Der Stammtisch findet in einer Kneipe oder einem Cafe – manchmal in deren Hinterzimmer statt. Es handelt sich oft um Orte, die zur schwulen (oder schwul-lesbischen) Szene gehören. Der Stammtisch findet an einem Abend zwischen montags und freitags, gewöhnlich einmal im Monat statt. Ort und Zeit des Stammtisches werden durch einschlägige Szeneorgane (z. B. das SM-Magazin Schlagzeilen) oder durch einschlägige Internetseiten, auch durch die Homepages der Gruppen selbst, über Internet-Chats oder über persönliche Kontakte oder über das Telefon der Gruppen bekanntgegeben. Diese Telefonnummer ist außer in oben angeführten Kommunikationsorganen der SM-Szene oft auch in Stadtillustrierten (meist solchen, in denen Kontaktanzeigen eine bedeutende Rolle spielen) inseriert. Die Mannheimer/Heidelberger SM-Gruppe Schlagseite inseriert im »Meier«, die Frankfurter SM-Gruppe SMash inseriert im »Journal Frankfurt«, beides Stadtmagazine, die Single-Partys organisieren, einen bedeutenden Kontaktanzeigenmarkt haben und SM-Kontaktanzeigen weitgehend zulassen.

In diesen Inseraten, Veranstaltungshinweisen, Internet-Informationen usw. wird in den meisten Fällen Ort und Zeit des Stammtisches so bekanntgegeben, daß die interessierte Person auch ohne vorherigen Kontakt zur Gruppe direkt an diesem Stammtisch auftauchen könnte (wie beispielsweise bei der Schlagseite). In den wenigsten Fällen geschieht dies tatsächlich. Die meisten nutzen das Kontakttelefon und rufen an, um herauszufinden, was es denn mit dieser Gruppe auf sich hat. Nur wenn die interessierte Person ein Gruppenmitglied kennt, das die Anforderungen als eine Vertrauensperson erfüllt, wird auf einen solchen sondierenden Telefonanruf manchmal verzichtet. Etwas seltener ist eine Verfahrensweise wie sie beispielsweise SMash (Frankfurt/Main) handhabt: Die kontaktsuchende Person wird hier gezwungen, zunächst das Gruppentelefon anzurufen, um zu der Information zu kommen, wo der Stammtisch stattfindet. Meist wird diese Person auf dem Anrufbeantworter der Gruppe eine Telefonnummer hinterlassen müssen, damit sie zurückgerufen wird. Mit Hilfe des Telefongesprächs wird eine gewisse Kanalisierung des Zugangs zur Gruppe ermöglicht. Die betreffende SMerIn wird dann gebeten zu einem bestimmten Zeitpunkt (30 Minuten vor dem Beginn des regulären Stammtisches) zu einer Einführungsrunde zu kommen. Personen, die mit dem Procedere dieser Einführung vertraut sind, stellen die Gruppe vor, erklären Regeln, verweisen darauf, daß deren Einhaltung erwartet wird, erläutern die Leitungsstruktur und das Funktionieren der Gruppe, stellen die Aktivitäten der Gruppe vor und fragen nach dem Zugang und danach, welche Erwartungen die neuen Mitglieder an die Gruppe haben. Während dann die »alten« Gruppenmitglieder am Stammtisch eintreffen, tagt der Tisch der »Neuen« manchmal noch einige Zeit (etwa bis zu einer Stunde) als separate Formation weiter, wird dann aber aufgelöst und in den gesamten Stammtisch integriert. Dies hat sich als ein relativ unkomplizierter Aufnahmeprozeß erwiesen. Die Frankfurter Gruppe praktiziert also ein Verfahren, das einerseits von dem interessierten neuen Mitglied einiges an Eigeninitiative und Einlassungsbereitschaft einfordert, anderseits aber auch Integrationsverfahren für neue Mitglieder anbietet.

Diese Stammtische funktionieren formal als sehr ungezwungene Gruppe (oft handelt es sich auch faktisch um mehrere Tische, deren Gesprächsgegenstände auch verschieden sind; ein Teil der Beteiligten werden im Laufe des Abends u. U. die Plätze tauschen und an verschiedenen Gesprächskontexten teilnehmen). Es wäre auch falsch anzunehmen, daß an ihnen nur oder überwiegend über SM gesprochen wird (es wird von einem Teil der TeilnehmerInnen gelegentlich kritisiert, daß am Stammtisch zu wenig über SM gesprochen wird). Sehr oft suchen die dort versammelten SMerInnen Bezüge voneinander zu erfahren, die gerade außerhalb von SM liegen. Oft suchen auch die Beteiligten ein »zweites Thema«, über das sich auseinandergesetzt werden kann (Beispiel: Am Stammtisch der Schlagseite waren bis Ende der 90er Jahre eine Reihe JuristInnen, denen sich damit berufsbedingt ein zweites naheliegendes Thema bot).

Die Stammtische bieten Gelegenheit, daß sich SMerInnen gegenseitig bestätigen, einfach durch die Tatsache, daß hier deutlich wird, daß es SMerInnen gibt; sie haben also eine psychische Support-Funktion. Sie sind eine (möglicherweise) erste Anlaufstelle für SMerInnen in der jeweiligen Stadt, sie erfüllen für die SM-Gruppen auch eine Rekrutierungsfunktion für andere Aktivitäten. Das Niveau der Auseinandersetzung über SM oder über die eigene gesellschaftliche Situation als SMerIn bleibt hier zunächst meist noch oberflächlich. Es ist also nicht so wichtig, was hier passiert, sondern daß SMerInnen sich versammeln und außerhalb des Kontextes der Mainstream-Gesellschaft und unabhängig von rein persönlichen Kontakten (bzw. über diese hinaus) miteinander reden. Ihre politische Funktion ist eine Art unterste subkulturelle Etablierung[45]. Stammtische habe ich in einer Größenordnung von etwa 8 bis 60 Personen erlebt.

Ein Teil der SM-Gruppen haben über Stammtische hinaus einen SM-Gesprächskreis (oder analoge Formen) entwickelt. In den Gesprächskreisen kann das Niveau der Auseinandersetzung über SM sehr hoch sein, man sollte sich darunter weniger etwas sexualpädagogisches (schon gar nicht etwas technisches), sondern eher etwas halbphilosophisches vorstellen. Als Beispiel berichte ich von den Gesprächskreisen von Schlagseite Mannheim/Heidelberg und SMash (Frankfurt) – zwei Gruppen mit einer nahezu identischen Konzeption. Jedoch funktionieren entsprechende Einrichtungen anderer Gruppen meines Wissens mehr oder minder ähnlich.

Die Themen, über die diskutiert werden sollen, werden in der Regel von allen Mitgliedern des Gesprächskreises eingebracht. Es wird jeweils ein Thema an einem Abend behandelt. Die Person, die das Thema vorgeschlagen hat, macht ein Intro von etwa 5–15 Minuten Länge. Ersatzweise können auch Bilder gezeigt oder kurze Texte (oder Textauszüge) verteilt werden. Die Diskussionsthemen selbst haben mit SM im weitesten

---

45 Eine ähnliche Funktion, wie ich sie bei der Gewerkschaftsjugend im Zusammenhang mit der Lehrlingsbewegung (Ende der 70er Jahre des vorigen Jahrhunderts) beobachtet habe. Die materiellen Durchsetzungsmöglichkeiten der Gewerkschaftsjugend ist eher gering, nicht zu vergleichen mit den Möglichkeiten erwachsener Arbeiter, insbesondere der Facharbeiterschaft. Jedoch hat die Tatsache, daß sich junge ArbeiterInnen und Angestellte außerhalb der formalen Organisation der jeweiligen Betriebe informell treffen, eine große Bedeutung für die Herausbildung einer selbstbewußten (Fach-)Arbeiterschaft und einer antikapitalistischen politischen Orientierung von Teilen der Jugend.

Sinne zu tun. Es können z. B. Themen sein wie Hingabe, Scham, Nähe und Distanz, Outing, 24/7-Beziehung, Kontaktanzeigen, Grenzen von SM, SM auf beiden Seiten, SM mit beiden Geschlechtern, SM innerhalb und außerhalb der Beziehung, SM und Alter, SM-Phantasien, Partnerfindung, Konsensualität oder auch allgemeinere Themen wie promiskuitiver oder monogamer Lebensstil, SM und Beziehung/Ehe, Frauen/Männer, oder ähnliches sein. Es kann auch ein sogenanntes aktuelles Thema besprochen werden. Dies ist der Fall, wenn ein Mitglied des Gesprächskreises ein persönliches Erlebnis oder ein persönliches aktuelles Problem hat. Dieses wird dann vor einem bereits geplanten Thema vorgezogen.

Eine Person übernimmt die Moderation. Zu ihrer Aufgabe gehört es die Wortmeldungen zu regulieren, die Interessen der ThemeninhaberInnen zu schützen und auf die Einhaltung von Gesprächskreisregeln zu achten. Diese Regeln (auf deren Einhaltung die GesprächsteilnehmerInnen festgelegt werden) gleichen denen, wie sie von Support-Gruppen in ähnlicher Form bekannt sind. Zum Kernbestand dieser Regeln gehören die folgenden, wie sie von SMash (Frankfurt/Main) auch schriftlich formuliert wurden:

» – Ich-Regel: Rede von dir, nicht von oder über andere.
– Gefühle-werden-nicht-in-Frage-gestellt-Regel: Alle Gefühle können geäußert werden, Gefühle von anderen sollen nicht beurteilt werden; hast du Schwierigkeiten mit deinen Gefühlen, wenn andere ihre Gefühle äußern, dann drücke deine Gefühle aus.
– Konspirations-Regel: Alle persönlichen Informationen bleiben innerhalb des Gesprächskreises; das informelle Selbstbestimmungsrecht bezieht sich nur auf die eigene Person.«

Während der Diskussion kommt es des öfteren zu einem Driften des Themas in Richtung eines anderen Themas. Dies kann produktiv, aber auch unproduktiv sein. Hier hängt vieles von der Moderation ab. Oft hat es den Diskussionsprozeß gerade gefördert, wenn sehr gegensätzliche Positionen prononciert geäußert werden, da dies hilft, daß Andere ihre eigene 45Position zwischen diesen finden oder verorten können. Es ist bei diesen Gesprächskreisen definitiv nicht intendiert, daß man sich einig werden muß (anders als bei konventionellen politischen oder beruflichen Institutionen).

Ein solcher Gesprächskreis dauert etwa 80-100 Minuten, es gibt zwischen 30-40 Wortmeldungen. Es hat sich erwiesen, daß mindestens 5 und höchstens 14 Personen sinnvoll in einer Gesprächsgruppe miteinander diskutieren können. Falls mehr Leute da sind, werden auch zwei oder drei Gesprächsgruppen gebildet. Dabei hat sich gezeigt, daß es dann sinnvoller ist, daß jede einzelne Gruppe ein eigenes Thema behandelt, so daß jede Gruppe eine ThemeninhaberIn hat. Die GesprächskreisteilnehmerInnen sind Personen, die sich relativ langfristig in der SM-Gruppe engagieren wollen und verstehen sich als der eigentliche Kern der Gruppe.

Beratungs- und Kontaktarbeit

Neben den Stammtischen und Gesprächskreisen unterhält (fast) jede SM-Gruppe eine Kontakt- und/oder Beratungsmöglichkeit, meist oder vorwiegend in Form eines Telefons; zunehmend auch in Form von E-Mail-Kommunikation. Außerdem gibt es in der Regel auch die Möglichkeit, die Gruppe per Post zu erreichen. Die konventionelle Poststelle spielt in der Regel nur eine Nebenrolle – mit zunehmend sinkender Tendenz zugunsten von E-Mail. Die größer werdende Rolle von E-Mail ist auch auf die Spezifik des Umgangs mit E-Mail zurückzuführen, nicht unbedingt den richtigen Namen angeben zu müssen, zu jeder Zeit von fast jedem Ort abgesandt werden zu können und mit der Vorstellung verbunden zu sein, im gleichen Moment anzukommen; es könnte auch zu einer Verlagerung weg vom Telefon zu E-Mail-Kontakten in der Zukunft kommen, zum Zeitpunkt des Abschlusses der Recherchen zu dieser Arbeit (Ende 2002) war dies jedoch noch nicht der Fall. Als Beispiel soll hier die telefonische Kontakt- und Beratungsarbeit der Gruppe Schlagseite beschrieben werden. Dieses Telefon wurde (zur hier beschriebenen Zeit) von einer Frau betreut.

Es gibt zwei unterschiedliche Typen von Anrufen: Anrufe mit Beratungsfragen zu SM und Anrufe, um Auskunft über die Mannheimer SM-Gruppe oder SM-Szene zu erhalten, um Kontakt mit dieser Gruppe aufzunehmen.

Im Verlauf der fast 10-jährigen Existenz des Beratungstelefons sank (und sinkt weiter) die Zahl der Beratungsanrufe. Die Anrufe waren vorgeschobene medizinische und juristische Anfragen. Tatsächlich aber handelte es sich sehr selten um reale medizinische oder juristische Probleme; vielmehr ging es um relativ normale Probleme des Umgangs mit

SM (die sich in der einen oder anderen Form auch kaum von Problemen des Umgangs mit anderen Formen von Sex oder mit anderen Formen von Beziehungen unterscheiden). In diese Gruppe von Beratungsanrufen fallen auch Anrufe mit einer Doppel-Leben-Problematik: In der Regel sind es meist Männer, die verheiratet oder fest liiert sind und SM außerhalb ihrer Hauptbeziehung, manchmal mit konspirativen Affären, manchmal in Dominastudios oder ähnlichem ausleben. Die heutigen relativ unkomplizierten Möglichkeiten, sich über Internet und mittels Literatur über SM zu informieren, sowie eine gesellschaftliche Entdramatisierung des Themas SM haben offensichtlich zum Rückgang dieser Art von Anrufen beigetragen.

Die zweite Art von Telefonaten sind AnruferInnen, die Kontakte zur Gruppe suchen. Diese Anrufe laufen unterschiedlich, je nachdem ob es sich um Single-Frauen, Single-Männer oder um Frauen und Männer handelt, die Bestandteil eines SM-Paares sind, die auch für den anderen Partner, bzw. die andere Partnerin mit anrufen. In diesem letzteren Fall – die in jeder Hinsicht für die Telefonberaterin unproblematischsten Anrufe – ist es auffallend, daß immer mehr Frauen für diese Paare anrufen (im Gegensatz zur Anfangszeit des Beratungstelefons).

Wenn eine Single-Frau am Telefon ist, scheint es für sie sehr entlastend zu sein, daß sie am anderen Ende der Leitung auf eine Frau trifft. Oft wird allein durch diese Situation das Gespräch sozusagen geöffnet. Es ist signifikant, daß bei den meisten Frauen – selbst wenn es ein Partnerproblem gibt – das Informationsbedürfnis und das Bedürfnis über SM zu reden im Vordergrund steht. Es ist weiterhin signifikant, daß Frauen viel öfter dann Kontakt zu einer SM-Gruppe aufzunehmen beginnen, nachdem bereits reale Erfahrungen mit SM vorliegen (im Gegensatz zu Männern). Die Anrufe haben oft die Funktion zu ventilieren, was sie bei dieser SM-Gruppe erwartet (wobei manchmal auch relativ phantastische Befürchtungen ausgeräumt werden mußten).

Ist ein Single-Mann am Telefon, dann spielt oft ein Partnerinnen-Problem mit, meist sogar die Hauptrolle. Von diesen Männern gibt es zwei Gruppen. Die eine nimmt schon am Beginn des Gesprächs sehr schnell wahr, daß es sich bei der SM-Gruppe nicht um eine Partneragentur handelt, daß ein Partnerproblem hier nicht direkt zu lösen ist und aktivieren ihre (vor dem Gespräch als weniger wichtig angesehenen) Bedürfnisse nach Information und Gesprächsbedarf. Das Gespräch läuft dann im Sinne einer Information über die SM-Gruppe weiter.

Bei der zweiten Gruppe entwickelt sich etwa folgende Situation: Wie bei jedem anderen Gespräch an diesem Telefon hilft die Telefonberaterin dem Anrufer seine Fragen zu formulieren. Zum Beispiel sagt sie etwa, daß es verschiedene Gründe geben kann, Kontakt zu einer SM-Gruppe zu suchen, zum Beispiel Fragen zu SM, der Wunsch, sich mit anderen SMerInnen zu unterhalten oder auch, der Wunsch, eine Partnerin zu finden. Wenn jetzt der Gesprächspartner erklärt, daß ein Partnerproblem im Vordergrund steht, äußert sich die Telefonberaterin dahingehend, daß sie das legitim findet, daß es aber nicht so ist, daß bei der Gruppe reihenweise seine Traumfrauen sitzen, von denen er nur eine auszusuchen braucht, daß es aber vielleicht möglich sein könnte, in der SM-Gruppe Unterstützung für einen Umgang mit dem eigenen Sex zu bekommen, der möglicherweise ein Partnerproblem lösbar werden läßt. Diese Bekundung, daß das Partnerproblem des Anrufers als legitim betrachtet wird, löst jetzt doch eine Art Anmachdynamik aus. Nachdem sich bei ihm vielleicht Jahre und Monate SM-Phantasien aufgestaut haben, und weitere Monate und Wochen vergingen, bis er den Mut fand, diese Kontaktnummer tatsächlich anzurufen, finden er am anderen Ende der Leitung jemanden vor, der ihn nicht für krank erklärt und nicht diskriminiert und diese Person ist auch noch eine Frau. Ursprünglich hätte er ein direktes Anmachen selbst für unmöglich betrachtet. Jetzt aber wird er von der Situation überfordert, für ihn erscheint plötzlich die Erfüllung seiner Wünsche in greifbare Nähe gerückt, eine Jetzt-oder-nie-Situation entsteht, er versucht eine direkte oder indirekte Anmache (»du hast so eine schöne Stimme«, »können wir uns nicht persönlich treffen«, »hast du denn einen Partner« usw.). Die Telefonberaterin deckt daraufhin diesen Kontaktversuch auf oder läßt ihn auflaufen (»wenn du dich erst mit jemanden persönlich treffen willst, dann werde ich einen der Männer aus der Gruppe fragen, wann sie dafür Zeit haben«). An dieser Stelle des Gesprächs teilt sich diese Gruppe von Anrufern wiederum in zwei Typen. Die einen lassen sich durch nichts von dieser Anmache abbringen. Denen wird dann erklärt werden, daß sie wahrscheinlich in der Gruppe fehl am Platz sind und die Gruppe für sie nicht das richtige sein wird. Sie werden aufgefordert sich sehr zu überlegen, ob sie bei der Gruppe auftauchen wollen. Ihnen wird mitgeteilt, daß ihr Verhalten am Telefon in der Gruppe auf Widerstand stoßen würde, weil es gerade Frauen in eine Lage bringt, die sie zwingt, sich dauernd abgrenzen zu müssen (was auf Frauen sehr abschreckend wirken muß).

Eine zweite Gruppe von Männern empfindet an dieser Stelle selbst, daß ihr Verhalten inadäquat ist. Sie reagieren auf die Aufdeckung des Kontaktversuchs damit, daß sie dies zugeben oder sich entschuldigen. Dies führt dazu, daß die Telefonberaterin sachlich über die Gruppe informieren kann. (Ist ein Mann Telefonberater – wie zeitweise bei der Frankfurter Gruppe SMash – dann wird meist von den Männern noch offener und schneller über die Kontaktproblematik gesprochen). Das Beratungs- und Kontakttelefon hat also eine gewissen Kanalisierungsfunktion für den Zugang zur Gruppe.

Ein Teil der Gruppen veranstaltet SM-Feten oder Play-Parties, bei denen SM-Aktionen und SM-Sex willkommen sind, bzw. erwartet werden oder erwartet werden können (näheres über ihre Bedeutung für die Subkultur im Kapitel 5).

Öffentlichkeitsarbeit

Darüberhinaus betreiben einige Gruppen eine gewisse Öffentlichkeits- und/oder Lobbyarbeit in Form einer Zusammenarbeit mit anderen Gruppen (meist mit der schwul-lesbischen Bewegung oder der AIDS-Hilfe). Die Öffentlichkeitsarbeit konzentriert sich oft – wie beispielsweise bei der Frankfurter Gruppe SMash – auf die Beteiligung am Christopher-Street-Day (CSD)[46] oder in ähnlichen Kontexten mit einem Infostand der SM-Gruppe. An diesem Stand werden Informationsmaterial zur Gruppe und zu SM im Allgemeinen, wie auch einschlägige SM-Sicherheitshandbücher und SM-Zeitschriften zur Einsicht ausgelegt bzw. verkauft. Das ausgelegte Material fungiert meist als Kommunikationselement für Gespräche am Stand. Der Stand wird in vergleichbarem Maße wie andere Stände auf dem CSD frequentiert. Es scheinen auch relativ viele heterosexuelle Leute auf dem CSD nach sexuellen Informationen zu suchen, denen natürlich dieser nicht-schwul-lesbische Stand oft auffällt, auch wenn die Betreffenden selbst nicht immer etwas

---

46 Der Christopher-Street-Day (CSD) ist der »Nationalfeiertag« der Schwulen und Lesben (aus den USA übernommen, zurückgehend auf eine Polizeiaktion gegen Schwule und Transvestiten im Jahre 1969), in Deutschland zeitlich versetzt in größeren Städten während der Sommermonate durchgeführt mit sowohl informativ-politischen wie festlich-kulturellen Charakter. Die Veranstaltungen öffnen sich in den letzten Jahren für andere sexuelle Minderheiten, wie Bi-Sexuelle, Transgender-People und SMerInnen.

mit SM zu tun haben. Da die Schwulen über eine eigene Infrastruktur verfügen, kommen Schwule eher selten an den Stand. In den letzten Jahren wird der Stand allerdings zunehmend von Lesben und bisexuellen Frauen und ebenfalls verstärkt von jüngeren (unter 30 Jahren) heterosexuellen Frauen besucht. Diejenigen, die über den Infostand am CSD später die SM-Gruppe aufsuchen (dies ist ein eher seltener Weg), sind eher Frauen als Männer (Männer scheinen andere Wege zur SM-Gruppe zu benutzen). Die relativ hohe Frequentierung durch Frauen kann mit dem Gesamtcharakter des CSD zusammenhängen, der von Frauen offensichtlich als sicherer Raum wahrgenommen wird.

Zu einem neueren Element der Öffentlichkeitsarbeit einzelner SM-Gruppen haben sich (teils interaktive) Homepages entwickelt.

Team als Leitungsorgan

Wenn (wie manchmal bei kleineren SM-Gruppen) SM-Gruppen nicht spontan von einem, manchmal auch zwei einzelnen Menschen initiiert und geleitet werden, formiert sich meist ein Team als Leitungsstruktur. Normalerweise wird ein Team aus mindestens vier und höchstens neun Personen bestehen. Ein derartiges Team entwickelt sich durch Kooptation, es wird nicht gewählt und ist nicht (basis-)demokratisch legitimiert. Der durch hohe Fluktuation relativ schnell wechselnde Bestand der TeilnehmerInnen an SM-Gruppen ohne geregelte Mitgliedschaft läßt es auch unmöglich erscheinen so vorzugehen, wie in Organisationen mit einer geregelten Mitgliedschaft (zum Beispiel Parteien, Vereinen oder Gewerkschaften).

Eine SM-Gruppe wird also eher geleitet wie eine Bürgerinitiative oder Friedensinitiative. Auch hier zeigt sich wieder, daß man die SM-Gruppen strukturell als eine Gruppe der Neuen Sozialen Bewegungen sehen kann. Einige Gruppen unterhalten zusätzlich Sonderkomitees für spezielle Aufgaben (beispielsweise ein Feten-Komitee oder eine Gruppe, die sich mit Kultur beschäftigt), Es kann auch vorkommen, daß das Team andere TeilnehmerInnen der Gruppe für bestimmte Probleme beauftragt, z.B. – wie bei SMash (Frankfurt) – wo nicht alle GesprächskreisleiterInnen auch Teammitglieder waren und es zeitweise einen eigenen GesprächskreisleiterInnen-Treff gab. Die initiatorische Leitung, die Außenkontakte der Gruppe und eine Art Richtlinienkompetenz sind im Team konzentriert. Das Team versteht sich selbst als Einrichtung, die die Einrichtung SM-Gruppe bereitstellt, es beschäftigt sich unter Anderem auch auf einer Meta-Ebene mit der SM-Gruppe, das heißt, es beschäftigt sich mit organisatorischen und sozialpsychologischen Führungsaufgaben. Das Team mischt sich nicht oder jedenfalls nicht so sehr in inhaltliche Fragen ein, z.B. nicht in die Bestimmung, welche Themen im Gesprächskreis diskutiert werden (die folgen den Vorschlägen der GesprächskreisteilnehmerInnen).

Von den Menschen, die in das Team kooptiert werden, wird erwartet, daß sie eine Aufgabe, ein Sachgebiet, bzw. ein Ressort relativ selbständig geschäftsführend bewältigen können und daß sie die Fähigkeit haben mit Gruppen umzugehen, also sozial qualifiziert sind. Ressorts können zum Beispiel sein: Koordination, Beratungstelefon, Gesprächskreisleitung, Betreuung neuer Mitglieder, Stammtisch-Betreuung, Außenkontakte der Gruppe, Finanzen und Kasse, aber auch Gruppendynamik (SMash), Kultur (SMash), Schwule (zeitweise Schlagseite), Öffentlichkeitsarbeit (zeitweise SMash), Feten, Internetpräsenz.

SM-Gruppen (auch hier den Neuen Sozialen Bewegungen ähnlich) verwirklichen sich auf Initiative relativ weniger, die die Gestaltung dieser Gruppen weitgehend beeinflussen, haben aber kein Alleinvertretungsanspruch (im Gegensatz etwa zu Gemeindeparlamenten); sie streben also normalerweise nicht nach einer organisatorischen Hegemonie in einer bestimmten Region, sie wirken jedoch subkulturell-ideologisch mit ihrem jeweils eigenen Stil und ihrem eigenen Profil auf die gesamte SM-Bewegung ein. Wenn eine SM-Gruppe nicht (mehr) die Interessen ihrer TeilnehmerInnen angemessen berücksichtigen ist der subkulturelle Mechanismus, daß sie durch Initiierung einer anderen SM-Gruppe (mit einem anderen Stil) ersetzt oder ergänzt wird.

Zusammenfassend kann man als die substantiellen sozialen Merkmale von SM-Gruppen festhalten:

1. Wie die Neuen Sozialen Bewegungen entfalten die SM-Gruppen ihre Wirkung durch Vielfalt (nicht wie die Arbeiterbewegung durch Einheit, vergleiche Elb 1996, Seite 20); sie wirken sozial stilbildend; *Stile und Profile von verschiedenen SM-Gruppen befriedigen unterschiedliche Bedürfnisse im Umgang mit SM.*

2. Die SM-Gruppen sind in ihren Aktivitäten von einer organisatorisch wirkenden Avantgarde abhängig, die sich weitgehend selbst bestimmt und aus sich selbst weiterentwickelt: *Prinzip einer Avantgarde-Führung.*

3. Die Gruppenleitung werden nicht gewählt (wie auch innerhalb der Gruppen nicht gewählt wird), sondern *SM-Gruppen werden bei Untauglichkeit für den Szene-Diskurs durch andere substituiert.*

4. Durch Kanalisierungsprozesse, die den Zugang zur Gruppe beeinflussen, wie auch durch stilkreierende Maßnahmen und Regeln werden die Gruppenprozesse bestimmt und die Gruppenzusammensetzung begrenzt: *Prinzip einer geöffneten, nicht einer offen Szene.*

Geöffnete, nicht offene Szene

Dieses Prinzip einer für SMerInnen geöffneten, aber keineswegs für jede(n) offene Szene wird vor allem auch daran deutlich, daß Nicht-SMerInnen nicht erwünscht sind. Dies wird zum Beispiel an dem Problem deutlich, was szeneintern als Spanner-Problem bezeichnet wird. Heterosexuelle Menschen (meist Männer) die mit SM nichts oder kaum etwas zu tun haben oder für die SM eher eine nebensächliche Rolle spielt, »besuchen« SM-Feten und SM-Events, um voyeuristischer Teilnehmer an den dortigen Aktionen zu werden, oder in der Hoffnung, irgendwie ihre Sexualpartnerprobleme dort zu lösen, die sie in der Mainstream-Welt nicht lösen konnten. (Über den Versuch der SM-Bewegung mit diesem Phänomen umzugehen vergleiche auch Kapitel 5).

Gelegentlich verirren sich auch Menschen mit einer derartigen PartnerInnenproblematik oder einer auf soziale Inkompetenz zurückzuführenden sozialen Vereinsamung in die SM-Gruppen und SM-Gesprächskreise, ohne daß sie selbst substantiell etwas mit SM zu tun haben. Auch stoßen Menschen auf Widerstand, die – obwohl keine SMerInnen – ein SM-Interesse vorgeben, um die SM-Gruppe für ihre Probleme oder Selbstfindungsprozesse zu benutzen. Die sozialpsychologische Situation in den Gruppen wenden sich natürlich gegen diese nicht-SM-mäßigen Einflüsse. Die SMerInnen wollen nicht von Nicht-

SMerInnen beobachtet werden. Auch Journalisten wird der Zutritt zu internen SM-Gruppentreffen verwehrt. Dagegen ist die SM-Bewegung für als relativ schwierig geltende SMerInnen, selbst bei relativer sozialer Inkompetenz und selbst wenn sie über wenig oder keine SM-Erfahrung verfügen, nicht verschlossen. In bestimmten Fällen wird für diese SMerInnen die SM-Gruppe oft zur einzigen Beziehung zu SM. Andererseits verhält sich die SM-Bewegung kritisch und manchmal auch ausschließend gegenüber SMerInnen, die sich sexuell unverantwortlich verhalten oder den Normendiskurs der SM-Bewegung ständig verletzen.

Es wird vermieden, daß die Aufnahme von neuen Mitgliedern nach persönlichen Kriterien oder nach persönlichen (Vor-)Urteilen erfolgt (»ob es paßt« bzw. »ob es nicht paßt«). Immer wieder auftretende Versuche, SM-Gruppen »handverlesen« zusammenzusetzen haben sich nicht durchgesetzt oder sind gescheitert. Auch ist in den meisten Gruppen das Bewußtsein relativ entwickelt, daß SM-Gruppen soziale Organisationen und keine privaten Kreise sind.

Die Frankfurter SM-Gruppe SMash hat folgende »Prinzipien von SMash« festgelegt:

»1. Konsensualitätsprinzip
S/M im Sinne des Gruppendiskurses und möglicher Gruppenaktivitäten wird ausschließlich als einvernehmlicher sexueller Machtaustausch definiert.
2. Nichtkommerzialitäts-Prinzip
Die Gruppe gehört zur nichtkommerziellen S/M-Szene. Gruppenstrukturen und Gruppenaktivitäten verbinden sich nicht mit kommerziellen Einrichtungen.
3. Sozial-Prinzip
Die Gruppe steht jeder/jedem mit einem authentischen S/M-Interesse offen, unabhängig von sozialer Schicht und Klasse, Beruf oder Nationalität, hetero-, homo- oder bisexuellen Neigung. Die Gruppenaktivitäten müssen diesem Prinzip Rechnung tragen«.

Explizit oder manchmal auch nur implizit gelten vergleichbare Regeln für andere Gruppen der SM-Bewegung. Das von der amerikanischen SM-Bewegung übernommene Prinzip »Safe-Sane-Consensual« wirkt in die gleiche Richtung.

Die sozialpsychologische Mentalität (Wie gehen SMerInnen in der SM-Szene miteinander um?), die Formen von sozialer Solidarität innerhalb der Subkultur (Was verbindet SMerInnen in der SM-Szene?) und die Formen von sozialer Identität (Wie begreifen sich SMerInnen untereinander in der SM-Szene?) können zusammen als Elemente begriffen werden, die ein Konzept für die soziale Atmosphäre innerhalb der SM-Szene bilden. Bei Mainstream-Menschen könnte man von einem Konzept des Paares sprechen, in der schwulen Szene von einem Konzept der Freundschaft, in der lesbischen Szene möglicherweise von einem Konzept einer Schwesterlichkeit. Was aber ist das entsprechende Gegenstück in der SM-Szene?

Aus dem Erfahrungszusammenhang der schwulen SM-Subkultur in den Vereinigten Staaten wurde von Ivo Dominguez, Jr. (Dominguez 1994) für die gesamte »Kinky-Community« das spezifische Konzept eines Stamms (Tribe) vorgeschlagen.[47]

Clique oder Clan?

Meine eigenen Beobachtungen der heterosexuellen SM-Subkultur in

---

[47] »Kinky people are a tribe, or more accurately many tribes that form a nation. Some may argue that the concept of tribes and tribalism is archaic or primitive and unsuited to modern life. I suggest that it is a high touch, flexible and sophisticated way of looking at commonalities. There are many models of tribal life and ethics that can accommodate great diversity while providing a frame-work to weave the strands into a meaningful pattern. Some call it the expropriation of cultural property and take offense that any dare call themselves a tribe or adopt folkways or rites associated with tirbal cultures who are not currently tribal people. I would agree that shallow or disrespektful play acting with sacred resource is distasteful, but the essence of tribe belongs to all humanity. (…) Perhaps now is the time for new tribes to come into beeing. Human cultural progress and creativity are due in good part to the cross-pollination of ideas, ideas that like pollen do not honor political or cultural borders. Beeing a tribe is a question of spirit, not political analysis or antropology, so I do not believe that the materialism implicit in calling it expropriation will hold up over time. (…) The description ›tribe‹ may be used by many for many years before it is a buzzword. Like family, the concept of tribe is only grasped by living it. Those who have their experience of feeling their destinies and the roots of their being interwoven with others in the Kinky community will now what tribe means. They can through their actions create opportunities for others to discover their membership in the tribes of the Kink Nation – a Nation built not on the red-hot point of rage or the percipice of anger but on the solid back of the ground. Kinky people are risktakers, and perhaps through new ways of relating, meta-tribes will result from sythesizing so much diversity through the lenses of our sexualities. If so, a new gift will have been brought to the common cultural heritage of humankind.« (Dominguez, Jr. 1994, Seite 103–104).

Deutschland kann ich am besten als Schwanken zwischen zwei Konzepten beschreiben, die ich als Konzept des Clans und als Konzept der Clique gegenüberstellen will. Diese Konzepte stehen in Konkurrenz zueinander und schließen sich gegenseitig aus. Die Clique ist personenorientiert, der Clan ist gemeinschaftsorientiert, die Clique ist durch den subjektivistischen Einfluß einzelner charakterisiert, der Clan bezieht sich auf ein nicht-subjektives Kriterium (wie beispielsweise bei einem ethnischen Clan die ethnische Zugehörigkeit). In der Clique suchen Personen andere Personen aus, der Clan dagegen sucht Personen danach aus, ob sie der Spezifik des Clans entsprechen. Diese Spezifik des Clan besteht in einer bestimmten Ähnlichkeit im Umgang mit der sozialen Wirklichkeit, z. B. durch spezielle Kommunikationsstrukturen und ein besonderes Problemlösungsverhalten.

Der Clan beruht im interpersonalen Verhalten mehr auf Achtung als auf Sympathie. Die SM-Gruppe nach dem Clique-Modell ist besonders anfällig für personelle Veränderungen und Kämpfe (beispielsweise durch Veränderungen der Partner- und Paarkonstellationen). Die Gruppe nach dem Clan-Modell ist eher anfällig für Störungen ihrer sozialen Atmosphäre (etwa durch Nichtbeachtung von gruppenkonstituierenden Regeln); in einer Clan-Gruppe entscheidet das authentische SM-Interesse, im Cliquen-System die Frage, wer mit wem kann. Sozialpsychologische Probleme im Clan lassen sich durch Änderungen des Umgangs mit ihnen, durch Führungs- und andere soziale Eingriffe beeinflussen, in der Clique meist nur durch die Veränderungen der personellen Zusammensetzung.

Nicht gruppenorientierte Aktivitäten der SM-Bewegung

Die SM-Bewegung bewegt sich in und mit Gruppen; sie ist insbesondere als gruppenorientierte Bewegung entstanden und muß m. E. als solche hauptsächlich verstanden werden. Darüberhinaus gibt es nicht-gruppenorientierte Aktivitäten und Aktivitäten, die über die ursprünglich initiierende Gruppe oder Formation hinausführen oder über diese hinausweisen. Einige der Wichtigsten möchte ich hier vorstellen:

Die vielleicht bedeutendste über Gruppen hinausweisende Organisation ist SMart Rhein-Ruhr e.V. Sie ist eine im Bereich des Ruhrgebiets und NRW agierende Regionalorganisation von SMerInnen. Sie besteht allerdings selbst wieder aus Gruppen. Der 1992 konstituierte Verein hatte (2002) etwa 150 Vereinsmitglieder, 11 Gruppen und 4–5 weitere gruppenähnliche Organisationen mit ca. 600 ständigen TeilnehmerInnen. Dieser Organisations-Typ steht jedoch in der Bundesrepublik Deutschland einzigartig dar, er hat sich also in anderen Teilen Deutschlands nicht reproduziert. Andererseits ähnelt er im gewissen Sinne den nationalen SM-Organisationen in Österreich Libertine und Dänemark SMil.

Eine Bedeutung für die deutsche SM-Bewegung hat das in Dänemark stattfindende internationale SISC-Camp. Das Camp ist auf einem entsprechend umfunktionierten Bauernhof untergebracht. Die größte nationale Gruppierung auf diesem Camp sind Deutsche. Die Organisation wurde 1992 gegründet und veranstaltet seitdem jeden Sommer (ursprünglich drei – heute fünf) internationale Camp-Weeks mit heterosexuellem Schwerpunkt (plus zwei Gay-Weeks). An jeder dieser Wochen nehmen etwa 35–55 SMerInnen teil (insgesamt pro Jahr über 200 Camp-TeilnehmerInnen). Dieses Camp ist als sexuelles Event konzipiert. Es ist jedoch nicht zu übersehen, daß dieses Camp auch eine Begegnungsstätte von Aktivisten der (hauptsächlich deutschen und dänischen) SM-Bewegung ist und eine subkulturbildende und in gewisser Weise auch sexualerzieherische Funktion hat. Außer aus Dänemark und Deutschland kommen TeilnehmerInnen aus Schweden, Norwegen, Finnland, den Niederlanden, Österreich, Schweiz, sehr vereinzelt auch aus Großbritannien, Belgien, den USA und Frankreich. Camp-Sprache ist Englisch.

Eine Art verkleinerte Ausführung innerhalb Deutschlands ist das von der Schlagseite Mannheim/Heidelberg jährlich organisierte Burgwochenende, ein Zeltwochenende auf dem Gelände einer Burgruine im Neckartal (2–3 Tage, 15–25 TeilnehmerInnen).

Es gibt einige im Grenzbereich zur Internet-SM-Szene bundesweit agierende Organisationen, darunter insbesondere das Projekt Pets & Owners (»für menschliche Tierchen und ihre Besitzer«), der Arbeitskreis SM & Christsein (»für Menschen, die sich als SMer und gleichzeitig als Christen verstehen«) und das »autonome Netzwerk lesbischer und bisexueller SM-Frauen« SchMacht (Regionalgruppen in Bremen, Berlin und NRW).

Mitte der 90er Jahre gab es mehrere Treffen für Leute, die SM-Gruppen organisieren in Form einer erfahrungsaustauschenden Konferenz (iniitiert von einem Arbeitskreis SM und Vernetzung). In den letzten Jahren gab es davon unabhängig ähnliche Treffen im (schwulen Tagungshaus) Göttinger Waldschlößchen. Dort kommen insbesondere Aktivisten sowohl von der hier beschriebenen gruppenorientierten SM-Szene wie auch von der Internet-SM-Szene zusammen.

Mehrere Jahre hindurch gab es auch einen AK SM und Justiz und eine AK SM und Medizin mit einem überregionalen schriftlichen und telefonischen Beratungsangebot. Ein von den SM-Gruppen unabhängiges Beratungstelefon wurde in Zusammenhang mit der SM-Depeche über viele Jahre betrieben. Die SM-Depeche war ein schriftlicher Nachrichtendienst der SM-Bewegung, der insbesondere Events und Gruppentermine verbreitete und von 1992 bis Ende 1999 erschien. Eine ähnliche Funktion – jedoch etwas gruppennäher – erfüllte die Szene-Intern zwischen 1993 und 1995 (Beide Organe erschienen monatlich).

Das wichtigste aus der SM-Szene hervorgegangene publizistische Projekt sind die im November 1988 in Hamburg erstmals erschienenen Schlagzeilen (zunächst vierteljährlich, ab 1995 alle zwei Monate). Die Zeitschrift besteht (neben etwa 200 Kontaktanzeigen und 4–5 Seiten Leserbriefe) aus folgenden Bestandteilen: 5–6 Geschichten, 4 Glossen, eine Darstellung einer KünstlerIn mit SM-Inhalten, einem Buch- und Medienteil, einem Sicherheitsbrevier und einem Schwerpunktthema. Vor allem die letzten beiden Punkte reflektieren die Nähe, die diese Zeitschrift zur SM-Szene nach wie vor hat (sogar auch nach der Umwandlung in ein kommerzielles Unternehmen). Aus den Schwerpunktthemen der letzten 8 Jahre (von Mitte 2001 an rückwärts aufgelistet): Outing, SM-TV-TS, 24/7 – SM rund um die Uhr, SM und Liebe, SM und Spiritualität, SM und Tod, Autoerotik, SM und Süchte, SM und Promiskuität, Zensurdebatte, Brutpflege oder SM, SM im Alter und/oder mit Behinderung, Kontaktversuche, SM und Moral, SM und Selbstbilder, Frauen in der Szene, SM und Beziehung, Einsamkeit, SM und Sucht (einige Themen über mehrere Hefte)[48]. Diese Themen reproduzieren teilweise Diskussionsprozesse der SM-Bewegung, die Gewichtung der Themen in der Zeitschrift und in den Gruppen weichen jedoch voneinander ab.

Der kommunikative Wert der Zeitschrift für die Szene wie für die einzelnen SMerInnen spannt sich vom privaten bis zum politischen Be-

---

48 Schlagzeilen, Hamburg, Hefte 16–60 (September 1993–November 2001).

reich: Zum einen können die »zufällig« in der eigenen Wohnung liegende Schlagzeilen austesten, ob sie von einer anderen Person beachtet werden (oder »übersehen« werden); zum anderen sind die Schlagzeilen beim Christopher-Street-Day (vgl. Anm. 47) in Frankfurt ein unkompliziertes Kommunikationselement für Gespräche am Infostand der SM-Gruppe.

Der Weg der Schlagzeilen vom Hamburger Szene-Magazin bis zur bundesweiten Hochglanz-Postille in relativ kurzer Zeit wird in der SM-Szene auch kritisch reflektiert. Ab der Nummer 25 (September 1995) steht als Motto auf dem Titelblatt: »SM aus der Szene für die Szene«. Dies enthüllte, daß ohne diesen speziellen Hinweis die Nähe der Zeitschrift zur nichtkommerziellen SM-Szene nicht mehr spontan zu erkennen war, da sie – ab einer bestimmten Stufe ihrer Entwicklung – von einem üblichen Sex- oder Fetischmagazin nicht mehr zu unterscheiden gewesen ist.

Viel deutet darauf hin, daß es in der SM-Bewegung ein Nord/Süd-Gefälle etwa entlang der Ruhr-Linie gibt: Südlich davon dominiert eine gruppenorientierte SM-Bewegung, nördlich davon (insbesondere in Hamburg, wo die SM-Bewegung zuerst begann) eher veranstaltungs- und projektorientierte Bestrebungen.

Größe und subkulturelle Reichweite der SM-Bewegung

Auf der Internetseite von SMart Rhein-Ruhr e.V. wurden Anfang des Jahres 2002 35 deutsche SM-Gruppen angegeben. Das entsprechende Info-Teil der Schlagzeilen weist 76 Gruppen aus (mit Österreich; Schlagzeilen Nr. 60, November 2001). Auf beiden Listen fehlen einerseits Gruppen, von deren Existenz ich weiß, andererseits stehen Gruppen darin, die meines Wissens nach als Gruppen nicht mehr existieren. Es wird mit Sicherheit kleinere Gruppen geben, die ohne öffentlich bekannt zu werden, wirken oder wirken wollen, eine Dunkelziffer von 10–20 Prozent kann also angenommen werden. Man darf relativ sicher von etwa 80–100 Gruppen in der Bundesrepublik Deutschland ausgehen.

Die Frage, wieviel Menschen in diesen Gruppen organisiert sind, wieviele Menschen von diesen Gruppen erreicht werden und welche subkulturelle Reichweite der SM-Bewegung unterstellt werden kann, ist schwer zu beantworten. Letztenendes werden zur realistischen Einschätzungen erst zukünftige quantitative Untersuchungen genauere Aussagen beitragen können. Durch einige Überlegungen anhand der von mir relativ lange und intensiv beobachteten Gruppen Schlagseite und SMash möchte ich jedoch eine ungefähre Vorstellung von der Größe der SM-Bewegung vermitteln. Aus Teilen der SM-Bewegung selbst werden völlig übertriebene Vorstellungen von der Anzahl der SMerInnen (zwischen vier und zehn Prozent der Bevölkerung) und von der Größe der SM-Bewegung kolportiert (50000 und mehr Menschen), die nirgendwo einen halbwegs realistischen Bezug zu einem entsprechenden empirischen Material nachweisen können.

Die Gruppe Schlagseite (gegründet 1989) hatte zwischen 1991-1998 14-20 regelmäßige TeilnehmerInnen aus dem sich der Gesprächskreis rekrutierte, darüberhinaus kamen noch einmal soviel TeilnehmerInnen zum Stammtisch und zu anderen Gruppenaktivitäten (zeitweise ein Outfit-Treff und ein »Spieleabend«). Zwischen Ende 1998 bis Anfang 2001 waren es 7–12 TeilnehmerInnen im Gesprächskreis und weitere 10 TeilnehmerInnen, die den SMalltalk besuchten (eine stammtischartige Veranstaltung). Zwischen Anfang 2001 und Ende 2001 wurde der Gesprächskreis eingestellt, dann neu eröffnet, mit etwa 10–14 ständigen TeilnehmerInnen. Unter ihnen sind 3 Personen, die der Gruppe schon 1991 angehörten, weitere 3 Mitglieder waren über 4 Jahre dabei, die Durchschnittszugehörigkeit liegt bei ca. zweieinhalb Jahren.

Da die dargestellten Zahlen jeweils einen Ist-Zustand der Gruppe reproduzieren, hatte die Gruppe also zu jedem Zeitpunkt ihrer Existenz etwa 20–35 Mitglieder, davon durchschnittlich 8–17 im Gesprächskreis. In der zehnjährigen Existenz hat die Gruppe mindestens 110 Personen subkulturell direkt erreicht, wahrscheinlich sind etwa 60 durch den Gesprächskreis beeinflußt.

Die Frankfurter Gruppe SMash existierte (Ende 2001) etwa fünf Jahre und hatte zwischenzeitlich Stammtisch-Größen von etwa 25–60 Leuten angenommen, GesprächskreisteilnehmerInnen (mit starken Schwankungen) zwischen 10–25. Es kann auch hier geschätzt werden, daß etwa 35 Menschen mit dem Gesprächskreis und mindestens 80 Menschen mit der Gruppe substantiell subkulturell erreicht worden sind. An einer im November 2001 erstmals einberufenen Generalversammlung zur Besprechung langfristiger Aktivitäten beteiligten sich 27 Personen.

Rechnet man diese quantitativen Verhältnisse auf 80-100 Gruppen hoch, muß man folgende Faktoren berücksichtigen: Doppelmitgliedschaften und Wanderungen von Gruppe zu Gruppe (ein Faktor von etwa 5–10 Prozent), das relativ junge Alter der meisten SM-Gruppen (jünger als 4 Jahre), anderseits aber die Existenz anderer Gruppen vor ihnen und daß die SM-Bewegung vor etwa 1996 aus wesentlich weniger Gruppen bestand. Meines Erachtens können dann etwa 4.000 Menschen zum gegenwärtigen Zeitpunkt (Ende 2002) zur SM-Bewegung gezählt werden. Von diesen beteiligten sich etwa 1.500 an Gesprächskreisen oder analogen Einrichtungen oder in anderer Weise als Aktivisten der SM-Bewegung. Da aber sehr viele SMerInnen, die an Gruppenaktivitäten gegenwärtig nicht (mehr) teilnehmen, mit der SM-Bewegung verbunden bleiben, schätze ich etwa doppelt soviel Menschen – also 8.000 – die in der über 10jährigen Geschichte der SM-Bewegung subkulturell direkt erreicht worden sind.

Die subkulturelle Reichweite der SM-Bewegung geht natürlich über die direkt involvierten Personen hinaus; indirekt werden durch subkulturell von der SM-Bewegung geprägte Personen auch ihre sexuellen PartnerInnen (soweit sie nicht selbst der SM-Bewegung angehören) und die SM-Szene selbst beeinflußt. Die subkulturelle Reichweite der SM-Bewegung (also mit diesen nur mittelbar beeinflußten Menschen) innerhalb der SM-Szene schätze ich auf etwa 12.000, die SM-Szene selbst auf insgesamt 20.000–30.000.

Das bereits erwähnte Leitungskader (Kapitel 3 *Alter*) der hier analysierten beiden Gruppen kann nur bedingt auf die allgemeine SM-Bewegung hochgeschätzt werden; die Kaderstruktur dieser Gruppen ist wahrscheinlich stärker und nicht repräsentativ für andere Gruppen. Es ist realistisch von etwa 300 führend tätigen Personen in SM-Gruppen oder SM-Organisationen auszugehen.

Es gibt darüberhinaus eine Einflußnahme auf subkulturelle Normen und subkulturelle Verhaltensweisen durch Medien und durch öffentliches Sichtbarwerden der SM-Bewegung, die über den Bereich der eigentlichen SM-Szene erheblich hinausreicht. Die Subkultur ist größer als die (hier beschriebene) SM-Szene, insbesondere unter Einbeziehung der (hier nicht beschriebenen) Internet-SM-Szene könnte die Größenordnung bei ca. 100.000 Menschen liegen, die wieder zur gesamten Population von SMerInnen in Relation gesetzt werden können. Diese kann in der Größenordnung von 500.000–750.000 Menschen gedacht werden (wenn dies auch ohne genauere quantitative Untersuchungen noch spekulativ bleiben muß).

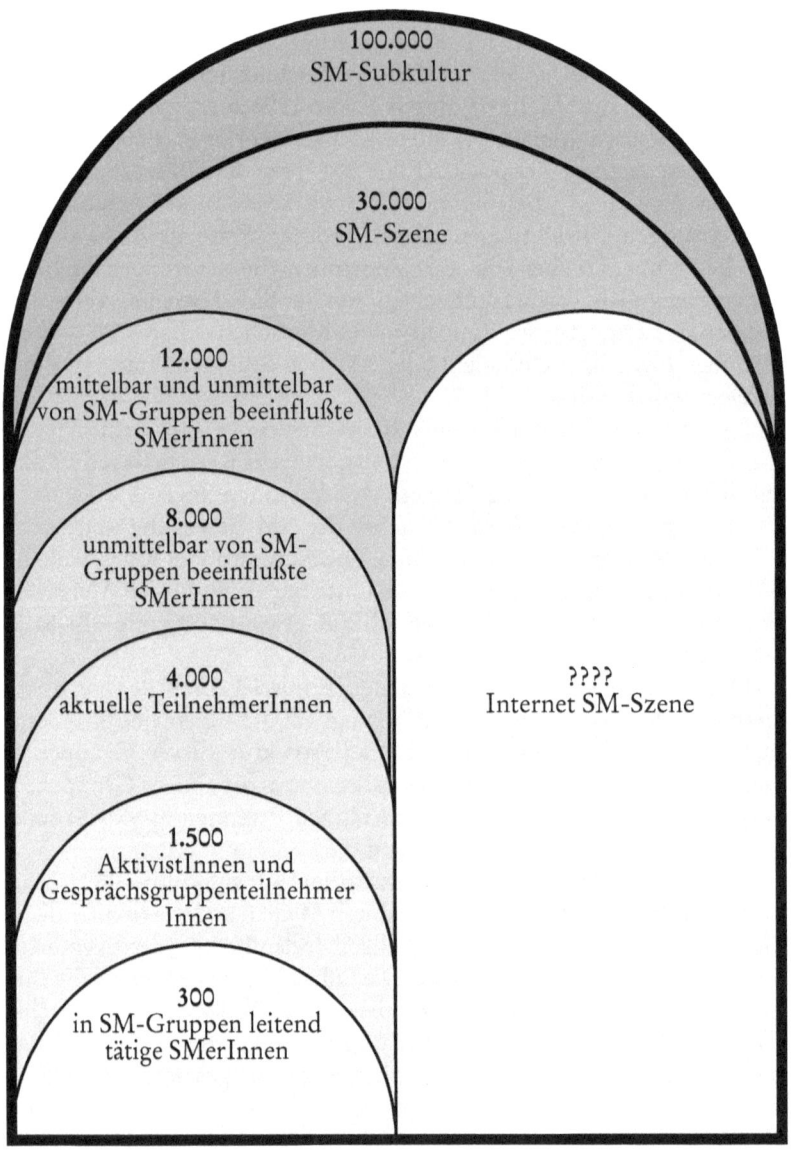

Hauptgründe für die Entstehung der SM-Bewegung

Aus der Beobachtung von SM-Gruppen lassen sich vier voneinander unabhängige Hauptmotivationen ablesen, die für die Entstehung der SM-Bewegung verantwortlich sind und die Grundlage ihres soziales Existierens bilden:

1. Eine Coming-out-Problematik (ähnlich wie in der schwulen und lesbischen Bewegung)

2. Funktion als Modell-, Bilder/Symbole- und Kommunikationselemente-Generator für ein subkulturelles Verhalten (da diese von der Mainstream-Gesellschaft nicht zu Verfügung stehen oder aber für SMerInnen unbrauchbar sind).

3. Die PartnerInnen-Problematik. Sie stellt sich für SMerInnen anders dar als für Mainstream-Menschen, aber auch anders, als für Schwule und Lesben. Sie haben nicht nur das Problem PartnerInnen zu finden (das haben alle anderen auch), sondern das Partnerfindungs-Problem erscheint als soziales Problem: Wo finde ich SMerInnen und/oder wie erkenne ich sie überhaupt?

4. Eine Entdiskriminierungs-Problematik, bzw. der Wunsch nach gesellschaftlicher Anerkennung.

Die SMerInnen empfinden die eigene PartnerInnen-Auswahl viel eingeschränkter im Vergleich zu den »normalen« Menschen. Diese Vorstellung von der eingeschränkteren PartnerInnenauswahl hält bei genauerer Beobachtung kaum stand, sie ist höchstwahrscheinlich ideologisch und kann nur sozialpsychologisch erklärt werden. Oberflächlich betrachtet neigen SMerInnen dazu die vielen Nicht-SMerInnen gegen die wenigen SMerInnen aufzurechnen, und demzufolge das Finden eines Partners oder einer Partnerin als viel schwieriger einzuschätzen als dies für andere Menschen ist. Analysiert man das PartnerInnen-Problem der einzelnen SMerIn aber genauer, ergibt sich ein anderes, differenziertes Bild. Die sexuelle Kompatibilität ist noch nicht allein dadurch gegeben, daß eine SMerIn auf eine andere SMerIn trifft, denn die konkreten sexuellen Themen des/der potentiellen PartnerIn müssen sexuell kommunizierbar sein. Sie müssen sich in sexuelles Handeln umsetzen lassen können. Insofern erscheint einerseits zunächst die PartnerInnen-Auswahl sogar noch eingeschränkter als die durchschnittlichen SMerInnen projizieren, andererseits gilt natürlich dieses spezifische Problem (daß die eigene Sexualität mit der PartnerIn kompatibel sein muß) auch für Menschen mit jeder anderen Sexualität, insofern ist die Vorstellung von der sehr viel eingeschränkteren Population potentieller PartnerInnen so einfach nicht aufrechtzuerhalten. Richtig bleibt aber das Problem, daß SMerInnen weniger sichtbar sind – außer eben in der SM-Szene.

Initiieren eines sozialen Raums

Einer der wichtigsten Funktionen der SM-Szene und der SM-Bewegung ist es deswegen einen sichtbaren sozialen Raum zu schaffen, in dem SMerInnen überhaupt zu treffen und zu identifizieren sind. Die Triebkraft dieser PartnerInnen-Problematik für die Entwicklung einer selbständigen Bewegung der SMerInnen muß weiter begriffen werden als ein reines PartnerInnen-Findungs-Problem. Sie geht über ein aktuelles Kontaktproblem hinaus. Man kann es am besten beschreiben, wenn man die Situation der subkulturell lebenden SMerInnen mit denen vergleicht, die keinen Zugang zur Subkultur haben (oder glauben auf diesen verzichten zu müssen). Für letztere steht und fällt die ganze SM-Existenz alleine mit der von ihnen eingegangenen und geführten gegenwärtigen Partnerschaft. Zerbricht diese (oder läßt sie sich aus anderen Gründen nicht fortsetzen) stehen diese SMerInnen vor dem Nichts, wenn sie ihre Sexualität weiter leben wollen; für den oder die subkulturell integrierten SMerInnen ist die Situation völlig anders; man wäre fast versucht zu sagen: sie ist relativ normal; jedenfalls können sie die Szene wie einen Raum betreten, der ihnen für neue Kontaktversuche zur Verfügung steht und der über den großen Vorzug verfügt, daß innerhalb dieser Szene nicht erst erklärt werden muß, daß man selbst SM praktiziert und sich nicht mit einer riskanten und ambivalenten gesellschaftlichen Situation auseinandersetzen muß. Es ist eine Situation, in der die Person als SMerIn leben kann, sich nicht dafür verteidigen muß, und Kontaktversuche anstellen kann, wie jede andere Person auf irgendeiner gesellschaftlichen Veranstaltung der Mainstream-Gesellschaft. *Die SM-Szene etabliert die gesellschaftliche Situation der SMerInnen.*

Die Situation stellt sich aber auch anders dar als für Lesben und Schwule. Den Homosexuellen steht eine in Großstädten kommerzielle, offene Szene zur Verfügung. Lesben und Schwule sind auch anders erkennbar und erkennen sich leichter in der Öffentlichkeit[49]. Sie brauchen heute nicht mehr so sehr eine selbstorganisierte Schwulen-Lesben-Bewegung um PartnerInnen zu treffen. Sie brauchen diese eher um sich in der nicht-schwul-lesbischen Gesellschaft durchzusetzen. Schwule und Lesben gehen aus der Szene gestärkt in die Gesellschaft, um sich dort mit ihren PartnerInnen zu behaupten, SMerInnen gehen aus der Gesellschaft in die Szene, um dort überhaupt potenzielle PartnerInnen anzutreffen.

Veränderungen in der historischen Entwicklung der SM-Szene und SM-Bewegung

Die erste Generation der SM-Bewegung schuf die SM-Bewegung in gewisser Weise nach ihrem eigenen Bilde, nach den Erfordernissen ihrer eigenen (damaligen) Situation, die politische Entwicklung (sich in der Szene, für die Szene einzubringen) befruchtete, determinierte und reproduzierte die persönliche Entwicklung, sie hatte große Authentizität, sie schuf eine (begrenzte) Öffentlichkeit, sie eroberte einen sozialen Raum für SM. Die Frauen und Männer dieser Entwicklungsphase mußten einen relativ großen (persönlichen) Schritt machen, riskierten den Schritt in die Öffentlichkeit in eine damals noch unberechenbarere soziale Situation, leisteten dabei eine relativ große Arbeit an sich selbst. Die Risiken und Probleme der damaligen Avantgarde sind aber nicht mehr ihre heutigen. Zu dieser Avantgardegruppe stoßen ab dem letzten Drittel der 90 Jahre drei weitere Gruppierungen:

1. Die *Coming-out-Gruppe*: Menschen mit einem ähnlichen Coming-out-Aspekt wie in der ersten Generation, aber mit dem Unterschied eine wesentlich günstigere öffentliche Situation vorzufinden.

---

49 Vergleiche Kapitel 2, Anmerkung. 14 dieser Arbeit.

Ihr Zugang zur SM-Bewegung ist leichter, die soziale Situation erscheint berechenbarer, der Schritt sich zu outen impliziert nicht mehr eine so große soziale Risikobereitschaft, sie müssen nicht mehr eine so große Arbeit an sich selbst leisten wie SMerInnen der ersten Generation.

2. Die *Reflexionsgruppe*: Durch die bessere öffentliche Situation, die die SM-Bewegung im Windschatten der schwul-lesbischen Bewegung erst geschaffen hat, haben sie bereits sexuelle Erfahrungen mit SM und ein Bewußtsein über SM, oft auch schon PartnerInnen; sie erwarten von der SM-Bewegung eine Ausweitung des sozialen Spielraums mit SM souverän, aber auch möglichst normal umzugehen.

3. Eine sehr *heterogene Peripherie-Gruppierung*: Zu ihr gehören Leute mit einer vom Mainstream-Diskurs abweichenden Sexualität, die aber nicht unbedingt oder nicht direkt etwas mit SM zu tun haben braucht, die aber unter dem Schirm der SM-Bewegung Support suchen; Leute deren sexuelle Marktchancen gering sind oder von ihnen selbst als gering eingeschätzt werden, die glauben, innerhalb der SM-Bewegung oder der SM-Szene noch »landen« zu können, auch wenn ihr Verhältnis zu SM eher zweifelhaft ist oder nur wenige wirkliche Elemente ihrer Sexualität betrifft. Eventuell auch Nicht-SM-PartnerInnen von SMerInnen.

Probleme von SM-Gruppen in der Gegenwart (um 2000)

Die SM-Bewegung unterliegt der Gefahr der Profanierung, wie sie für den Übergang von einer ambitionierten, avantgardistischen Emanzipationsbewegung zu einem sich ausbreitenden und verbreiternden gesellschaftlichen Phänomen typisch ist; sie unterliegt der Gefahr in ein Dienstleistungsunternehmen verwandelt zu werden, das Menschen in einer kurzen lebensgeschichtlichen Zeitspanne fördert, damit sie (nachdem sie ihre Probleme mit SM crashkursmäßig behoben haben) relativ unkompliziert ohne die Supportgruppe weiterleben können (eine Mentalität die durch solche gesellschaftlichen Lernerfahrungen wie z. B.

Crashkurse und Kurzzeittherapien gefördert wird); die SM-Bewegung unterliegt auch Entwicklungen der politischen Integration und sozialen Etablierung durch Anpassung an das Toleranzspektrum der Mainstream-Gesellschaft und der Vermengung mit Tendenzen, die mit SM nichts oder wenig zu tun haben.

Es gibt ein organisationspolitisches Problem: Die Einheiten der SM-Bewegung (insbesondere einzelne Gruppen) sind relativ klein und organisationstechnisch auf sich selbst gestellt, so daß die Probleme zwischen einzelnen Menschen in ihnen einen unangemessenen Einfluß auf die Verhältnisse in den Gruppen und auf die Entwicklung, ja selbst auf das Bestehen der einzelnen Gruppe erlangen können. Eine gewisse Tendenz zu Tratsch und zu anderen sozial unqualifizierten und gruppenneurotischen Verhaltensweisen scheinen in dieser Struktur kleiner Gruppen immanent zu sein. Andererseits tendieren größere Organisationsformen – wie SMart Rhein-Ruhr e.V. (oder SMil in Dänemark) – zur Vereinsmeierei. Sie führen einen Selbstverwaltungsdiskurs, der mit der SM-Bewegung wenig zu tun hat. Dies führt zu internen Machtkämpfen mit organisierten Gruppierungen innerhalb der Organisationen.

Ein weiteres schwieriges Problem hängt damit zusammen, daß die SM-Gruppen Konjunkturen durchlaufen, die bei relativ kleinen Organisationen schneller eine existenzbedrohende Dimension annehmen können als dies bei größeren und länger etablierten Organisationen der Fall wäre. Viele SM-Gruppen machen einen Zick-Zack-Kurs ihrer quantitativen Entwicklung durch, für den sich in den Augen der Beteiligten und Aktivisten oft keine analysierbaren Gründe finden lassen.

Unabhängig von diesen unregelmäßigen Konjunkturen scheint es auch eine Konjunktur innerhalb des Jahresverlaufs zu geben. Es gibt eine Hochkonjunktur im Winter bis zum Ende des Frühjahres und eine »Krise« nach der Sommerzeit. Es besteht die Gefahr, während der Sommerpause die Gruppe zu verlieren, die Leitungen und AktivistInnen müssen die Gruppe danach erst wieder einsammeln oder mit neuen Leuten wieder aufbauen.

Eine weitere krisenhafte Erscheinung kann mit dem relativ geringen Frauenanteil zusammenhängen. Fällt dieser unter ein bestimmtes Niveau (unter 25 Prozent), entfaltet sich eine männlich geprägte soziale Atmosphäre, die zur weiteren Verminderung des Frauenanteils beiträgt. Eine fast nur noch auf Männer reduzierte Gruppe wird aber gerade was die anspruchsvolleren Formen der Auseinandersetzung

(Gesprächskreise und ähnliches) betrifft für eine heterosexuell orientierte Bewegung uninteressant.

Was ist politisch an der SM-Bewegung?

Die SM-Bewegung segelt in gewisser Weise im Windschatten der schwul-lesbischen Bewegung. Insbesondere die schwule Bewegung ist ihr – eingestandenes oder uneingestandenes – Paradigma, sie versucht von der zivilgesellschaftlichen Bedeutung der schwul-lesbischen Bewegung zu zehren und sich mit ihr zu vergleichen. Doch vor allem letzteres will nicht so richtig gelingen und ist wahrscheinlich etwas vermessen. Die Lebenssituation von Schwulen und Lesben ist insofern anders, als daß bei nahezu jeder alltäglichen gesellschaftlichen Situation die Homosexuellen durch die Partnerwahl auffallen und die heterosexuellen SMerInnen nicht: Gemeinsame Wohnung, Betriebsausflug und Einladungen mit PartnerIn, Heirat, Kinder (Sorgerecht und Adoptionsrecht), Familie etc. Daraus folgt, daß für männliche und weibliche Homosexuelle die eigene Sexualität ganz anders zu einem spezifischen schwulen oder lesbischen Lebensstil drängt als für (heterosexuelle) SMerInnen. Daraus ergibt sich auch, daß SMerInnen kein spezifisches politisches Thema zuzuordnen war und ist wie den Schwulen oder Lesben oder aber auch den Transsexuellen.

Die einzigen Themen, die die SM-Bewegung in ihrer über 10jährigen Geschichte mehr schlecht als recht zu einer staatlich-gesellschaftlichen Auseinandersetzung zu machen versuchte, war der sogenannte Spanner-Case und der Widerstand gegen die PorNo-Kampagne. Beim Spanner-Case ging es um einen juristischen Fall in Großbritannien, bei dem schwule SMer verurteilt worden sind (darunter Masochisten wegen Körperverletzung gegen sich selbst), und der mit Unterstützung der SM-Bewegung verschiedener Länder vor dem europäischen Menschenrechtsgerichtshof verhandelt wurde. Der Prozeß wurde verloren, die Bewegung verebbte danach.

Hier bleibt festzuhalten, daß ein ausländischer Fall (und ein schwuler Fall!) ausgegraben werden musste, um den Versuch zu machen, die SM-Bewegung im konventionellen Sinne zu politisieren.

Der Widerstand gegen die PorNo-Kampagne entzündete sich an einer aus Kreisen der rot-grünen Regierungskoalition eingebrachten

Gesetzgebungsvorlage, die nicht nur die Produktion von sogenannter Gewaltpornographie sondern auch den Besitz entsprechender Produkte verbieten will, wodurch sich SMerInnen bei Kulturprodukten, die die eigene SM-Sexualität betreffen, bedroht fühlen. Diese Auseinandersetzung hat eher ideologischen Charakter, denn die praktische Durchsetzung eines den Befürchtungen entsprechenden Gesetzes erscheint juristisch undurchführbar. Deswegen will sich auch politische Brisanz nicht so recht unter SMerInnen entwickeln; auch diese Zensurdebatte hat etwas vom Sturm im Wasserglas.

Die SM-Bewegung ist aus dieser Sicht im konventionellen Sinne unpolitischer als Schwule, Lesben, Transsexuelle: Ihr fehlt ein ernstzunehmender Bezugspunkt in der Auseinandersetzung mit Justiz, Staat oder Regierung. Sehr viele SMerInnen in der SM-Bewegung würden sich spontan nicht als politische Menschen in Bezug auf ihre Sexualität begreifen.

Andererseits möchte ich (m.E. im Einklang mit den Haupttendenzen der modernen Politologie) vorschlagen, jede Organisation von BürgerInnen zur Verbesserung der eigenen gesellschaftlichen Situation als politisch zu begreifen. Zweifellos ist die SM-Bewegung in diesem Sinne eine Organisation von spezifischen BürgerInnen für ihre spezifischen Interessen. Diese Bestrebungen nach der Anerkennung einer früher und teilweise auch heute noch nicht anerkannten Sexualität sind eine zivilgesellschaftliche Auseinandersetzung und Teil eines politisch-ideologischen Prozesses – unabhängig davon, ob dieses nun von allen Beteiligten dieser Auseinandersetzung subjektiv so reflektiert wird. Mindestens in dieser Problematik der gesellschaftlichen Anerkennung besteht eine Analogie zu den Bewegungen von Schwulen, Lesben, Bi-Sexuellen und Transsexuellen und ein mit diesen Bewegungen ähnlicher politischer Aspekt der SM-Bewegung.

Das Politische an der SM-Bewegung wird noch deutlicher, wenn man die Situation derer beobachtet, die die SM-Bewegung gestalten, ihren LeiterInnen und AktivistInnen. Wenn sie sich auch ursprünglich aus einem privaten Grund für eine als privat verstandene Sache engagierten, sehen sie sich schließlich mit dem Aufbau von Gruppen, mit der Leitung von Organisationen, mit der Organisierung von Veranstaltungen, mit dem Führen von Menschen, mit dem Umgang mit sozialen Prozessen und Problemen auf einer Metaebene konfrontiert und darüberhinaus mit moralischen Fragen und Prinzipien (z.B. Was ist SM? Gewalt?

Konsensualität?). Sie sehen sich politisch agieren und das, was für sie politisch geworden ist, ist etwas, das für sie in einem sehr konkreten persönlichen Sinne privat ist und von dieser Privatheit nichts verliert, während dem sie damit (auch) politisch operieren.

Drei Richtungen in der SM-Bewegung Deutschlands

Von unterscheidbaren *politischen* Tendenzen und Richtungen der SM-Bewegung in Deutschland und von identifizierbaren Trägern dieser Tendenzen und Richtungen kann nur mit folgenden Einschränkungen gesprochen werden: Der schon oben angedeuteten Einschränkung, daß von *politischen* Tendenzen oft nur in einer Meta-Ebene gesprochen werden kann, da nicht alle SMerInnen und SM-Organisationen, die einer dieser Tendenzen zugerechnet werden können, diese selbst zwangsläufig als etwas Politisches ansehen müssen. Die von mir als politisch angesehenen Tendenzen gehen oft durch Gruppen oder einzelne Organisationen hindurch, die nachfolgende Zuordnung kann nur als Haupttendenz oder Ausgangspunkt dieser politischen Richtung verstanden werden.

Eine *integrativ-legalistische Richtung* versucht SM und die SMerInnen in die Gesellschaft zu integrieren, SM möglichst normal werden zu lassen.[50] Sie versucht zu suggerieren – oder ist immer wieder versucht zu suggerieren – SM als etwas, das sich vom »normalen« Sex nicht grundsätzlich unterscheidet, darzustellen (zum Beispiel, daß SMerInnen nicht soviel anders seien, daß SM nicht gefährlich sei, daß SM mit Gewalt nichts zu tun habe). Als Exponent dieser Richtung möchte ich SMart Rhein-Ruhr e.V. bezeichnen (bei aller geboten Vorsicht, ohne jede einzelne Gruppe oder jede Person dafür zu vereinnahmen).

Eine zweite *event- und projektorientierte Richtung* oder Tendenz kann beschrieben werden mit: Verbindung von aufklärerischen SM-Medien-

---

50 Diese Tendenzen dürfen nicht einseitig als Versuch sozialer Anpassung gesehen werden, sondern referieren auch davon relativ unabhängig auf das ideologische Problem der Gewalt (vergleiche Kapitel 1 *Wie kann SM beschrieben werden?* und Kapitel 2 *Gewalt-Problem*).

Projekten mit organisierten SM-Fun und ein unkompliziertes Verhältnis zum kommerziellen Bereich. Selbstdefinition von SMerInnen ohne allzuviel Rücksicht auf das Toleranzspektrum der Gesamtgesellschaft. Diese Richtung kann in Norddeutschland angesiedelt werden (Hamburg).

Eine dritte *gruppenorientiert-emanzipatorische Richtung* kann positioniert werden mit: Nicht-Kommerzialität als konstituierendes Prinzip der Bewegung (Abgrenzung zur Domina-Szene, aber eine gewisse Öffnung zur kommerziellen Szene, die keine Prostitution ist), SM als eine ganz andere Sexualität, Verbindung von SM mit einem nonkonformen Lebensstil, Definitionsmacht über SM durch SMerInnen ohne Rücksicht auf das Toleranzspektrum der Gesamtgesellschaft. Diese Richtung ist (bei aller gebotenen differenzierten Betrachtungsweise der Verhältnisse in den Gruppen) in Süddeutschland zu finden.

Paradieren

Die letzten beiden genannten Richtungen können nicht verleugnen, daß ihr Modell in besonderem Maße von der schwul-lesbischen Bewegung (insbesondere von der schwulen Bewegung) inspiriert ist. Sie setzen ihr Leben gewissermaßen dem Leben der »normalen« Menschen entgegen. Die norddeutsche Variante stellt vielleicht mehr eine Politik der befreiten Gebiete dar, die süddeutsche Variante mehr, sich den »Normalos« gegenüberzustellen (ob letztere das wollen oder nicht). Schwule und Lesben beeinflussen offensichtlich auch andere Sexbewegungen (Bisexuelle, Transsexuelle, SMerInnen) mit einer Art von politischen Verhalten, daß ich mit Paradieren[51] auf den Begriff bringen will. Die schwule Demonstration am CSD wird nicht zufällig auch als Parade bezeichnet, sie ist auch mit einer Demonstration im herkömmlichen Sinne nicht ganz zu vergleichen; sie ist eher eine Mixtur zwischen Demonstration, Theater, Prozession und Fest. Sie zeigt nicht nur etwas an, sondern sie stellt etwas vor, sie konfrontiert mit dem eigenen, anderen Sein: Sie zeigt, daß etwas anders ist und was daran anders ist. Sie befördert ein: *Uns gibt es (ob es euch anderen paßt oder nicht, es wird sich nichts daran ändern)!* Was bei

---

51 Parade stammt etymologisch von einem spanischen Wort mit der Bedeutung »zieren, schmücken« (Kluge 1995, Seite 611).

dieser Parade im wahrsten Sinne des Wortes offensichtlich ist, enthüllt etwas vom inneren Wesen sexueller Bewegungen, auch wenn es nicht immer so spektakulär zugehen muß, wie beispielsweise am Kölner CSD als heterosexuelle SMerInnen mit einem eigenen Wagen mitmachten oder beim CSD in New York 1994 als sich über 2000 SMerInnen in entsprechenden Outfit mit einer eigenen Formation beteiligten. Auch die SM-Bewegung in ihrer alltäglichen Realität, als einzelne SM-Gruppe in einer Kneipe, als Infostand, als Partner der AIDS-Hilfe, der für jede SMerIn erreichbare Gesprächskreis und auch das öffentliche SM-Event sind ein Stück Gegenwelt, ihre Existenz eine gesellschaftliche Tatsache, an der – ist sie einmal geschaffen – nicht mehr politisch vorbeigegangen und die kaum wieder zurückgedrängt werden kann. Sie initiieren ein Selbstbewußtsein bei den SMerInnen, hinter denen diese auch kaum mehr selbst zurückgehen können (vielleicht mit der potentiellen Ausnahme offener staatlicher Repression). Die SM-Bewegung wirkt alleine schon durch die Tatsache ihrer öffentlichen Faktizität.

Diese Faktizität wirkt sowohl auf die sozialpsychologische Situation der einzelnen SMerInnen, als auch als Referenz in der Auseinandersetzung mit Nicht-SMerInnen, aber auch als Referenz für Nicht-SMerInnen, die sich bei einer Konfrontation mit SM auf sie beziehen können. Dieses hier als *Paradieren* vorgestellte fungieren der SM-Bewegung ist möglicherweise ihr emanzipatorischstes Element.

Exkurs: Was für eine Gruppe ist die SM-Gruppe?

Die Verwendung des Begriffs *SM-Gruppe* in der SM-Szene referiert nicht unbedingt auf einen Gruppencharakter im engeren Sinne. Mit SM-Gruppe ist die (meist lokale) Gruppierung, die Formation *SM-Gruppe* gemeint. Der Sprachgebrauch schließt an den Sprachgebrauch der *Neuen sozialen Bewegungen* an, wie er in Deutschland ab Ende der sechziger Jahre des vorigen Jahrhundert entstanden ist. (Der Ausdruck wird ähnlich gebraucht wie etwa »Marxistische Gruppe« in der Studentenbewegung oder »Friedeninitiative«). Insbesondere die Stammtische der SM-Gruppen sind keine Gruppen im eigentlichen Sinne, sie sind dafür meist auch zu groß (bei SMash/Frankfurt 35–50 Personen). Es kommt vor, daß sich auf einem Stammtisch verschiedene gruppenähnliche Kreise bilden (die auch nur für diesen einen Tag existieren). Diese spontane, informelle Gruppenbildung ist aber organisatorisch äußerst labil.

Von Gruppen im engeren Sinne kann dagegen insbesondere bei den Gesprächskreisen der einzelnen SM-Gruppen, bei Diskussionsgruppen überregionaler SM-Veranstaltungen und bei ähnlichen qualifizierteren Einrichtungen der SM-Bewegung gesprochen werden. Eine größere Anzahl von SM-Gruppen haben Teams, die die Gruppen leiten und die selbst Gruppencharakter besitzen. Gruppen im engeren Sinne gibt es also innerhalb der sogenannten SM-Gruppe oder innerhalb anderer SM-Organisationen.

Gruppen unterscheiden sich von einfachen Ansammlungen von Menschen (»Menge«) und von formalen Organisationen durch ihren hochorganisierten Charakter. Sie sind nichtinstitutionell oder subinstitutionell. Sie sind das »Milieu, in dem dem menschlichen Individuum Gelegenheit gegeben wird, sich zu behaupten und zu verwirklichen« (Battegay 1973, Band III, Seite 10). Die hochorganisierte Gruppe ist der Ort, an dem der Mensch der hochorganisierten Gesellschaft entgegentreten kann. Ohne die Gruppe wäre er ihr restlos ausgeliefert (vgl. Battegay, Band III, Seite 12). Gruppen sind deswegen ein hochorganisiertes Gebilde, weil sie aus einer meist kleinen Zahl von wechselseitig in Beziehung tretenden Individuen bestehen. »Die Gruppe ist der Ort, an dem der Mensch – in den Reaktionen der anderen – sich seiner selbst bewußt werden kann« (Battegay 1973, Band III, Seite 13). Im Unterschied zum niedrigorganisierten Charakter von den meisten Vereinen, Parteien, Gewerkschaften und anderen formalen Gebilden äußert sich der hochorganisierte Charakter der Gruppe in einem hierarchischen Repertoire von beweglichen, nichtfixierten Rollen, (1) die selbst in Bewegung begriffen sind, (2) von verschiedenen Personen wahrgenommen, verlassen und verändert werden, (3) wobei die Rollen immer eine Resultante aus den Energien des Einzelnen und des »Kollektivs in seiner historischen Gewordenheit« darstellt (Battegay 1973, Band III, Seite 20). Die Gruppe wird

> »als ein sozialer Rahmen empfunden, der den Mitgliedern gleichzeitig genügend Kontaktbreite und Intimität wie persönlichen Spielraum bieten kann (...) Sie bietet dem einzelnen eine Verstärkung seines Ich, insofern als ein persönliches Ich an dem Gruppen-Ich partizipiert. Die Gruppe liefert dem Individuum Schutz. Es vermindert durch sie sein Gefühl von Einsamkeit und Verlorenheit. Die Gruppe kann dem Einzelnen helfen, sich wertvoll zu fühlen. Sie verstärkt ihn also auch vom Über-Ich her. Die Gruppennorm gibt ihm Halt und schützt ihn besser gegen seine Selbst-

zweifel. Nach außen hin verstärkt das Individuum mit Hilfe der Gruppe sein Gewicht in der Gesellschaft« (Richter 1995, Seite 33–34).

»Wir verstehen unter einer Gruppe ein aus einer meist kleinen Anzahl von Individuen bestehendes hochorganisiertes Gebilde, dessen Mitglieder, indem sie differenzierte, ihre eigenen Bedürfnissen und den Notwendigkeiten der Gesamtheit entsprechende Rollen übernehmen, gefühls- und verstandesmäßig miteinander verbunden sind« (Battegay 1973, Band I, Seite 111).

Gruppen sind ein aus mindestens drei, meist mehr Mitwirkenden bestehender Verband; es kann zwischen Kleingruppen, deren Größe meist zwischen fünf und neun Personen bestehen kann und Großgruppen mit etwa 12–20 Personen unterschieden werden. Ab welche Größe eine Gruppe in eine niedrig-differenziertere Menge übergeht oder als Masse »entartet« (vgl. Battegay 1973, Band I) oder zerfällt, hängt offensichtlich sehr vom sozialen Kontext ab. Die Erhaltung des Gruppencharakters scheint mit dem Face-to-Face-Prinzip zusammenzuhängen, welches bedeutet, daß prinzipiell eine Kommunikationsmöglichkeit aller Gruppenmitglieder mit allen bestehen muß. Andernfalls zerfällt gerade die hochorganisierte Struktur der Gruppe. Aus diesem Grunde unterscheidet sich auch der Gruppencharakter zwischen der Kleingruppe und der Großgruppe. Dies habe ich konkret bei der Frankfurter SM-Gruppe SMash beobachten können, die beide Gruppentypen entwickelt hat. Der »kleine« Gesprächskreis von SMash (6–10 TeilnehmerInnen) weist eine hohe Gesprächsbeteiligung aller TeilnehmerInnen, eine intensive Gesprächsdynamik auf, weil ein direkter und unmittelbarer Bezug zu den vorhergehenden Diskussionsbeiträgen möglich ist, die nicht selten den Charakter eines Schlagabtauschs annehmen können. Es entsteht allerdings ein gewisser gruppendynamischer Druck überhaupt etwas zu sagen bzw. sich angemessen zu beteiligen (was durchaus eine Bremse darstellt, sich an dieser Art von Gesprächskreis zu engagieren). Alle TeilnehmerInnen (nicht nur die ThemeninhaberIn) werden in dieser Gruppe relativ scharf gespiegelt, nichtauthentische DiskussionsteilnehmerInnen kommen leicht unter Druck.

Der »kleine« Gesprächskreis ist intim, besonders anspruchsvoll, er eignet sich insbesondere für sehr persönliche Themen. Umgekehrt ist der »große« Gesprächskreis (13–25 TeilnehmerInnen) weniger persönlich und intim und hat eine andere Gesprächsdynamik. Die ThemeninhaberIn steht mehr im Vordergrund, ist zentraler und wirkt wie eine ReferentIn. Nicht mehr alle TeilnehmerInnen melden sich zu Wort. Da insgesamt aber mehr TeilnehmerInnen (als im »kleinen« Gesprächskreis) zu Wort kommen wollen, verlängert sich die Rednerliste. Der direkte Bezug wird schwerer, die Gesprächsthematik durch dazwischenliegende Gesprächsbeiträge unterbrochen. Es läßt sich oft ein Gesprächsverhalten feststellen, daß einzelne TeilnehmerInnen auf Beiträge reagieren, zu denen sie sich ursprünglich nicht gemeldet haben können.

Die Qualität des »großen« Gesprächskreises schwankt stärker als bei dem »kleinen« Gesprächskreis. Sie ist stärker abhängig von der Führung der Gruppe und von einer starken ThemeninhaberIn. Noch unausgegorene, persönliche und ambivalente Themen werden weniger vorgebracht. Es wagen sich jedoch mehr TeilnehmerInnen in diesen Gesprächskreis und der Frauenanteil ist meist größer. Die Großgruppe bietet mit der Möglichkeit sich nicht selbst unmittelbar beteiligen zu müssen (mit dem weniger direkten Gesprächsbezug, der einen Schlagabtausch schwierig macht) einen größeren Schutz. Die Gesprächsdisziplin ist eher höher als im kleinen Gesprächskreis. Der Schutz der Großgruppe führt aber auch zu einer höheren Anzahl von unauthentischen und flachen Diskussionsbeiträgen, da es unwahrscheinlich ist, daß diesen RednerInnen direkt geantwortet wird. Dem großen Gesprächskreis wird von dem Gruppenmitgliedern größere Sympathie entgegengebracht als dem »elitären« kleinen Gesprächskreis. Das Gesprächsniveau ist jedoch insgesamt nicht niedriger als im »kleinen« Gesprächskreis. Die auf überregionalen Veranstaltungen der SM-Bewegung initiierten Gruppendiskussionen (an denen AktivistInnen bzw. GruppenleiterInnen vorwiegend teilnehmen) entsprechen eher diesem hier skizzierten Großgruppenkonzept.

Es ist zu fragen, wie diese qualifizierten Gruppenprozesse der SM-Bewegung gruppenanalytisch zu charakterisieren sind. Die SM-Bewegung selbst hat es immer wieder abgelehnt, SM-Gruppen in die Nähe von Therapiegruppen zu rücken. Auch der Begriff »Selbsthilfegruppe« ist der SM-Bewegung aus diesem Grund suspekt (zu Beginn der neunziger Jahre wurde dieser jedoch in der SM-Bewegung verwendet). In einer Therapie- und Selbsthilfegruppen-Liste in Frankfurt wäre die SM-Gruppe zwischen Anonyme Alkoholiker, AIDS-Gruppen, Tablettenmißbraucher, Magersüchtige und Eltern mit Erziehungsproblemen geraten. Das Problem, um das sich diese Gruppen zentrieren, soll entweder wegtherapiert werden, oder es soll ein nicht akzeptierbares Leiden in eine andere Form von Leiden verwandelt werden, mit dem ein annehmbarer Umgang gefunden werden kann. Es ist offensichtlich, daß dies für SM-Gruppen so nicht zutrifft: SM soll nicht wegtherapiert werden, SM ist insbesondere für die SM-Gruppen affirmativ besetzt. Daß die SM-Bewegung es ablehnt, ihre Gruppen als eine Form von Therapie zu verstehen, hat also einen relevanten realen Bezug. Wenn SM-Gruppen keine therapeutischen Gruppen sind, was für Gruppen sind sie aber dann?

Bei einer Untersuchung der konkreten gruppendynamischen Prozesse, ist jedoch die Abgrenzung zu therapeutischen Gruppen nicht mehr ganz so überzeugend. Gruppen gehören grundsätzlich entweder zu einem »allozentrierten« oder zu einem »autozentrierten« Gruppentyp (Battegay 1973, Band III, Seite 48; Battegay übernimmt den Begriff von Martens de Wilmers). Soziale Gruppen sind meist allozentrierte Gruppen, das heißt, sie sind auf ein außerhalb der Gruppe liegendes Ziel orientiert. Der typischste Fall einer autozentierten Gruppe ist die therapeutische Gruppe. Ihr Ziel »ist deshalb nicht wie bei den meisten sozialen (Gruppen, N.E.) nach außen gerichtet, sondern nach innen, auf die Mitglieder selbst.« Ihre Aufgabe besteht darin »jedem der Beteiligten zu ermöglichen, durch die in ihrem Rahmen gewonnene Erfahrung und Bereicherung die Verwirklichung seiner selbst in den sozialen Gegebenheiten zu erleichtern« (Battegay 1973, Band I, Seite 46). Die erwähnten Gesprächskreise (oder ähnliche Arbeitsgruppen der SM-Bewegung) gehören zum Typ der autozentrierten Gruppen – wie die therapeutischen Gruppen. Die SM-Gruppen sind auf die Entwicklung ihrer TeilnehmerInnen bezogen, es soll erreicht werden mit dem eigenen SM angstfreier, souveräner, ambitionierter, besser umzugehen. Die SM-Gesprächskreise und ähnliches unterscheiden sich also von den therapeutischen Gruppen dadurch, daß ihre Beziehung zum Thema umgekehrt ist. Andererseits ist die SM-Gruppe autozentriert und damit einer therapeutischen Gruppe gruppendynamisch ähnlich. Im Gegensatz dazu sind die erwähnten Teams (und andere Leitungsgruppen der SM-Bewegung) eher allozentriert, denn sie beschäftigen sich mit der außerhalb des Teams selbst liegenden Aufgabe, die SM-Gruppen (oder andere SM-Organisationen) zu leiten, bzw. sich auf einer Metaebene mit diesen zu beschäftigen. Diese gleichen also eher den sozialen Gruppen. Battegay, der sich bemüht in seinem Lehrbuch für therapeutische Gruppen die sozialwissenschaftliche Literatur zusammenzufassen und zu synthetisieren, entnehme ich folgende Ausführungen:

»Die Wirkung einer Gruppe wird dann offenbar, wenn vorher Unbeteiligte und nebeneinander oder weit auseinander Lebende durch *das Erleben einer gemeinsam sie betreffenden ›Atmosphäre‹* in ein Kollektiv eingeordnet werden. Es ist jenes Erleben, daß die Einzelnen aus der Einsamkeit und Isolierung herausreißt und sie in ein größeres Ganzes eingliedert« (Battegay 1973, Band I, Seite 36).

»Die in einer Gruppe manifest werdenden Emotionen lösen demnach ein emotionales Geschehen aus, das (...) weit über die ursprünglichen Gefühle hinausgehen kann. (...) Die *Verstärkerwirkung der Gruppe auf die Gefühle* kann aber auch beinhalten, daß die in ihr Verbundenen zu einem gefühlsmäßigen Erleben imstande sind, wie sie es allein, auf sich gestellt, nie fähig wären. (...) Würde ein Einzelner einen Vortrag hören und mit dem Referenten über das Vorgebrachte diskutieren, wäre er wohl meist nicht so fasziniert vom Thema, wie wenn er in einer Gruppe zu einer Diskussion über das Referat beitrüge. Für viele wird ein Konzert um so erhebender, je mehr sie ihre Gefühle mit einer Gruppe teilen (...). Dieser potenzierende Effekt der Gruppe führt zu einer Erlebnistiefe, die sonst nie einträte« (Battegay 1973, Band I, Seite 86).

»Die Gruppe wirkt sich (...) nicht nur verstärkend auf die Gefühle, sondern auch aktivierend auf die Assoziationen der Beteiligten aus. Der Einzelne ist in der Gruppe in ein *Netz von Erwartungen* verwoben, die ihn psychisch stimulieren. (...) Die Bewegung, die durch die vielseitigen und vielschichtigen Interaktionen in der Gruppe gegeben ist, führt dementsprechend zur inneren Bewegtheit der Mitglieder« (Battegay 1973, Band I, Seite 87).

»Bei Vermehrung des Gruppenkontakts kommt es, nach unseren Erfahrungen, nicht nur zu einer Vermehrung der gegenseitigen Zuneigung, sondern auch zu einer Vermehrung der Aggressionen. Wird die Dichte der Interaktionen so groß, daß die Individuen um ihre Eigenständigkeit und ihre individuelle Freiheit bangen müssen, steigert sich die Aggressivität in der Gruppe. (...) Wir können die *Aggressivität als Parameter für die Gruppeninteraktionen* annehmen. (...) wir können demnach zwei Grenzwerte feststellen, bei denen die Gruppe auseinanderfällt, jener, bei dem nicht mehr genügend aggressives Interesse und somit nicht mehr genügend Interaktionen auftreten und jener, bei dem die Aggressivität so stark und die Interaktionen so dicht werden, daß die Beteiligten sich in ihrer Individualität bedroht fühlen und die Gruppe aus diesem Grunde zusammenbrechen könnte. Nehmen die Interaktionen in einer Gruppe zu, so kommt es also zu einer, auch anteilsmäßigen, Zunahme der aggressiven – und freundlichen – Interaktionen zwischen den Gruppenmitgliedern. (...) Ohne daß mit zunehmender Nähe eine sich sogar überproportional steigende Aggressivität verbunden wäre, interessieren sich die Beteiligten wohl kaum füreinander. *Aggressivität kann im Gruppenverband soziale Verbindung schaffen*« (Battegay 1973, Band I, Seite 48–51).

»Mit den *nicht-konvergenten Diskussionsbeiträgen* oder Haltungen wurde immer wieder das ganze Kollektiv auf das Gruppengeschehen zentriert. Ohne diese extremen Verhaltensweisen hätte die Gruppe von den Beteiligten nie jene Aufmerksamkeit erlangt, durch die allein sie zusammengehalten wurde« (Battegay 1973, Band I, Seite 63).

»Durch die wechselseitige Identifikation, erfolge sie bewußt oder unbewußt, bildet sich ein gemeinsames Zentrum, eine *gemeinsame ›Mitte‹* heraus. (...) Die Orientierung nach einer ›Mitte‹ besteht in einer gefühls- und/oder verstandesmäßigen Ausrichtung der Gruppenmitglieder auf einen Gruppeninhalt (...). In den therapeutischen Gruppen ist das Interesse nicht allozentriert, auf eine äußere Aufgabe gerichtet. (...) Die gemeinsame ›Mitte‹, um die sich die Einzelnen scharen, wird demnach in der therapeutischen Gruppe durch das Bemühen der Mitwirkenden, *einander in gemeinsamer Anstrengung zu einer Selbstentfaltung und -verwirklichung zu verhelfen*, dargestellt« Battegay 1973, Band I, Seite 95).

»Ein emotional entsprechend betontes Wort kann im Kreise einer Gruppe dazu führen, daß Zugehörige, auch und besonders wenn sie üblicherweise zurückhaltend oder gehemmt sind, erreicht und ergriffen werden« (Battegay 1973, Band II, Seite 261).

»Indem die an einer therapeutischen Gruppe Mitwirkenden im Gespräch gegenseitig Einblicke in ihre Gefühlswelt erhalten, wird jeder an des andern Schicksal *emotional partizipieren. Je mehr ein Gruppenmitglied in verbale Interaktionen mit den übrigen tritt*, desto mehr wird es die Aufmerksamkeit der anderen auf sich ziehen. (...) Das – therapeutische – Gespräch verleiht dem Kollektiv einen Inhalt, den die Mitglieder in seinen *Bann* zieht« (Battegay 1973, Band II, Seite 263; alle Hervorhebungen in vorstehenden Zitaten von N.E.).

Ruth C. Cohn, die Begründerin der TZI (= themenzentrierten Interaktion), läßt einer ihrer TeilnehmerInnen diesen Bann anschaulich so ausführen:

»(...) Jedesmal ist es so, als ob wir aufbrechen würden, um für einen von uns in der Tiefe des Meeres nach etwas zu suchen; jeder taucht an einer anderen Stelle in den Ozean hinab. Und es ist, *als ob wir uns unter Wasser begegnen und für uns alle das finden, was wir nur für einen zu suchen ausgingen*« (Cohn 1975, Seite 60).

Die vorstehenden aufgeführten Elemente von therapeutischen Gruppenprozessen: (1) Das Erleben einer gemeinsamen Atmosphäre, (2) die Verstärkerwirkung der Gruppe auf die Gefühle, (3) die Korrelation zwischen Gruppeninteraktion und Aggressivität und die soziale Funktion der Aggressivität, (4) die positive Rolle nicht-konvergenter Diskussionsbeiträge, (5) die Herausbildung einer ›Mitte‹ in der Gruppe, (6) die besondere Rolle der verbalen Interaktion für die emotionale Partizipation und die Faszination des Gruppengeschehens sind ebenfalls in SM-Gruppen virulent.

Sie sind darüberhinaus der Grund dafür, daß SM-Gruppen überhaupt längerfristig funktionieren können. Von den inneren Funktionsmechanismen der SM-Gruppen her betrachtet sind Ähnlichkeiten zu therapeutischen Gruppen nicht ohne weiteres abzuweisen.

Wenn dem so ist, stellt sich die Frage, mit welchen der vorhandenen psychologischen Konzepte der Prozeß in SM-Gruppen am ehesten verglichen werden kann. Offensichtlich trifft weder das Konzept von psychoanalytischen Gruppen, noch das Konzept von gestaltpsychologischen Gruppen hier zu.

Meiner Auffassung nach könnte man noch am ehesten das Konzept der themenzentrierten Interaktion (TZI) zum Vergleich heranziehen, wie es von Ruth C. Cohn ab Mitte des 20.Jahrhundert entwickelt wurde. In der TZI wird – wie in SM-Gruppen – das Gruppengeschehen um ein Thema konzentriert. Auffällig ist also die Ähnlichkeit in der Themenzentrierung und die Ähnlichkeit der Gesprächskreisregeln (vergleiche weiter vorn in diesem Kapitel *SM-Gruppen: Stammtische und Gesprächskreise* mit Cohn 1975, Seite 124–127). Cohns TZI ist durch eine starke Tendenz geprägt, den engeren sozialpsychologischen Bereich zu überwinden und ihr Gruppenkonzept auf andere gesellschaftliche und pädagogische Bereiche auszudehnen.

»Pädagogisch-therapeutisch ist jede Situation, die dem psychisch eingeengten Menschen hilft, Zugang zu sich selbst und zu andern zu finden, d.h. deutlicher zu empfinden, präziser wahrzunehmen, tiefer zu fühlen, klarer zu denken und sich bezogen auf den anderen auszudrücken. (...) Pädagogik ist die Kunst, Therapien antizipierend zu ersetzen. Therapie ist nachträgliche Pädagogik« (Cohn 1975, Seite 176).

In gewisser Weise korreliert dies mit sexualpädagogischen Tendenzen in der SM-Bewegung. Zusammenfassend lassen sich also bedeutende Unterschiede feststellen zwischen SM-Gruppen und therapeutischen

Gruppen – insbesondere was ihre gesellschaftliche Funktion betrifft – aber auch Gemeinsamkeiten, soweit es die sozialpsychologischen und gruppendynamischen inneren Prozesse betrifft.

5 SM-Bewegung und SM-Sexualität

Interdependenzen

Es stellen sich folgende Fragen: Welche Beziehungen bestehen zwischen der SM-Sexualität der einzelnen SMerInnen und der SM-Bewegung, wie wirkt die individuelle Sexualität auf die subkulturelle Gestaltung der SM-Bewegung ein, wie wirken die subkulturellen Elemente der SM-Bewegung auf die SM-Sexualität zurück, wie beeinflußt also etwas Privates etwas Politisches – und wie verändert jenes wieder rückwirkend dieses Private – oder abstrakt formuliert: Prv – Pol – Prv' und (dazu) abstrakt gefragt, wie sich schließlich Prv' von Prv unterscheidet. Datenquellen dazu können sein: *Erzählungen* von SMerInnen, *Medien*, in denen die SM-Bewegung widergespiegelt wird, *Gesprächskreise und andere kollektive Diskussionsprozesse* der SM-Bewegung, *Events*, auf denen SM-Aktionen willkommen sind und beobachtet werden können, wie SM-Feten, SM-Camps oder ähnliches. Ich konzentriere mich in diesem Zusammenhang auf die letzten beiden Quellen, da dort – und nur dort – SM in direkten Zusammenhang mit einer subkulturellen sozialen Situation erfahrbar oder mindestens hörbar ist: SM-Sexualität äußert sich als konkretes Handeln bei SM-Events, SM-Feten, Play-Parties oder in Gesprächskreisen als Erzählung unter den Bedingungen einer subkulturellen Reaktion.

Diese Reaktion referiert insbesondere auf den Normendiskurs der SM-Bewegung. Dieser Normendiskurs greift durch die über die Gruppen hinausgehende subkulturelle Reichweite der SM-Bewegung (vergleiche Kapitel 4 *Größe und subkulturelle Reichweite der SM-Bewegung*) auf nichtorganisierte SMerInnen über. Sie wirkt weit in die SM-Szene hinein und wirkt sich auch auf SMerInnen außerhalb der Szene aus (z.B. durch und über Medien). Sie berührt insbesondere den Diskurs darüber, was *unter* SM verstanden wird, was *noch unter* SM, u.U. auch, was *schon unter* SM verstanden werden kann (d.h. die Frage, wo SM anfängt), darüber hinaus welcher praktische Umgang mit SM eine subkulturelle Unterstützung erfahren kann und welcher Umgang von SM möglicherweise eine subkulturelle Disqualifizierung zu erwarten hat.

SM und Nicht-SM
(ein subkultureller Abgrenzungsversuch)

Die SM-Bewegung beeinflußt das sexuelle Verhalten der einzelnen SMerInnen in zwei gegensätzliche Richtungen. Sie bewirkt einerseits einen Diskurs, der bemüht ist SM von anderen Formen sexueller Gewalt abzugrenzen – mit entsprechenden regulierenden, bremsenden, begrenzenden, auf »verantwortungsvolles« Verhalten bezogenen Auswirkungen. Diese Tendenz vermittelt sich z. B. durch das Vorhandensein von allgemein anerkannten Regeln auf SM-Veranstaltungen und in SM-Gruppen und wird in besonderem Maße von jenen Tendenzen der SM-Bewegung getragen, die SM gesamtgesellschaftlich integrieren und akzeptabel machen wollen. *Dagegen* wirkt ein anderer Diskurs, in dem SM als nonkonformes, von konventionellen Grenzen unabhängiges, von gesellschaftlich annehmbarem Verhalten abstrahierendes Verhalten verstanden wird. Für die Entwicklung dieser Tendenz spielen die erwähnten Events (auf denen SM-Aktivitäten stattfinden) und solche Diskussionsprozesse eine spezifische Rolle, die mit derartigen Erlebnissen direkt oder indirekt, implizit oder explizit zusammenhängen. Es wird auf Events dieser Art gelernt, was im Bereich von SM alles möglich ist, wie es umgesetzt werden könnte, und wohin die einzelne SMerIn sich noch sexuell entwickeln könnte. *Das Potential dieser Events ist es, die Potenz von SM auf der Bühne der SM-Szene erscheinen zu lassen.* Die allermeisten SMerInnen werden gerade durch die Beobachtung relativ extremer Aktionen möglicherweise sich selbst als nicht extrem (oder nicht so extrem) einstufen. Dies kann eine *relativ skrupelfreie Ambitionierung der eigenen Sexualität* fördern. Dies kann allerdings auch zu einer Abgrenzung von diesen Aktionen führen.

Diese beiden entgegengesetzten Tendenzen werden sich im praktisch-sexuellen Verhalten des Einzelnen als eine Kompromißbildung verwirklichen. Die Individualität dieser Kompromißbildung steht einer subsumierenden Beschreibung im Wege. Ich kann aber einige prinzipienhafte Kristallisierungspunkte formulieren, um die herum diese Kompromißbildung versucht wird. Diese Prozesse sind nicht selten Gegenstand der Auseinandersetzung innerhalb der SM-Bewegung (und der SM-Szene) und verändern sich auch mit dieser. Sie sind also (unbeschadet der relativ kurzen Zeitspannen, um die es hier geht) *histo-*

risch und sie sind auch deswegen nicht so axiomatisch, wie in der SM-Bewegung und SM-Szene (insbesondere in einem Teil der von ihr inspirierten Literatur[52]) oft versucht wird zu suggerieren.

Diese prinzipienhaften Kristallisationspunkten sind also keine Dogmen und auch keine Gesetze, eher sind sie eine subkulturelle Referenz und ein tendenzielles Angebot für handlungsleitendes Verhalten.

Das allgemeinste Issue dieser Art läuft darauf hinaus, SM dann als subkulturell akzeptiert zu begreifen, wenn *Macht als Sexinstrument* eingesetzt wird und nicht, wenn *Sex als Machtinstrument* (wie bei Übergriffen und Vergewaltigungen) eingesetzt wird. Dieses Issue kann auch in mannigfaltigen anderen oder ähnlichen Formulierungen zum Ausdruck kommen. Das bedeutet: Nur und insoweit wie Macht als Sexinstrument eingesetzt wird, wird die Grenze von SM zu anderen, von der SM-Bewegung nicht akzeptierten Formen von Gewalt zwischen SexualpartnerInnen als nicht überschritten erachtet.[53] Ein weiterer in ähnlicher Richtung wirkender ethischer Imperativ des Szenediskurses könnte so formuliert werden, daß SM nur legitimiert ist, wenn mit den *Stärken* der M-PartnerIn »gespielt« wird und umgekehrt SM nicht legitimiert wird, wenn bewußt objektive *Schwächen* der betreffenden M-Person mißbraucht werden. So würde beispielsweise ein Verbalspiel »gegen« eine übergewichtige Frau (im Stil von »fette Schlampe« oder ähnliches) subkulturell tendenziell als grenzwertig betrachtet werden können. Eine anderes »Spiel« mit einer Frau deren Feuerphobie bekannt war, (sie wurde in einem »Gefängnis« eingesperrt, an deren Gittern Wunderkerzen angezündet wurden) wurde auch als nichtlegitimiertes »Spielen« mit Schwächen diskutiert (wobei keine entscheidende Rolle spielte, daß diese Wunderkerzen keine objektive Feuergefährdung darstellten).

Konsensualität und Konsensualitätsfähigkeit

Das am meisten diskutierte Issue dieser Art ist das Konsensualitäts-Prinzip. »Safe, sane and consensual« ist das internationale Credo der

---

52 In diesem Geist wirkt insbesondere die SM-(Sicherheits-) Handbuchliteratur, so insbesondere Califia 1992, Grimme 1996, Pasing 2000.
53 Ähnliches ist problematisiert im SM-Handbuch von Albernathy 1996, Seite 40–42.

SM-Bewegung. Die Konsensualität steht dabei im Zentrum, sie ist das Säulenheiligtum, das die ganze SM-Subkultur tragen soll. Wie schon früher ausgeführt, liegen die konkreten Vorgänge innerhalb einer SM-Interaktion nicht ganz so einfach, wie der »zivilisierte« Szenediskurs gerne suggeriert (Kapitel 2 *Gewalt-Problem*). Sehr oft wird die sexuelle SM-Begegnung erst dadurch jene spezifische Spannung entfalten (die verständlich werden läßt, warum SM so wichtig sein kann), wenn die Konsensualität innerhalb der SM-Aktion aufgehoben ist, wenn »Hingabe« als nicht begrenzt und »Machtwille« als nicht zensiert und dieses sexuelle Abenteuer als echt, initiatorisch, »gefährlich«, spannend, kathartisch, von Unbedingtheit geprägt erlebt wird. Im Gegensatz zu der »Fetischisierung« von Konsensualität in weiten Teilen des Szenediskurses berichten nicht wenige SMerInnen von der besonderen Erlebnisqualität »nicht-konsensueller« Begegnungen. Wenn auch als eine Minderheit in der Szene, formulieren durchaus selbstbewußte M-Frauen und M-Männer den souveränen Willen, auf Konsensualität verzichten zu wollen. Konsensualität ist also das am meisten überstrapazierte Prinzip, nirgendwo ist die Theorie-Praxis-Differenz innerhalb der SM-Szene größer. Jenseits von und alternativ zu diesem etwas oberflächlichen Diskurs ist die Herausbildung eines Umgangs unter SexualpartnerInnen in der SM-Szene festzustellen, die Konsensualität als etwas betrachten, das (in der konkreten Beziehungsgeschichte) immer neu gestaltet werden muß, um mit ihr den Machtaustausch immer wieder konkret regulieren zu können.

Im Szenediskurs bedeutet konsensualitätsfähig, daß es sich um zweifelsfrei konsensualitätsfähige SexualpartnerInnen handeln muß. Dies umfaßt: Keine Involvierung von Kindern, keine Ausnutzung von machtmäßigen Gefällen zwischen Erwachsenen und Jugendlichen oder von sozialen Abhängigkeitsverhältnissen, kein Mißbrauch von Hörigkeitsstrukturen oder anderen psychischen Beeinträchtigungen und keine Tiere (letzteres ist nicht völlig unumstritten). Weiterhin konsensualitätsfähig ist, daß es sich nicht um nicht konsensualitätsfähige Praktiken handeln darf, wozu im Sinne des Szenediskurs gehört: Tötung, substantielle Verstümmelungen, Verbot des Eingriffs in therapiebedürftige psychische Probleme, auch in dem Fall, daß dies jemand für sich selbst verlangen sollte. Ein Diskurs über diese Konsensualitätsfähigkeit ist deswegen leichter zu fassen und auch leichter umzusetzen als über Konsensualität an sich. Szeneweit weitgehend unumstritten wird davon ausgegangen, daß auf *einer* Ebene der jeweils sexuell beteiligten SMerInnen eine Konsensualität vereinbart gewesen sein muß, und daß sie die Souveränität über diese Entscheidung wiedererlangen können müssen. Dafür sorgen allerdings schon allein die Gesetze, jedenfalls die Gesetze der Bundesrepublik Deutschland. Unter diesem Aspekt scheint der Szenediskurs zu dieser Frage überzogen und etwas hochgezüchtet-moralisierend zu sein.

Das Problem Konsensualität verkompliziert sich in der sexuellen Praxis noch weiter, wenn Konsensualität nicht nur ein akklamatorischer und rethorisch-imperativer Begriff bleiben soll, sondern wenn Verfahren zur Herstellung der Konsensualität subkulturell legitimierten Konventionen entsprechen sollen. Wie auch bei anderen sexuellen Begegnungen werden sexuelle Begegnungen von SMerInnen häufig hinterher legitimiert – oder auch nicht legitimiert. Wenn aber die Legitimierung hinterher erfolgt, dann war in diesen Fällen die Konsensualität vor Beginn der sexuellen Handlungen eben gerade nicht festgestellt. Die zeitlich rückwirkende Legitimierung überläßt die Beurteilung der Situation einem vagen Interpretationsspielraum, die eine unseriöse Deutung der bereits abgelaufenen Situation herausfordern kann. Dies ist eine der Situationen, in der ein Mißbrauch durch die auf der M-Seite agierenden Person erfolgen kann, wenn diese z.B. vorher sich der Feststellung eines definierten konsensuellen Rahmens entzieht (»Mach mit mir, was du willst«), um hinterher die alleinige Verantwortung für die von ihr weitgendst herausgeforderte undefinierte Situation einseitig der S-PartnerIn anzulasten. Es kann in diesem Sinn ein unseriöses Gerede gegen Konsensualität von M-Personen gepflegt werden, um damit die Definitionsmacht über die sexuellen Begegnungen, auf die sie sich einlassen, zu behalten.

Der von der SM-Bewegung (vor allem von ihrem integrativ-legalistischen Flügel) beeinflußte Szenediskurs würde nach konkreten Bedingungen verlangen, die die Herstellung von Konsensualität vor der sexuellen Situation (also vor dem Beginn der sexuellen Handlungen) ermöglicht. Dies kann entweder in einer Form von *Beauftragen* geschehen, oder in einer Form von *Ermächtigen*. Es ist evident, daß *Beauftragen* eher eine gewisse Eindeutigkeit der zu konsensualisierenden Aktivitäten ermöglicht (und bei technisch eindeutig fixierbaren Handlungen besonders unproblematisch verwendet werden kann). Das *Ermächtigen* dagegen ist vage, entspricht aber den Dynamiken der Sexualitäten vieler SMer-

Innen eher (und wird besonders bei dominanten Handlungen von weitergehend legitimierten S-Personen Anwendung erlangen). Insbesondere Aktivitäten im Bereich von Bondage werden oft von der auf der M-Seite agierenden Person beauftragt – z.B. soll die S-PartnerIn einen Schlüssel, mit dem Handschellen oder Kettenschlösser verschlossen werden, für eine bestimmte Zeit verwahren – oder es wird eine Person nach ihren eigenen Vorstellungen aufgehängt, z.B. in ein spinnenartiges Gewebe von Seilen oder in bestimmte Vorrichtungen eingesperrt, wie Gummianzüge oder Dekompressionssäcke. Bei einem »Verhörspiel« kann ein Element von Beauftragen vorliegen (»Folter' mich, bis ich dir die Information preisgebe«) oder eine Form von Ermächtigen dominieren (»Folter' mich bis du herausfindest, was du willst«). Ermächtigen liegt insbesondere vor, wenn die Gestaltung der SM-Situation weitgehend der auf der S-Seite agierenden PartnerIn überlassen werden soll (»mach dein Spiel«).

In den Bereich der Konsensualität und der Konsensualitätsfähigkeit fällt auch die große Ambivalenz, die die SM-Bewegung den 24/7-Beziehungen[54] entgegenbringt. Insbesondere die Vertreter der integrativ-legalistischen Strömung in der SM-Bewegung würden 24/7-Beziehungen als nicht konsensualitätsfähig (und nicht als »sane«) ansehen, sondern als tendenziell pathologisch. Sie argumentieren, daß 24/7 Beziehungen Mißbrauchstrukturen Tür und Tor öffnen würden. Ob diese Auffassung wirklich sozial tauglich ist, und ob die in 24/7-Beziehungen involvierten Personen wirklich gefährdeter sind als Personen in anderen SM-Beziehungen läßt sich durchaus bezweifeln. Zutreffend aber ist, daß die kommunikativen Bedingungen innerhalb einer 24/7-Beziehung sich von den Kommunikationsstrukturen anderer SM-Beziehungen unterscheiden. Wenn die Bedingungen des Machtaustauschs innerhalb einer 24/7-Beziehungen nicht problematisiert werden kann solange die Beziehung existiert, dann muß diese (evt. nur zunächst) beendet werden, um sich aus diesen Bedingungen zu befreien. Mir sind hiervon betroffene SMerInnen bekannt, die dies aber tatsächlich mit großer Souveränität tun.

---

54 In 24/7-Beziehungen wird die Hierarchie in der SM-Beziehungen auch im Alltagsleben nie aufgehoben (vergleiche A3 Glossar).

Prinzip der Kompetenz

Interessanterweise korreliert das ethische Empfinden von subkulturell geprägten SMerInnen bis in filigrane Einzelheiten mit der Rechtskonstruktion des Bundesrepublik Deutschland bezüglich SM (bzw. der Straffreiheit oder auch möglichen Strafbarkeit von SM-Handlungen)[55]. Eine mögliche juristische Überprüfung würde SM als Körperverletzung ansehen und zwar sowohl im Sinne des objektiven Tatbestands (es ist objektiv eine körperverletzende Handlung, ähnlich den ebenfalls objektiv körperverletzenden Handlungen einer ÄrztIn oder einer FriseurIn) als auch im Sinne des subjektiven Tatbestands, denn diese Handlungen sind gewollt (die Tätersituation gleicht auch hier der von ÄrztInnen, FriseurInnen oder auch BoxsportlerInnen). In einem dritten Beurteilungsschritt wären die Rechtfertigungsgründe für die betreffenden Handlungen zu untersuchen, worin natürlich die Konsensualität hineinspielt und eine sexuelle Begründung auch als rechtfertigender Grund gewertet werden kann (ähnlich wie ein sportlicher Grund beim Boxen). Damit die Rechtfertigungsgründe und die Konsensualität rechtlich tragen, muß auch noch die Bedingung erfüllt sein, daß die Durchführung dieser körperverletzenden Handlungen der Sitte entsprechen, was in diesem Zusammenhang weniger etwas mit »moralischen« Sitten zu tun hat, sondern mit der handwerklichen Qualifikation der FriseurIn oder der medizinischen Kompetenz einer ÄrztIn oder den sportlichen Regeln beim Boxen. Analog dazu müssen also die SM-Handlungen so durchgeführt werden, wie sie unter SMerInnen normalerweise als »richtig« und kompetent angesehen werden würden (wie ein medizinischer Sachverständiger bei einem Prozeß zur Beurteilung medizinischer Handlungen hinzugezogen wird, könnte also evt. in einem Prozeß über SM-Handlungen ein Sachverständiger aus der SM-Szene vom Gericht hinzugezogen werden). In einem vierten Schritt würde geprüft werden, ob ein schuldhaftes Verhalten vorliegt.

Die subkulturell geprägten SMerInnen reagieren interpersonal ganz analog diesem rechtlichen Beurteilungskanon. Die Handlungen gelten als gerechtfertigt, wenn die SM-Intention der miteinander agierenden

---

55 Diese juristische Situation ist für die SMerInnen (entgegen der in der SM-Szene vorherrschenden Ideologie von der rechtlichen Gefährdung) äußerst günstig. SM-Bewegung und SM-Szene bestimmen danach selbst weitgehend die rechtlich relevanten Normen, die für die Legalität von SM maßgeblich sind (vgl. Sitzmann 1991).

Personen erreicht wird. Eine in dieser Hinsicht abgleitende, gescheiterte SM-Begegnung (im Szenejargon »gekipptes Spiel«) führt (neben den verletzten Gefühlen der M-Person) fast zwangsläufig zu Schuldgefühlen bei der auf der S-Seite agierenden Person und zu peinlich-verlegenen Gefühlen auf beiden Seiten, weil sozusagen der Rechtfertigungsgrund für die SM-Aktivitäten nicht erreicht worden ist.

Hinter solchen Verhaltenskodierungen steht ein *Prinzip der Kompetenz*. Kompetenz in diesem Sinne meint die Übereinstimmung von Fähigkeiten mit dem Handeln. Meist wird diese Kompetenz zunächst auf das Verhalten der auf der S-Seite agierenden Personen projiziert. Es wäre aber prinzipiell auch auf SMerInnen anwendbar, die die M-Seite einnehmen (wenn diese sich auf Aktivitäten einlassen, für die sie selbst nicht kompetent sind, obwohl sie dies aber evt. vorgegeben haben). So werden bestimmte »extreme« Aktivitäten (z.B. bei denen mit der Peitsche ins Gesicht geschlagen wird, wenn einer Frau die Schamlippen an die Oberschenkel genäht werden, Atemkontrollspiele) dann subkulturell legitimiert, wenn die aktive Person dafür kompetent ist[56] (umgekehrt wenn sich eine M-Person ihren Körper substantiell verändern läßt, z.B. mit Schmucknarben, Brandings oder ähnlichem, wird vorausgesetzt, daß sie mit den Konsequenzen psychisch umgehen kann). Während insbesondere in der Anfangszeit der SM-Bewegung konkrete Handlungen mehr mit einem Richtig/Falsch-Schema definitorisch festgelegt wurden (z.B. Grimme 1996, Pasing 2000), entfaltet sich in neueren Entwicklungen eher eine Haltung, daß im Prinzip fast alles verantwortungsfähig sein kann, soweit die Person die Fähigkeiten zur Durchführung der entsprechenden Aktivitäten besitzt. Umgekehrt werden diese entsprechenden Fähigkeiten vorausgesetzt; es gilt also in hohen Maße als unethisch in einer Art zu agieren, für die die SMerIn nicht kompetent ist.

Tendenziell ist also nicht das objektive Gefahrenpotential, sondern die Kompetenz mit diesem Gefahrenpotential umzugehen ausschlaggebend dafür, ob als heikel zu betrachtende Aktionen innerhalb der SM-Bewegung gesellschaftlich akzeptiert werden oder nicht – was wiederum apologetisch auf das individuelle Bewußtsein der subkulturell involvierten SMerInnen einwirkt.

---

56 Vergleiche auch die Beispiele im Kapitel 2, am Ende des Abschnitts *Triebtätersyndrom*. Ein interessanter Diskussionsbeitrag – allerdings aus der schwulen SM-Subkultur der USA – über die potentielle Reichweite einer subkulturellen Legitimierung findet sich in Larry Townsend's »Lederhandbuch« (Townsend 1998, Seite 281–285).

Deprivatisierung von Sex

Die Gesprächskreise und andere Diskussionsprozesse der SM-Bewegung holen Sex theoretisch (als Kommunikation über Sex), die sexuellen Events holen Sex praktisch aus dem privaten Schlafzimmer und damit aus der Privatheit des einzelnen Paares heraus. Dies bedeutet eine *Deprivatisierung von Sex*. Diese Deprivatisierung speist einerseits die folgenden bewußtseinsrelevanten Elemente, die sie anderseits auch protegiert.

1. Deprivatisierung von Sex nimmt Ängste über die eigene Sexualität, über Ambivalenzen mit SM, über die Außergewöhnlichkeit und über die »Gefährlichkeit« von SM. Als Metapher ausgedrückt: »Alle können hier nicht verrückt sein«.

2. Deprivatisierung im Sinne des Miterlebens von SM-Aktionen anderer läßt einen sozialen Bezugspunkt finden, der die Angemessenheit des eigenen sexuellen Verhaltens betrifft. »So hart wie die bin ich nicht«, »Ich bin ja gar nicht so soft«.

3. Deprivatisierung zeigt, was möglich wäre, was »sein darf«, was geht, wie es geht. Es fördert Explorationsprozesse der individuellen Sexualität und verifiziert deren subkulturelle Akzeptanz. »Das will ich mit dir auch machen«. »Das will ich ausprobieren«. »Ich glaube, das wird hier (nicht) akzeptiert«.

4. Deprivatisierung von SM veröffentlicht die eigene »Perversion« – und schafft sie damit tendenziell ab. Dies gilt direkt für die TeilnehmerInnen des Events. Darüberhinaus entwickeln sich bewußtseinsmäßige Wirkungen auf SMerInnen durch die soziale Faktizität des Events innerhalb der Gesamtgesellschaft, das dem »Triebtätersyndrom« (siehe Kapitel 2 *Triebtätersyndrom*) entgegenwirkt.

Räume zur sexuellen Kommunikation

Wie im vorigen Kapitel ausgeführt, habe ich die SM-Bewegung und die SM-Szene als einen Prozeß analysiert, der einen sozialen Raum initiiert (in dem sich die betreffenden SMerInnen ihrer eigenen Selbstwahrnehmung nach »frei« und sozial souverän bewegen können), welcher von der Mainstream-Gesellschaft nicht vorgesehen wurde. Die konkrete Funktion von SM-Feten, Play-Parties und SM-Camps, begreife ich darüberhinaus als Initiierung eines *sexuellen Raumes*, eines Raumes für sexuelle Kommunikation.

Diese Räume können mit »Darkrooms« in schwulen Bars und Discos verglichen werden. Jede Person, die sich in einen solchen sexuellen Raum hineinbegibt, äußert zumindest mit diesem Schritt ein spezifisches sexuelles Interesse und die Bereitschaft darüber zu kommunizieren. Während diese Kommunikation in schwulen Darkrooms unmittelbar körperlich erfolgen kann, muß die Kommunikation bei heterosexuellen SM-Events sprachlich verifiziert werden (ein manifester Unterschied zwischen heterosexueller und schwuler SM-Subkultur). Die Gestaltung dieser Räume kann den in SM-Handlungen involvierten PartnerInnen während dieser »Spielhandlungen« kommunikativ helfen (bzw. eine rein verbale Kommunikation teilweise ersetzen). Es gibt in der Regel unterschiedlich ausgerüstete Räume für verschiedene SM-Themen. Das Hineinbegeben oder das Hinführen der PartnerIn kann bereits schon ein kommunikativer Akt bedeuten. Es gibt meist Räume für Flag, Bondage, »Naßräume« für Aktionen mit Urin, Räume für unterschiedliche Rollenszenarios (Keller, Kirche, Gefängnis, Puff) und Räume mit einem unterschiedlichen Grad an eventinterner Öffentlichkeit (öffentliche Spielplätze, weniger einsehbare Nischen, verschließbare kleine Räume).

Teils finden Events in dafür eigens hergerichteten oder umfunktionierten Räumen statt, teils in Etablissements mit entsprechend fest eingerichteten Räumlichkeiten[57]. Für den Einlaß wird oft ein Dresscode vorgeschrieben (meist schwarz, Leder, Gummi, Uniform, Metall, nackt, oder in anderer Weise dem Anlaß gemäß). Dieser Dresscode soll auch helfen, den Einlaß auf SMerInnen zu begrenzen.[58] Das Outfit

---

57 Zu den größeren festen Einrichtungen gehört beispielsweise: Jails, Angelstr. 5-9, Mannheim, No Limits, Cleverischer Ring 119, Köln, Heaven und Hell, Große Freiheit 6-10, Hamburg, Kulturruine, Essenweinstr. 9, Karlsruhe.
58 Der Versuch durch Dresscode den Zugang zu SM-Events wirkungsvoll zu regulieren gelingt (im Gegensatz zur Anfangszeit der SM-Szene) zunehmend weniger. Von Nicht-SMerInnen wird inzwischen das Szene-Outfit adaptiert. Szeneintern wird deswegen vom »Spanner-Problem« gesprochen.

kann oft auch die entsprechenden SM-Präferenzen, insbesondere auch die S- oder M-Präferenzen der TrägerInnen mehr oder minder klar ausdrücken. Sowohl das Outfit als auch die Beobachtung von SM-Sessions einzelner SMerInnen auf diesen Events kann Anlaß zur Kommunikation zwischen BetrachterInnen geben, auch zu Komplimenten an die AkteurInnen führen, welche wiederum die Funktion haben können, sexuelle Kommunikation unter potentiellen PartnerInnen einzuleiten oder zu ermöglichen. Die auf diesen Events darstellbaren Rollenspielszenarios können ein Kommunikationselement sein, die SM-Präferenzen (z. B. Hexe, Prinzessin, Gouvernante, Sklave, Soldat) der betreffenden Person oder eine bestimmte Seite von deren sexueller Persönlichkeit darzustellen. Andererseits können diese Rollenszenarios aber auch einer psychisch entlastenden Funktion dienen (»Ich bin hier jemand anderes als in Wirklichkeit«).

Verbale Qualifikation

Wie schon im zweiten Kapitel (*Verbale Kommunikation vor, nach, während und über SM*) gezeigt, entfaltet sich eine bedeutende Tendenz zur verbalen Kommunikation über SM auf einem (gemessen an der Gesamtgesellschaft) eher überdurchschnittlichen Niveau aus dem Charakter der sexuellen SM-Begegnung selbst. Für SMerInnen, die in der SM-Bewegung involviert sind (und teils auch schon für SMerInnen, die in der SM-Szene verkehren) verstärkt sich diese Tendenz noch zusätzlich dadurch, daß die SM-Bewegung in einem gewissen Maße Reden über SM gesellschaftlich institutionalisiert, was wiederum auf die sich sexuell begegnenden Individuen rückwirkt. *Verbale Auseinandersetzungsfähigkeit gilt als Norm und als Qualifikation*, eine Person, die dazu unfähig ist, disqualifiziert sie als sexuelle PartnerIn.

Kontrollierte Promiskuität

Das signifikanteste Merkmal, durch das sich die individuelle partnerInnenorientierte Verhaltensweise der subkulturell beeinflußten SMerInnen von den nicht von der Subkultur berührten SMerInnen unterscheidet, ist die Suche nach einer *kontrollierten Promiskuität*. Es könnte sogar eine der wichtigsten persönlichen Gründe für die Beteiligung in der SM-Szene und/oder das Engagieren in der SM-Bewegung sein.

Der Versuch der Entfaltung eines entsprechenden sexuellen Lebensstils bezieht sich nicht so sehr auf die hohe Anzahl von sexuellen PartnerInnen (es ist wahrscheinlich, daß die Zahl der sexuellen PartnerInnen unter der entsprechenden durchschnittlichen Anzahl der sexuellen PartnerInnen von Menschen mit einer Mainstream-Sexualität liegt). Es geht hier um die Herausbildung eines anderen, nicht-monogamen Umgangs mit sexuellen Beziehungen, ein Umgang, der sich sowohl von der (seriellen) Monogamie der Menschen mit einer Mainstream-Sexualität absetzt, als auch von dem schwulen Modell einer relativen Trennung von Beziehung und Sex und den damit verbundenen Konzepten einer eher nicht kontrollierten Promiskuität. Vielleicht läßt sich der Drang zu einer kontrollierten Promiskuität mit den spezifischen Entwicklungspotentialen von individuellen SM-Sexualitäten in Zusammenhang bringen. Wenn subkulturell beeinflußte SMerInnen, ihren Umgang mit ihrem *anderen* Sex als etwas betrachten, daß sie nur schwer und gegen Widerstände errungen haben, dann hat dies Konsequenzen für die Einstellung zu Monogamie und Promiskuität. Während innerhalb eines Mainstream-Paares die Schuld an dem Scheitern einer monogamen Beziehung meist automatisch an den bzw. die PartnerIn verwiesen wird, welche(r) sich einer anderen Person sexuell zuwendet, rangiert bei den subkulturellen SMerInnen die Verwirklichung der eigenen sexuellen Tendenzen eindeutig vor der alleinigen Orientierung auf *eine* PartnerIn. In den Augen des Szenediskurses tragen die SMerInnen Schuld an dem Scheitern einer Beziehung, wenn sexuelle Bedürfnisse ihrer PartnerInnen nicht mit ihnen selbst befriedigt werden können und sie aber trotzdem auf eine ausschließlich monogame Beziehung bestehen wollen. Der Szene-Support unterstützt promiskuitive Tendenzen schon deswegen, da er darin besteht, die eigenen sexuellen Bedürfnisse sozusagen zum Durchbruch zu verhelfen und deswegen ein davon abstrahierendes Monogamiegebot eben nicht fördern kann. Nachdem die betreffende Person ihr besonderes SM-Sein in und mit der Szene hat annehmen können, ist es ein relativ kleiner Schritt, ebenfalls eine (möglicherweise noch gesamtgesellschaftlich nicht völlig sanktionierte) promiskuitive Verhaltensweise anzunehmen.

Der kontrollierte Charakter dieser Promiskuität verwirklicht sich meistens durch voneinander unabhängige Mehrfachbeziehungen, nur selten durch Konstellationen von Dreiecksbeziehungen oder durch

Beziehungen zwischen zwei Paaren. Vom Standpunkt der einzelnen beteiligten Person könnte man von *Schenkelbeziehungen* sprechen (da das Dreieck nicht geschlossen ist). Die Beziehungen können unterschiedliche Niveaus und unterschiedliche Wichtigkeiten haben, sie müssen dies aber nicht unbedingt. Oft sind diese Niveaus und Gewichte der einzelnen Beziehungen nicht so einfach fixierbar oder entwickeln sich in ungleichzeitigen Dynamiken. Es gibt auch SMerInnen, die eine Beziehungs-Konstruktion verwirklichen, die man als Haupt- und Nebenbeziehung bezeichnen kann (und von den beteiligten Personen auch so bezeichnet wird). Die beiden HauptpartnerInnen können auch eine Art Affärensystem neben ihren Hauptbeziehungen pflegen. Oft scheinen mit den verschiedenen PartnerInnen unterschiedliche sexuelle Bedürfnisse im Bereich von SM gelebt zu werden, manchmal wird die eigene S-Seite oder M-Seite mit verschiedenen PartnerInnen ausgelebt, gelegentlich gibt es bisexuelle Beziehungskonstellationen. Es kann auch sein, daß die prinzipielle Offenheit für mehr als eine Beziehung den Lebensstil dieser SMerInnen entscheidend mitprägt, selbst wenn dies über lange Zeitstrecken keine praktische Bedeutung hat.

Die Formen sind also sehr mannigfaltig, die individuellen Lösungen unterschiedlich. Als gemeinsame Prinzipien bleiben jedoch ein Offenlegen dieser Beziehungskonstruktionen, das Ablehnen illegaler Strukturen und das Ringen um eine Kontrolliertheit für alle beteiligten Personen. Der entsprechende Beziehungstyp ist meist nicht eine offene, sondern eine (kontrolliert) geöffnete Beziehung. Diese Lebensstilelemente *Deprivatisierung von Sex und kontrollierte Promiskuität* sind umso ausgeprägter, je ausgeprägter die *Involviertheit mit der SM-Szene und/oder mit der SM-Bewegung* ist (wahrscheinlich ist eine große Korrelation von *Deprivatisierung von Sex mit der SM-Szene* und eine noch größere Korrelation von *Deprivatisierung und kontrollierte Promiskuität mit der SM-Bewegung*). SMerInnen, die sich schließlich auf einen weitgehend privaten Lebensstil (wieder) zurückziehen und/oder sich von der innersubkulturellen gesellschaftlichen Akzeptanz von promiskuitiven Lebensstilen psychisch bedroht oder in ihrer Paarbeziehung angegriffen fühlen, können mit der SM-Szene oft weniger anfangen oder ziehen sich schließlich (wieder) von der SM-Szene zurück. Einzelpersonen und Paare dagegen, die sich aus einem monogamen Lebensstil herausentwickeln wollen und/oder der Deprivatisierung von Sex positiv gegenüberstehen, entdecken dann auch die SM-Szene oder nähern sich gerade dann der SM-Szene und den SM-Gruppen an (oder kehren nach einer Phase der Szeneabstinenz wieder in die Szene zurück), wenn dies für sie relevant wird.

Obwohl diese Tendenz der Deprivatisierung von Sex und eines promiskuitiv geprägten Lebensstils sich aus der Emanzipation der Sexualität der einzelnen SMerInnen ergibt (und so von dem gesellschaftlichen Umfeld eine SM-Szene und einer SM-Bewegung relativ unabhängig erscheint), vermittelt sich für die Betroffenen diese paradigmatischen Lebensstilelemente als Szene-Erfahrung.

6 Die SM-Szene und die anderen

Das Verhältnis der SMerInnen in der SM-Szene zu den Anderen kann einerseits als vertikale Beziehung verstanden werden, als eine Beziehung zu den sie umgebenden »Normalen« und den entsprechenden übergeordneten gesellschaftlichen Strukturen. Andererseits kann dieses Verhalten horizontal, als eine Beziehung zu anderen sexuellen Minderheiten, wie Schwulen, Lesben, Transgender People, Bisexuelle, FetischistInnen betrachtet werden. Analog dazu kann die SM-Szene als Subkultur zu gesamtgesellschaftlichen Strukturen (also wieder vertikal) in Beziehung gesetzt werden oder zu den organisierten Subkulturen anderer sexueller Minderheiten (hier also wieder horizontal).

Der Umgang, den SMerInnen durch die Mainstream-Gesellschaft erfahren und der Umgang, den SMerInnen mit der Mainstream-Gesellschaft finden

Im Gegensatz zur schwulen Sexualität war SM in Deutschland und den meisten anderen Ländern nie kriminalisiert. SM-Elemente bzw. SM-analoge Elemente werden in Massenmedien, Werbung und Trivialkunst unterschwellig und teilweise offen verwendet. In dieser Hinsicht ist SM in der Gesellschaft also durchaus schon sichtbar gewesen, bevor die mediale Aufarbeitung von SM im Verlauf des letzten Jahrzehnts begann. Andererseits produziert die Mainstream-Gesellschaft eine ambivalente, teils ignorierende, teils animose Haltung zu SM, die SMerInnen als *atmosphärische Diskriminierung* erleben. Wie im zweiten Kapitel im Zusammenhang mit dem Triebtätersyndrom ausgeführt, hat sich diese Diskriminierung (jedenfalls bis auf die jüngste Vergangenheit) darin geäußert, daß SM als eine ernsthafte und ernstzunehmende Sexualität (und als eine determinierende sexuelle Orientierung) nicht akzeptiert wurde, sondern bestenfalls als pathologische Randerscheinung. Im Gegensatz zu Schwulen und Lesben, deren sexuelles Verhalten dann kein Problem mehr ist, wenn die gleichgeschlechtliche Partnerwahl als ernstzunehmende sexuelle Orientierung akzeptiert wird, wird den (heterosexuellen) SMerInnen die Relevanz ihrer sexuellen Orientierung bestritten. Die SMerInnen (als heterosexuelle Menschen) werden mit dem unterschwelligen Vorwurf konfrontiert, daß sie ja normal sein könnten, wenn sie nur wollten. Den SMerInnen wird vermittelt, daß sie mit jedem Element ihres spezifischen sexuellen Verhaltens mit der Mainstream-Gesellschaft in Konflikt geraten. Jedenfalls hält sich in dieser Hinsicht im Mainstream-Diskurs eine *ignorierende* Tendenz.

Es ist wahrscheinlich, daß der Umgang der Mainstream-Gesellschaft mit SM auch damit zu tun hat, daß moderne gesellschaftliche Machtstrategien die Verschleierungen von Hierarchien zum Ziel haben, während beim SM mit Hierarchien offen umgegangen wird. Dies könnte die *animose* Komponente im Umgang mit SM erklären.

SMerInnen reagieren gegen diese atmosphärische Diskriminierung spontan mit einem Feindbild, daß sich direkt gegen die Mainstream-Gesellschaft richtet: »Stino« (=stinknormal). Dieses Feindbild kann starke elitäre Tendenzen implizieren.[59] Das Feindbild nährt sich durch das Bewußtsein der sozialen Gefahr, die von den meisten SMerInnen von der Mainstream-Gesellschaft potentiell erwartet wird. Das Involviert-Sein in die SM-Subkultur und individuelle Coming-Out-Prozesse scheinen die psychische Bedeutung dieses Feindbildes eher zurückzubilden. Um so mehr SMerInnen in die SM-Bewegung integriert sind, um so weniger begreifen sie sich selbst als potentiell verfolgte AußenseiterInnen oder als oppositionelles Element in der Gesellschaft, sondern als ein (relativ souveräner) Teil der Gesellschaft.

Obwohl die gesellschaftliche Situation für (heterosexuelle) SMerInnen objektiv wesentlich günstiger ist als beispielsweise für Schwule, Lesben oder auch für Transsexuelle haben SMerInnen die Tendenz (aber auch die Möglichkeit) ihre Sexualität weitgehend zu verheimlichen. Ein Moment von Doppelleben findet sich in der Biographie der meisten SMerInnen. In dem Maße wie die Integration der einzelnen SMerInnen in die SM-Bewegung und in die SM-Szene gelingt, wird dieser defensive Umgang überwunden. In dem anderen Umgang mit der Mainstream-Gesellschaft scheinen sich die subkulturell beeinflußten SMerInnen

---

59 Diese elitären Tendenzen können sich in eigenartiger Weise gegenseitig mit ebenso elitären Tendenzen verstärken, die sich aus Themen der individuellen SM-Sexualität ergeben. Vergleiche Kapitel 2, *Nicht-sexuelle Aspekte von SM*. Die grundlegenden Gedanken zu diesem Komplex habe ich erstmals in einem (unveröffentlichten) Referat zu sexuellen Feindbildern entwickelt (Elb 1999).

von den SMerInnen zu unterscheiden, die von der SM-Bewegung und der SM-Szene nicht oder kaum berührt sind.

Diese Tendenzen stehen auch im Zusammenhang mit der Entwicklung der SM-Bewegung als soziales Subjekt innerhalb der Gesamtgesellschaft. Das Ausmaß, in dem es der SM-Bewegung gelingt SM in den zivilgesellschaftlichen Diskurs einzubringen, wirkt auf die gesellschaftliche Tendenz der SMerInnen zurück, mit SM offen umzugehen. Die ideologische Hegemonie in der Auseinandersetzung mit SM beeinflußt die Macht der SMerInnen über ihre individuelle Sexualität.

Ist das Thema SM-Sexualität diskursfähig geworden, dann erweitert sich die Sphäre, in der sich SMerInnen auch mit anderen Menschen über SM auseinandersetzen können. Der Diskurs hilft beiden Seiten, den SMerInnen und den »normalen« GesprächspartnerInnen, weil beide sich auf ihn beziehen können. Durch die Verbesserungen auf diesem Gebiet erweitert sich die Auseinandersetzung zwischen SMerInnen und Nicht-SMerInnen. Dabei werden die SMerInnen von den Nicht-SMerInnen oft in eine Expertenrolle (und/oder Vertrautenrolle) über sexuelle Fragen gebracht. Aus der Perspektive der »Normalen« ist es entlastend, daß SMerInnen als so »pervers« angesehen werden können, daß sie glauben, ihre nicht ganz so normalen« sexuellen Fragen solchen GesprächspartnerInnen gegenüber unbefangener äußern zu können. Außerdem wird – gerade wegen der als »extrem« empfundenen Sexualität der SMerInnen – diesen meist eine besondere Kompetenz in sexuellen Fragen unterstellt.

Eine SMerIn aus dem Team der Gruppe Schlagseite (Mannheim) nahm zeitweise an einem (kleinen) Kreis von (Mainstream-) Frauen teil, die sich über Sex auseinandersetzten. Dabei wurden gerade auch heikle Fragen relativ offen diskutiert (beispielsweise kam in diesen Diskussionen heraus, daß alle Frauen spezifische Schwierigkeiten mit ihrem Orgasmus hatten, daß dieser meistens nicht einfach zu erlangen sei und daß bis auf eine dieser Frauen sonst keine durch Geschlechtsverkehr zum Orgasmus kam). Es ist dabei interessant, daß dieser Kreis von Frauen spontan Strukturen entwickelte (z.B. was die Gesprächskultur angeht), die an ähnliche Strukturen der SM-Gruppen erinnerten (wie z.B. an deren Gesprächskreisen). Dies könnte darauf hindeuten, daß die in der SM-Bewegung geschaffen Elemente der Auseinandersetzung mit der eigenen Sexualität möglicherweise als Modell für entsprechende Gruppen von Menschen anderer Sexualitäten übernommen werden könnten.

Beziehungen zwischen SMerInnen und anderen sexuellen Minderheiten

Wie schon ausgeführt (Kapitel 4 *Was ist politisch an der SM-Bewegung?* und *Paradieren*) ist das Paradigma der SM-Bewegung die schwule Bewegung. Es ist nicht nur so, daß die SM-Bewegung versucht von deren politisch-sozialen Einfluß zu partizipieren und in deren politischen Windschatten operiert, sondern es gibt eine gewisse Kontaktfläche zwischen beiden Bewegungen durch Veranstaltungsorte und persönliche Kontakte. Insbesondere in der Anfangszeit der (heterosexuellen) SM-Bewegung profitierte sie von und bezog sich auf die schwule SM-Literatur und schwul-lesbische Handbücher über SM. So gehört beispielsweise das (eigentlich lesbische) »SM-Sicherheitshandbuch« von Pat Califia (Califia 1992) zur Standardliteratur in der heterosexuellen SM-Szene. Auch benutzten (und benutzen bis heute) die heterosexuellen SMerInnen Einrichtungen der schwulen SM-Subkultur, vor allem in Städten mit einer etablierten schwulen Leder-Subkultur wie z.B. Köln und Mannheim. In Mannheim verkehrte die SM-Gruppe *Schlagseite* viele Jahre in den schwulen Lederbars *(F)ledermaus*, *Zelle* und in dem schon erwähnten *Jails* (Kapitel 5, Anmerkung 58). Das *Jails* hat seinen Charakter als SM-Keller von einer früher rein schwulen Institution zu einer »Mixed«-Einrichtung verschoben (mit Veranstaltungen sowohl schwuler wie heterosexueller Schwerpunkte). Die Frankfurter Gruppe SMash verkehrte zeitweise in den zur schwul-lesbischen Szene zählenden Bars *Blue Corner*, *Bearcave* und *Petra's Naomi*. Ähnliche Entwicklungen gibt es in anderen Städten.

In Mannheim gab es zwischen dem schwulen *Lederklub* und der *Schlagseite* viele Jahre lang eine personelle Verflechtung. Einer der profiliertesten Lederschwulen dieser Stadt war lange Zeit auch Mitglied im Team der *Schlagseite*. Eine gewisse Verzahnung mit der schwulen Subkultur hat es vor allem in der Anfangszeit der SM-Bewegung gegeben, seit Ende der 90er Jahre scheint sich diese Verzahnung wieder zu lösen.

Viel seltener gibt es Querverbindungen zur lesbischen Subkultur, wie z.B. in Zusammenhang mit der Bielefelder SM-Gruppe (A1.3 Interview Sahra). Es ist auffallend, daß innerhalb der SM-Szene der sexuelle Kontakt unter Frauen viel häufiger ist als der sexuelle Kontakt unter

Männern. Allerdings haben SM-Organisationen mehr Verbindungen zur organisierten Schwulenbewegung als zur Lesbenbewegung. Dies liegt teilweise daran, daß innerhalb der lesbischen Bewegung SM bekämpft wurde und weiterhin bekämpft wird (auch wenn die Leidenschaftlichkeit der Anti-SM-Haltung innerhalb der Lesben-Bewegung etwas abzunehmen scheint). So werden die (wenigen) lesbischen SM-Gruppen wie z.B. SchMacht eher von der SM-Bewegung und der schwulen Bewegung unterstützt als von der lesbischen Bewegung. Der ideologische Träger dieser Anti-SM-Tendenzen ist der radikal-feministische Flügel in der Lesben-Szene. Insbesondere seit zwei bis drei Jahren scheinen öfters SM-interessierte Lesben in SM-Gruppen oder deren Umfeld aufzutauchen, wie z.B. bei der Frankfurter Gruppe SMash. Seit dieser Zeit scheinen sich auch Tendenzen einer Auflösung der Anti-SM-Haltung in der Lesbenbewegung zu entwickeln. Dies könnte dort auch mit Tendenzen einer relativen Öffnung zu bisexuellen Frauen zusammenhängen. Dies ist wiederum auf den wachsenden Einfluß von jüngeren, sexorientierten Lesben gegenüber den politisierenden radikal-feministischen Lesben zurückzuführen.[60]

Diese neueren Entwicklungen machen sich insbesondere auch beim CSD in Frankfurt in einer fortschreitenden atmosphärischen Entkrampfung während der letzten Jahre bemerkbar.

Manche SMerInnen verhalten sich bisexuell, ohne dies meist selbst so zu empfinden (es wird von ihnen eher als eine innerhalb ihres SM integrierte Nuance empfunden ohne über die bisexuelle Komponente zu reflektieren). Die Kontakte (zur relativ schwachen) bisexuellen Bewegung beschränken sich auf persönliche Zufälligkeiten. Obwohl viele SM-Gruppen »ihre« Transsexuelle (gemeint sind Mann-zu-Frau-TS) haben, sind Kontakte zur eigentlichen TS-Bewegung fast ohne Bedeutung. Die Problematik ist wahrscheinlich zu unterschiedlich, bei TS-Personen handelt es sich *nicht* um eine sexuelle Orientierung, sondern um ein Problem der geschlechtlichen Identität.

Die SMerInnen in der SM-Subkultur verhalten sich größtenteils solidarisch mit der schwul-lesbischen Bewegung, soziale Berührungs-

---

60 Die innerlesbische Auseinandersetzung über SM ist literarisch reflektiert u.a. bei Kuckuc 1973, Califia 1981, Samois 1981, Snitow 1985, Sellers 1985, 1988, Jelinek 1986, Antoniou 1993,1994, Müller 1993, Mérrit 1994, Bright 1993, 1995, Garoutte 1996, Johnson 1999, Kay 2000, und künstlerisch reflektiert bei Shy 1991, Treut 1984, 1985, Beinstein 1989, 1992, 1993.

ängste mit Homosexuellen scheinen sehr marginal zu sein. Manchmal ist ein neidischer Blick auf die »starke« schwul-lesbische Bewegung insbesondere unter den aktiven SMerInnen in der SM-Bewegung feststellbar. An den Rändern der SM-Szene läßt sich aber spüren, daß diese positive Einstellung höchstwahrscheinlich nicht so ohne weiteres auf die SMerInnen außerhalb der SM-Bewegung, schon gar nicht auf die SMerInnen außerhalb der SM-Szene übertragbar ist. Bei einem Teil der noch relativ neu in den Einflußbereich der SM-Szene hinzutretenden Menschen ist die positive Einstellung zu Schwulen, Lesben und Bisexuelle auf einen sexualpädagogischen Prozeß durch die SM-Bewegung zurückzuführen. Das im Vergleich zu der heterosexuellen Gesamtpopulation sehr hohe AIDS-Bewußtsein der meisten subkulturell beeinflußten SMerInnen ist einerseits auf die SM-Bewegung selbst zurückzuführen, die sich mit Sicherheitsfragen zu SM reflektiert auseinandersetzt und so auch die AIDS-Problematik in den Blick bekam. Andererseits steht diese überdurchschnittliche Reflexion zu AIDS auch mit den sozialen Kontakten zur schwulen Sphäre und zu den AIDS-Hilfen in Zusammenhang.

Das konkrete Verhältnis der subkulturell orientierten SMerInnen zu Schwulen und Lesben ist also auf einer gewissen gesellschaftlichen Ebene positiv, die diplomatischen Beziehungen zwischen SM-Organisationen und Organisationen der (meist schwul geführten) schwul-lesbischen Bewegung funktionieren. Wenn es aber insbesondere zu einer Konfrontation mit schwulen subkulturellen Verhalten in einem erotischen Bereich kommt sind dennoch die Begegnungen zwischen Schwulen und SMerInnen nicht unproblematisch. Als die *Schlagseite Mannheim/Heidelberg* vor fast 10 Jahren mit ihren ersten heterosexuell dominierten SM-Parties im *Jails* begann, hatten diese SM-Veranstaltungen (noch viel mehr als heute) eine bedeutende Beteiligung von Schwulen. Die SM-Gruppe mußte sozusagen nach beiden Seiten so etwas wie eine subkulturelle Übersetzungsarbeit bewerkstelligen. So waren z.B. heterosexuelle Paare manchmal schockiert, wenn neben ihren Aktionen einzelne Schwule onanierten, obwohl das aus schwuler Sicht (gerade gegenüber einem Hetero-Paar) ein großes Kompliment bedeuten kann. Schwule mußten darüber aufgeklärt werden, daß das für sie typische offensive körpernahe Flirten bei heterosexuellen Menschen anders ist. Das Regulieren dieses Aufeinandertreffens von schwulen und heterosexuellen Verhaltensweisen im erotischen Bereich gelang damals relativ gut – vermutlich wegen einer ausreichenden Anzahl von qualifizierten

Vermittlungspersonen. Die Notwendigkeit einer solchen Aufklärungs- und Vermittlungsarbeit zeigt aber, daß es sich um sehr unterschiedliche sexuelle Kulturen handelt, die von der jeweiligen Seite gerade nicht *spontan* verstanden werden. Andererseits half der schwule Einfluß damals bestimmte stereotype Verengungen von SM zu überwinden. Er importierte z.B. neue Fetische und damals noch ungewöhnlichere sexuelle Praktiken (z.B. Uniformfetischismus) und gruppensexuelle Tendenzen.

Auf die sehr unterschiedliche Bedeutung von SM-Kontakten zwischen Männern und zwischen Frauen innerhalb der SM-Szene habe ich schon hingewiesen (Kapitel 2 *Nicht-sexuelle Aspekte von SM*): Sexuelle Kontakte unter Frauen sind üblicher und einfacher innerhalb der SM-Szene als in der Mainstream-Welt. Sexuelle Kontakte unter Männern finden zwar gelegentlich statt, sind aber eher noch unüblich. Genitaler Sex mit nichtschwulen und nicht bisexuell veranlagten Männern bleibt nahezu ausgeschlossen. Auch hier zeigt sich, daß die Haltung zu homosexuellen Kontakten unter Männern nicht so unproblematisch ist, wie sozusagen die offiziellen Szenestandpunkte suggerieren, heterosexuelle homophobische Vorbehalte sind keineswegs völlig überwunden.

Life-Style-Theorie

Die Mannheim/Heidelberger SM-Gruppe *Schlagseite* (die vielleicht wegen ihrer relativ engen Beziehungen zur schwulen Subkultur innerhalb der SM-Bewegung dazu besonders prädestiniert war) hat versucht, die kulturellen Unterschiede zwischen Schwulen, Lesben und Hetero-Menschen mit einer sogenannten *Life-Style-Theorie* zu erhellen. Folgende Life-Style-Konzepte wurden gegenübergestellt: *Schwuler Life-Style* bedeutet, daß Sex gegen Sex getauscht wird; *Lesbischer Life-Style* bedeutet, daß Gefühl gegen Gefühl getauscht wird[61]; *Mainstream-Life-Style*, bedeutet das Gefühl gegen Sex getauscht wird (das Stereotyp wäre die Mainstream-Frau die ihrem Partner vorwirft: »Ich fühle dich nicht mehr«, bzw. »ich fühle mich nicht mehr angenommen«, während

---

61 Ich habe mich im Kapitel 2 im Zusammenhang mit dem Nähe/Distanz-Problem damit auseinandergesetzt, ob SM unter Schwulen und Lesben anders, einfacher sein könnte als unter Heterosexuellen. Im Zusammenhang mit dieser Life-Style-Theorie könnte sich die Vorstellung aufdrängen, dass SM für Schwule und Lesben deswegen einfacher sein könnte, weil bei ihnen Sex gegen Sex, bzw. Gefühl gegen Gefühl getauscht wird.

der Mann mehr Sex fordert; dies kann in moderneren Beziehungskonstellationen aber auch umgekehrt sein).

In jedem der zugeordneten Bereiche ist der entsprechende Life-Style tatsächlich dominierend, es kann aber prinzipiell von jeder Person, gleich welcher sexuellen Orientierung, versucht werden, jedes dieser drei Life-Style-Modelle für sich in Anspruch zu nehmen und zu realisieren. Das Modell *Mainstream-Life-Style* bezeichnet insbesondere die Aushandelsmodalitäten, über die der (ganz normale) heterosexuelle Beziehungskampf tobt. Es ist jetzt die Frage, welches Modell von SMerInnen bevorzugt wird. Dies konnte in den Diskussionen der Mannheimer Gruppe nicht endgültig geklärt werden. Es war aber die Tendenz spürbar, daß das Mainstream-Life-Style-Modell eher abgelehnt wurde, weil der Tauschmodus zwischen Gefühl und Sex als nicht praktikabel oder als nicht seriös feststellbar angesehen wurde. Es deutet manches darauf hin, daß SMerInnen versuchen ein eigenes Life-Style-Modell zu begründen, das auf bestimmten Ebenen Sex gegen Sex tauscht und auf anderen Ebenen Gefühl gegen Gefühl.

SMerInnen in der SM-Szene und andere SMerInnen

Das Verhältnis der in der hier beschriebenen SM-Bewegung und SM-Szene integrierten SMerInnen zu anderen SMerInnen kann wiederum sowohl horizontal wie vertikal vorgestellt werden. *Vertikal* zu den SMerInnen außerhalb der SM-Szene (und außerhalb subkulureller Einflüsse) und *horizontal* zu den SMerInnen der unabhängig entstanden und relativ unabhängig existierenden Internet-SM-Szene.

Von persönlichen Zufälligkeiten abgesehen entwickelt sich zwischen den subkulturell integrierten SMerInnen und den SMerInnen außerhalb der Subkultur kaum ein Verhältnis. In dem Moment, wo es zu einem Aufeinandertreffen subkultureller mit nicht-subkultureller SMerInnen kommt, sind letztere von dieser Subkultur berührt. In den meisten Fällen führt dies zu folgenden Konsequenzen: Entweder werden die nicht-subkulturellen in einem sehr dynamischen (und zeitlich schnellen) Prozeß in die SM-Szene integriert, oder aber die nicht-subkulturellen SMerInnen kommen mit dieser Szene nicht zurecht und ziehen sich schnell wieder von ihr zurück. Dieses Zurückziehen aus der Szene belastet wiederum meist den persönlichen Kontakt zu den bewußt subkulturell lebenden SMerInnen. Aus vorstehenden Gründen wird auch deutlich, daß diese Studie – wie schon wiederholt ausgeführt – zu den nicht-subkulturell lebenden SMerInnen wenig oder nichts verläßliches aussagen kann. Innerhalb meiner Beobachtungen zu dieser Studie über die SM-Bewegung und die SM-Szene waren die SMerInnen, die außerhalb dieser stehen, wegen der marginalen Berührungsfläche, kaum sichtbar. Manche Informationen aus der Biographie von SMerInnen aus der Szene über Erfahrungen vor ihrem Eintritt in die Szene deuten darauf hin, daß es unter diesen subkulturell unberührten SMerInnen zwei Gruppen gibt, die sich voneinander darin unterscheiden, daß die einen ein Bewußtsein darüber haben, daß das, was sie sexuell betreiben, SM ist und die anderen nicht.

Auch wenn es heute eine gewisse Überschneidung zwischen der hier beschriebenen gruppenorientierten SM-Bewegung und der von ihr beeinflußten (Präsenz-)SM-Szene und der Internet-SM-Szene gibt (und auch ein Zusammentreffen von Menschen aus beiden Szenen bei Szene-Events), muß doch beachtet werden, daß diese beiden Szenen relativ unabhängig voneinander entstanden sind und möglicherweise von einander differierende (Sub-)Kulturen ausgebildet haben. Die Internet-SM-Szene müßte deswegen von einer eigenen Untersuchung analysiert werden (was von dieser Studie nicht geleistet werden kann). Ich kann zu dieser anderen SM-Szene auch keine zuverlässigen Angaben machen. Ich möchte jedoch wiedergeben, welche Unterschiede viele SMerInnen aus der von mir analysierten Szene zu den SMerInnen aus der Internet-Szene häufig empfinden. Aufgrund unterschiedlicher persönlicher Perspektiven werden folgende Beobachtungen mit unterschiedlichen Gewichtungen angegeben:

1. Die Internet-SM-Szene ist wesentlich *jünger* als die SM-Szene.

2. SMerInnen in der Internet-SM-Szene werden als *unsexueller*, oder oft auch als von praktischen sexuellen Erfahrungen weniger berührt empfunden. SM sei für diese oft Internet-Sex, die »Erfahrungen« von Internet-SMerInnen beziehe sich oft auf Internetkommunikation (weniger auf reale sexuelle Erfahrungen), es lassen sich in der Internet-Szene auch antisexuelle Tendenzen ausmachen.

3. Soweit sexuelle Phantasien im Internet publiziert werden, handelt es sich anders als bei SMerInnen aus der (Präsenz-)SM-Szene wesentlich öfter um *unverwirklichte oder unverwirklichbare sexuelle Phantasien*.

4. Die SMerInnen aus der Internet-SM-Szene *leben konventioneller*, oft auch in traditionelleren Paar- und Familienstrukturen als SMerInnen aus der SM-Szene (»spießiger«).

5. Internet-SMerInnen sind *nicht oder weniger outfit-orientiert* (weniger schwarze Klamotten).

Ein weiteres Feld betrifft das Verhältnis von SMerInnen zu FetischistInnen. Dies verkompliziert sich noch dadurch, daß FetischistInnen untereinander höchst unterschiedlich sind. So bestehen etwa zwischen GummifetischtInnen und FußfetischistInnen bedeutende Unterschiede. Obwohl sich in der SM-Bewegung gelegentlich FetischistInnen integriert haben und FetischistInnen SM-Events und SMerInnen Fetisch-Events besuchen, scheint sich die eine Gruppierung von der jeweils anderen Gruppierung nicht völlig akzeptiert zu fühlen. Eher gelingt es FetischistInnen mit SM-Events umzugehen als umgekehrt. Das Verhältnis von SMerInnen und FetischistInnen ist subtilen Schwankungen unterworfen. Manchmal funktioniert das Verhältnis untereinander ganz gut, manchmal sehr viel weniger gut.

Ein Erklärungsansatz für diese Ambivalenzen könnte sein, daß es höchstwahrscheinlich zwei Formen von Fetischismus gibt. Die eine, die etwas mit SM zu tun hat und die andere, die nichts mit SM zu tun hat. So beziehen z.B. einerseits bestimmte passive FußfetischistInnen sich alleine auf die sexuelle Attraktivität, die Füße für sie haben, andere FußfetischistInnen erotisieren den machtgebenden Charakter ihres Fetischs, sie »dienen« Füßen, »unterwerfen« sich Füßen usw.[62]

---

62 Ich verdanke diesen Gedanken – die Entdeckung von zwei unterschiedlichen Arten von Fetischismus – Frank Taherkhani (Universität Stuttgart).

7 Perspektiven: SM-Bewegung 2003+

Ich möchte versuchen aus dem bisherigen Teil meiner Analyse wissenschaftlich begründete Perspektiven, oder zumindest die Richtung, in denen Perspektiven der SM-Bewegung denkbar wären – zu prognostizieren. Dazu ist zunächst zu klären, welche Art von gesellschaftlichem Subjekt die SM-Bewegung innerhalb oder gegenüber der Gesamtgesellschaft sein kann und sein will. Diskutieren lassen sich die Perspektiven der SM-Bewegung einerseits an der Schnittstelle der SM-Subkultur zu den gesamtgesellschaftlichen Strukturen und andererseits an der Schnittstelle der SM-Bewegung zur gesamten SM-Subkultur (was als wichtiges Moment das Verhältnis der SM-Bewegung zu sich selbst einschließt). Dabei werden Interdependenzen zwischen diesen beiden Bereichen berücksichtigt werden müssen (wie das für die bisherige Entwicklung im 4. und 6. Kapitel gezeigt wurde).

SM-Bewegung als zivilgesellschaftliches Projekt

Ich wende den Begriff »Zivilgesellschaft« auf die SM-Bewegung an, wie er von Sabine Kebir mit Bezug auf Gramsci herausgearbeitet wird (Kebir 1991). Ich sehe also die SM-Bewegung als zivilgesellschaftliches Projekt. »Zivilgesellschaft« ist, wie Kebir mit Gramsci entwickelt, ein Bereich, der zwischen der ökonomischen Basis einer Gesellschaft und den staatlichen und quasi-staatlichen Überbauten der Gesellschaft verortet werden kann, ein Zwischenbereich, der von größtenteils privaten, nichtstaatlichen Organisationen und Subjekten bestritten wird, die auf ihren jeweiligen Gebieten um die ideologisch-kulturelle Hegemonie kämpfen (Elb 1996, Seite 23–24). Zur Zivilgesellschaft gehören

> »alle im weitesten Sinne kulturellen Faktoren, jene Aktivitäten, die heute unter der Formel ›juristisch indifferent‹ fallen, die unter der Herrschaft der Zivilgesellschaft sind, welche ohne ›Sanktionen‹ und ohne genaue ›Verpflichtungen‹ wirkt, die aber dennoch einen kollektiven Druck ausübt und objektive Resultate bei der Ausarbeitung von Sitten, Denk- und Handlungsweisen, in der Moral usw. bekommt. Zur Zivilgesellschaft sind die ›sogenannten privaten Organisationen‹ zu rechnen, wie ›die Kirche, die Gewerkschaften, die Schulen‹. Die Presse ist der dynamischste Teil

dieser ideologischen Basis, aber nicht der einzige: Alles was direkt oder indirekt die öffentliche Meinung beeinflussen kann, gehört ihr an: die Bibliotheken, die Schulen, die Zirkel und Clubs verschiedener Art bis hin zur Architektur, der Anlage der Straßen und der Straßennamen« (Kebir 1991, Seite 19; vgl. Gramsci 1968, 1983).[63]

Vor allem scheint es mir wichtig, die Demarkationslinie aufzuzeigen, an der die SM-Subkultur mit den übergeordneten gesamtgesellschaftlichen Strukturen in Auseinandersetzung gerät. Diese Demarkationslinie verläuft entlang der gesellschaftlichen Auseinandersetzung über die sogenannte Normalität. Dieser Diskurs über Normalität hängt mit einem Begriff von Mehrheit eng zusammen. Der Begriff »Mehrheit« ist selbst eine soziale Konstruktion. In der tatsächlichen Entwicklung vieler sozialer Prozesse gibt es eine Mehrheit oft dort, wo sie reklamiert wird, nicht. Die Wirklichkeit dieses Begriffs ist die einer ideologischen Determinante.

---

63 »Gramscis ›Zivilgesellschaft‹ steht für die von Jürgen Habermas als nicht-staatliche ›Öffentlichkeit‹ bezeichneten Funktionen der bürgerlichen Gesellschaft. (...) Es ist nun möglich, zwei große ›Ebenen‹ von Überbauten festzulegen, jene, die man ›Zivilgesellschaft‹ nennen kann, d.h. die Gesamtheit von Organismen, die gemeinhin ›privat‹ genannt werden, und jene der ›politischen Gesellschaft oder des Staates‹. Die erstgenannte Ebene entspricht der ›hegemonialen‹ Funktion, die die herrschende Gruppe über die ganze Gesellschaft ausübt, und die andere der Funktion der ›direkten Herrschaft‹ oder des Kommandos, welche sich im Staat und in der ›juristischen‹ Regierung ausdrückt. (...) Zwischen der ökonomischen Basis und dem Staat mit seiner Gesetzgebung und seinem Zwangsapparat steht die ›Zivilgesellschaft‹. (...) Die Zivilgesellschaft ist also fähig, Überbauten aus längst vergangenen Gesellschaftsformationen weiter zu transportieren, aber auch zukünftige Überbauten zu antizipieren. (...) diese Flexibilität solcher Überbauten, die zwar historisch gesehen alle der sozioökonomischen Basis einer Menschengruppe entsprungen sind, aber temporär und lokal verpflanzungsfähig sind, oder in der neuen Umgebung aktiv werden, wenngleich oft nur in beschränkter Weise oder mit veränderten Folgen. Gramsci bezieht sich in dieser Frage auf die berühmte Beobachtung von Marx, daß die Menschen letztlich doch nur die Ideen wirklich aufgreifen, für deren Realisierung die sozialökonomische Basis eine Chance bietet. (...) Die Zivilgesellschaft (...) ist jene Ebene, auf der der Mensch seine Zukunft intellektuell antizipieren kann. (...) Die grundsätzliche Verschränkung von ›Gewalt und Konsens‹ sieht Gramsci methodisch schon in Machiavellis Bild vom Zentauren vorgeformt, der ›tierisch und menschlich‹ zugleich sei, ›Autorität und Hegemonie, Gewalt und Zivilisation‹ zu vereinigen suche (...)« (Kebir 1991, Seite 52–55, 62–63, 69).

»Normalisieren« oder Cruisen im Patchwork der Minderheiten

Wie andere Phänomene der gegenwärtigen sozialen Auseinandersetzungen, läßt sich der Kampf um die gesellschaftliche Bedeutungsmacht über den Begriff der *Normalität* wesentlich adäquater mit dem Begriff »Patchwork der Minderheiten« deuten – ein Wort, daß ich von Jean-Francois Lyotard übernehme (Lyotard 1977).

Ein Teil der SM-Bewegung – insbesondere die integrativ-legalistische Strömung – versucht sich in die »Normalität« zu integrieren oder den gesellschaftlichen Begriff der »Normalität« auf SM zu erweitern. Ein anderer Teil der SM-Bewegung, der sich vorwiegend aus dem Bereich der gruppenorientiert-emanzipatorischen Strömung rekrutiert, bewegt sich im Sinne des Konzept des »Patchworks der Minderheiten«. Diese Richtung tendiert dazu, die gesellschaftliche Konstruktion von »Normalität« zu überwinden, bei ihr müssen sich die SMerInnen nicht einer (wie auch immer umdefinierten) »Normalität« unterwerfen, sie selbst dürfen »unnormal« bleiben. Abstrakter ausgedrückt: Die Minderheit integriert sich nicht in das System der Mehrheit sondern in ein sich entwickelndes soziales System der Minderheiten. Dagegen schafft die Integration in die »Normalität« höchstwahrscheinlich neue Differenzierungsprozesse in der SM-Szene, unter Umständen Minderheiten innerhalb der SM-Subkultur, die sich einer »Normalisierung« entziehen. Die SM-Bewegung wird sich in den nächsten Jahren entscheiden müssen, ob sie mit der »Mehrheit« fusionieren will oder ob sie für die eigene Minderheit einen Platz in einem sich entwickelnden zivilgesellschaftlichen System von Minderheiten erstreiten will und darüber hinaus wie sie mit der ideologischen Auseinandersetzung über die *Normalität* umgehen will.

Nikolaus Largier kommt in seiner historisch-literarischen Arbeit über den erotischen und religiösen Flagellantismus bezüglich der gesellschaftlichen Produktion von »Normalität« zu ähnlichen Schlußfolgerungen. In seiner Untersuchung umfaßt er allerdings einen weitgespannten historischen Zeitraum, der von der frühen Neuzeit bis zur Gegenwart reicht, indem er »Normalität« mit der Herausbildung eines Wissens über den Sex in Verbindung bringt:

»Die Ausbildung eines Diskurses, die Etablierung eines universalen Wissens über den Sex, wie uns dies vor allem im 18. und 19. Jahrhundert begegnet, erweist sich dabei – wie dies schon Michel Foulcault gezeigt hat – nicht primär als Repression oder als Kontrolle ›sexueller Aktivität‹, sondern als gezielte Freisetzung im Rahmen einer an der Ehe orientierten Biopolitik, die jedoch gleichzeitig eine Kontrolle der Imagination im Namen der Etablierung einer ›natürlichen Sexualität‹ meint. Dabei zielt das diskursive Wissen einerseits auf eine Normierung und territoriale Eingrenzung der Libido im Blick auf bestimmte Praktiken, anderseits und vor allem auf eine Disziplinierung der Imagination und eine radikale Eliminierung aller Ambiguität, das heißt der konspirativen Verbindung von Imagination, Affekt und Libido, die gerade in der Beichtpraxis, in den religiösen Ritualen der Flagellation und in der erotischen Geißelung immer vorhanden blieb. Unerträglich war die Ambiguität geworden, da sie die Vorstellung einer Eindeutigkeit des Natürlichen immer schon außer Kraft setzte und die Erregung privilegierte. (...) in den Augen der Aufklärer (...) ging es nicht mehr darum, die affektiv-imaginative Erregung zur Grundlage eines Prozesses seelischer Verwandlung zu machen (...) sondern die Erregung einer rigorosen Kontrolle zu unterwerfen, damit sie den Akt der ihre Freiheit aus sich selbst begründeten Vernunft nicht zu gefährden vermochte. Die Psychopathologie der Sexualität, die sich im 19. Jahrhundert etabliert, steht am Anfang dieses Prozesses, indem die Imagination einer von der Vernunft ratifizierten ›natürlichen Sexualität‹ untergeordnet wird, die ihre Finalität im heterosexuellen Vollzug des ›sexuellen Aktes‹ besitzt. Beides, das spirituelle wie das erotische Überschreiten der Grenzen dieser Natürlichkeit, gilt dem Auge der Vernunft als pathologisch. (...) So geht denn, könnte man schließen, für den Flagellanten der offene Raum der Imagination, die im Ritual der Geißelung entweder spirituell oder erotisch entfesselt wird, der als ›Natur‹ gefaßten Sexualität voraus und bildet ein Reich der Freiheit. Dieses ist, anders als die ›Sexualität‹, nicht substantielle Bestimmung, sondern eine Raum der Erregungsmöglichkeiten, (...) Der Flagellant ist – aus dem Blickpunkt einer beherrschenden und ratifizierenden, prinzipiell genitalen Sexualität – in der Tat pervers« (Largier 2001, Seite 376–381).

Wenn es in einigen asiatischen, meist buddhistisch geprägten Ländern eine im westeuropäischem Sinne geprägte SM-Bewegung nicht zu geben scheint (und nicht notwendig zu sein scheint) liegt das wahrscheinlich daran, daß Sexualität im religiösen Diskurs nicht (oder weniger) problematisiert wird und religiöse Institutionen sich selbst weniger (oder gar nicht) als sexualitätskritisch oder sexualitätsfeindlich positionieren.

Die integrativ-legalistische Variante hat für sich, daß sie eine schnelle (und möglicherweise sanfte) gesellschaftliche Entdramatisierung von SM verspricht. Daher wird es nicht an starken Versuchungen innerhalb der SM-Bewegung fehlen, sich in dieser Weise sozial zu bewegen. Woran es diesem Umgang mit der gesellschaftlich verordneten »Normalität« fehlen wird, ist eine Integration aller SMerInnen. Für die Teile der SM-Bewegung, die sich eher dem »Normalisierungsprozess« zu entziehen versuchen, würde die Frage im Mittelpunkt stehen, ob sie sich an einem – auch von ganz anderen Bewegungen und sozialen Subjekten – angestrengten Diskurs zur *Abschaffung der Normalität* beteiligen kann. Die SM-Bewegung müßte sich hierbei – stärker und bewußter als bisher – in die auf sexuellen Gebiet normenproduzierenden und normenverändernden Bereiche der Gesellschaft einmischen. Dies sind die Sexualwissenschaft, die Sexualtherapie, die Psychologie, die Psychoanalyse, die Pädagogik, die Kunst und möglicherweise die Religion.

In bezug auf diese gesellschaftlichen Bereiche müßte die SM-Bewegung weniger die bisher dominierende Betroffenheitserfahrung, sondern Expertenwissen einbringen. Ein mit der SM-Subkultur verbundener und von der SM-Bewegung einsetzbarer Kreis von WissenschaftlerInnen und ExpertInnen könnte Aufgaben in diesem Bereich übernehmen.

SM als Kulturbewegung

Die Perspektiven der SM-Bewegung in Bezug auf sich selbst und in Bezug auf die gesamte SM-Subkultur wird innerhalb der Bewegung bisher meist hauptsächlich organisationstechnisch diskutiert (z. B.: Wie leite ich eine SM-Gruppe? Wie mache ich eine SM-Veranstaltung, SM-Fete? Wie muß eine Internet-Seite aussehen? Wie gehe ich mit sozial inkompetenten Leuten um? Wie gründe ich einen Verein? usw.) oder – soweit Inhaltliches in der Auseinandersetzung einfließt – als Abgrenzungs- bzw. Ausgrenzungsthema: Was ist SM, was steht außerhalb von SM? Was sollen wir nicht tolerieren? Was sollen wir verbieten? Vorläufiger Höhepunkt der organisationstechnischen Seite war Ende Mai 2003 die Gründung eines »Bundesvereinigung Sadomasochismus« (BVSM).

Viel produktiver für die SM-Bewegung wäre m. E. aber die Formierung, Ausprägung und Differenzierung einer spezifischen SM-Kultur – die Subkultur sollte nicht nur *Sub*, sondern vor allem auch *Kultur* sein. Die

Entwicklung von Lebensweise-Issues für SMerInnen und die Entwicklung der Bandbreite der SM-Kultur innerhalb der gesamten SM-Bewegung und jeder ihrer Gruppen, die Kommunizierbarkeit von ganz verschiedenen Arten von SM innerhalb der SM-Bewegung ist viel wichtiger als eine nationale SM-Organisation. Es wäre für die längerfristige Lebensfähigkeit der Bewegung produktiv, daß an jedem größeren Ort eine SM-Szene anzutreffen ist, die dem schon erwähnten Clan-Prinzip entspricht (Kapitel 4 *Clique oder Clan*). Die Entwicklung einer zwischen verschiedensten Gruppen korrelierten und kompatiblen Gruppenkultur könnte zu vergleichbaren sozialen Kommunikationsbedingungen innerhalb der gesamten SM-Bewegung führen, aber Raum für inhaltliche Unterschiede und spezifische Profile verschiedenster SM-Organisationen lassen, die verschiedene Stile und sexuelle und kulturelle Bedürfnisse der Subkultur abdeckt. Der Übergang von einer Gruppe zu einer anderen würde dann nicht mehr einen »Kulturschock« auslösen. Wie bei anderen modernen NGO-Bewegungen liegt die Stärke natürlich nicht in der inhaltlichen Einfalt (wie allzu einfache und vulgaristische Vorstellungen über SM), und auch nicht in organisatorischer Einheit, sondern in *inhaltlich profilierter* Vielfalt. Eine kulturproduzierende SM-Bewegung würde zu relativ ähnlichen inneren Verhältnissen der Subkultur an jedem Ort, an dem eine solche überhaupt existiert, führen. Letztere hätte wieder Auswirkungen auf die Auseinandersetzung mit der Mainstream-Kultur und würde langfristig zu ähnlichen (relativ emanzipierten) Lebensverhältnissen für die SMerInnen in Deutschland und wahrscheinlich im gesamten mitteleuropäischen Raum führen.

Dieser Entwicklung dienlich wäre weniger ein Dachverband (mit der für Organisationen dieser Art typischen Schwerfälligkeit, organisatorisch-finanziellen und programmatischen Korruption – ähnlich wie bei Parteien, Gewerkschaften und Verbänden), sondern dienlich könnten überregionale Pools und Kreise von der Art, wie der schon erwähnte ExpertInnen-Kreis, Gruppen von KünstlerInnen, und auch möglicherweise ein Informationsbüro sein, das sich mit der überregionalen Umsetzung regionaler Ressourcen beschäftigt und überregionale Veranstaltungen organisiert. Dieses Informationsbüro könnte eine Art Drehscheibe der SM-Bewegung sein, die sich aus den Gruppen selbst raushält, und auch selbst von Gruppen unabhängig bleibt und folglich auch nicht von ihnen finanziert wird (sondern von Personen, die unabhängig von Gruppen bereit sind, dieses Projekt Informationsbüro zu finanzieren).

8 Ausgang

Zum Schluß möchte ich mich zum einen den Fragen widmen, die sich aus und über diese Arbeit ergeben und zum anderen jenen Fragen, die beim Verfassen dieser Arbeit aufgetaucht sind, aber nicht in ihr behandelt werden konnten:

1. Am Beginn meiner Arbeit bin ich davon ausgegangen, daß meine Studie hauptsächlich durch konventionelle qualitative Forschungsmethoden, insbesondere die teilnehmende Feldbeobachtung charakterisiert sein wird und ich habe die Frage aufgeworfen, ob diese Arbeit Teil von wissenschaftlichen Bestrebungen sein kann, die sich als politische Sexualethnographie bezeichnen lassen (Kapitel 1 *Zur Methode, zur Beobachterposition, zur wissenschaftlichen Brille*). Obwohl dies eine Rolle gespielt hat, würde ich jetzt – nach Beendigung dieser Studie – eher von einem *explorativ-hermeneutischen und anthropologischen Beobachtungsverfahren* sprechen, welches sich durch fortlaufendes Theoretisieren des beobachteten und entdeckten Materials auszeichnet (und dessen Ergebnisse eventuell semantische Rückwirkungen auf das Feld hat, welches beobachtet wurde). Möglicherweise wurde dies durch jene Tendenzen in der SM-Bewegung mit beeinflußt, in denen sich die SM-Bewegung selbst theoretisierend reflektiert und in denen sich die SM-Bewegung als eine autohermeneutische (selbstdeutende) und autosemantische (deutungszuweisende) sozialpsychologische Bewegung realisiert. Anderseits hat meine Arbeit den Charakter einer *inneren Ethnographie*, was die Frage aufwirft, ob es gelungen ist, etwas letztlich Eigenes als Eigenes zu beschreiben, indem es an Anderen beobachtet wurde. Meiner Meinung nach bewegt sich meine Studie zwischen diesen beiden Polen und kann nicht durch die eine oder die andere Seite alleine vollständig charakterisiert werden.

2. Eine der Hauptschwierigkeiten, die ich in meiner Arbeit zu überwinden versuchte, will ich mit Kierkegaard so ausdrücken:

> »In dieser Hinsicht ist es sehr schwierig Beobachtungen anzustellen. Vornehmlich muß man hier die Vorsicht walten lassen, die die Ärzte benutzen, niemals den Puls zu beobachten, ohne sich zu sichern, daß sie nicht ihren eigenen statt den des Patienten fühlen, so muß man sich hier davor hüten,

daß die Bewegung, die man entdeckt, nicht die Unruhe des Beobachters ist gegenüber seiner Beobachtung« (Kierkegaard 1984a, Seite 66, Hervorhebungen von mir, N.E.).

3. Ich stelle mir die Frage, ob nicht auch diese vorliegende Arbeit Hinweise dafür gibt, daß in den Sozialwissenschaften eine unnötige und wissenschaftlich unproduktive *Überbewertung der Empirie* vorherrscht, die von einem tradierten Wissenschaftsbetrieb eingefordert wird und ob nicht ein Wandel in Richtung von *Theorie statt Empirie* angemessener wäre.

4. Da ein bedeutender Teil des dieser Arbeit zugrunde liegenden empirischen Materials durch Hören erhoben worden ist, drängte sich mir die Frage auf, was *wissenschaftliches (Zu-)Hören* eigentlich ist, bzw. welche Kriterien an wissenschaftliches Hören anzulegen wären. Während die Psychoanalyse in diesem Zusammenhang Erörterungen über Übertragung und Gegenübertragung anstellt und die konstruktivistische Psychologie beispielsweise das »aktive Zuhören« kennt, ist im sozialwissenschaftlichen Bereich einiges über Sprache entwickelt worden, fast nichts aber über das (Zu-)Hören. Dies weist m.E. auf ein Defizit hin. Es könnte ein Ansatz sein, zu untersuchen, inwieweit der soziale Konflikt oder die soziale Situation, in der zugehört wird auf den Charakter des Gehörten Einfluß nimmt. Daß bei der vorliegenden Untersuchung für mich durch meine spezifische Beobachterposition Interviews nur von eingeschränktem Wert sein konnten, deutet gerade auf die Relevanz dieser Problematik hin (vergleiche Kapitel 1 *Drei Quellen und drei Bestandteile dieser politischen Sexualethnographie*).

5. Wenn die vorliegende Arbeit die Funktion einer Pilotstudie für spätere quantitative Untersuchungen übernehmen könnte, dann stellt sich die Frage, welche Schlußfolgerungen für quantitative Untersuchungsansätze aus ihr zu ziehen sind. Für quantitative Untersuchungen über die SM-Sexualität an sich gibt es m.E. keine Alternative, als im Rahmen einer Studie über Sexualität im Stile des Kinsey-Reports (Kinsey 1954, 1955) mit Filterfragen zu SM vorzustoßen, die sowohl nach dem Begriff *»SM«*, als auch nach entsprechenden sexuellen *Techniken, die auf SM hindeuten*, als auch nach *sexuellen Empfindungen fragen, die mit Macht und Ohnmachtsgefühlen und anderen möglicherweise mit SM zusammenhängenden Empfindungen zu tun haben*. Eine Untersuchung,

die eines dieser drei Elemente ausläßt, würde kein geeignetes Bild über SM vermitteln können.

6. SM als Begriff für eine spezifische Sexualität und als Bezeichnung für eine spezifische sexuelle Minderheit wird erst im 20. Jahrhundert relevant. SM wurde von Schwulen zuerst »erfunden«. Diese historische Frage – *SM als Phänomen des 20. Jahrhunderts* – harrt noch einer eingehenden Untersuchung. Für den Teilbereich des Flagellantismus gibt es einen theoretischen Ansatz von Niklaus Largier (Largier 2001). Wenn seine Untersuchungen auf den gesamten Bereich von SM übertragen werden könnte, würde dies darauf hindeuten, daß entsprechende Verhaltensweisen bis Ende des 19. Jahrhunderts in andere gesellschaftliche Bereiche (Strafvollzug, Religion, Medizin, Initiationsriten, Erziehung) integriert waren, ohne als eigenständige sexuelle Orientierung in Erscheinung treten zu müssen.

7. Es stellt sich die Frage nach den *internationalen Bezügen der SM-Bewegung*. Während die SM-Bewegung in manchen Ländern, vor allem im deutschen Sprachraum (Deutschland, Schweiz, Österreich), in Skandinavien, den Niederlanden, den USA und Großbritannien virulent ist, scheint sie in anderen Ländern nicht vorhanden oder ohne nennenswerte Bedeutung zu sein. Wie schon im vorigen Kapitel erwähnt (Kapitel 7 *»Normalisieren« oder Cruisen im Patchwork der Minderheiten*), könnte untersucht werden, ob in Kulturen, in denen die Religion keinen sexualkritischen oder sexualfeindlichen Einfluß ausübt (wie beispielsweise im Buddhismus), »SM-Sexualität« keine spezifische Bedeutung hat, SM nicht denunziatorisch verwendet wird und eine SM-Bewegung oder SM-Szene im hier beschriebenen Sinne deswegen nicht existiert.

8. Die bereits erwähnten *zwei Arten von Fetischismus* (Schluß von Kapitel 6), von denen die eine mit SM korreliert und die andere nicht, wäre eine eigene Untersuchung wert.

9. Für das Verständnis von SM-Sexualität könnte produktiv werden, wenn man die mit SM verbundenen symbolischen Gefühlskonstrukte (wie etwa Macht- und Ohnmachtsgefühle) selbst als eine Art *immartiellen Fetisch* betrachtet. Dafür spricht, daß, falls dieser »Fetisch« wegfällt, die Sexualität nicht funktioniert – wie beim materiellen Fetisch der

FetischistInnen. Hierin – in der notwendigen Anwesenheit eines Fetischs – könnte der Unterschied liegen zwischen der Funktion sogenannter konventioneller Sexualität und jedwelcher sogenannter abweichender Sexualität. Bei der Anwendung dieser theoretischen Deutung des Sexualitätsproblems in Bezug auf SM ist zu beachten, daß SM sich nicht so ohne Weiteres auf ein einzelnes Gefühls/Symbol-Issue reduzieren läßt – wie etwa Macht- und Ohnmachtgefühle – sondern auf eine differenzierte Gefühlswelt, zu der so unterschiedliche Themen gehören können, wie Gebundenheit, Unbedingtheit, Verschlingen oder auch rein körperliche Zustände, wie das sogenannte »Fliegen« (vergleiche Kapitel 2 *Empfindungen und sexuelle Themen*)

10. Die *spezifische Bedeutung oder Nichtbedeutung von Geschlecht für die SM-Sexualität* ist eine weitere Forschungsfrage, die den Rahmen dieser Untersuchung sprengt. Es könnte der Forschungsansatzes von Elisabeth Badinter weiterverfolgt werden, nach dem das Verschwinden der Geschlechterunterschiede zugunsten eines androgynen Menschentyps beschrieben wird (Badinter 1987). Wenn aber die erotische Spannung und die sexuelle Anziehung aufgrund des Geschlechterunterschieds verblassen, könnte SM als eine Möglichkeit gedeutet werden auf andere, nicht geschlechtsspezifische Weise ein sexuelles Spannungspotential unter Heterosexuellen zu entwickeln. Vergleichende Untersuchungen unter Schwulen und Lesben zu diesem Thema könnten dazu aufschlußreich sein, da unter diesen Gruppen SM zuerst auftauchte und dort ja der Geschlechterunterschied nicht zur Verfügung steht. (Zu diesem Thema auch Butler 1991, Baader u. a. 1995).

11. Vom Standpunkt der Verhaltensforschung aus, wie sie zuerst von Konrad Lorenz entwickelt wurde (Lorenz 1963, 1973a), könnte *SM unter dem Aspekt von intraspezifischer Aggression* untersucht werden. Lorenz beschreibt den Konflikt, daß das vom Menschen während seiner Evolution in vielen Jahrtausenden erlernte intraspezifische aggressive Verhalten in den letzten Jahrzehnten durch die Probleme einer überbevölkerten Massengesellschaft, Fernlenkwaffen und globalen Problemen zu einer Gefahr für die menschliche Existenz geworden ist, aber diese tief im menschlichen Verhalten liegenden aggressiven Tendenzen sich möglicherweise in Ersatzhandlungen – wie beispielsweise dem Sport – relativ zivilisiert ausleben lassen. Mit dem Lorenz'schen Ansatz könnte

also SM als eines dieser relativ zivilisierten gesellschaftlichen Rituale verstanden werden, in denen Aggression verhältnismäßig gefahrlos für die menschliche Gesellschaft ausgelebt werden kann, vergleichbar etwa mit Boxen und anderen Kampfsportarten. Gegen einen solchen Ansatz – weswegen ich ihn in dieser Studie vorläufig fallengelassen habe – spricht, daß empirische Befunde nicht so eindeutig eine nahe und zwangsläufige Beziehung zwischen SM und Aggression aufweisen, wie dies vielleicht auf den ersten Blick evident zu sein scheint.

12. Ich habe an anderer Stelle (Elb 1996, Seite 20) ausgeführt, daß sich die neuen sozialen Bewegungen in Themenkonjunkturen untereinander ablösen. Dies kann meiner Meinung nach auch auf die SM-Bewegung zutreffen. Falls es bereits gegenwärtig oder in Zukunft zu einer Ablösung der SM-Bewegung durch andere Bewegungen (evt. andere weitergespannte Bewegungen sexueller Minderheiten) kommen würde, wäre dieser Vorgang einer eigenen wissenschaftlicher Beobachtung zugänglich. Zum Zeitpunkt dieser Studie (1999–2004) kann ich jedoch kaum Hinweise auf eine Ablösung der SM-Bewegung feststellen.

13. Unabhängig von Konjunkturen innerhalb dieser neuen sozialen Bewegungen als ganzes, scheint es eine relativ unabhängige Konjunktur für die einzelnen Gruppierungen innerhalb dieser Bewegung zu geben. Bezogen auf die SM-Bewegung kann festgestellt werden, daß viele Gruppen verschwunden und neue entstanden sind. Auch bei den von mir näher beobachteten SM-Gruppen von Mannheim und Frankfurt können Konjunkturen und Zyklen festgestellt werden: Ende 2002 schien die über 10 Jahre alte Mannheimer Gruppe sich eher in substantielle Schwierigkeiten zu befinden, während die wesentlich jüngere Frankfurter Gruppe (mit einem ähnlichen Konzept wie die Mannheimer Gruppe) eine starke Aufwärtsentwicklung nahm. Es stellt sich die Frage, ob Gruppen der hier beschriebenen SM-Bewegung eine Art *Existenzgrenzwert* besitzen, welcher zehn Jahre nicht wesentlich überschreiten kann. Es stellt sich darüber hinaus die Frage, ob dies auch für Gruppierungen ähnlicher Subkulturen oder für andere soziale Bewegungen zutrifft.

14. Versucht man die starke Entwicklung der Frankfurter Gruppe SMash (Ende 2002: 50–70 BesucherInnen der Gruppe, 3–4 Veranstaltungen pro

Monat, Frauenanteil am Stammtisch von 40–50 Prozent) mit anderen (sich weniger günstig entwickelnden) SM-Gruppen zu vergleichen, dann lassen sich zwei signifikanten Merkmale beobachten: Die von SMerInnen als sehr gut empfundene und sehr stark frequentierte Internetseite (bis zu 4000 virtuelle Besuche im Monat) und das fast vollständige Fehlen einer kommerziellen Szene in Frankfurt, die nicht in den Bereich von Prostitution fällt (z.B. kommerziellen SM-Events und SM-Lokalitäten) – im Gegensatz etwa zu Mannheim mit drei entsprechenden Einrichtungen. Eingehende vergleichende Untersuchungen anderer Gruppen könnten Aufschluß geben, ob diese Bedingungen entscheidenden Einfluß auf die Entwicklung von SM-Gruppen nehmen.

15. Ein eigener Untersuchungsgegenstand könnte *SM in der Literatur* sein (wobei in diesem Zusammenhang gerade *nicht* »SM-Literatur« gemeint ist), insbesondere in der sogenannten Hochliteratur. Bei meinen Recherchen zu Kommunikationselementen in der poetischen oder fiktionalen Literatur, die für SMerInnen relevant sein könnten, stieß ich auf SM oder SM-analoge literarische Darstellungen, oder Darstellungen von sexueller Gewalt, die als SM gedeutet oder verarbeitet werden können bei folgenden AutorInnen: Kobo Abe (1990), Kathy Acker (1984, 1986, 1988) Georges Bataille (1977, 1990), Charles Baudelaire (1976), Anthony Burges (1972), Pierre A. Cholderos de Laclos (1969), Andrea Dworkin (1991), Hans Heinz Evers (1973), Gustave Flaubert (1979), Marie Luise Fleißer (1972), Jean Genet (1974), Ulla Hahn (1991), Nathan Hawthrone (1850), E.Th.A. Hoffmann (1981), Siri Hustvedt (1997), Elfriede Jelinek (1986), James Joyce (1972, 1975), Stephen King (1992), Milan Kundera (1987), Lautréamont (1963, 1988). T.E. Lawrence (1955, 1958), Ian McEvan (1983), Mechthild von Magdeburg (1990), Octave Mirabeau (1991), Robert Musil (1957), John Norman (1984, 1998), Pier Paolo Pasolini (1984), Marcel Proust (1927), Anne Rice (1989, 1990, 1991, 1992), Christine Rochefort (1959), Jens-Jacques Rousseau (1782), William Shakespeare (o.J., geschrieben wahrscheinlich 1596), Hubert Selby (1968), Walter Serner (1982), Märta Tikkanen (1980), Lynne Tillman (1986), Mario Vargas Llosa (1966), Frank Wedekind (1971), Peter Weiss (1964).[64]
Ein weiteres kulturanthropologisches Thema könnte das Aufspüren

---

64 Wie eine literaturwissenschaftliche Untersuchung zu einem sexuellen Thema aussehen kann, hat Vera Jost in ihrer Dissertation über die Prostitution als Thema in der Literatur von Frauen im 20.Jahrhundert gezeigt (Jost 2002).

und Analysieren von SM-Motiven oder SM-ähnlichen Motiven in der zeitgenössischen bildenden Kunst und insbesondere in der Musik sein (z.B. Ärzte, Madonna, Rosenstolz, Musik der »schwarzen« Musikszenen). Personelle Überschneidungen zwischen SMerInnen und Anhängern bestimmter Musikszenen weisen auf eine zusätzliche soziale Relevanz dieses Themas hin.

Hinter dem Text – statt eines Nachworts

Hinter dem Text steht der Autor, aber er steht dort nicht allein; Vieles, was die Persönlichkeit des Autors beeinflußt hat, bevor die Arbeit begonnen wurde, und vieles, was die soziale Situation, beeinflußt hat, in dem die Arbeit entstehen konnte, verdankt er nicht sich selbst. Ich glaube für mich selbst zu wissen, daß einerseits mein biographischer Background dadurch bestimmt ist, daß meine Entwicklung eine Nachkriegsentwicklung ist, daß sie eine deutsche Entwicklung ist und daß sie durch die Schüler-, Studenten- und Lehrlingsbewegung in den Jahren nach 1968 und durch bestimmte wissenschaftlich-theoretische und geistig-weltanschauliche Einflüsse wesentlich bestimmt war.

Die entscheidende geistige Zäsur in meinem Leben (ab 1971) war die Konfrontation mit dem Werk von Karl Marx und Friedrich Engels. Während ersterer eher im Vordergrund zu stehen scheint – wie dies der Begriff Marxismus schon suggeriert – gewann aber letzterer für meine wissenschaftlichen Interessen (Strategie der Arbeiterbewegung, Analyse konkreter sozialer Phänomene, historischer Materialismus) größere Bedeutung. Darüberhinaus haben mich Niccollo Machiavelli, Friedrich Nietzsche, Ludwig Wittgenstein, Norbert Elias, Elias Canetti, Romano Guardini, John Money, Richard Sennett, Susan Sontag und insbesondere die französische Philosophie der 20. Jahrhunderts (Philipp Ariès, Georges Bataille, Jean Baudrilliard, Simone de Beauvoir, Gilles Deleuze, Jacques Derrida, Michel Foulcault, Jean-Francois Lyotard, Jean-Paul Sartre) gerade auch im engeren Sinne zu den diese Studie betreffenden Problemen bedeutend beeinflußt.

Für eine zeitgemäße marxistische Deutung der gegenwärtigen Gesellschaft war für mich das schriftliche und das persönliche, politische und wissenschaftliche Wirken von Prof. Josef Schleifstein (1915–1992) wichtig, Mitbegründer und langjähriger Leiter (1968–1981) des Frankfurter *Instituts für marxistische Studien und Forschungen (IMSF)*. Er war (zusammen mit Heinz Jung) der wissenschaftliche Begründer der Stamokap-Theorie und einer der wirksamsten Publizisten des marxistischen Flügels der Arbeiterbewegung in Westdeutschland. Mit Prof. Volker Nitzschke verbindet mich eine fruchtbare wissenschaftliche Beziehung während nahezu meiner gesamten akademischen Entwicklung (seit 1990). Er war der erste Wissenschaftler, der das Thema dieser Arbeit von Anfang einer wissenschaftlichen Bearbeitung zugänglich befunden hat und den Produktionsprozess dieses Textes zeitnah begleitet und gefördert hat. Eine ähnlich zeitnahe und detaillierte Begleitung verdanke ich Prof. Martin Dannecker. Sein Rat in sexualwissenschaftlichen Fragen war für mich unverzichtbar. Sein Einfluß hat mir darüberhinaus geholfen, einige vielleicht allzu enge (marxistisch geprägte) Vorurteile gegen die Psychoanalyse zu überwinden und damit eine neue Begegnung mit Freud ermöglicht. Die Begegnung mit Derrida, Favret-Saada und Wittgenstein verdanke ich Susanne Klöpping, Literatur- und Medienwissenschaftlerin (Universitäten Bielefeld, Konstanz, Yale-University/USA). Den Diskussionen mit ihr entsprang die Selbstwahrnehmung meiner Arbeit als *innere Ethnographie*.

Sollte diese Arbeit in einer angemessenen Sprache und in einem brauchbaren Stil geschrieben sein, verdanke ich dies der substantiellen lektorischen Beratung der Frankfurter Schriftstellerin Heike Reich. Vielen Menschen aus der SM-Bewegung verdanke ich einiges; einigen verdanke ich vieles. Insbesondere war die Auseinandersetzung mit Ute Coulmann (Rechtsanwältin, Gründerin der Mannheimer SM-Gruppe *Schlagseite*) über viele Jahre wichtig. Diese Auseinandersetzung war insbesondere auch dann fruchtbar, wenn sie mit mir *nicht* einer Meinung sein konnte. Sie – wie eine ganze Reihe anderer Menschen – werden Spuren ihrer eigenen Gedanken in dieser Arbeit finden. Es liegt in der Natur der Sache, daß sie nicht immer damit einverstanden sein werden, wie ich damit umgegangen bin. Aus diesem Grund will ich meine MitstreiterInnen in der SM-Bewegung gegen eine mögliche Vereinnahmung für Thesen und Schlußfolgerungen meiner Arbeit in Schutz nehmen. Ein Autor steht zwar nie alleine hinter seinem Text, er ist aber der einzige, der ihn wird verteidigen müssen.

Frankfurt am Main, Anfang 2004
Norbert Elb

Anhang

A1 Empirische Spuren

A1.1 Interview-Auszug Uwe[1]

Ich hatte eine reine Hetero-Beziehung zu einer Freundin und ich konnte damit nichts mehr anfangen; wir haben zum Schluß wie Bruder und Schwester miteinander gelebt ... und es kam einfach vom Bauch her, daß ich mit Blümchensex – sagen wir mal so – nichts mehr anfangen konnte und dann hab ich eben meine damalige Freundin gefragt, ob sie mit mir ein bißchen was macht, aber es hat nicht geklappt und dann sind wir halt in Freundschaft auseinander gegangen und dann hab ich mir gesagt, jetzt kümmerst du dich drum und weil – ich bin nicht der Typ, der zu Hause sitzt und sich mit einen Porno einen runterholt, ich bin das leid.

?? Und der Prozess der Ablösung von deiner Freundin, wann war das, wie alt warst du da?

Zweiunddreißig.

?? Vor zwei Jahren.

Ja ...

?? Davor findest du überhaupt keinen Hinweis auf SM?

Doch, als kleines Kind, also in der Pubertät – sagen wir mal als zehnjähriger oder so, ich war ja, bin ja in einem Heim groß geworden und

---

[1] Anmerkungen zum Interview: Uwe ist 34 Jahre alt, er sieht keine Beziehung mehr zu einer wie auch immer gearteten Jugend, versteht sich als erwachsener Mann. Er lebt in Frankfurt am Main, das Gespräch findet in der Wohnung des Autors in Frankfurt statt, Ende November 1999. Wir sitzen uns gegenüber an einem linsenförmigen, schmalen, leeren Tisch (bis auf die Gesprächsunterlage und das Aufzeichnungsgerät). Uwe ist dem Autor durch SMash bekannt. Uwe kommt direkt von der Arbeit als Fahrradkurier. Er ist entsprechend ausgerüstet und gekleidet. Das Gespräch dauert etwa 2,5 Stunden. Zu Uwes wesentlichen Erfahrungen gehören Jugendheime und Gefängnisse in der ehemaligen DDR.

da gab es ja eine Frau Müller, das hat für mich so eine Verkörperung der Dominanz gegeben, eine Domina, weil sie auch groß war, kräftig und ich wußte mit den Worten da nichts anzufangen, aber ich fand sie irgendwie faszinierend ...

?? Heißt das, du könntest keinen SM machen ohne Liebe?

Das würd ich nicht sagen, das eine hat mit dem anderen nichts zu tun...

Das ist das Spiel mit Macht und Demut ... Ich war ja früher passiv und da hab ich mich – es war auch relativ neu für mich – da hatt ich nicht die Erfahrung als Dominanter aufzutreten – was ich jetzt weiß, aber bei einer anderen Frau mag es wieder sein, daß ich wieder devot bin; jedenfalls bei meiner jetzigen Lebensgefährtin kann ich dominant auftreten und früher war es immer so, ich kannte noch nicht viel; schlagen möchte auch gelernt sein und dann war ja auch mein erstes Erlebnis. Ich stehe auf Frauen, von denen werd ich vergewaltigt, nicht auf Frauen, die mich vergewaltigen; das ist auch eins meiner Kindheitsphantasien oder Pubertät eher schon und das hat sich aber im Laufe der Zeit geändert, also ich hab überlegt, was willst du nun, also was bist du nun? Und da hab ich immer gedacht: Ich bin Switcher, ich kann nicht sagen ich bin nur devot, also ich möchte beide Seiten leben ...

?? Und wenn du auf der aktiven Seite bist, hast du da auch dieses »Vergewaltigungs«-Thema?

Nein, nein.

?? Kann man sagen, daß die Techniken auf der aktiven und auf der passiven Seite verschieden sind?

Ja.

?? Wenn du jetzt auf der aktiven Seite bist, was machst du da hauptsächlich?

Also ich hab noch nicht so viel auf der aktiven Seite gespielt. Also ich hab mit einer Gerte gespielt, mit einer Klatsche, mit Wachs, Eis also auch einen Dildo hab ich benutzt, aber das ist auch (...?) die Ch. hat das schon erlebt und ich weiß worauf die Ch. abfährt und daher ist es leichter für mich, erstmal ...

?? Und heißt das, daß du bei den Techniken äußerst beweglich bist, kann man das so sagen?

Ja, ja, ich leg mich nicht gern fest, wie auch in meinem ganzen Leben so...

?? Und bei der »Vergewaltigungs«-Phantasie, das würde dann auch bedeuten, daß die Frau dich irgendwie fickt, oder?

Ja.

?? Mit einem Dildo wahrscheinlich?

Ja...

?? Wenn du aktiv bist, welche Bedingungen müssen denn erfüllt sein, daß das bei dir ein berauschendes Erlebnis wird? ...

... Das prickelnde ist für mich: Zuschauer. Ich habe bei der letzten SM-Fete eine Ecke gehabt gegenüber so einem »Arztzimmer« und man konnte da recht gut einblicken, obwohl es dunkel war, aber man hat da genau gesehen, was abging und da hab ich meine Freundin »gezwungen« mir einen zu blasen, und ich hab's genossen, weil ich immer auch auf die Zuschauer sehe, ich mach das nicht, aber sie wollte das so, ich zwing sie nicht einfach so, klar, im Spiel ist das so, und ohne das ich da erstmal einen Orgasmus hatte, das hatte uns beide angetörnt und dann sind wir halt einen Schritt weiter gegangen, als Vorspiel oder so ... Ich mach manchmal so erotische Spiele, also auch verbal, das fängt manchmal schon an, wenn wir uns treffen, also sag mer mal, wenn wir was einkaufen ... und ich sag ihr dann vorher am Telefon, sie soll keinen Slip anziehen ... – das Spiel mit der Macht ist eben halt das berauschende – und im HL-Markt faß ihr dann mal unter den Rock oder schieb den Rock hoch, daß dann Leute das sehen, daß sie eben keinen Slip an hat, da fängt es bei mir schon an.

?? *Die Öffentlichkeit bezieht sich nicht nur auf SM-Feten oder so was ähnliches, sondern auch auf diese Alltagssituationen, jedenfalls versuchst du das da einzubringen?*

Ja ...

?? *Und könntest du dir vorstellen, daß das sehr lange so weitergeht mit den beiden Frauen (seine parallele Beziehung zu zwei Frauen) oder meinst du, daß das eine Übergangsphase ist mit dieser Doppelbeziehung?*

Ich glaube, das wird nur eine Übergangsphase sein, weil ich glaube, ich muß etwas nachholen, wie damals, als ich aus dem Knast bin ... Ich denke immer, ich muß etwas nachholen, was ich versäumt habe.

?? *Du hast das Gefühl, du mußt etwas nachholen. Du meinst, wenn du das nachgeholt hast, dann würdest du monogam leben, oder ist das überinterpretiert?*

Das würd ich bezweifeln, daß ich dann monogam lebe.

?? *Du meinst, die Zweitbeziehung könnte zwar wechseln, aber immer wieder sich einstellen?*

Ich glaub schon. Ich weiß es nicht, ich kann das noch nicht so genau sagen, laß mir mal eine Frau über den Weg laufen, wo es klick macht ...

?? *Was würdest du denn mit einer Frau machen, die sagt, es geht nicht mit der Zweitbeziehung, du mußt treu bleiben und so, würdest du dich darauf einlassen?*

Ja, wenn ich sehr starke Gefühle für sie entwickle, das ist klar.

?? *Und haben denn deine Partnerinnen andere Beziehungen?*

Nee.

?? *Und würdest du denn das akzeptieren?*

Ja. (Pause) Beziehung nicht, wenn sie mal einen One-Night-Stand haben oder sowas, ja, aber Beziehung nicht.

?? Also, du würdest deiner Ch. nicht erlauben, was du dir mit dieser Zweitbeziehung erlaubst?

Ja.

?? Das ist wahr? Warum nicht?

Für eine Frau gehört sich das nicht (lacht, als ob er das nicht ganz ernst meint). Sie würde das nie machen, das ist nicht ihr Ding, sie lebt immer in einer Beziehung nur. Und geht dann erst mal da drin auf.

?? Das hat sich aber so angehört, daß du das vom Prinzip – weil es eine Frau ist – nicht gestattest. Das paßt nicht in dein Bild – oder so

Nee, das paßt nicht in mein Bild. Ich hab nichts dagegen, wenn sie mal einen anderen Typ braucht. Das läßt mich kalt.

?? Das hat auch nichts damit zu tun, ob das eine M-Frau oder eine S-Frau ist oder würdest du mit einer S-Frau anders umgehen. Weil du dir sagst, die ist oben, die darf sich alles erlauben oder die darf sich einiges erlauben?

Nein, das hat überhaupt nichts damit zu tun.

?? Glaubst du, daß das mit SM zu tun hat, daß du diese Auffassung hast oder daß das mehr damit zu tun hat, daß du ein traditioneller Mann bist?

(Pause) Es hat schon was mit SM zu tun. Es ist dann wieder die Macht, die ich dann ausspiele. Aber...

?? Ja, das heißt dann, auch wenn du unten bist, gegenüber einer S-Frau würdest du..., die könnte alles mögliche mit dir machen, aber mit einem anderen Mann darf sie nicht, so hab ich das verstanden.

175

Ja, sie dürfte mit ihm spielen, aber keine zweite Beziehung ...

?? Wenn eine deiner M-Frauen gegenüber einem anderen Mann S sein wollte, würde sich da die Situation ändern? Wäre das eine andere Situation als jetzt?

Ja, ich glaub schon, weil ich ihr dann auch das zugestehen könnte, es wäre etwas anders, ich kann das nicht so genau sagen ...

?? ... Wenn sie S wäre, wäre das alles nicht so schlimm?

(bejahende Geste)

?? Gehn wir noch mal in die Phantasie: Wenn du dich einer Frau unterwerfen würdest, was du schon öfters getan hast, und wenn da eine Beziehung zustande käme, wäre das dann schlimm oder nicht schlimm, wenn diese Frau, – die dir gegenüber dominant ist – sich einem anderen Mann unterwirft? ...

Wenn man das vorbereitet abklärt, ich kann das nicht sagen, es komm darauf an, welche Gefühle da mitspielen. Seit ein paar Jahren, mache ich viel mit Gefühlen und da laß ich eher den Kopf draußen, ich kann das nicht sagen, aber es wäre machbar ...

?? Entdeckungen von Themen und Techniken in der Sexualität: Wie entdeckst du denn neue Sachen im SM, an sich, die du vorher vielleicht nicht kanntest?

Also, meine ganzen, viel hab ich durch SMash kennengelernt. Durch den Stammtisch oder durch Gespräche.

?? Hast du da Dinge kennengelernt, von denen du noch nie was gehört hast oder sowas?

Ja

?? Du hast ja gesagt, daß du auch von SMash, auf dem Stammtisch usw. viel mitgekriegt hast, welche Rolle spielen denn die Beobachtungen an-

derer SMerInnen in der Interaktion auf Feten oder so? Spielt das nicht die ganz große Rolle? Ist das viel wichtiger: die Gespräche am Stammtisch als das, was du dort siehst?

Nee, die Gespräche am Stammtisch sind wichtiger ...

... Ich war ja immer von dominanten Frauen also Erzieherinnen, oder Erzieher, aber ein Großteil waren es Frauen, umgeben, ich bin mit acht ins Heim, vorher hab ich ja auch schon – wenn man es so sehen will – dominiert, meine Mutter, ich hab ja gemacht, was ich wollte; und dann, wo ich ins Heim kam, war es dann umgekehrt. Und ich hatte ja vorhin schon mal die Frau Müller angeführt, und das war offensichtlich irgendwie die Verkörperung von Dominanz ...

?? Das war die erste, die dir so aufgefallen ist?

Das war die erste.

?? Und wie alt warst du da?

Zehn ungefähr.

?? Ein weiteres Thema: Ist SM unverzichtbar geworden?

In meinem persönlichen Leben?

?? Ja.

Mir würde was fehlen.

?? Dir würde was fehlen. Und wie soll man sich das vorstellen: Würde Sex sonst flach bleiben?

Ich mag Sex, ich mag auch mal gern Blümchensex, aber von Zeit zu Zeit brauch ich einfach SM.

?? Warum? Wenn du doch das andere auch kannst. Es gibt ja SMer – zum Beispiel ich – ich krieg einfach keinen hoch ohne SM, aber bei dir

scheint das ja anders zu sein, aber was ist dann, warum brauchst du SM, warum ist das so unverzichtbar?

Weil's ein Teil von meinem Leben ist.

?? Das Radfahren ist ja bei dir auch ein Teil von deinem Leben (lacht).

Ja, wenn ich drei Tage nicht gefahren bin, dann kribbelst und dann muß ich unbedingt fahren

?? Ja, nur wegen Gewohnheit?

Nein, weil es meine Bestimmung ist ...

?? In welchen anderen Szenen bewegst du dich?

In gar keinen großen Szenen mehr.

?? Warst du mal in anderen Szenen?

Ja.

?? In welche?

Hippie, Blumenkinder, fühle ich mich immer noch irgendwie, damals Verbrecher und bei den Autonomen war ich auch noch.

?? Und bei den Autonomen warst du auch ein bißchen aktiv. Und was ist mit der Radfahrerszene oder machst du das sehr individuell?

Wir treffen uns gelegentlich, zu Parties und da wird ganz normal über geschäftliche Sachen diskutiert und dann wird mal ein lustiger Abend draus ... Eine Verbindung eventuell mit Sport, da tu ich meine devote Seite ausleben irgendwie ... Ich habe immer Sportarten, wo ich mich immer viel quälen muß, also sag ich jetzt mal so, ich hab Crosslauf gemacht, ich hab Schwimmen, ich hab immer viel Leichtathletik gemacht und Kampfsport ... Ich weiß gar nicht, wo ich die Adresse (der SM-Gruppe) her hab. Ach nee, da hab ich die Aids-Hilfe angerufen und dann haben die mir die Nummer gegeben und dann hab ich da angerufen und bin dann auch gleich zu SMash gekommen ... Es (die Teilnahme an der SM-Gruppe) ist ein bißchen abgeflaut durch die Arbeit, aber ich bin immer noch mit dem Herzen dabei.

?? Und welche Motive hast du für die Teilnahme, warum nimmst du daran teil, denn erst einmal scheint ja bei dir alles zu laufen, du hast zwei Partnerinnen, hast keine...

Das hat nichts damit zu tun. Einfach unter Gleichgesinnten zu sein, die mich verstehen und man kann eben auch über SM-Sachen diskutieren ...

A1.2 Interview-Auszug Verena[2]

Und das soll ich jetzt einfach so erzählen, alles?

?? Schon ja.

Also gut, angefangen hat das als ich so (atmet hörbar ein und aus), also, ganz von vorne (lacht)?

?? Also.

Also, ich mach den Anfang kurz? Als ich vierzehn war fing glaub ich so eine gewisse Art von romantischer Verklärung an, also das, das allererste womit ich in Kontakt kam, überhaupt so im Kopf, das war mit dieser Gruppe Velvet Underground, die hatten für mich ein Lied, daß hieß – Venus in Furs – kennst du – egal, es geht um dieses Buch von Leopold Sacher Masoch und ja, dieses Lied hat mir irgendwie total viel bedeutet, ich wußte aber gar nicht mehr, um was es da geht. Ich fand einfach nur das Lied so wahnsinnig schön. Und da hab ich mich nochmal hingesetzt und das... und da fiel mir eben auf, daß es eben um Sadomasochismus geht, das erste Mal, daß ich so damit konfrontiert war mit dem Ganzen überhaupt. Und jetzt hat man natürlich dieses komische Gefühl, wenn einem dieses Lied so gut gefällt, ist das bestimmt auch was ganz interessantes, also, weil so was, was Erhabenes vielleicht. Dann hab ich eben angefangen mich überhaupt mit Sexualität zu beschäftigen, weil ich auch immer der Meinung war, daß, wenn, wenn Menschen etwas herauskriegen, dann kann man es am Besten über Sexualität, am Besten, also da kann man einen tiefen Einblick in die

---

[2] Anmerkungen zum Interview: Verena war 21 Jahre alt zum Zeitpunkt des Interviews (Sommer 1999) und wohnte seit kurzem in Berlin, vorher in einer Kleinstadt in der Nähe Frankfurts. Sie zählt sich nicht mehr zur Jugend (was sie mit ihrer Vorstellung von Verantwortung in Verbindung bringt). Der Kontakt geht ursprünglich auf die SM-Gruppe »Mainstream«, einer Vorläufergruppe der gegenwärtig (2002) existierenden Frankfurter SM-Gruppe SMash zurück. Sie war damit zum Zeitpunkt des Interviews ein relativ altes Szene-Mitglied. Das Gespräch findet in der Wohnung des Autors statt, es beginnt am schmalen, linsenförmigen Schreibtisch des Autors, nach einigen Minuten verläßt sie den Schreibtischstuhl, setzt sich auf den Boden, Rücken zur Wand. Sie ist am Anfang des Gesprächs »sehr verkrampft«

Psyche bekommen, wenn man sich mit seiner Sexualität beschäftigt. Gerade was so bei mir abgelaufen ist, also abnormale Sexualität..., das reicht ja schon wenn man von irgendetwas abweicht... Als ich sechzehn war, war ich zum ersten Mal auf einer SM-Fete. Das fing noch so an, daß ich eine Anzeige aufgegeben hab, in so einem Musikmagazin – da waren noch ganz viele Kontaktanzeigen, was weiß ich, so »einsamer Melancholiker sucht Melancholikerin« oder so irgendwie – und da hab ich eben auch annonciert und viele Leute kennengelernt, unter anderem auch einen Mann, den ich damals auch schon genau zu der Sorte zähle, die meines Erachtens, eben SM nur als Spektakel betreiben können, total oberflächlich, aber den hab ich dann, das war wirklich auch (überlegt) also ich hab, ich war so lange nett zu ihm, bis er mich mitgenommen hat. Danach war er mir auch scheißegal, der war mir eh scheißegal, weil ich dachte, daß ich doch relativ dumm bin, daß ich mit so einem Idiot zusammen bin. Tja, dann bin ich mit dem halt zum ersten Mal nach Mannheim gefahren, das war im Jails, das kennst du bestimmt auch. Da war ich, also da war ich sechzehn, dann. Ich werde nie vergessen wie ich halt so zum ersten Mal sowas getrieben habe, weil das war schon für mich, da tat sich ein Tor für mich auf, eine neue Welt, weißt du, also so halt was Besonderes, weißt du. Obwohl ich auch – glaube ich – war eher noch relativ nüchtern, wie ich das betrachtet habe, also relativ (lacht) wenigstens für mein Alter – im Gegensatz zu meinen Erfahrungen. Also mit nüchtern meine ich vielleicht auch halt, daß ich mich nicht so auf alles eingelassen habe, sondern immer wußte, was ich will. Ich war ja auch noch Jungfrau, weißt du... (Verena spielt beim Sprechen mit irgendeinem Gegenstand herum, der auf dem Tisch klackt) Ich hatte überhaupt keine sexuellen Kontakte eigentlich. Ich habe glaub ich, ich hab höchstens mal einen Jungen geküßt als ich fünfzehn war, also es war nie etwas, ich hatte auch keinen Freund, ich hatte eh keine Freunde, also es war eher so ein, also diese SM-Szene war ja für mich auch der erste, wie soll ich sagen, der ersten Freundeskreis, den ich hatte, weil, weil ich hatte in den Dorf, in dem ich aufgewachsen bin, also so mit zwölf, so mit zwölf Jahren habe ich mich ziemlich abgegrenzt ... ich habe immer nur in meinem Zimmer gesessen, dementsprechend sahen eben auch meine Vorstellungen von Beziehungen zu Menschen aus, die waren einfach nicht, die waren nur so irgendwie theoretisch durchdacht, aber die hatten keine Grundlage in einer Erfahrung. Also mich hat auch mein Sozialverhalten total überrascht, also jetzt nicht mehr so sehr, aber damals schon, wie ich Menschen betrachtet hab, wie ich mit Menschen umgegangen bin, also, ich hab Menschen auch immer so als Experimentierversuche gesehen manchmal. Das, das meinte ich eben auch mit Veränderung, mit meinem Verantwortungsbewußtsein, oder so, ziemlich unverantwortlich war es, ich wollt halt Erfahrungen machen, ich wollt nur einfach was mit Menschen machen, oder wissen, wie das mit Menschen funktioniert …

?? Warst du eigentlich Einzelgängerin? Also, hast du diese Einsamkeit nicht auflösen können?

Schwierig also, ich hab also… – ist es nicht… – wenn ich damit noch anfange (lacht). Also mit meiner Schwester konnte ich nicht wirklich darüber reden, meine Schwester hat auch alles, glaub ich, ziemlich ignoriert, weil meine Schwester ist relativ früh schon ausgezogen, also da war ich fünfzehn, da war sie nicht mehr da, als das angefangen hat, also vor allem war ich ab da schon Einzelkind (räuspert sich). In der SM-Szene hab ich erst Mal auch paar Leute kennengelernt unter anderem eben den Besitzer von diesem Jails und durch den habe ich dann eben auch Leute kennengelernt, mit denen ich immer dahin fahren konnte, mit einer hab ich mich ziemlich gut verstanden, also was heißt hier ziemlich gut, also nicht wirklich so vertraut oder so, aber ich konnte ganz gut mit ihr reden und es war, war einigermaßen klar, irgendwie…

?? …das war eine Domina oder eine Professionelle und die hast du im Jails oder jedenfalls durch das Jails kennengelernt?

Im Jails, ja. Und ich war dann noch mit zwei Leuten zusammen, einmal mit P., das war auch eine Domina, kam aus Russland, war auch, fand ich auch immer ganz toll, das war auch so eine Frau, die mich so angestachelt hat, das war so eine Frau, in die man so rein projizieren kann. Aber ich hab mich nicht getraut. Also ich trau mich eh viel, viel weniger an Frauen ran als an Männer. Weil ich also weiß, daß man Männer leichter manipulieren kann als Frauen, also ich jedenfalls. Ja, also meine Beziehung zu Frauen sind eh auch eine ganz andere Geschichte (lacht) …Sehnsucht… das ist was für mich etwas, also das heißt, das war für mich interessant … Ich, also ich merk einfach grundsätzlich, daß ich Frauen viel mehr begehre als Männer, also so – wenn ich Frauen kennenlerne, daß ich immer ihre, also ich denk immer daran, also wenn ich eine Frau kennenlerne, mir mit ihr was vorstellen kann. Wobei ich das, also es gibt etwas, das mir wirklich irgendwie Probleme macht, weil ich mir nicht vorstellen kann – aber das ist das einzigste – eine Frau zu lecken, weil ich den Geschmack nicht mag. Das ärgert mich total und ich hab es auch noch nie gemacht, weißt de.

?? Woher weißt du's dann, daß du den Geschmack...

Ich kenn doch meinen eigenen Geschmack. Also einfach so, das ist glaub ich nichts, was mich, was mich so erregen könnte eine Frau zu lecken, weißt du, ich hab mich an Frauen noch nie so ran getraut, naja...

?? Du warst auch noch nie mit einer Frau im Bett?

Doch das schon. Aber es ging halt nur, dann naja nur anfassen, streicheln oder so. Ich hab noch nie eine Frau gefickt (...?)

?? Auch nicht gefistet oder so?

Nee. Also ja, lustvoll die Finger rein schon. Weil ich hab, naja also wie gesagt, ich hab da schon eine komische Hemmschwelle? Vielleicht liegt es auch wirklich daran, weil ich immer das Gefühl hab, bei einer Frau kann ich das nicht einfach so machen, weil eine, eine Frau muß ich dann wirklich lieben, die will ich dann lieben, eine ganz komische Vorstellung, also die ist auch nicht so konkret, weißt du, also mit einer Frau kann ich nicht einfach so Erfahrungen machen, eine Frau muß ich näher kennen und da ich ja eh kaum Freunde hab, kenn ich eben auch sehr wenig Frauen, weißt du so.

?? Und wie bist du zu SM gekommen, wie hast du dein SM gelebt bisher, ist da schon was passiert?

Weiß ich gar nicht mehr so genau. Ich hab einen Fußfetischisten kennengelernt, der hat mich gefragt, ob er was mit meinem Fuß machen kann. Und da hab ich eben auch gesagt ja, aber das fand ich so soft für den Einstieg, das es eben so harmlos erschien. Das war es auch, es ging dann nämlich nur um – was weiß ich – ja, küssen und so was. Das fand ich irgendwie auch sehr schön, das war auch ein Mann, der mir sympathisch war, der hatte, das war nicht so ein ... das war nicht so ein – um es ganz platt zu sagen – so ein alter geiler Bock (lacht), also weißt du, das war nicht jemand, wo ich das Gefühl hatte, der fand jetzt meine Jugend so aufregend und ich fand das sehr schön, das war wirklich so jemand, bei dem ich das Gefühl hatte, daß er eben nicht das Spektakel sucht. Also das ist für mich wirklich so die Trennung von SMlern, Leute die – also die für mich weißt du – Sex als Abenteuer suchen, die es erst mal nur als Abenteuer begreifen und den Leuten, die nicht unbedingt eine Inszenierung dafür brauchen. Wobei ich Inszenierung nicht von vornherein schlecht finde, nur, ich find es einfach um einiges schöner, wenn es aus sich heraus passiert , so eine Situation, und das eben nicht alles so institutionalisiert wird also, also wie gesagt, daß ich Inszenierungen nicht immer schlecht finde, überhaupt nicht, aber, daß es da keine Variationen gibt, weißt du, daß es nicht einfach mal so passieren kann, ohne daß man sich gegenseitig die Lederstiefel anschnallt? Also Fetische spielen für mich einfach überhaupt keine Rolle. Wenn es Fetischisten sind, ist das natürlich was anderes, nur ich glaub halt, daß die meisten SMler gar keine Fetischisten unbedingt sind, aber trotzdem beharren alle so auf Lack und Leder und das verstehe ich zum Beispiel nicht ganz, bin manchmal schon so erstaunt als wären es so eine, eben so eine Das-muß-man-jetzt-machen-Regel, sonst macht man es nicht richtig, weil das eben so komisch vorgegeben ist. Das ist wieder so unglaublich unfrei.

?? Du würdest also sagen, vor SM gibt es keine Erwachsenen-Sexualität bei dir, SM ist deine erste Sexualität?

(Räuspert sich) eigentlich ja, also außer Selbstbefriedigung.

?? ... als du dich selbst befriedigt hast, waren das schon SM-Phantasien?

Also, die erste Phantasie an die ich mich erinnern kann, das war ja wirklich so, da mußte ich so, so sechs gewesen sein, glaub ich, wenn ich das richtig in Erinnerung habe, da habe ich mir immer vorgestellt, daß ich als ein Vampir zurückkomme und – das hab ich die ganze Zeit gedacht – aber andere Phantasien weiß ich jetzt gerade nicht, also, daß

kann ich jetzt nicht sagen.
?? Und wie war es denn später mit dreizehn, vierzehn, fünfzehn, wo bewegt sich da deine Phantasie?

(Räuspert sich) also, ich schätze schon, daß die sehr, sehr kindlich war, ja, also auch – wie gesagt – als ich mich natürlich auch dafür interessiert habe, ich kann es nicht sagen, ich weiß es nicht genau.

?? Wenn du heute deine jetzige Sexualität bezeichnen solltest, wo SM vorkommt, wo (...?)

(Lacht, atmet hörbar aus) also ich lege, ich lege sehr großen Wert auf Empfindungen. Oh, ich weiß nicht was ich dazu sagen soll, also ich habe natürlich, kaum Interesse an Master-Spielen oder so was, wobei ich fühle mich doch da grad doch sehr im Stadium, weil ich nicht genau weiß, zu was ich fähig bin und zu was nicht, also grade so was wie – nicht so schlimm (lacht). Also ich meine damit, zu was ich fähig bin oder so was, meine ich nicht im Sinne von, wie hart ich zuschlage (lacht) oder ob ich jemanden umbringen kann oder irgend so etwas, daß mein ich jetzt gar nicht, sondern – ganz andere Richtung – sondern, ich mein wie weit Sexualität mit einem Menschen gehen kann, den ich nicht kenne, oder wie gut ich den kennen muß, um überhaupt Interesse daran zu haben, mit diesem Menschen Sexualität zu haben, für mich ist das eben sehr unklar, weil ich, also ich hab zur Zeit eine feste Beziehung und das ist für mich eine Beziehung, wo ich glaube sagen zu können, daß sie sehr, sehr... also wirklich total tief ist und auch wirklich sehr auf tiefgründigem Verständnis basiert, ich meine, es ist so schön, daß man sich so gut kennt. Heute bin ich vielleicht auch nicht mehr so ganz sicher, weil das kann auch ganz anders kommen, also zum Beispiel knutschen tu ich wahnsinnig gern mit Leuten, also auch mit allen, also nicht mit allen, sondern ich mein mit allen Geschlechtern. Das ist etwas was ich sehr gern mache oder auch dann eben anfassen, aber das ist für mich was anderes, wie penetriert zu werden oder eben zu penetrieren. Da seh ich auch nicht so Unterschiede ob da jetzt Männer penetrieren, weil ich das eben auch mit Männern mache.

?? Wie machst du das? Wie penetrierst du?

Also erst mal nur mit einem Finger, also ich hab halt solche Sachen nicht – was weiß ich – Dildos oder so was, aber ... Und ich bin mir halt auch nicht ganz sicher, daß ich einfach solche Männer nicht an mich ranlassen will, mit solchen Männern mein ich eben ... Also wenn man eben sehr jung ist, wenn man in die Szene ankommt, dann ist vielleicht schon irgendwie klar, daß da sich sehr viele Männer auf einen stürzen und so und ich weiß, daß ich halt also da ziemlich nüchtern war und mir nichts vorgemacht habe, ja und eben auch dann, dann nichts gemacht hab, was ich nicht wirklich wollte. Darüber bin ich auch wirklich sehr froh, also ich bin sehr froh, daß ich schon so ein Selbstbewußtsein hatte, als ich in die Szene reingekommen bin, daß ich da nicht eben Sachen gemacht hab, die ich hinterher bereut hab, insoweit, daß ich mich danach schlecht gefühlt hab oder ausgenutzt oder sowas. Das kam für mich nie vor, weil ich halt alles was ich tat, tat um eben Erfahrungen zu machen und unter dem Aspekt war dann auch alles, was ich tat in Ordnung. Aber trotzdem, hab ich halt so ein gewisses Bild von Männern, die einen, ja so, also die eigene Persönlichkeit so durchsexualisieren, in einer Art, die, die ich eben ganz widerwärtig finde.

?? *Was findest du daran widerwärtig?*

Ja, eben sowas wie, also zum Beispiel wird man halt auf irgendeine Nutte reduziert und das finden halt so Männer dann wahnsinnig anregend oder aufregend, da sind ja genug, die haben so eine Phantasie von irgend so einer Jungfer halt ... Also, und das ist so ein Beispiel, also junges Mädchen, neugierig, abenteuerlustig also so was halt.

?? *Ja. Ja. Ich wollt noch mal auf meine Frage zurückkommen. Wenn du jetzt SM, dein SM bezeichnen würdest, ohne jetzt direkt, ohne jetzt szenische Ausdrücke zu gebrauchen, ja, wie würdest du es beschreiben. Was ist, was ist dein Kern deiner Sexualität?*

(Überlegt, stöhnt) schwierig.

?? *Ja, in der SM-Bewegung gibt es diese Unterscheidung zwischen SM-Themen und Techniken, ist dir die klar? Techniken wäre halt so was wie Flag, wie Schlagen, oder Bondage oder sowas oder auch dieses Schnitzen und Themen wären zum Beispiel so was wie z.B. Hingabe oder Ähnliches oder ich könnte zum Beispiel, ich würde zum Beispiele meine Themen bezeichnen als Rituale der Unterwerfung, Hingabe, Schande und Prügel...*

Schande (lacht)?

?? Ja. Jetzt gibts natürlich Übergänge: Das Wort Prügel hätte ja sowas, ich bezeichne das hier mal als Thema weil es ja eine Konotation hat, die über das Schlagen hinausgeht, also etwas von diesem Über-einen-hineinbrechen undsoweiter hat. Insofern kann man diese beiden Begriffe nicht völlig, nicht völlig rein trennen, aber sie geben zwei Vektoren an. Und die Frage ist, welche Themen und welche Techniken spielen bei dir eine Rolle und wie bewegen die sich. Bewegen die sich zum Beispiel – das könnte ja so sein – daß die Techniken viel schneller wechseln als die Themen, oder umgekehrt, aber... Wenn ich dich jetzt frage, was ist dein Thema, was würdest du sagen?

(Überlegt) das ist echt interessant, weil mir fallen gerade, also mir fällt grade was auf, und dazu möcht ich vorher noch kurz etwas erklären, bevor ich das dann beantworte, OK, und zwar fällt mir sehr auf, wie sehr ich das im letzten Jahr zu einem Haßthema gemacht habe, daß sich bei mir so so ein Haßthema entwickelt hat, nämlich genau das, also diese Angst vor dem Spektakel, ich hab wirklich, weil ich so eine, weil es mir so zuwider war, zu sehen, wie sehr Menschen eben ja etwas Besonderes sein wollen oder eben versuchen ihre Normalität zu durchbrechen in dem sie halt für sich halt so spektakuläre Sachen machen, also Spektakel oder so abenteuerlich oder so was weiß ich. Das hat mich selbst glaub ich ziemlich gehemmt, weil ich immer Angst gehabt habe auch genauso zu wirken, also auch eben, ja eben Sex als Abenteuer zu benutzen, eben auch so, so oberflächlich; Abenteuer ist ja erst mal nichts schlechtes, aber ich nehme dieses Wort um das klarzumachen, daß es mir sehr... ja vielleicht sogar peinlich war, darüber so klar nachzudenken oder gerade einem Freund gegenüber zu formulieren, weil ich hab so gemerkt, daß ich da eine ziemliche Scham hab, wo ich eigentlich immer gedacht habe, ich bin sehr schamlos, aber wenn es um so was geht, das ich eingeordnet werden kann in solche Klischees, das ist halt so, daß ich glaube, daß ich mich da auch selbst beschränkt hab, verstehst du?

?? Ja. Ich glaube ja.

Jetzt fällt mir eben gerade keine andere Antwort ein. Also ich hab gewisse Vorstellungen, die ich alle auch mehr oder weniger also in den letzten Jahren jedenfalls realisiert habe, die haben sehr viel mit... also jetzt wo du sagst Schande, das ist total, das ist ein Wort, das wär mir so gar nicht eingefallen, aber das ist, würd ich sagen ganz klar, das gehört dazu oder also so was, ja Prügel eben zum Beispiel, nicht einfach nur geschlagen werden, sondern wirklich, mißbraucht werden, also im Sinne auch von, also ich mag das, wenn man mit meinem Körper, also ich mag das in beiden Richtungen – passiv und aktiv – mit Körpern so umzugehen, daß man sie wirklich durch die Gegend schmeißt, also dieses (lacht) emotional eben auch ja also physisch wie psychisch, also die wirklich zu packen und... und daß man den ja rumreißt. Also, was mich am wenigsten interessiert ist einfach nur jemanden an die Wand zu stellen und zu peitschen oder so was, das find ich, da seh ich einfach den Sinn nicht dahinter, weil ich brauch da auch immer einen Grund, also nicht 'n Grund wie jetzt wie Bestrafung, sondern es muß schon, also ich will auch jemanden, der sich wehrt oder ich will mich auch wehren dürfen, weil es kommt mir sonst so, so komisch vor, wenn man sich nicht wehrt. Also, eine Phantasie die ich hatte mal, ist wirklich entführt zu werden, oder halt jemanden zu entführen, jemanden der sich wehrt und auch mit einem hohen Respekt, aber trotzdem ist halt klar, daß man mit ihm machen kann, was man will, also, sei's nur, daß man jemanden zwingt zu ... oder eben einfach naja sexuell mißbraucht oder irgendwelche komischen Experimente mit demjenigen macht und eben auch ja, Dinge verlangt, die eben beschämen. Also die eben ... (überlegt) also wo einfach, wo einfach klar ist, daß man ... daß man sich zwar wehren kann körperlich oder auch eben, daß man wirklich widerspricht und alles, nur dafür eben auch die Konsequenz tragen muß und eben der andere hat eben doch mehr Macht, das ist halt das einzige, was, was klar ist, also zum Beispiel auch in einer Inszenierung zu streiten, find ich total super (lacht)...

?? Du fandest ja dieses Wort von der Schande so nachdenkenswert hast aber selber dauernd Scham gebracht, ist das das gleiche für dich? Oder siehst du da Unterschiede.

Ja also Schande ist für mich dann schon vielleicht noch ein Begriff, den, den ich so gar nicht mehr verwenden kann, weil Schande, also ich weiß gar nicht, ich hab immer das so empfunden, was eben von außerhalb kommt, das man Schande über sich hat, – in den Augen anderer – und das ist, also dafür bin ich viel zu egozentrisch, um Schande zulassen zu können (lacht) also überhaupt, daß ich halt… also ich hatte, ich kann jetzt nicht unbedingt sagen, ob das stimmt oder nicht, aber ich glaub eigentlich sagen zu können, daß ich so drüber stehen kann, was andere Leute über mich denken, deswegen kann das auch in so einem S/M-Spiel nicht dazu kommen, daß ich Schande empfinden würde und andere Leute so vorzuführen, das würd mich nie, das würd mich gar nicht so sehr reizen, weil ich das im Grund so wirkungslos finde, Schande, weil, es ist sehr leicht die Schande über jemanden zu bringen, daß liegt aber einfach daran, daß die Leute so blöd sind (lacht) die so schrecklich empfinden.

?? Würde das denn auch zutreffen, wenn du mit jemanden allein agierst?

Also wenn ich allein bin, kann es so etwas wie Schande nicht geben.

?? Naja mit deinem Partner mein ich, wenn ihr zu zweit spielt.

Also, daß er dann die Schande nur mir gegenüber empfindet, meinst du?

?? Vielleicht der Aspekt des Ich-führ-den-jetzt-vor…

Ja, eben, deswegen ist es ja weg, deswegen kanns so was wie Schande dann eigentlich nicht mehr geben, also Scham ja. Vielleicht sehe ich das Wort Schande auch zu groß, ich weiß es nicht, also da würde ich doch lieber das Wort Scham benutzen, also Scham zu überwinden, daß find ich wahnsinnig interessant …

?? Ja…

…Ja, also Leute zu was zu bringen, was sie eigentlich nicht tun würden, find ich ziemlich super (lacht) ja.

?? Das würdest du auch passiv so empfinden...

Also ich glaube sagen zu können, daß alles, also alle Themen, die mich interessieren, die interessieren mich auf beiden Seiten. Was Techniken betrifft nicht, weil wenn ich dann eben Techniken mag, die ich an mir selbst nie, also sag ich jetzt, aber doch schon nie machen lassen würde, (dazu gehört?) halt Schneiden und solche Sachen...

?? Das würdest du an dir selbst nicht machen?

Ich hab panische Angst davor.

?? Aber vor Nadeln, also vor Blut hast du doch keine Angst?

Doch. Also was heißt hier Angst. Mir wird ... mir wird leicht übel. Das ist (lacht) sehr komisch. Ich bin vor kurzem erst wieder mitten in der S-Bahn ohnmächtig geworden, nur weil ich eben an so was denken mußte, wie Blut und Aorta und (lacht) also wirklich, ja vielleicht bin ich, also jedenfalls was das betrifft, fast zart besaitet, also wenn ich anderen Leuten Blut abnehme, ist es auch wirklich, da muß ich mich mich ganz toll konzentrieren, damit ich, damit ich ich nicht, naja nicht zusammenklappe, das wär zuviel gesagt, aber damit mir nicht total schlecht wird.

?? Und wie ist das beim eigenen Blut?

Ich hab da so Schiß vor. Also ich hab schon seit, seit langer Zeit hab ich nicht mehr zum Arzt gehen müssen.

?? Ich hab dich auf der Hannover-Fete gesehen.

Mein Blut?

?? Ja, dein Blut.

Nein, nein. Ach, Hannover, das war H's Blut. H. hat geblutet.

?? Ja und das hat er an deinen Körper geschmiert?

Genau.

?? Es war nicht dein Blut?

Nein, es war nicht mein Blut. Um Gottes Willen (lacht) nee, nee.

?? Du bist da so stolz damit rumgelaufen (lacht).

Weil ich es einfach (...?), ich find es einfach sehr schön.

?? Was für eine Bedeutung hat denn Blut für dich? Es fasziniert dich doch auch?

Ja aber es ist, es ist nicht so irgendwie mystisch oder so was, das gar nicht, es ist einfach nur, also vielleicht gerade weil Blut so viel mit Ekel zu tun hat und Ekel find ich auch ein total interessantes Gefühl und gerade auch mit dem Ekel anderer Leute zu spielen, also das ist das Allerliebste, wo ich halt wirklich wahnsinnige Gefühle habe, wenn ich das mit jemanden mache, wenn ich wirklich dann jemandem Blut abnehme, dann die Spritze von der Kanüle nehme und die Kanüle einem in den Mund stecken und dann halt schlucken lasse. Das find ich einfach Wahnsinn, einfach weil ich auch seh, wie sehr das die Leute ekelt, merk ich, daß die total fertig sind.

?? Du läßt die Leute ihr eigenes Blut schlucken?

(Bejahende Geste)

?? Ja. Und da hast du dann keine Probleme?

Hm, was heißt Probleme, also dieses Ekelgefühl ist schon irgendwie da, aber gleichzeitig auch so ein wahnsinniges Gefühl von eben, von also Überwältigung eines anderen Menschen wie aber auch, daß es mich selbst irgendwie überwältigt, weil ich mit dem Ekel ja auch klarkommen muß.

?? Aber passiv hast du das noch nicht gemacht?

Nein.

?? Passiv hast du dich auch noch nie schneiden lassen? Ist das etwas, was noch kommt?

Nee, ich glaube nicht.

?? Also diese Spiele, also jedenfalls Blut zum Fließen zu bringen, abzunehmen und so weiter das ist eine aktive Geschichte. Was wäre jetzt eine typisch passive Geschichte von dir?

Das wäre wie gesagt, also in der Praxis kann ich das auch nicht so genau sagen, also wie der, wie diese Entscheidung, Unterscheidung von eben einem Thema zu einer Praktik, aber das Thema ist wie gesagt das gleiche was ich ... was ich aktiv wie passiv mache, eben so was wie, (räuspert sich) ja so durchaus auch Spiele mit Ekel und (lacht), eben genau diese Sachen, Scham, Überwältigung, also vor allem Überwältigung. Und wie gesagt diese Phantasie, daß ich entführt werde, und eben einfach so gefangen bin, in einer – wo ich einfach, wo ich weiß, ich komm da nicht raus, und ich muß mich eben einfach damit arrangieren, und ich kann wie gesagt auch genauso widersprechen und versuchen mich zu wehren, aber es ist halt klar, daß der andere der Stärkere ist.

?? Und was sind deine Techniken passiv? Was ist das, was du da machst?

(Atmet hörbar ein, räuspert sich, überlegt)

?? Du sagtest ja, du läßt dich nicht schneiden.

Ja. Also passiv bin ich da auch noch nie sehr weit gekommen, muß ich gestehen, weil, also ich hab da immer noch sehr viel, was noch sehr unklar ist.

?? Du hast viel mehr Erfahrung auf der aktiven Seite?

(Zustimmende Geste) also vor allem liegt es daran, daß ich wirklich das nur mit jemanden machen will, der, also mit dem ich eine sehr innige Beziehung hab, sonst hat es für mich einfach keinen Sinn, also Sinn jetzt im Sinne von: Ich mags halt einfach nicht, und das hat, das hat auch mit meinem Freund, der hat eigentlich damit überhaupt nichts am Hut, also, daß kann man auch so nicht sagen: Er hat mit der Szene nichts am Hut, also ich bin die Erste, die ihm das überhaupt irgendwie so nahe gebracht hat...

?? Aber er hat was mit S/M am Hut? Oder nicht?

(Atmet hörbar aus) also, ich finde das schon irgendwie (lacht), nur das ist halt alles sehr unausgegoren.

?? Er würde sich überhaupt nicht als SMler sehen, oder?

Glaub ich nicht, also ich glaube, ihm wär das etwas zuwider es in Kategorien packen zu wollen. Also das ist eben auch noch etwas unklar zwischen uns. Das war auch lange kein Thema mehr, also die letzten zwei Jahre hab ich auch sehr, sehr wenig gemacht in der Richtung überhaupt, was ich immer etwas – also so in regelmäßigen Abständen immer wieder – vermißt hab, aber auch nicht so, daß ich da jetzt irgendwas hätte verändern müssen, und ich hab mit ihm auch darüber gesprochen, aber da war wie gesagt genau das Problem dieser, dieser Scham da. Furcht vor Inszenierungen und so. Also das liegt natürlich auch ein bißchen, weil ich nicht wußte, wie ich darüber reden soll, weil ich ja einfach die Worte nicht gefunden habe, wie man über das Thema reden kann, ohne daß es eben so nach Inszenierung klingt.

?? Hast du das Gefühl, daß deine Themen sich anders bewegen, als deine Techniken? Daß sie sich zum Beispiel weniger oder gar nicht verändern, währenddessen sich die Techniken verändern.

Ja, natürlich.

?? Und ich muß jetzt trotzdem noch einmal fragen, was machst du denn eigentlich passiv, wenn du was machst? Oder? (Pause) Weil, du hast dich ja aktiv deutlich gemacht, das ist ja völlig klar, was du da sagst, aber passiv sagst du immer, das mach ich passiv aber nicht. Aber was machst du denn nun passiv (lacht)?

(Atmet hörbar aus) also, wie gesagt, was das Thema betrifft, ist es das gleiche wie aktiv nur dann mit anderen Praktiken, daß heißt dann eben so was wie dann irgendwo geschlagen werden, oder eben an der Haaren ziehen oder gefesselt werden oder, naja einfach, daß man – was weiß ich – mit Drohungen umgehen, oder also daß man bedroht wird, wenn man etwas nicht tut, also Aufgaben gestellt bekommt, man weigert sich aber, weil ich das, ja das ist für mich eben auch total wichtig, daß ich, daß ich mich weigere, das mit dem zu tun und eben doch dazu gebracht werde, wie zum Beispiel, was weiß ich durch Schläge eben oder durch – was weiß ich – durch Androhungen.

?? Ich komm jetzt zu Fragen bezüglich deiner Partner beziehungsweise eventuell Partnerinnen, die Frage wäre, was haben denn dein Partner oder die anderen Partner, Partnerinnen die du bisher hattest für Themen gehabt?

Also größtenteils weiß ich das nicht, größtenteils waren das einfach nur Masochisten., also was heißt nur, anders ausgedrückt also Masochisten, die einfach Schmerzen haben wollen, also so Themen, ich hab, ich hab nie Sachen wirklich so gespielt und so was, also ich – wenn ich spiele, also irgend etwas spiele – dann würde ich das wirklich eben nur mit jemanden machen, den ich gut kenne, einfach weil das für mich und so… weil sonst muß man sich dazu wirklich mal eben so kurz absprechen und dann ist man Laiendarsteller, also man muß sich kennen, damit sich was entwickeln kann und deswegen hab ich das Angebot immer vermieden, wenn irgendwelche so komischen Inszenierungen gemacht werden, die Leute fand ich einfach immer nur albern, also mit fremden Leuten, mit den Leuten die ich ab und zu mal kennenlerne und dann denkt man, man kann ja mal was machen, da hab ich meistens einfach nur die halt, ja was weiß ich genommen und meistens auf die Art und Weise wie es mir gerade paßte …

?? Deine Erfahrungen beziehen sich also auch sozusagen auf die jeweils eine Partnerschaft zur gleichen Zeit oder? Du hast die eine beendet und die andere angefangen so ungefähr, du hattest noch nicht parallele Partnerschaften oder Partnerschaften gleichzeitig?

Ja, doch schon. Doch schon, also das ist, also wenn ich jemanden liebe, dann ist das überhaupt nicht, daß ich jemand anderen nicht begehren kann, und so, also da wir beide ziemlich offen sind, also das ist einfach klar, das man das trennen kann, daß es auch getrennt werden sollte und ich hab mich selbst beschränkt, also ich hab dann natürlich schon, schon Erfahrungen mit anderen, während ich so was wie eine engere Beziehung hatte, also ich hab zum Beispiel eine sehr intime Beziehung gehabt zu der einzigsten Frau so, wenn ich die sehe ist (es) immer sehr, sehr intim auch, also das kann ich halt schon ziemlich gut trennen. Das war glaub ich für mich immer klar, daß ich mich von einer Beziehung, die vielleicht meine Hauptbeziehung ist, nicht abhalten lasse, andere Erfahrungen einfach zu machen, sondern eher die Frage, ob ich einen Menschen so nah an mich ran lasse, daß ich mit ihm sexuelle Erfahrungen machen will …

?? Ja, bist du zu der Frau anders als zum Mann. Ist das auch einfacher, zum Beispiel mit einem Mann zusammenzuleben und eine Affäre mit einer Frau zu haben, als wen es jetzt auch ein Mann wäre?

(Überlegt) ja, das hat eben glaub ich hauptsächlich mehr damit was zu tun, daß ich, also in dem Sinn die Erfahrungen noch nicht gemacht habe, also ich hab nur mit Männern, die ich mag, einfach mit denen ich wirklich gut klar komme, währendem ich Frauen, also ich schmachte viel eher Frauen hinterher, also als Männern, und bei Frauen hab ich auch viel mehr auch so Sehnsuchtsgefühle und so … auch eher liegt das glaub ich schon daran an so einem, so einem Ekelgefühl im Kopf, weil ich eben schon vielleicht auch zu viele Männer vor mir hatte, die dann vor mir standen und gewichst haben, also einfach so, und ich mag einfach auf keinen Fall sexuell instrumentalisiert werden von anderen, einfach weil ich es so oft erlebt habe, es war jedes mal so, weißt du, …

?? Hängt das mit dem Wichsen von dem Mann zusammen?

Das ist, das ist nur ein Beispiel, ja doch, also daß ich einfach zum Sexobjekt gemacht werde, ob ich will oder nicht …

?? Das hast du bei einer Frau überhaupt nicht?

Oh, das es das geben könnte auf jeden Fall, aber da macht es mir glaube ich einfach weniger aus, wenn es so wäre…

?? Warum? Fühlst du dich selbstbewußter gegenüber einer Frau als gegenüber einem Mann?

Nee, komischer Weise nicht, im Grunde genommen fühle ich mich Männern gegenüber viel selbstbewußter als Frauen gegenüber. Ja, natürlich, aber das ist ein sehr schwieriges Thema.

?? Ja, was würdest du denn eigentlich sagen? Würdest du sagen, du bist bisexuell oder würdest du sagen, du bist halt lesbisch, oder würdest du sagen du bist SMerin und das Geschlecht spielt nicht so eine große Rolle?

Ich würd einfach sagen ich bin das, was ich grad mag, also (lacht), also ich mag diese Kategorien einfach nicht so.... Nee, ja, natürlich würd ich sagen ich bin bisexuell. Natürlich würde ich auch sagen, ich bin, wenn ich grad Bock dazu hab SMlerin. Ja, aber, also SM ist zum Beispiel auch nicht total geschlechtsabhängig für mich.

?? Das findest du total geschlechtsunabhängig?

Ziemlich, ja, naja, also. Vergiß es, das ist nicht wahr (lacht).

?? Würdest du denn glauben, du könntest zum Beispiel passiv mit einer Frau weiter gehen, unbedenklicher...?

Nee, weil also wie gesagt, wenn ich ein gutes Verhältnis zu dem Mann habe, ist das auch kein Problem mehr, also wenn ich Respekt vor einem Mann habe, dann ist das gleich.

?? Ja. Und würdest du einer Frau da schneller näher kommen, würdest du der einen größeren Kredit geben, sozusagen?

Das ja.

?? Das ja. Und kommt das daher, weil du, Frauen besser zu durchschauen glaubst als Männer, weil du auch eine Frau bist?

Nee, nee, das, das nicht, aber bei einer Frau fühl ich mich dann einfach freier, also freier auch von diesem, von dieser Angst ausgenutzt zu werden.

Also weil, auch wenn eine Frau ein reines sexuelles Interesse an mir hätte, fänd ich das einfach auch mal sehr, sehr erfrischend im Grunde, während ich das einem Mann irgendwie zu Ungute halten würde. Ich weiß wie bescheuert das ist, aber es fühlt sich einfach so an, weißt du, das ich einer Frau dann auch eher gewähren würde, daß sie mich auch nur mal als sexuelles Objekt haben will, das fänd ich vielleicht sogar mal ganz spannend, während ich mich beim Mann einfach unwohl fühlen würde.

?? Und weil du diese übliche Frauen-Männer Scheiße verachtest, hängt das damit zusammen, oder weil...

Natürlich.

?? Also weil du jetzt, man könnte ja auch auf dem Standpunkt stehen, dir könnte auch eine Frau begegnen, die dich auszunutzen versteht.

Ja klar, aber da ist das irgendwie noch spannend, das ist...

?? Weil es was anderes ist?

Genau das, also weil eine, also das ist ja seit ich klein bin schon immer das Thema gewesen, wie kann ich dem entgehen, in einem Frauenklischee reingepreßt zu werden von Männern und das da hängt alles dran.

?? Ja. Gut. ich komm jetzt zu einer Frage die mit SM und Autoerotismus zusammenhängt. Gibt es echten Autoerotismus im SM? Oder betrifft SM eine besondere Suche nach der Anderen, dem Anderen?

Also bei mir? also das liegt bei Leuten, kann bei Leuten so sein, die eben auf Schmerzen abfahren, aber, das tu ich halt nicht, deswegen, also es ist, es muß dann immer mit irgendeiner anderen Person zusammenhängen, die dann was macht.

?? Wie entdeckst du neue Themen für deine Sexualität? Und zwar, neue Themen an sich, die du vorher noch gar nicht kanntest. Neue Themen für dich, die du zwar bei anderen kanntest, aber jetzt neu für dich ent-

wickelst und vielleicht auch Wiederentdeckungen von Themen, die du früher mal verwendet hast?

Früher hab ich sehr lange gebraucht, um überhaupt zu wissen, was ich für mich will und mich umgeschaut und (...?)

?? Das heißt gesehen? Auf Feten, oder...?

Ja, auf Feten.

?? Also aus diesen SM-Events nimmst du gar nicht soviel für deine...

Ich hab selten was gesehen, was mich beeindruckt hat.

?? Und wo nimmst du jetzt deine Ideen, Phantasien...

Naja, die kommen die kommen von mir heraus. Also, ich merk, also grad weil, weil ich mir vorgestellt habe – irgendwas – also irgendein ein Gedanke und dann war Magie da und wurde dann eben ausgefeilt.

?? Und wie funktioniert das mit deiner Phantasie und der Überführung in die Realität? Sind da zum Beispiel Sexualisierung nicht sexueller Zusammenhänge.

Ja, also zum Beispiel eben dieses: Dieser Gedanke, wenn jemand hinten auf dem Motorrad sitzt, daß es ein SM-Verhältnis sein könnte, daß man es herauslesen kann, oder daß man das eben in ein Spiel einbauen kann oder eben Sachen von denen man erst mal nicht denken würde, daß die was damit zu tun haben. Das was mir dann immer sofort noch einfällt, das was ich oft, also weil ich auch denke, so was wie, ich muß was haben, ein ganz normales Dienstleistungsverhältnis, und trotzdem muß ich dafür eine sexuelle Leistung erbringen, also meinetwegen ich will in einer Bibliothek ein Buch ausleihen und ich bin allein in der Bibliothek und der Bibliothekar sagt eben, daß er mir das Buch nur gibt, wenn ich was bestimmtes tue. Meinst du auch solche Sachen?

?? Ja natürlich.

Ja genau, also so was ja, das ist eine sehr vereinnahmende Phantasie von mir.

?? Konkret das mit der Bibliothek oder?

Das mit der Bibliothek ist sehr oft. Was ich noch sehr oft habe ist so was, daß ich in einem Internat bin und den Hausmeister verführe, damit ich abends abhauen kann, also solche Sachen. Oder, was weiß ich, ich bin in einem Mietverhältnis und (atmet hörbar aus) mit der Miete klappt eben irgendetwas nicht oder irgendetwas (lacht ...), das ist so was wie, also obwohl ich eigentlich keine Wurst mag, gehe ich trotzdem zum Metzger und zum Bezahlen, gehe ich mit dem halt hinten in die Schlachterei rein und ... (lacht).

?? Gut, dann zur nächsten Frage. Es geht darum, was SM eigentlich ist, SM und Gewalt, SM und Macht. Zunächst SM und Gewalt. Ist SM Gewalt? Ist SM Gebrauch oder Mißbrauch von Gewalt?

(Überlegt) SM und Gewalt? Also für mich ist das sowieso nicht so klar, ob jede Gewalt so, also Gewalt ist für mich nicht gleich verwerflich, also ich finde, es gibt auch eine Art von Gewalt, die ich total in Ordnung finde, auch wenn sie nicht – wie nennt man das doch so schön – beidseitig vereinbart ist oder so ... Was fällt mir dazu ein? wenn mich irgendeiner dumm anmacht und ich knall dem eine, dann find ich das vollkommen in Ordnung, also auch nicht immer, und ich vertrete das jetzt auch nicht so, daß man das machen muß, und ... also ich bin auch dagegen, daß man Kinder schlägt und so was, das meine ich nicht, aber einfach so, ich mein nur einfach damit, ich will mich nicht nur nur aus Notwehr wehren, andererseits wenn ich es genau nehme ist ja, wenn mich jemand dumm anmacht, ist das ja auch schon eine Form von Gewalt, also von daher ist es immer Notwehr, also wenn ich's genau nehm find ich das ja auch total wie im Krieg, also, wenn man sich wehrt gegen irgendeine Form von Gewalt, dann finde ich das vollkommen in Ordnung. Mit Gewalt zu spielen weil beide es wollen, finde ich vollkommen in Ordnung. Ich würd es auch wirklich Gewalt nennen, und ich find es zum Beispiel auch ein bißchen komisch, daß SMler sich dagegen wehren, daß es Gewalt genannt wird, weil sie, das ist so ein komischer Trugschluß, weil sie glauben, sie nennen es anders, dann können sie nicht mehr angegriffen werden, das halt ich für einen Fehler, ich mein, das sollte man klar benennen, um was es hier schon geht. Gewalt kann ja schon sehr…, also hat wie gesagt wenn, wenn beide das benutzen, um Erfahrungen zu machen, die sie haben wollen, dann ist das alles super, also, ich find nur manchmal, wenn dann so komische Begründungen kommen, um das rechtfertigen zu wollen, von wegen, es sei keine Gewalt und manche es so verniedlichen wollen oder so was, wenn es dann glaub ich, nicht mehr um den Kern geht, also es wird auch drumherum geredet, so halt um das Vokabular der Gesellschaft nicht benutzen zu müssen, und so, was eben auf diese Art und Weise besetzt ist, so als Wertung. Man sollte einfach versuchen diese Begriffe umzuwerten oder eben zu differenzieren, und sich nicht gegen die Begriffe selbst zu wehren, weil ich meine, da geht es ja primär um ein Machtverhältnis, was erotisiert wird, nur meines Erachtens sollte es schon umgekehrt sein, daß es eben um Erotik gehen sollte, die mit Macht spielt, so. War es das ungefähr?

?? Das mußt du wissen.

(Bejahende Geste)

?? Was ist sexuell am SM und was ist nicht sexuell am SM?

Also ich find SM auch immer ganz interessant, wenn es nicht unbedingt nur sexuell wird, sondern mal gar nicht sexuell ist. Da würd ich, ach, ich bin mir nicht sicher, ob man das trennen sollte, weil ich mein, sexuell ist soviel. Sexuell muß ja nicht unbedingt immer was mit Berührung zu tun haben, ich wüßte auch gar nicht mal, wo ich da wirklich eine Grenze machen soll, was sexuell ist und was nicht, das finde ich gar nicht so einfach. Aber ich meine, daß kann doch oder finde ich auch sehr interessant, wenn es eben mal nicht mit, mit eben – was weiß ich – primär sexuellen Merkmalen vor sich geht…

?? Warum machst du es dann, wenn es nicht sexuell ist?

Ja, die Frage ist gut, weil es zeigt mir im Grunde, daß es aber trotzdem dann um Sexualität geht, nämlich, es erregt einen ja sexuell, sonst würde man es ja wahrscheinlich eher nicht machen, also wenn es, wenn ich, wenn es nicht sexuell ist, dann ist es ja, dann wäre es doch im

Grunde ein wirkliches Unterwerfungsverhältnis zum anderen Menschen ... Ja, das ist die Frage, wenn es nicht sexuell ist, ist das dann, ist das dann sozusagen gefährlicher, weil auf anderen Gefühlen basierend, die wirklich mit Unterwerfungsgefühlen zu tun haben? (lacht etwas).

?? Versuch noch mal mit der Frage umzugehen, wenn etwas auf etwas hinweist, was nicht im engeren Sinn sexuell ist, auf was würde es denn dann hinweisen?

(Überlegt) also diese Frage macht mir jetzt echt Kopfzerbrechen? Ich find die Frage wichtig, weil ich hätte, Schwierigkeiten zu definieren, was ist Sexualität. Hast du eine Vorstellung?

?? Ich hab mehrere Vorstellungen, aber ich wollte dir die jetzt nicht einreden, daß würde ich ...

(Macht ein verneinendes Geräusch) nicht einreden, aber ich brauche gerade einen Anhaltspunkt ...

?? Also eine andere Frau hat zum Beispiel solche Beziehungen gesehen, das SM mit einer Auseinandersetzung mit Tod etwas zu tun haben könnte.

Ach so was meinst du.

?? Und ich könnte mir auch vorstellen, daß SM was mit Initiation zu tun haben könnte.

Was für eine Art von Initiation?

?? Ja, ich gehe durch etwas durch von dem ich nie geglaubt hätte, daß ich da durchgehen könnte; also es kann ja auch etwas sehr Spirituelles sein mich einem anderen Menschen wirklich zu unterwerfen. Das ist ja nicht allein mit Sexualität zu erklären – aber spirituell. Also solche Antworten habe ich gehört und teilweise für mich selber...

Aber es wäre glaub ich auch für mich zutreffend, also das hab ich vorhin nicht so formulieren können, weil ich glaub, das ist etwas, wonach ich mich sehne im Grunde im SM, aber vielleicht ist das genau das, was ich vorher nie formulieren konnte, wonach ich gesucht hab und was ich nicht, was ich nicht hab kriegen können, weil ich es niemanden klar machen kann, aus dem Grund auch, daß ich es nur mit einem Menschen kann, der mich sehr gut kennt, oder so was, also, ...

?? Du hast auch den Eindruck, daß wenn dich jemand sehr gut kennt, daß das mit dem SM besser, ambitionierter undsoweiter ist.

Ja, also weil es geht für mich wirklich auch um Personen und nicht um irgendwelche instrumentalisierte Körper, weißt du...

?? Ein Liebesbeweis wär das nicht für dich?

Kann sein

?? Ja, aber das kommt dir nicht so ganz vordergründig in den Kopf?

Also das ist schwierig, weil ich weiß ja auch nicht wo Liebe anfängt und wo Liebe aufhört, aber das ist etwas sehr Wichtiges, doch, also, daß ist mir jetzt nicht so eingefallen, aber das ist, glaub ich was ich zur Zeit noch nicht schaffe oder was ich im Grunde auch mal gerne hätte, das ist wirklich so eine ganz tiefe, tiefgehende Hingabe, die ich mal finden möchte und wo ich mich dann wirklich hingebe.

?? Daß ist dir nur, dann würdest du aber die Idee haben, daß du M bist oder würdest...

Hm, beides, beides

?? Beides, du kannst Hingabe auch in der aktiven Rolle ...

Also, da kann ich es mir bisher, eher vorstellen, weil ich hatte ...

?? In der aktiven Rolle?

Ja.

?? Daß du dich hingibst?

Ach so, nee, daß ich, daß ich jemanden dazu bringe, sich hinzugeben, so weil, ich bin, leider Gottes ist es, daß ist das, was wirklich auch – glaub ich – ziemlich problematisch ist in meinem Leben, ich bin ein unglaublicher Kontrollmensch, ich muß alles unter Kontrolle haben, also ich kann, ich kann sehr, sehr schwer einfach mal nur mich so in eine Situation hineinfallen lassen, im Grunde war das immer das, wonach ich mich immer gesehnt habe, so jemand, der es schafft, daß ich die ganzen Kontrollmechanismen einfach mal über Bord schmeiße, das schaffe ich manchmal selbst, in dem ich mich (lacht) betrinke oder so was, und das find ich dann auch immer sehr interessant, aber das find ich schwierig.

?? Daß du dich fallen lassen kannst?

Ja.

?? Und das, das meinst du jetzt aber tatsächlich in der M Rolle?

Ja.

?? Und das hat für dich auch, außersexuelle Züge.

Ja. (Pause) das ist zur Zeit eine, ein unglaubliches Thema für mich, also woher kommt, also woher kommt – also ich nenn es einfach mal Begehren – weißt du...

?? (wiederholt leise) Woher kommt Begehren?

Also (räuspert sich) womit ich mich zur Zeit fast, also doch am meisten beschäftige, ist daß ich – ich weiß nicht, ob du mit dem Begriff Gender was anfangen kannst, also Gender als Geschlechtsidentität.

?? Das ist der gesellschaftliche Aspekt des Geschlechts.

Genau, genau, und dann eben, daß Frauen konstruiert werden – Männer konstruiert und ich gehe da mittlerweile auch wirklich soweit, daß ich nur noch an eine Konstruktion glaube und keine biologischen vorgegebenen Fakten, jedenfalls sind die dann so geringfügig, daß sie durch den freien Willen ohne weiteres verändert werden können ... Also ich seh das alles glaub ich ein bißchen anders, also ich glaube wirklich, daß es eine freie Entscheidung ist, ob man SM ausprobieren will oder nicht, jedenfalls war das bei mir so. Und ich kann mir einfach auch vorstellen, daß sich viele Leute einbilden, daß hätte was von frühkindlicher Prägung oder sonst was, was sie einfach nur interessant fanden und deswegen machen wollten, das kann ja schon als Kind so sein, daß man als Kind, was weiß ich, Indianer spielt, man findet es einfach reizvoll, man kann es eben auch vor sich zugeben, daß man gern mal gefesselt werden will, weil man es einfach interessant findet; also für mich ist das nicht so, daß es unbedingt angelegt sein muß irgendwo, für mich ist das wirklich schon: Ich will etwas ausprobieren, oder ich gebe... zu Sachen, die ich irgendwann mal erfahren habe oder wo ich einfach auf den Gedanken gekommen bin durch irgendeine weiß nicht, durch irgendein Bild, durch irgendeine – was weiß ich Begegnung, auf die andere Leute nicht gekommen sind, ich bin da drauf gekommen, daß ist vielleicht auch in einer Phase in der ich es nicht ganz so konkret sagen konnte, aber seitdem hatte ich die Idee und also für mich ist es wirklich ein Akt der Willensformung oder der Charakterformung und nicht halt von irgendwelchen vorgegebenen weiß nicht, ja Sachen, also ich glaube einfach, also ich glaube, daß es sich im Grunde jeder Mensch selbst aussuchen kann, was er begehrt oder was er am liebsten begehren mag und daß man, daß es vielleicht schon einfach in einer, in einer Phase des Lebens sich entwickelt, also so Präferenzen, die man eben nicht mehr beurteilen kann und nicht mehr nachvollziehen kann und deswegen glaubt man halt, die seien (schlicht und einfach?) von Gott gegeben, oder so.

?? Ja, aber könntest du das denn heute sagen, du kommst ohne SM aus? Nur weil du das jetzt entscheidest, oder?

Also, erst mal so ja, daß ist nicht unbedingt etwas, was ich... wovon jetzt so viel abhängt oder so was ... das ist aber trotzdem eine Erfahrung, die ich immer wieder gerne mache und die ich auch mag und deswegen mach ich es halt einfach weiter, aber schon wie gesagt: Begehren kann natürlich dann auch, wenn man es erst mal hat sehr dringlich werden, das heißt aber, das hat aber keine Beweiskraft dafür, daß es irgendwo von irgendwoher kommt, außer aus einem selbst, also weißt du? Also, ich meine natürlich nur aus einem selbst, aber... also wie gesagt, ich hab irgendwann angefangen Spinat zu essen, und es hat mir so gut geschmeckt, und jetzt kann ich nicht mehr ohne Spinat leben, das ist für mich ein ganz normaler Prozess, genauso kann es mit SM sein ... Ich gehe ja schon irgendwie davon aus, daß das na ja obwohl, das kann ich auch so wieder nicht sagen, also früher hätt ich gesagt, Bisexualität ist glaube ich, das Normalste erst mal, was einem einfach dann aberzogen wird oder eben so umerzogen, daß man halt nur noch, weiß nicht, vielleicht eine eingeschlechtige Orientierung hat ... Also, mir ist das alles, also ich würde nie wagen, weil, weil ich eh weiß, daß ich die Wahrheit da nicht kenne, wie so was genau vor sich geht, aber wie gesagt, ich glaube da schon an einen individuellen Willen ... daß es für mich unverzichtbar wäre, daß ist nicht so, also, es ist auch nicht so, daß ich, Höllenqualen leiden muß, wenn ich das nicht habe oder so, aber ich merke ganz einfach, daß ich in der Beziehung in der ich das nicht habe, viele Sachen für mich einfach so benutzte, als so als...

?? *Als wäret ihr...*

Ja, also, ich weiß nicht, ob man das so sagen kann, aber so etwas wie, also mein Freund ist eben auch der ... wiegt doppelt soviel wie ich, allein schon solche Sachen, die mich halt dann erregen, daß hat ja damit zu tun für mich, weißt du, so... aber dazu habe ich jetzt gar nichts mehr zu sagen (lacht) Also fragen, wo SM anfängt, also ich meine wie gesagt, das ist also meine Sexualität, auch normale hat für mich trotzdem viel zu tun mit Hingabe und sich fallen lassen und Macht über den anderen haben, schon also, das hat SM für mich auch, also das fängt ja, also im Grunde ist jede Art von Sexualität für mich irgendwie mit SM ...

?? *Was ist dann aber das wichtige an SM für dich?*

Na gut, (räuspert sich) es kommt wieder drauf an, wie, wie es sich dann nun, darstellt, also wenn ich das dann halt mit einem Mann mache, der mir sehr nahe ist, ist mir – glaub ich – am wichtigsten, dem näher zu kommen. Wenn ich das mit jemanden mache, der mir nicht sehr nahe ist, ist es mir wichtig – ich weiß es nicht – in gewissem Sinn mit dem Körper zu spielen, so oder vielleicht einfach was ... das sind einfach dann, das sind dann andere Hintergründe, die ich nicht haben will, rauskriegen will, oder erleben will.

?? Würdest du denn zum Beispiel, wenn du jetzt in deiner, du sagtest ja, du hast eine offene Partnerschaft, würden dann alle anderen Gedanken außer deinem Partner auf SM sich beziehen, wenn du schon was mit anderen machst, oder ist das auch sehr (...?)

Das ist sehr offen.

?? Und, wenn aber – offensichtlich hat ja SM eine bestimmte Wichtigkeit für dich – was du aus deiner Jugend erzählst, also auch als du dich damals der Gruppe in Frankfurt angenähert hast und wir dich nicht so recht aufnehmen wollten, weil du minderjährig warst ja (lacht)...

Ich war...

?? Ja, das war natürlich Hintergrundgespräch, war auch was mit Gesetzten und so... Aber, also das scheint ja sehr wichtig zu sein. Und könnte das sein, daß SM so wichtig ist, weil es eine Gelegenheit ist besonders starke Gefühle zu empfinden oder auszudrücken, oder...

Na sicher, also das ist es natürlich, das was man sich erhofft – denk schon – oder was aber die starken Gefühle kommen bei mir eben dann vor allem durch eine große Nähe und eben durch große Hingabe so und das ist natürlich dann, das ist das Thema für mich bei SM ... wie gesagt One-night-stands, die einfach nur so mit wirklicher Penetration zu tun haben, interessieren mich halt auch wirklich herzlich wenig, – muß ich auch nicht haben – aber One-night-stands, die um SM gehen, die find ich ja, das ist das, das ist, was ich, wovon ich mir einfach auch mehr verspreche, ja ...

Das ist das große Problem meines Lebens, und zwar wirklich, ich (atmet hörbar aus) ich hab manchmal das dumme Gefühl, daß ich mich so vehement dagegen wehre, wirklich zu lieben, weil ich so eine, so eine panische Angst vor Anhängigkeit habe, oder, daß es eben aufhört, daß ich eben ja mich so als, so als autonom empfinde; ich habe wirklich furchtbare Angst davor, weil daran scheitern natürlich alle Lieben oder, wenn sowas mal möglich wär, weil bei meinem jetzigen Freund, den ich hab, ist das, also für mich so ein ganz großes Problem, daß ich einfach merke, manchmal, daß ich die Liebe, die ich haben könnte, daß ich mich doch sehr dagegen wehre, weil ich solche Angst davor habe. Also, weil ich einfach, ich meine, es ist vollkommen klar für mich, ich bin auf der sicheren Seite, also sicher für mich, wenn ich Menschen mehr als eben Lernobjekte betrachte, genauso kann ich sie ja dann auch behandeln, oder beziehungsweise genausowenig können sie mich dann schlecht behandeln, weil Objekte können einen nicht schlecht behandeln, nur... so, (atmet hörbar aus) aber...

?? Aber du sagtest ja, Liebe ist gefährlich für dich? Da du da...

Ja, aber...

??...droht die Abhängigkeit...

Ja, ja, also...

?? bekämpft deine Unabhängigkeit, so habe ich das verstanden.

Ja, ja...

?? Und...

Also...

??...diese Art von Gefühl, das zu gefährlich werden könnte, ist das jetzt ein Gefühl, ist dies mit Sex verbunden oder ist dies nicht mit Sex, oder ist das ein Gefühl, was es auch unabhängig von SM gibt?

Das weiß ich nicht genau.

?? Du hast auch niemals jemand geliebt, der, mit dem du nicht sexuell intim warst?

Doch das schon. Also geliebt, (atmet hörbar aus) Das Wort Liebe ist ...

?? Ganz schwierig?

Ja, also, also wirklich so innige Freundschaft, so was und ich weiß nicht genau, ob ich das wirklich trennen will zu Liebe, also ich hatte schon innige Beziehungen zu Menschen, zu denen ich keinen Sex hatte und – obwohl ich – da glaube ich schon – einen Unterschied zu so ein Gefühl wie Liebe mache, weil die innigen Freundschaften für mich halt nicht das Gefühl ... Ich glaub, daß ich mich davon irgendwie abgrenzen muß ... Wenn der Sex auch noch stimmt, ist das dann in gewissen Sinne, das ist schon wirklich eine, einfach eine Art von Geständnis, die mich dazu bringt, daß eben ein Gefühl zu einem Mensch so stark wird (...?). Und deshalb hab ich nur Angst im Sinne, Angst davor, nicht mehr allein sein zu können, wenn man weiß wie schön das ist, zu zweit zu sein, das hängt mit meiner Jugend zusammen, weil ich eben, wie gesagt, wirklich jahrelang hatte ich überhaupt keinen Freundeskreis, und da hab ich mich einfach mit dieser Einsamkeit fast arrangiert und dieses Arrangement, also diese Fähigkeit das Arrangement zu verlieren – davor habe ich glaube ich ziemlich Angst – weil ich nicht alleine sein kann ... Also Genderplay hast du eben gesagt, ne? Weil also das total, weil ich hab wirklich gemerkt wie gern ich auch mal, das ist nicht so (lachen) – Ich vergeß das immer, also ich verkleide mich doch gerne oder nee, ich sag nicht gern verkleiden, ich kleide mich dann schon sehr gerne sehr jungenhaft, solche Sachen, weil ich da (husten) also oder ich werde, also ich würde so gern als Junge wahrgenommen werden ... Manchmal nervt es mich nämlich ziemlich als Mädchen wahrgenommen zu werden. Manchmal wird man auch mehr als Mädchen wahrgenommen, als als Frau.

?? Ja

Also ich, also Spiel mit Identitäten mag ich total gern, also von daher hat das, würd ich natürlich auch dass gern ein bißchen ausbauen, also wie gesagt, die ganze (Gender-?) Diskussion geht mir schon sehr nahe. Also, was man da, was man machen kann, worauf man sich beschränkt, andererseits, wie man es verbinden kann. So also von daher habe ich mir auch schon oft vorgestellt, daß – was weiß ich – wie ich ein Strichjunge wäre, der von so manch einer meiner Freundinnen bezahlt wird, oder so was ... Also natürlich dann auch mit eben analen Sex und nicht vaginal.

?? Der sexuelle Teil ist vorbei, sozusagen (lachen) Jetzt kommt der soziale. Das soziale Szenario. Und zwar wäre die erste Frage: In welchen anderen Szenen bewegst du dich?

Also wie Leute, die ich so überhaupt kenne oder wie, das sind alle an Kultur interessierte, viele Leute, die auch irgendwie in kulturellen Bereichen arbeiten, entweder schreiben oder Musik machen, relativ, also, ja so ein Kreis um mich herum, also seit Jahren dann eben ja, ich weiß nicht wie ich die Leute sonst eingrenzen soll.

?? Ist das eine künstlerische Szene?

Ja.

?? Und Musikszene, spirituelle Szene, Drogenszene.

Nee, spirituell überhaupt nicht. Drogen, also Drogen werden durchaus auch mal konsumiert, spielen aber nicht so eine große Rolle, also ...

?? Ja, ist die soziale Anpassungsfähigkeit und Auseinandersetzungsfähigkeit mit den sexuellen Partnerinnen, ausgeprägter oder unausgeprägter, als bei andern Menschen.

Also ich glaube schon ausgeprägter und zwar weil, also sonst kann man, sonst kann man ja nicht, also es geht ja schon sehr viel um Reden, so um – was weiß ich – um was man will, was man nicht will, also das ist ja ein Hauptpunkt von SM.

?? Daß man über Sex zum Beispiel auch redet?

Ja und auch der ganze Rattenschwanz, der eben da drinhängt, warum man so ist, warum man nicht anders ist, und all das, deswegen glaub ich schon, daß Sadomasochismus, wenn man sozusagen, wenn man wirklich Interesse daran hat, wirklich dazu führen kann, daß man differenzierter reden kann, schon...

?? Mich würd jetzt noch mal interessieren, wie gehst du mit deiner Sexualität gegenüber anderen nicht sexuellen Partnern um, also zum

Beispiel gegenüber der Familie, wissen die davon?

Also, den kann ich es zum Beispiel Beiden erzählen, also – die wissen wirklich alles, was ich so mache.

?? Sowohl in vertikaler wie horizontaler Richtung der Verwandtschaftsbeziehungen, also sowohl die Schwester wie die Eltern?

(Lacht) ja.

?? Ja, und welche Erfahrungen hast du? Du hast dann offensichtlich gute Erfahrungen?

Na gut, am Anfang war es natürlich schwer. Also gerade wo ich also siebzehn, achtzehn war, wo sie es so rausgekriegt haben oder als ich es auch so mehr erzählen mußte oder weil ich einfach immer mehr so komisch war, daß ich es mehr erklären mußte, aber ich denke, meine Eltern mußten dann einfach einsehen, daß die Freiheiten, die sie mir gewährt haben in der Erziehung, daß das ja sozusagen unter anderem das ist, was dabei rausgekommen ist, und damit müssen sie natürlich klarkommen, aber es ist denen glaub ich schon irgendwie klar gewesen, daß sie jetzt nicht sagen können, daß das falsch war, oder so, mir soviel Freiheit zu gewähren. Wenn ich mich halt einfach dazu entscheide so etwas zu machen, ist das dann auch in Ordnung, sagen sie. Also ich hatte so eine ziemlich lange Diskussion mit meinen Eltern, was so normal ist und was nicht und so und das war teilweise ganz schön bescheuert (lacht) aber ich glaube, daß meine Eltern größtenteils versucht haben, das positiv zu sehen.

?? Gibt es denn parallele Entwicklungen bei Geschwistern oder Eltern?

Nein. Also meine Eltern weiß ich nicht. Weil manchmal scherzen sie so ein bißchen rum, als wenn sie das jetzt auch irgendwie probiert haben, aber das glaub ich ihnen nicht im Endeffekt, obwohl, ich weiß es nicht, bei meiner Schwester ...

?? Inwieweit wissen denn nicht sexuelle Freunde oder Freundinnen davon?

Welche Erfahrungen hast du damit?

(Atmet hörbar aus) och, größtenteils wird es einfach so als eine meiner Eigenschaften angenommen. Also gar nicht groß, daß das was Besonderes ist ... Also recht normal, also recht selbstverständlicher Umgang damit.

?? Und wie ist das mit Kollegen oder Kolleginnen? Oder Mitstudentinnen oder was weiß ich.

Da weiß nur eine das. Weiß ich nicht, also ich hab, ich kann mir vorstellen, daß ich da weniger Verständnis, weil es nicht meine Freunde sind, so relativ andere Menschen.

?? Also du würdest den Universitären- oder Fachhochschulalltag als eher kritisch einstufen?

Ja, es kommt ja immer drauf an, in welchem universitären... Also wenn ich jetzt nur so mit Soziologen zusammen wäre, dann hätt ich glaub ich vielleicht weniger ein Problem, als nur mit, was weiß ich, mit Wirtschaftswissenschaftlern (lacht) oder so. Aber bei mir ist das nicht so. Vielleicht unterschätz ich die Leute auch, ich weiß es nicht, aber ich hab nicht wirklich das Bedürfnis darüber zu reden ...

?? Ja, teilweise, also du hast dich ja auch mit der Gruppe, also bei Mainstream angerufen, wir haben dich da ja gesehen, das war für uns ein völlig neues Thema, daß jemand der nicht volljährig ist (lacht), zu uns kommt, ja und aber...

Also mein Zugang dazu war schon immer etwas beschränkt, im Grunde, weil ich als ich angefangen habe, kein Outing hatte; ich bin ja im Dorf aufgewachsen, wo es nichts gab eben und auch niemanden mit dem ich drüber reden konnte, also es war auch immer so, daß ich, ich war dann ja irgendwann in dieser Szene, die diese Schloßfeten gemacht haben, dieses Wasserschloß und diese Burgfeten und so weiter und das war was, wo ich einfach so hin konnte, das leben konnte und dann bin ich wieder zurück in diese Kleinstadt und mit Gefühlen und so weiter und so fort und das war immer furchtbar. Also wirklich, das war die

Hölle, also ich bin dann wirklich, also das (stottert/lacht), also die Verzweiflung war wirklich dann ja sehr, sehr groß, weil ich halt sozusagen schon ein Leben angefangen hab und ein so selbstständiges Leben kosten durfte, eben grade mit solchen Leuten, das einem dann schon unheimlich spannend ist, was da passiert, ich mein, gerade wenn man so sechzehn ist und aus einem Dorf kommt, und sozusagen endlich mal, ja – weiß nicht – Leben auf einmal anfassen kann, es war immer ganz, ganz schrecklich, daß ich danach mit den ganzen Erlebnissen wieder zurück mußte in diese Einsamkeit, wo ich wieder mit niemanden reden konnte, obwohl ich eben auch nichts dergleichen hab, also keinen Austausch und im Grunde dann eben wieder nur mich, ich und meine Bücher und so und mein eigenes Zimmer, das ist wirklich verrückt, das war eine harte Zeit so.

?? Was machst du denn heute? Wie sieht heute deine Teilnahme an der SM-Bewegung aus?

Total abgebrochen. Also in Berlin ist auch einfach nichts, das ist ...

?? Du bist auch nicht irgendwo involviert im Machen von Feten oder so was?

Nee, überhaupt nicht. Also ich hab kurz mal wieder dran gedacht, wen man mal anrufen könnte, die irgendwas vielleicht machen, die kommen eben aus diesem Kölner SMart-Kreis nach Berlin und das hieß wohl, daß die was machen wollen und da habe ich auch nicht angerufen und ich hab auch (bricht ab). Also ich, ich mißtrau der Szene.

?? Mißtraust der Szene?

Also weil ich eben immer besonders eben durch die versaut wurde (im letzten Jahr?) also...

?? In Richtung Oberflächlichkeit?

Ja und Überdramaturgisierung und eben, durch zuviele Leute, die da RTL und andere Arten sehen, ohne wirklich zu wissen was da ankommt und so, also eben auch, was weiß ich, SM aus »Liebe-Sünde«

kennen und denken, daß ist ja cool (lacht), machen wir auch mal, also das ist, mag sein, daß ich da falsch liege, also wie gesagt, ich merk ja auch immer mehr, daß ich so so eine gewisse Sehnsucht in mir hab nach diesen früheren Zeiten, das war schon schön, diese, also grad diese ganzen Feten, wo man am Wochenende hinging und wo man eben machen konnte was man wollte oder auch nicht, weißt du und man hat Menschen getroffen mit denen man darüber reden konnte und das war schon toll, also die Möglichkeit zumindest …

?? Könntest du etwas dazu sagen, welche Entwicklung in der SM-Szene du denn für tauglich halten würdest, oder welche für untauglich?

Also ich, also ich glaube, daß sind zu viele Zufälle auch, daß man das nicht so klar vorausbestimmen kann, wann etwas gut werden kann oder wann nicht. Wenn man eben einen neuen Gesprächskreis gründet und einigermaßen Leute zusammen hat, die eben auch auf einem gewissen ach naja vielleicht intellektuellen Niveau sind dann und die sich auch noch untereinander verstehen, dann kann man natürlich noch untereinander viel organisieren oder dergleichen und dann kann ich mir das total gut vorstellen. Ich glaube es hängt auch viel an so Zufällen, oder ob Menschen so zusammen kommen oder nicht, also ich kann letztendlich nicht mehr genau sagen warum es in Frankfurt so gut war, also warum es da so gut geklappt hat. Weil die Menschen da schon sehr unterschiedlich waren, aber trotzdem hatten die halt alle ein Bedürfnis nach Austausch, der eben schon auch sehr, sehr… also fand ich größtenteils schon als sehr durchdacht und niveauvoll und interessiert an diesen ganzen Zusammenhängen war.

?? Könntest du dir vorstellen, warum es zu einer SM-Szene in Deutschland gekommen ist? Hängt das zum Beispiel eher ganz im Vordergrund mit der Partnerproblematik, oder hängt es mit sowas wie Leben in Leder, hängt es mit einer Selbstverteidigungsgemeinschaft gegen die Gesellschaft oder einem Akzeptanzwunsch in der Gesellschaft zusammen?

Also, ich denke die Bedingungen waren schon eher so aus dem dritten Grund und – der erste Grund, das war dann eher einer der, der alles kaputt macht (lacht).

?? Partnerproblematik macht alles kaputt?

Also nicht, also ich weiß nicht was Partnerproblematik meint, aber wenn man eben letztendlich nur einen Partner sucht ist das eigentlich schon ziemlich Scheiße.

?? Ja. Ja.

Ja obwohl Scheiße, ich mein, daß tun wir ja alle, daß wir nach Partnern suchen, nur halt das eben so zu benutzen als würde man in einen Swingerclub gehen. Ich find das dann schon noch ein Unterschied und auf diesen Unterschied würd ich halt schon noch Wert legen ...

?? Würdest du denn jetzt an der SM-Szene teilnehmen, wenn eine Art Reflektionswunsch im Vordergrund steht?

Ja.

?? Wie empfindest du dein Verhältnis zu anderen sexuellen Minderheiten?

Also, ich glaube, es gibt es gibt nichts was ich als unnormal bezeichne, weil ich eben nichts als normal bezeichne, weil ich hab – glaub ich – für alle sexuellen Minderheiten in so weit Verständnis, daß ich verstehen kann, warum es sie gibt und verstehen kann warum sich so ein Begehren, also warum es so ein Begehren gibt, also insofern hab ich sogar Verständnis für Pädophile, wobei ich halt nicht sagen würde, daß ich die in Schutz nehmen würde, aber für mich gibt es eben auch solche Beurteilungen wie krank oder gesund nicht, nicht so, nicht was Sexualität betrifft. (Schweigen) Ich glaube, da bin ich ziemlich...

?? Warum glaubst du denn gibt es so wenig schwule und fast keine lesbische Menschen in der SM-Szene?

Also Lesben kann ich von da mir erklären, daß halt die so vielleicht aus dem Standpunkt des Feminismus heraus, Sadomasochismus für was Falsches halten, also so ein Mißverständnis einfach. Schwule haben ihre eigene Szene, denk ich mal, weil ich also ich kann mir schon vorstellen, daß sie sich einfach abgrenzen wollen weil sie das immer so getan haben (lacht) also was so – was weiß ich – mit Heteros rumschlagen, wenn die ihre eigene Szene haben können ... Wie gesagt, ... Also, ich glaub, daß SM-Lesben es schon noch mal ein Zacken schwerer haben, nur weil (atmet hörbar aus) ja, wie gesagt eben dieses Mißverständnis, daß eben SM gleich Unterdrückung der Frau – was weiß ich – daß es das verstärken würde. Das die damit zu kämpfen haben, auch mit ihrem Selbstverständnis wahrscheinlich als Lesbe oder als feministische Lesbe wahrgenommen zu werden und eben allen Leuten klar machen zu müssen, daß es, daß es kein Widerspruch ist, wenn man trotzdem SMlerin ist. Das ist natürlich, also ich kenn auch kaum welche, was ich total schade finde. Ja und ich denk daß die Schwulen es da eher im Gegenteil, daß, also kann ich mir eben auch sehr gut vorstellen, daß das bei der Schwulenszene, die eben sehr auf Sexualität angelegt ist, sogar eher schwer ist dem zu entgehen, daß man auch mal SM Erfahrungen macht ...

?? Hast du dich unter dem Einfluß der SM-Szene selbst verändert?

Ja, wobei ich das nicht so ganz klar sagen kann, was das für mich mit meiner eigenen persönlichen Entwicklung zu tun hat, denn ich mein', schließlich war ich noch total jung, also es gab sicherlich Denkanstöße, die ich da eher gekriegt habe, also gerade nochmal so ein bißchen Überlegungen inwiefern Normalität zu überdenken wäre, aber und sonst, ich hab diese Erfahrungen; Erfahrungen damit hätt ich auch größtenteils gehabt ohne SM-Szene ...

?? Ja. Glaubst du aber nicht, zum Beispiel, daß du sozusagen unter dem Schutz der SM-Bewegung dich schneller, radikaler entwickelt hast?

(Überlegt lange) Kann ich jetzt so nicht sagen, also ich – ich bin auf jeden Fall froh über diese Erfahrung, die haben mir sehr viel gebracht, aber ich denke schon, daß ich viele Einsichten auch ohne gehabt hätte, aber natürlich, also ich will's nicht missen. (...?)

?? Wenn sich die Gelegenheit ergeben würde, was würdest du denn für die SM-Szene tun?

Also wenn ich Leute kennengelernt hab, mit denen es sich für mich so lohnen würde, würde ich, glaube ich, wirklich ja auch so ein Gesprächskreis, also doch das so mitorganisieren, das würd ich machen, das hatt ich auch mal vor...

?? Kann man heute durch die SM-Bewegung als SMler oder SMlerin besser leben?

Ja, natürlich. Also auf jeden Fall, wobei ich, wie gesagt, also die Gefahr einfach sehe, daß eben, also auch gerade wie SM eben in den Medien behandelt wird, eben Leute die da so Ansätze haben, so verwirrt werden, oder eben auch so falsche Vorstellungen, oder so beschränkte Vorstellungen haben, daß alles wieder kaputt geht, also.

?? Hat dir die SM-Bewegung hauptsächlich beim Coming-Out geholfen, oder nur beim Coming-Out geholfen oder auch nachher oder hauptsächlich nachher?

Also mit dem Coming-Out hat das für mich nichts zu tun, weil das war für mich schon vorher, also, ich bin nie so, ich hab auch nie drüber nachgedacht über Coming-Out, oder es war nie, es war nie ein Thema für mich: Wann hab ich das jetzt, und wem das jetzt erzähl'n und so was.

?? Weil du damit sexuell begonnen hast, in einer gewisser Weise?

Ja, aber auch weil ich, also es ist in meinem Selbstverständnis ... entwickelt, daß ich schon immer anders war und immer, so ein bißchen als komisch betrachtet wurde und – weiß nicht – deswegen war das für mich für mein Selbstverständnis glaub ich auch irgendwie schon irgendwie klar, daß ich halt auch noch sexuell komisch bin, so veranlagt, also, das paßt dann soweit auch zu meinem Selbstbild, daß war nie etwas, was ich so, wo ich das Gefühl hatte, daß muß ich so verschweigen oder sowas, womit ich aber, also ich hab auch mich nie getraut damit, also das wollt ich auch nie, daß so offen zu sagen, weil ich immer Angst hatte, daß man mir dann vorwirft, ich will was Besonderes sein. Das war aber die einzigste Angst, die ich hatte. Nicht als gesellschaftlicher Ächtung, oder so was ...

?? *Ich, wir komm jetzt zum vierten Teil; das ist auch der Vorteil, daß es der kleinste Teil ist. (lacht) Für das gelingen einer sexuellen Begegnung entscheidet etwas, was ich das stimmige Moment nennen will. Was hängt dabei von dir selbst ab und was hängt vom andern ab?*

Das stimmige Moment? Was meinst'n damit?

?? *Ja, es klappt doch nicht mit jedem?*

Ach so.

?? *Da muß es doch irgendetwas geben, was jetzt darüber entscheidet, daß diese Begegnung etwas wird, was, was man, was ich also im eigentlichen Sinn als Begegnung bezeichnen würde. Nicht nur ein Austausch von irgendwelchen Annäherungen.*

Ja, wie gesagt, daß ist, was ich so Begeisterung nenne, was ich wirklich so… (schweigt) oder Leute mit denen ich mich über Sexualität auch auf der gleichen Wellenlänge wie ich halt Sexualität sehe, unterhalten kann, das ist natürlich …

?? *Entscheidet das denn wirklich den Erfolg der sexuellen …*

(Unterbricht?) hab ich, hab ich die Erfahrung mit gemacht, weil einfach

?? *(unterbricht Verena) …die Tatsache, daß du dich mit den PartnerInnen auf der verbalen Ebene austauschen kannst.*

(Atmet hörbar aus) das ist natürlich auch so nicht wahr, weil ich hab natürlich auch viele tolle Erlebnisse mit Leuten, mit denen ich überhaupt nicht geredet habe, es war aber dann so, daß ich einfach nur ihre Körper genommen hab und damit gemacht hab, was ich wollte. Von daher war es sogar ganz nett, wenn ich mich mit dem gar nicht mehr so unterhalten mußte. Also, das gab's auch, wahrscheinlich weniger ja, also wenn, also wenn ich halt auf der aktiven Seite bin, dann ist mir das oft auch wirklich egal, kann ich wirklich einfach nur diesen Körper nehmen und naja tun was ich will, aber wenns umgekehrt wäre, wär es was ganz anderes, dann müßt ich schon noch mal drüber reden, sonst geht's glaub ich nicht? (lacht) Also, ich weiß nicht, ich hab sowenig Erfahrung damit ... vielleicht will ich mich einfach mal, einfach mal so in etwas gehen lassen ...

A1.3 Interview-Auszug Sahra[3]

?? ... OK, Frage zu Punkt 1: Punkt eins ist Sexualität (lachen) – wie unerwartet. (lachen), zunächst mal die Frage zu deinem Zugang zur SM-Sexualität – lebensgeschichtlich. Also wie hast du Zugang bekommen, über Familie, Freunde, über Partner oder Partnerinnen, die dich dahin geführt haben oder über Literatur, über die Szene – ja, wie ist das bei dir gelaufen? Wie bist du zu SM gekommen?

Tja, SM war schon immer da und ich irgendwann auch und (lacht)...

?? (Lacht) das ist irgendwann aufeinandergetroffen!

In frühesten Kindheitsjahren. Das ist schwierig zu unterscheiden, weil man ja immer eine Zäsur setzt zwischen der sexuellen Phase des Lebens, der präpubertären und pubertären und der davor. Und da mich vorpubertär immer die Fesselspiele und Auspeitschungen mit meinem älteren Cousin – immer am spannendsten von den Spielchen die man so machen kann wenn man klein ist – interessiert haben, kann ich das schwer abgrenzen, die sexuelle und nicht-sexuelle Zeit sozusagen. Das war ganz spannend, das hat irgendwie sowas wie, das hat mich angemacht, das war natürlich in dem Sinne noch nicht sexualisiert. Es war irgendwann, als Sexualität begann, mit 12, 13 gleich da mit reingekommen. Also, ich könnte jetzt nicht sagen: Es war das Buch oder es war der Film oder die Person ...

?? Du würdest auch sagen, daß sozusagen vor SM – also es gab eigentlich keinen Sex vor SM – sondern dein Sex war immer schon ...

---

[3] Anmerkungen zum Interview: Sahra ist zum Zeitpunkt des Interviews 36 Jahre alt. Das Gespräch wird von einer vom Autoren beauftragten Interviewerin durchgeführt, die selbst der SM-Bewegung angehört. Dieses Interview ist wesentlich umfangreicher wiedergegeben, als die anderen Interviews (etwa zu 80 Prozent des Gesamtgesprächsverlaufs). Es verschafft deswegen einen besonders aufschlußreichen Eindruck über die Gesamtgesprächssituation. Daß dieses Interview gerade in diesem Fall in besonderer Weise seiner Funktion gerecht geworden ist, muß auf die hochentwickelte Kommunikationskompetenz dieser Gesprächspartnerin zurückgeführt werden. Trotz dieser günstigen Umstände verschafft dieses Gesprächsprotokoll gerade auch einen angemessenen Eindruck von den Problemen, die diese Gesprächskonzeption aufwarfen.

Ja, genau, war immer schon SM geprägt.

?? War immer auch SM geprägt. wie würdest du deine Sexualität bezeichnen, ohne SM-Vokabular zu benutzen?

Weil das sind so Sachen, die würde ich ja teilweise schon wieder in die Demut oder so, Hingabe – das ist jetzt für mich wieder SM-Sprache, ne? Das ist das Problem, also in die Richtung von, von Genderplay auf jeden Fall, von Kontrollieren, Strenge? Natürlich auf jeden Fall ein Spiel mit Macht ... mit Vertrauen, aus der Fassung bringen trifft es nicht ganz, eher in einen, in einen bestimmten Zustand jemanden verbringen. Also – (lacht) zu brechen oder zu vergewaltigen paßt für mich da gar nicht rein. Sondern ein Stück in eine Ekstase mit hineinzugehen. Und dorthin zu bringen. Und mitzugehen. Das trifft es für mich eher.

?? Ja, also was ist deine Rolle – du spielst nur dominant?

Ja.

?? Und ist deine Rolle dann eher so eine Art von Begleitung?

Es ist nicht die Rolle des Erfüllungsgehilfen, der Erfüllungsgehilfin, das nicht, außer wenn es das quasi zufällig trifft, was dann der Idealzustand ist. Ich erfülle gerne, will den Weg zu einem ekstatischen Zustand begleiten, aber auf dem Weg, der auch mich in eine quasi Co-Ekstase reinbringt ... Es gibt bestimmte Techniken, die ich bevorzuge, die... die mich besonders anmachen, die sich häufig aber auch auf diese Menschen, auf die Menschen beziehen, mit denen ich was mache. Also, daß das so ist, auch bei Unbekannten, daß ich die sehe oder auf die treffe und vor meinem geistigen Auge eine bestimmte Technik so erscheint, so: das muß es jetzt sein. Also bei bestimmten Leuten wo ich sofort denke, ich muß jetzt sofort ein wunderbares Messer in die Hand bekommen oder irgendwie ich brauche jetzt sofort die Latex-Handschuhe und das korreliert schon stark zu den Personen. Da entstehen diese Ideen einer bestimmten Methode. Was für mich auch das ist zu eng verknüpft, Thema und Technik. Also zu fisten als eher sexualisierte Spielart, oder einen Dildo umzuhaben – es ist ja auch ein Thema, quasi, also auch einen total männlichen Part einzunehmen und all diese Sachen, auch eine Technik als solche, ne? Das ist schwer zu trennen.

?? (Pause) ja, also, es wäre dann interessant zu gucken ob, ob es irgendwie unterschiedliche, eine unterschiedliche Entwicklungsdynamik zwischen Themen und Techniken gibt bei dir ... Also, könnte man sagen, die Techniken variieren in Bezug auf PartnerInnen, aber die Themen bleiben? Oder?

Wenn ich die Themen allgemein zum Beispiel auf einen dominanten Bereich oder auf einen ... ja Demut trifft's ja nicht so, aber so, wenn ich das als Thema spezifiziere, dann ja, bleibt das das grobe Thema, zur Ekstase hinzuführen, mitzugehen als Oberthema, und Techniken variieren und das ist auch, bezieht sich schon auf die Personen. Das variiert mit den Personen. Auch mit Beziehungen natürlich, aber ist ja auch ganz natürlich, also mit intensiveren Beziehungen, weil sich bestimmte Techniken erst im Laufe einer längeren Zeit entwickeln ...

?? Die Techniken?

Ja. Die Techniken intensivieren sich, also Fisting bei einer eher unbekannten Person ... nicht sofort außer mit einer sehr klaren Aussage: das ist möglich. Oder eben das entwickelt sich erst im Laufe der Zeit, daß ich da auch darauf hin trainiere mit der Person ... Eine Sicherheit in Bezug auf bestimmte Themen und Techniken, die im Laufe mehr so der Erfahrung auch natürlich kommt. Sich mit bestimmten, sowohl Themen als auch Techniken, sich vielleicht von einer Art von Mainstream abzuwenden, zu Dingen zu kommen, die einfach für einen selbst der Kick sind, aber eventuell nicht auf jeder Party bei jeder Paarung zu sehen sind oder so.

?? Wie ist das, das Verhältnis zwischen deinen SM-Themen und anderen sexuellen Einflüssen. Also du hattest eben schon mainstream, schwul, lesbisch, bisexuell...

Das Verhältnis? Also in dem Sinne der klassischen Sexualität jetzt, was ich eben schon so sagte ein bißchen, daß die sich auf einen lesbischen Lebensbereich bezieht, während sich die SM-Sexualität wenn nicht unterschiedslos aber doch auf beide Geschlechter bezieht. So eine Art von Verhältnis?

?? Ja, aber ich denke auch, also daß da auch eine Frage ist wie weit sich sowas wie klassische Mainstream-Sexualität oder Techniken aus dem – oder was weiß ich – Techniken ja gar nicht mal unbedingt – oder dein Verhältnis zur lesbischen Sexualität, also wie sich das auf deine SM-Themen auswirkt.

(Seufzt) ich kann mit dieser Trennung nicht so viel anfangen. Weil das für mich nicht so getrennt ist. Das ist nicht dieses: das eine ist SM. Das ist nicht wie Frühstück und Abendbrot? Das ist also heute um achtzehn Uhr dreißig SM und morgen um achtzehn Uhr dreißig klassische welche auch immer Sexualität. Das ist wie die ganze Entwicklung miteinander eben schon immer verknüpft, und bei jeder sexuellen Spielart für mich präsent. Also ich kann auch jemanden umarmen und heftig küssen, und das kann dies ganz nette Sexuelle sein, ist es aber nicht, es ist eine SM-Komponente dabei. So. Das ist für mich nicht trennbar.

?? Ja, ja, wie sind die Themen deiner – oder was würdest du sagen, was sind die Themen deines Partners, deiner Partnerin, deiner Partnerinnen, der Leute ...

(Lacht) der Leute!

?? ... mit denen du spielst, der vielen Menschen ...

(Seufzt, Pause) ich denke, es ergibt sich grade im Laufe der Zeit, daß sich die Themen immer sehr, daß sich die sehr annähern. Je länger Beziehungen bestehen oder je intensiver die Partner oder Partnerinnen bekannt sind, desto mehr nähert es sich meistens an, oder geht auseinander. Die Schere geht auseinander – der Bedürfnisse, das kommt ja vor, einfach weil die Klarheit zunimmt. Klarheit, die eigene Klarheit und die der anderen Person, insofern habe ich häufig festgestellt, daß sich inhaltliche Themen angenähert haben. Durchaus, manchmal ist das eine Entwicklung über Diskussionen, so: Das wäre jetzt interessant, das würde mich jetzt reizen oder so, das zu probieren und zu finden, daß es auch ein Kick sein kann. Insofern sind das auch häufig die Themen, die mich da – die sich wirklich nicht darum drehen, einen Willen zu brechen oder über Grenzen deutlich hinwegzugehen, sondern eben, immer noch weitere ekstatische Wege zu suchen miteinander. Und auch immer wieder neu. Aber daß sich das eben in einem ähnlichen Themenbereich bewegt.

?? (Pause) Und also hättest du ein Problem damit, wenn die Themen auseinandergehen oder würdest du versuchen irgendwie da eine Brücke zu schlagen, zwischen deinen Themen und dem Thema von ...

Wenn ich persönlich, wenn mir ein Thema sehr wichtig ist, dann finde ich auch eine Person, die dieses Thema teilt. So, das ergibt sich. Wenn mir eine Person wichtig ist, die ein neues Thema aufbringt, würde ich es in jedem Fall probieren, außer bei, wahrscheinlich außer bei tatsächlich phobischen Geschichten. Also mit der Nadelphobie probiere ich keine Nadelspiele, hat nicht viel Sinn. Alles andere würde ich in jedem Fall mir anschauen wollen, also wäre auch die Neugier ja auch da, und würde mich überraschen lassen von der eigenen Reaktion darauf. Mir ist das nicht so wichtig. Mir ist das Thema als solches, auch eine Technik als solche nicht so wichtig. Es gibt so ein paar Lieblingssachen, aber ja, die Art des Miteinander formt die Atmosphäre im Raum, egal was ich da effektiv tue in der Sekunde, in dem Moment. Das ist mir auch egal, zum Teil, es ist mir nicht so wichtig.

?? Wie sieht das lebensgeschichtlich bei dir mit Partnerschaften aus? Wie hat sich das entwickelt?

Partnerschaften ...

?? Also wann hast du angefangen? Hattest du längere Partnerschaften? Gab es zwischendurch längere Pausen oder so, mehrere gleichzeitig (lacht)?

Angefangen hat das mit langjährigen anhaltenden sexuellen Spielereien mit guten Freundinnen ...

?? Mit kleinem i?

Ja, mit kleinem i.

?? Mit kleinem i, ah ja.

Später kamen dann auch Männer hinzu, die waren – solange ich zurückdenken kann – waren diese Beziehungen niemals ausschließlich, konnte ich mir nie vorstellen, hatte immer schon das Bild vor Augen, daß so viele interessante Menschen rumlaufen und irgendwann mir auch über den Weg laufen, daß ich mir nie vorstellen konnte, mich da derart zu beschränken. Oder mir nur vorstellen konnte, ich könnte mich beschränken, wäre aber sehr unzufrieden und das würde dann auch nicht weiterhelfen – keinem und keiner um mich herum. Das habe ich also gar nicht erst groß angefangen (lacht) und habe das dann auch so weiterverfolgt. Das waren oder sind bis heute Leute, wo das sich über viele Jahre und Jahrzehnte hinzieht oder hinzog, immer wieder intensive Begegnungen zu haben miteinander. Eine Art von Beziehung zu haben, aber Beziehungen zu Menschen sind immer individuell. Insofern auch nicht vergleichbar, aber eben eine bestimmte Art von Beziehung intimer, enger und auch sexueller Natur. Und das waren immer so mehrere Menschen, die also bis heute auch da sind … Ist schon schön. (lacht)

?? (Lacht) ja, klingt ganz gut!

Da gibt es immer wieder Phasen, da ist es mit bestimmten Menschen intensiver, dann wird die Nähe wieder größer, dann ist wieder – kann man sich wieder eine Weile in Ruhe lassen auch, oder hat wieder anderer Sachen, die präsent sind mehr, aber das ist so ein Auf und Ab. Also für mich so eine Art von ganz natürlicher Fluß, der sich so ergibt. Man teilt eine Zeitlang viel miteinander, dann geht das wieder so ein bißchen zurück und dann gibt es wieder Zeiten, wo das wieder intensiver wird.

?? Ja, aber es gibt jetzt nicht für dich immer wieder oder so oder vielleicht durchgehend eine Sache, die dir am wichtigsten ist oder so, oder die Priorität hat für dich? Oder Leute, die – oder so daß es vielleicht wechselt irgendwie, daß jemand für eine bestimmte Zeit für dich Priorität hat und dann jemand anders oder so?

Es gibt im Prinzip so immer drei, vier Leute, die so höchste Priorität haben. Ich finde es auch schwer, da Abstufungen irgendwie zu machen oder die qualitativ zu bewerten, weil es eben so unterschiedlich ist. Weil die einen, das sind Verhältnisse, manche sind über fünfzehn Jahre, manche sind um zehn Jahre, ne, das sind so die Dinosaurier, die überlebt haben im Lebenswandel, die also auch viele Auseinandersetzungen mitgeführt haben und überstanden haben. Die bleiben so erhalten und die sind so da, und die Priorität im Herzen wechselt dann nicht. Die aktuelle, tagesgeschichtliche Priorität, die wechselt natürlich schon, da gibt es eben auch ein Auf und Ab. Aber das sind auch so unterschiedliche Arten von Wichtigkeiten.

?? Wie ist das bei dir sexuell und sozial in deinen Partnerschaften? Also wenn du sexuell dominant bist, bist du sozial auch dominant (lacht)? Oder sind das unterschiedliche Verhältnisse?

Gut. Sexuell dominant bin ich ja durchgehend, von daher gibt es dann keine Variationen in dem Bereich, und sozial bin ich das auch meistens. Glaube ich. In den Verhältnissen. Ich könnte mir vorstellen, daß das anders sein kann, ist aber nicht so. Also jemand hat sich mal amüsiert über irgendso eine Kleinigkeit, wo ich automatisch dann so eine hübsche Tasse gleich vor mir stehen hatte, und ein blinder Griff – sagte sowas wie natürliche Dominanz, also – es ist so, eine Einheit in den Lebensbereichen. Das ist so eine, da ist so eine Trennung für mich auch nicht so vorstellbar. Das Verhältnis zu den Leuten ist häufig ein dominantes.

?? Auch im Alltag.

Auch im Alltag. Das ist auch dann so ... Kein Ausruhen von der Managertätigkeit. (lacht)

?? Was sind so die Hauptprobleme in deinen Partnerschaften?

Die anderen Partnerschaften. (Beide lachen) Die Akzeptanz dessen, [entgegen dem, wie] wir alle sozialisiert worden sind oder gelernt haben, daß es nicht, daß niemand die eine Hauptperson ist, Ist natürlich immer wieder, immer wieder ein Problem. Wird sich wahrscheinlich auch nicht ändern, klappt nur einfach auf die Dauer nicht. Also entweder es klappt, die Leute können das akzeptieren, nicht die klassische Hauptperson zu sein, oder es klappt nicht, und dann ist das meist beendet. Weil ich mir das nicht vorstellen kann, mich da einzuschränken. Das sag ich immer vorher, hat aber keinen Sinn, das vorher zu sagen, das glaubt dann eh keiner, und deswegen hat sich das dann meistens erledigt. Also das ist schon so ein Hauptproblem. Die Akzeptanz und das Vertrauen, daß auch wenn man nicht die absolute Hauptperson ist, ist man also eine der Hauptpersonen; das dem so ist. Und auch so das ganz eigene Leben miteinander teilt, das ganz eigene Verhältnis.

?? Wie erkennst du PartnerInnen oder was weiß ich, ja: wie erkennt du jemanden, und wie kommst du an jemanden ran? Was gibt es für Partnerschaftsgewinnungsstrategien bei dir?

Hingucken und mitnehmen! (Beide lachen) Ich weiß nicht. Also es gibt ja bei Lesben und Schwulen auch sowas, daß man sagt, man erkennt sich. So, es ist in den meisten Fällen gibt's irgendwas, eine Art von Ausstrahlung, wo dann, ne – daß es klar ist. Meiner Meinung nach gibt's das im SM-Bereich genauso. Eine Art von Erkennen, gegenseitigem Erkennen, und genauso wie ich das erkenne ist auch meistens auf dem normalen Markt relativ schnell klar: geht da was miteinander oder ist da was zwischen zwei Leuten? Ist da eine Spannung oder nicht? Und genauso passiert das eben dann auch im SM. Also sich erstmal zu erkennen in dem gleichartigen Bedürfnis, und auch genauso relativ schnell mitzukriegen – durch was auch immer, schwer zu benennen – daß man recht schnell merkt, oder man merkt relativ schnell dann, miteinander was zu machen ist möglich, ist vorstellbar.

?? Also du findest auch Partner oder Partnerinnen auf dem freien Markt, also außerhalb der SM-Szene oder so.

Ja. Genauso wie ich in eine normale Disco gehe und ziemlich schnell die einzigen zwei anderen Lesben im Raum sehe, und die mich auch, und es auch sich sehr leicht ergeben kann, daß man dann noch im Laufe dieses einen Abends miteinander in Kontakt kommt, genauso ist das auf ganz öffentlichen Parties mit anderen SM-Menschen.

?? Was sind für dich die ausschlaggebenden Momente für Mehrfachbeziehungen, die du ja auch hast, offensichtlich? (lachen) Die unterschiedlichen S oder M Orientierungen? Bei dir ja wahrscheinlich eher nicht. Mehrere PartnerInnen als sexuelle Versicherung? Oder das Gefühl, daß du sonst was verpaßt? Willst du dir einen Sklavenstall halten? (beide lachen)

Nein. Das ist ja alles sehr negativ. Es ist so, daß – gut theoretisch so eine S, eine M Seite zu haben und das dann entsprechend auszuleben wäre ja so eine logische Erklärung. Das ist – die ist viel eingängiger. Eigentlich sollte es genauso eingängig sein, wie es in meinem Fall ist, zu sagen: ich lebe nur die Top-Seite, aber trotzdem ist jede Sub-Seite, jede Session mit verschiedenen Sub-Leuten, hat ihren ganz eigenen Charakter. Ihren ganz eigenen Charakter der Hingabe, die ich erfahre, der besonderen Techniken, des besonderen Glanzes in den Augen. Bei den verschiedenen Personen. Und das ist auch ein Bedürfnis, was ich habe, daß es nicht nur eine einzige Person ist, eine einzige Art und Weise, sondern von verschiedenen Personen, die mich da sehr ansprechen in der Richtung, das auch zu bekommen. Es ist für mich dieselbe Logik wie zu sagen, ich hätte eine Sub- und eine Top-Seite und würde die beide ausleben wollen. Ich will auch die verschiedenen Top-Seiten gerne ausleben. Das Bedürfnis habe ich.

?? Ja ... Glaubst du, daß es im SM echten Autoerotismus gibt? Oder ob SM also eher eine besondere Suche nach dem Anderen ausdrückt? Also kann man überhaupt autoerotischen SM machen?

Ich glaube, in der Sub-Rolle auf jeden Fall. Ich glaube, in der Top-Rolle ist das wesentlich schwieriger. In der Top-Rolle – vielleicht fehlt mir die Phantasie, mit dem Kissen – aber dann es ist eine reine ... es ist in der Top-Rolle ist die Autoerotik auf das Imaginäre beschränkt, auf die Imagination, für mich. Während ich bei den Sub-Leuten, die ich kenne, das eben auch mitbekommen habe, daß sich auf eine bestimmte Art selbst zu fesseln, selbst in eine Situation zu bringen, sich selbst zu inszenieren wesentlich einfacher ist und auch häufig gemacht wird. Wo ich mir das auch jederzeit vorstellen kann. Also, das nachvollziehen kann, ohne das selber – diesen Weg zu gehen. Also, auf jeden Fall. Die besondere Suche, das ist eine interessante These ... Ich würde dahin spekulieren, man braucht eine andere Person, um sich in den Zustand zu verbringen.... Genau. Das ist so ein bißchen wie der Vergleich auch der Selbstbefriedigung und der sonstigen Sexualität. Also es ist ja für mich auch was unterschiedliches, aber ich verbringe mich auch in einen ekstatischen Zustand. Auch selbst. Aber es fühlt sich schon anders an. Und ich denke so ist es auch auf jeden Fall auf der Sub-Seite, ich kann mich auch da – könnte mir vorstellen mich auch dann selbst in so einen Zustand zu verbringen, vielleicht Mithilfe der entsprechenden Hilfsmittel, so wie es bei der einen Normal-Sache, der Vibrator vielleicht wäre, wäre es bei dem andern vielleicht, ich lege mir eine Augenbinde an und Fesseln und so weiter. Es würde sich wahrscheinlich anders anfühlen, aber könnte auch ähnliche Effekte haben. Das denke ich auf jeden Fall.

?? Ja, die Frage wäre natürlich, aber eben, ob nicht SM, ja, ob SM nicht an und für sich eigentlich genau davon lebt, daß du jemand anders brauchst. Also weil du jemanden brauchst, der dir gegenüber quasi Macht oder Kontrolle ausspielt, oder jemanden, an dem du das – also weil sozusagen diese Intensität eigentlich erst durch das zwischen den beiden Leuten entsteht.

Ja. Die bestimmte Art von Intensität zwischen den Leuten kannst du halt nur miteinander herstellen, aber ich denke, du kannst auch mit entsprechender Phantasie dir das auch so dir selbst nahebringen. Sei es durch das Durchleben einer Session, die real gewesen ist, einer Session, die du dir vorstellst. Auch grade – das ist immer die Sache mit der Phantasie – auch grade vielleicht von Sachen, die du dir vorstellst und in denen du dich selbst zumindest in so einen Zustand bringst, die du vielleicht real gar nicht leben wolltest. Du hast ja mehr Möglichkeiten. Von daher könnte es schon möglich sein. Auf der Top-Seite ist das glaube ich ein bißchen schwieriger (lacht)

?? (Lacht) ich glaube auch. Nochmal zurück zu den Themen. Wie entdeckst du – oder entdeckst du überhaupt? (lacht) – Themen, neue Themen, an dir, für dich und überhaupt neue Themen an sich, also, daß du überhaupt merkst irgendwie: aha, da gibt es noch die und die Themen. Und wie merkst du dann auch, was für dich neue Themen sind?

Neue Themen allgemein – klar, da gibt es natürlich viele Zugänge, besonders schriftlich: Bücher, Zeitschriften, Internet – auf jeden Fall ein großer Bereich – Gespräche mit anderen Leuten, aber besonders auch Geschichten, ich bin da sehr, sehr ein Mensch, der so das geschriebene Wort sehr extrem erotisieren kann (beide lachen). Themen für mich – kristallisiert sich einfach sehr schnell, also die dann für mich speziell auch interessant sind, das kristallisiert sich sofort heraus, weil diese Themen schleichen sich dann in die Phantasien ein. So, von sich aus, da brauche ich ja gar nicht viel dran machen, ich kann die Phantasie schweifen lassen und merke, da schleicht sich ein neues Moment ein, eine andere Szene. Und das lasse ich dann so, die Tür lasse ich dann offen, gucke was da dann so zur Tür reinkommt, oder was ich davon dann so umsetze.

?? Gibt es sowas wie Wiederentdeckungen von bekannten Themen für deine persönliche Praxis? Also entweder allgemein bekannten oder für dich bekannten Themen?

Auf jeden Fall. Also Themen, die grade vor ganz langer Zeit mal interessant waren, die dann irgendwie – das Leben ist eine wellenförmige Bewegung (lacht) In so vielen Bereichen – die mal ganz brennend interessant waren, also in der Form von – eine ganz bestimmte Form, eine ganz bestimmte Technik, die irgendwann ganz aktuell war, die muß unbedingt – Thema mehr als Technik – Thema was ganz furchtbar der Kick war und was dann eine Weile wieder so ein bißchen sich gelegt hat, was nicht mehr so spannend war, und was dann irgendwann doch wieder sich meldet und an die Hintertür klopft und sagt: hej, mich gibt's doch auch noch, wir hatten doch schon viel Spaß miteinander (lacht), ne? So. Und dann ist es wieder eine Weile sehr brisant, auf jeden Fall.

?? Entdeckungen, also Themen-Entdeckungen mit neuen Partnern oder Partnerinnen, gib's das auch?

Schön wär's (beide lachen).

?? Sind die alle so einfallslos?

Nein, das nicht. Sind nicht einfallslos, aber es ist so, wenn du dich in der Szene bewegst, und schon viele Jahre SM machst, triffst du halt mehr auf Leute, die noch nicht so lange dabei sind. Das ist der häufigere Fall, ne? Viel seltener ist es, du triffst auf jemanden, auf eine Person, die auch schon sehr lange dabei ist, und so ganz neue aufregende Sachen mitbringt. Und insofern ist es auch mit den Partnern und Partnerinnen so, daß es dann eher Leute sind – aufgrund dieser ganz normalen Wahrscheinlichkeit -, die noch nicht so viel gemacht haben und dann in dem Sinne auch noch nicht so unbedingt Ideen mitbringen. Also ich fänd das schön, wenn's öfter so wäre, aber es ist nicht so ...

?? OK Nun zum Thema Phantasie und Realität in der SM-Sexualität.

Jetzt kommen die intimen Themen, hm?

?? Nein, nicht unbedingt (beide lachen). Nein, du wirst jetzt nicht ausgefragt, was du alles für Phantasien hast.

Schade (beide lachen)!

?? Hm, ja, wie läuft das bei dir mit den Phantasien ... Gibt es sowas wie eine Sexualisierung von nicht-sexuellen Zusammenhängen zum Beispiel über Phantasie?

Also nur zum Beispiel über Phantasie oder überhaupt?

?? Äh, sag doch mal beides (lacht)!

Ich denke, es gibt häufig allgemein eine Sexualisierung von nicht-sexuellen Zusammenhängen, also wenn man jetzt mit einem Partner mit einer Partnerin irgendwo unterwegs ist, kleine Blicke, Gesten, Geschichten zwischendurch in der Halböffentlichkeit oder so ganz kleine Geschichten, die immer fortwährend zur beiderseitigen Lustbarkeit eben sexualisiert werden, das gibt es mit Sicherheit häufig. Und auch innerhalb der Phantasie. Also durchaus einfach Situationen, Alltagssituationen, die einfach, die ich mir sehr schön natürlich auch verdrehen kann oder so'n bißchen anders zurechtrücken in der Phantasie, bißchen in so einen SM-Kontext reinschieben, weil es dann eben netter ist.

?? Ja, würdest du sagen, daß innerhalb von SM oder durch SM eher Phantasien verwirklicht werden, oder daß nicht verwirklichte oder nichtverwirklichbare Phantasien entfacht werden?... Also, hast du die Phantasien und im SM, in deiner SM-Sexualität setzt du sie um oder ist das, was du machst im SM was, was eigentlich deine Phantasie eher anheizt in eine Richtung, wo du sie dann auch schon nicht mehr verwirklichen kannst?

Weder noch.

?? Aha (beide lachen).

Ich seh schon, das wird hier schlecht verwertbar. Also, es ist nicht so, daß ich konkret phantasiere und das dann umsetze, umsetzen möchte, das mache ich sehr selten. Ich mache das häufig, also viel häufiger, Situationen anzufangen, und mir vorher gar nichts zu überlegen, und genau das zu machen, was ich in dem Moment – was mir in den Kopf kommt. Das hängt sehr eng damit zusammen, mit dem, was ich schon mal zu Anfang sagte: ich sehe eine Person und habe sofort ein bestimmtes Mittel, eine bestimmte Methode im Kopf, in diesem Sinne. Und über diesen Zugang paßt das vorher Zurechtlegen paßt da nicht rein. Also ich fände das auch schwierig, ich kann mir nicht vorher eine Methode zurechtlegen, und da kommt wer in den Raum, oder die Person kommt auf mich zu und die Person paßt gar nicht zu der Methode ... geht für mich von der Person – der Impuls geht für mich von der Person selber aus, damit habe ich bisher eigentlich selten falsch gelegen. Und das laß ich einfach mal in dem Moment auf mich zukommen. Das mache ich jetzt in diesem Moment. Manchmal ist das ein bißchen schwierig, man muß sich einige Sachen zusammensuchen sehr spontan, aber ...

?? Ja, aber wie ist das dann mit deinen Phantasien, also du hast Phantasien, und du wartest dann quasi bis die richtige Person in den Raum läuft, um irgendwas bestimmtes umzusetzen.

Ich trenne. Das ist für mich wiederum wirklich völlig getrennt. Ich habe Phantasien, das ist für mich ein Bereich, der mich persönlich anregt, meistens eher autoerotisch, und ich mache aktiv, real SM, und das sind für mich zwei völlig verschiedene Dinge.

?? Sind deine Phantasien denn auch aktive Phantasien?

Sehr gemischt. Die sind sehr gemischt. Also, beides. Und wenn es nicht Dinge sind, die – wenn ich nicht Situationen mir einfach ins Gedächtnis zurückrufe, imaginiere, die schon waren, dann sind es vielleicht freie Dinge, aber auch nicht die, die ich unbedingt machen möchte, oder gar nicht machen könnte, das ist für mich einfach unabhängig ... Ja, ich hörte immer viel von anderen Leuten, daß sie sich immer was vorstellen, was sie gerne möchten oder so, und da konnte ich noch nie was mit anfangen, weil ich das einfach nicht so... also ich hätte gar keine Lust, mir irgendwas bestimmtes vorzustellen und genau – das würde mich zu sehr einschränken. Das würde mich, also – ja, es ist noch nie so gewesen. Also ich hab das einfach ganz, ganz selten so gehabt, daß ich vorher schon, oder auch je nachdem, im Nachhinein, was hatte, wo ich einfach mir im Kopf was überlegt habe, was mich total anmacht und was ich dann irgendwie – wo ich mir überlegt hab, das möchte ich gerne real oder möchte ich gerne real haben oder machen. Das ist für mich sehr getrennt.

?? Naja, für die meisten Leute glaube ich sind Phantasien ja auch das, worüber ihnen klar wird worauf sie eigentlich stehen, was sie anmacht. Also die Phantasien sind ja das, was dich anmacht, und danach gehst du dann irgendwie an das ran, was du real auch tust, oder?

(Verneinend)

?? (Lacht) Du nicht.

Nee.

?? Ja, was ich ja interessant finde ist auch, daß du auch – hast du M-Phantasien, richtig?

Ja.

?? Und du hast nie daran gedacht, das mal umzusetzen?

Nee, niemals, weil ich das total schrecklich finde.

?? Aber das macht dich doch an, in der Phantasie!

Ja, aber das, wie gesagt, ich versuchte das ja grade zu erklären, der Punkt ist ja, daß das für mich völlig getrennte Sachen sind, ich könnte mir auch – es gibt auch Top-Phantasien, die ich aber nie ausleben wollte oder machen wollte, ich hätte nicht das Bedürfnis, es kann mich aber – Phantasie ist für mich wie ein Roman, den ich lese, und ich möchte das Leben nicht nachleben des Romans, aber ich verstehe diesen Roman, ne? Das ist für mich wie – ist einfach eine imaginäre Reise, der reale Bezug ist nicht da. Also ich hab ein einziges Mal in meinem Leben extrem harmlos versucht, wie ist das mit der M-Seite. Wobei ich vorher – ich hatte schon die Bedenken, daß ich merke, das ist nicht mein Ding, das war noch nie mein Ding. Und habe das sehr deutlich bestätigt bekommen, daß ich das einfach nur wirklich gruselig finde (beide lachen) und also auch so gar nicht irgendwie lustig, ne? Oder erotisch oder irgendwas, ne? Das schon, nur die Hände zusammengebunden zu haben, für mich ganz widerwärtiges Gefühl ist, so ne? Leider auch wirklich nur widerwärtig, nicht irgendwie ein Hauch von – könnte ja auch nett, was nettes sein, oder so. Und das ist für mich, das schließe ich für mich aus. Und das heißt nicht daß ich mir nicht, daß ich nicht wirklich also M-Phantasien mir vorstellen kann, wie eine – wirklich so eine imaginäre Reise und auch, daran Spaß haben kann. Also... wie gesagt ich hab den Realbezug ja auch in der Top-Seite nicht.

?? Kommt SM bei dir in deinen Träumen vor? Und unterscheidet sich das dann von den Phantasien?

Kommt auf jeden Fall in den Träumen vor, ich erfreue mich häufig sexueller Träume. (lacht) Unterscheidet sich nicht so stark. Ist einfach wie eine schöne Session träumen, sich vorzustellen.

?? Ist das nah an dem, was du lebst auch real oder näher an deinen Phantasien?

Ja, ist näher am realen Leben auch. Da hab ich manchmal den Eindruck, ich bin da immer sehr klar in Träumen. Also, wenn ich mich gestritten hab träume ich eine Versöhnung und wenn ich (lacht) wenn's furchtbar regnet träume ich von Sonnenschein, ich bin da sehr schlicht (beide lachen). Und wenn ich ...

?? *Wenn du eine Session versägt hast ...*

Naja, bisher ging's noch. Aber wenn ich merke, ich hab sexuelle Bedürfnisse die nicht erfüllt sind oder auch SM-Bedürfnisse, die nicht erfüllt sind, träume ich das sofort.

?? *Ah ja. Ist praktisch.*

Ist sehr praktisch (beide lachen). Sofort umgesetzt, also ich merke das immer ganz schnell.

?? *Nun das Thema – kurze Zwischenfrage – zum Thema SM und Gewalt. Unser Lieblingsthema ... Würdest du sagen, daß SM Gewalt ist, also ist SM Gewalt und ist SM Gebrauch oder Mißbrauch von Gewalt?*

SM ist keine Gewalt und SM ist demzufolge logisch weder Gebrauch noch Mißbrauch von Gewalt. Das schließt sich für mich vom herkömmlichen Gewaltbegriff aus. Also jedenfalls für mich und meine persönliche Art, SM zu leben. Gewalt verbinde ich mit nicht einverständlicher Ausübung von Macht oder Zufügung von Schmerz und für mich bedeutet SM, daß es immer eine Einverständlichkeit gibt. Ein gegen – ein beidseitiges oder mehrseitiges, je nachdem, Bedürfnis, miteinander bestimmte Aktionen zu machen oder Tätigkeiten. Das ist eine unbedingte Voraussetzung ... Es ist ein Spiel mit der Macht. Gerne gesagt ein bißchen theatralisch: Spiel mit Macht und Ohnmacht. Wobei die Ohnmacht nicht so zutrifft, wenn wir uns auf die gegenseitige Einverständlichkeit zuvor ja schon verständigt hatten und ein Spiel mit Macht. Ich gebe spielerisch, wird Macht abgegeben oder nehme ich Macht, die mir in die Hand gelegt wird, in meine Hände. Und erotisiere Vorgänge, in denen Macht eingesetzt wird, die mir aber zuvor überhaupt erst – ja, gegeben wurde. Die ich mir ja nicht selbst nehme ...

?? *Tja (beide lachen) Schwierig, schwierig. Jetzt kommt noch eine schöne Frage: Was würdest du sagen, ist sexuell am SM und was ist nicht sexuell am SM?*

(Pause) stellt sich die Frage, wie definiere ich Sexualität, bevor ich definieren kann, was daran sexuell ist, und das ist natürlich ein Problem.

?? Ja. Aber kann ja ganz klar unsexuelle Elemente im SM geben, z.B. sowas wie Beschäftigung mit Tod (kurze Pause). Die Frage von Macht ist ja möglicherweise auch nicht unbedingt sexuell.

Also in meiner Definition von Sexualität würde sicher auch Macht vorkommen. (beide lachen, kurze Pause) SM ist für mich sehr sexuell. Aber, wie gehabt, ich hab da ja auch – ich trenne das auch nicht. Ich kann mir auch nicht richtig vorstellen, das zu trennen, das ist mir einfach gar nicht möglich, das so sehr zu trennen. Ich kann sagen, es gibt eine normative Sexualität – heterosexueller klassischer Geschlechtsverkehr, vaginal und ähnliches – das kann ich als Sexualität definieren und dann sagen, davon bewege ich mich mit meinem SM weg. Und mein SM mit Männern ist in dem Sinne für mich entsexualisiert. Aber dazu muß ich erst natürlich mein Begriffspunkt, was ist denn Sexualität, erst so eingrenzen, um dann zu sagen, das fällt dabei raus.

?? Also du würdest jetzt erstmal Sexualität nicht beschränken auf diesen genital-sexuellen Begriff.

Nein, gar nicht. Meine Sexualität ist mein SM. Und darum würde ich das verweigern zu sagen. Also, ich würde ja nicht sagen, ich mache keinen Sex. Für mich ist das, was ich mache, der Sex ...

?? Ja. Ist SM für dich unverzichtbar geworden?

Auf jeden Fall.

?? Und das war eigentlich auch schon immer so in deinem sexuellen Leben?

Heute würde ich sagen, das war schon immer so. Es gab zwischendurch natürlich die klassischen Phasen des »Ach es geht bestimmt auch ohne«, »Es geht doch auch anders« (lacht), gerade wenn dann entsprechende Menschen im Leben auftauchen, die da nicht so viel mit am Hut haben, dann denkt man (lacht) immer wieder »ach, das geht sicher auch so« und irgendwann kommt der Punkt um die Ecke, der dann sagt »Du, hör mal«, ne? Die kleine Frau im Ohr, die sagt »Da war doch was, das war doch ziemlich nett damals, hm? Wie ist denn das, willst du das jetzt echt sein lassen?« Das klappt sowieso nicht. Also, ich hab inzwischen festgestellt, das funktioniert sowieso nicht, ich hab das immer mal wieder ein Weilchen gedacht, »Das muß ja vielleicht auch gar nicht sein« und inzwischen bin ich auf dem Punkt wo ich denke, doch, das muß sein, das gehört dazu, das ist wichtig, das hat eine Wichtigkeit und ich kann mir das nicht mehr anders vorstellen. Und ich will es auch nicht erst wieder ausprobieren, das muß ich nicht mehr.

?? Ja, würdest du sagen, daß Sex ohne SM flach bleibt? Oder oberflächlich? Ich weiß nicht, wie man das nennen soll.

Drücken wir's freundlich aus, ich würde sagen, daß Sexualität ohne SM nur bis zu einem gewissen Punkt von Intensität kommen kann und nicht weiter. Und SM kann über diesen Punkt der Intensität noch hinausgehen. So würde ich das sagen.

?? Also, wenn SM also sozusagen eine Möglichkeit ist, diese Intensität zu leben oder auch sowas wie besonders starke Gefühle zu empfinden oder zu entwickeln oder so, warum muß das sein? Also, warum braucht man das?

(Kurze Pause, seufzt) man hat einmal vom goldenen Teller genascht und weiß wie gut es schmeckt, dann möchte man es weiter haben. Also es ist einfach eine besondere Erfahrung, die man wahrscheinlich einfach nicht mehr missen möchte, wenn man sie einmal gemacht hat. Und dahin zurückkehren zum vielleicht nicht so wohlschmeckenden Haferbrei, wenn man einmal Köstlichkeiten – um die ganz profanen kulinarischen Gleichnisse (lacht) zu benutzen. Intensität – intensive Gefühle sind immer schon für Menschen ein ganz hoher Anreiz gewesen. Sei es im Bereich von Drogen, von Bungee-Jumping oder von was auch immer. Intensität macht fast alle Menschen besonders an, ist besonders wichtig, und es gibt einfach ganz bestimmte, ganz verschiedene Arten um eine gewisse Art von Intensität – sich selbst zu spüren, den Körper, das Leben – sich das zu verschaffen. SM ist eine davon ... Was ich da mache? Ich mache die schwul-lesbische Zeitung, ich mache den Christopher-Street-Day, ich hab eine Weile Vereinsvorstand Sportverein gemacht, schwul-lesbisch, ich mache Aids-Hilfe Arbeit, ich mach schwul-lesbischer Runder Tisch, mit Politik zusammenzuarbeiten, ich mache den Aufbau eines schwul-lesbischen Referats – städtischen Referats, ich mache schwul-lesbisches Überfalltelefon, Konzeption und Anträge, ach, sind dann noch'n paar schwul-lebische Sachen ... Innerhalb des ganzen schwul-lesbischen Bereiches sehe ich es, sehe ich sicher die Parallele der sexuellen Minderheit und der Angriffe auf dieselbe, die Form des Coming-Outs zu einer Minderheitensexualität selbst zu stehen, sich selbst drüber klar zu werden, über diesen Punkt hinauszukommen und entsprechend sich auch dann in die Öffentlichkeit zu begeben. Da fallen da so Geschichten rein wie parallel zum schwul-lesbischen deutschen Dachverband die konstruktive Überlegung: wie könnte ein sadomasochistischer Dachverband aussehen und ähnliches? Das ist also (räuspern) von der ganzen Art und Weise sexuelle Minderheit ... Ich sehe die Problematik einer sexuellen Minderheit wie der schwulen oder lesbischen Szene völlig übertragbar auf die sadomasochistische Minderheit ...

?? Siehst du dich eher innerhalb oder außerhalb vorgegebener traditioneller oder konventioneller Bahnen?

In Leben, im Luftatmen und Lieben?

?? Im Leben, also jetzt auch wirklich tatsächlich in deinem sozialen gesellschaftlichen Leben.

Sozial/gesellschaftlich. Ja, in jedem Fall schon durch den lesbischschwulen Bezug außerhalb der Konventionen, der üblichen Paarbeziehung, der heterosexuellen Paarbeziehung privat und beruflich, da schon rauszugehen, aus dem funktionalen Werdegang, wie er häufig zu sehen ist, da bin ich schon draußen (beide lachen).

?? (lachend) Da bist du schon draußen, ja... und in deinem beruflichen Werdegang, ist das eher für dich eher vorhersehbar, dein beruflicher Werdegang?

Nein ... Also du meinst jetzt zukünftig?

?? Ja, ja.

(räuspern) Nein, isses nicht, es, ich hab festgestellt, daß sich im Laufe des Lebens immer Gelegenheiten auftun, und es gibt immer so Situationen im Leben, die bestehen immer auch daraus, daß sich, daß es Gelegenheiten und Möglichkeiten gibt. ne? Eine Möglichkeit ist, ich brauch einen Bleistift und der liegt hinter einer Tür und die Tür ist verschlossen, kann aber auch offen sein, die Gelegenheit ist, wenn ich einen Bleistift sehe der vor der Tür auf'm Schränkchen liegt, ne? Und äh, es ist (lacht) so meine Philosophie dazu und das ist bisher immer passiert. Auch sehr unerwartete Punkte, wie der Journalismus, ich dachte, ich bezieh mich jetzt mal auf die Computer, der auf mich zukam und sagte, hej, mich gibt es auch noch, mach doch mal was, ne? Und sowas, sowas gab es immer wieder, an vielen Stellen des Lebens, und ich denk, so wird es auch weitergehen. Also ich könnte mir jetzt was ausmalen, es könnte in diese und diese Richtung gehen und ich denke es kommt dann sowieso wieder irgendwas vorbei eines Tages und sagt: hej, hier bin ich. Nimm mich doch.

?? Ja. Siehst du dich persönlich in Umbrüchen stehend oder eher nicht in Umbrüchen stehend?

Ich persönlich empfinde es nicht als Umbruch. Wenn ich einen Schritt weiter von mir weg trete, würd ich es vielleicht als einen ständigen Umbruch bezeichnen, genau diese Geschichte, daß sich häufig von Jahr zu Jahr oder manchmal von Monat zu Monat verschiedene Möglichkeiten auftun und ich sie dann auch ergreife und wieder etwas neues anfange. Oder was anderes hinzukommt. Für mich ist das eher ein ständiger Fluß als'n Umbruch.

?? Wellen.

(Beide lachen) ist die Wassermetaphorik!

?? Ja, ja.

(Überlappend) pitsche, pitsche (lacht)

?? Flüssigkeit.

(Lacht) Flüssigkeit, immer schön!

?? Wie siehst du das bei andern SMerInnen? Grundsätzlich also all diese verschiedenen Sachen?

Ich würde gerne sagen, daß ich auch bei andern SMerInnen es auch eine größere Offenheit gibt für Gelegenheiten des Lebens, vielleicht weil sie in einem speziellen Bereich ihres Lebens sich schon offener gemacht haben. Ich befürchte, daß es nicht so ist, es ist mehr so eine Hoffnung (lacht). Wie das immer so ist. Genauso wie ich auch eigentlich hoffe, daß eine sexuelle Minderheit gegenüber andern Minderheiten toleranter ist. Auch das bestätigt sich nicht immer, aber es gibt diese unterschwellig existierende Hoffnung, daß dem so ist. Bei einigen kriege, bekomme ich das auch bestätigt, aber das ist nicht durchgehend so.

?? Würdest du denn sagen, daß andere SMer, SMerinnen (...?) eher unkonventioneller leben im Sinne eben von selbständig, außerhalb von traditionellen Bahnen und so weiter, oder eher nicht?

Ich glaube da gibt es zwei Richtungen. Ich glaub es gibt die, die das Begehren haben oder in sich irgendwann mal gespürt haben oder was auch immer, und dann grade versuchen, in allen anderen Bereichen wenigstens in Anführungsstrichen konventionell zu sein, vielleicht um wenigstens das eine ungewöhnliche Begehren zulassen zu können, und es gibt die andere Richtung, bei denen dann dadurch vielleicht auch oder auch schon vorher, ja eine andere Offenheit da ist und die auch daraufhin sich für andere Wege im Leben, die jetzt nicht auf das SM direkt bezogen sind, daß sie sich dann dafür auch mehr öffnen ... Ne? Und dann einen neuen Lebenswillen ist vielleicht ein falsches Wort, aber durchaus einen neuen Reiz des Lebens insgesamt entdecken, dadurch. Und ich glaub schon, daß es so diese beiden, daß es so eine Polarisierung gibt ...

?? Ja. Kommt noch eine schöne Frage: ob du dein Selbstbild als gestört oder nicht gestört wahrnimmst, das heißt stimmt das Bild von dir selbst (lachend) mit dir selbst überein oder nicht überein. Was man natürlich

schwer einschätzen kann, aber was würdest du denn so schätzen für dich?

Da ich häufig mitbekomme, daß das Bild von mir selbst auch übereinstimmt mit dem Bild, was andere Menschen von mir haben – ich würde es mal danach bewerten – denk ich, daß es nicht nur mit meinem Bild übereinstimmt sondern eben auch mit mir selbst, ne? Das ist natürlich eng dran an so einer Art von Authentizität auch ...

?? Und jetzt natürlich die unvermeidliche Frage, wie du das, diese verschiedenen Faktoren bei andern SMerInnen siehst.

(Seufzen, kurze Pause) breites Spektrum. Ich denke, bei einigen klafft Selbstbild oder Wunsch nach einem Selbstbild, grade auf der dominanten Seite sehr mit dem Selbst auseinander. Bei männlichen dominanten Personen habe ich den Eindruck, daß das häufiger das Problem ist (lachen). Bei andern empfinde ich das so, daß auch da eine große Übereinstimmung herrscht und daß es eben auch eine runde und geschlossene Ganzheit bildet, so daß es also ein Ganzes auch ist.

?? Ja?

Hat vielleicht auch was zu tun mit der Länge, mit der man sich in der Coming-Out-Phase befindet und – oder davon darüber hinaus ist oder so.

?? Also du meinst, je länger man, je länger man SM macht, desto klarer wird man sich auch.

Sagen wir, das ist wieder eine von diesen Hoffnungsgeschichten; (lacht) ich hoffe, daß dem so ist, ob es so wirklich so ist, weiß ich nicht ... Aber ich denke mir, daß man nicht so lange rumlaufen kann mit einer großen Diskrepanz von Wunschbild und dem tatsächlichen Sein.

?? Ich weiß auch nicht (leichtes lachen), wie ist dein Verhältnis im Hinblick auf die eigene Sexualität, jetzt in Bezug auf verschiedene Beziehungen, also z.B. zur Familie: in vertikaler Verwandtschaftsbeziehung, d.h. wissen (lacht) weiß deine Familie genau oben und unten (lacht) wissen die Bescheid über deine Sexualität?

Also das Wort Sadomasochismus wird nicht ausgesprochen, werd ich auch absehbar nicht tun, aber daß es auf jeden Fall eher ein alternativer Sexualitätsbereich ist, ist sehr allgemein bekannt. (lacht) Also das ist irgendwie die Beziehungsform und Beziehungsart oder die geschlechtsspezifische Orientierung und so oder vielleicht auch durchaus so ein bißchen dominante, nicht-dominante Sachen, daß es in diese Richtung geht, das ist präsent, das ist immer erkennbar gewesen, denk ich, für die Verwandtschaft. Aber ohne eine explizite Benennung. Von beiden Seiten ...

?? Inwieweit wissen FreundInnen davon, auch nicht-sexuelle? Freunde und Freundinnen?

Hm, alle. Die mir jetzt einfallen. (beide lachen)

?? Alle?

Also alle irgendwie ein bißchen nähere Leute. Auch die nicht-sexuellen, aber irgendwie näheren Leute, fällt mir jetzt spontan keine einzige Person ein, die das nicht wüßte.

?? Kollegen und Kolleginnen?

Nicht explizit zum Teil, aber auch in dem Sinne keine Geheimhaltung. ne? Also ob das jetzt Anzeichen sind, oder ein Ring oder eine Party oder (...?), ne? Irgendwas. Das ist nicht so, daß ich etwas da ganz gezielt verberge. Das kann schon sein, daß die das jetzt, wenn sie nicht blöd sind, wissen sie's, oder wenn sie's hören wollen ...

?? Also doch so ziemlich offen eigentlich.

Ja.

?? Was sind deine Erfahrungen mit diesen Personen? War's positiv? Oder hast du dich, also hast du dich da taktisch verhalten, denen gegenüber, wem du es sagst und wem du es nicht sagst oder so?

Nee, hab ich nicht. Also bei Freunden und Bekannten nicht taktisch, aber hatte keine Lust irgendwann mal irgendwas zu verbergen oder was nicht sagen oder erzählen zu können und hab einfach dann eben jede Taktik oder jede Geheimhaltung vermieden. Und die Reaktionen sind sehr unterschiedlich. Manchmal Überraschung neutralster Form, manchmal auf einmal positive Rückmeldungen mit »ich auch, ich auch« (lacht) auch manchmal überraschenderweise und andererseits natürlich wieder Ablehnung und Ekel oder andere, sehr negative Rückmeldungen.

?? *Das aber auch.*

Ja, ja.

?? *Das hat dich dann aber nicht abgeschreckt...*

Nein, nein, gar nicht. Also, grade dann nicht. Manchmal, also wenn ich vom schwulen Kneiper auf einmal, wenn der eine Ekeläußerung über SM macht werd ich natürlich ein bißchen weiter drauf rumreiten und irgendwann sagen, ob er denn ein Problem damit hätte und wenn ja, warum? Also, zwangsläufig. (lacht) Ich kann da nicht anders...

?? *Jetzt zum Thema SM-Bewegung. Wie ist denn dein lebensgeschichtlicher Zugang zur SM-Bewegung? Wie bist du zur SM-Bewegung gekommen? – Also soll ich nochmal kurz die Trennung zwischen Szene und Bewegung erläutern, wie sie wohl hier gemeint sein dürfte? (lacht) Also die SM-Szene ist dann quasi das, was im weitesten Sinne sich irgendwie zu SM bekennt und auf Parties geht und so weiter und die Schlagzeilen kauft und so'n Kram. Und die SM-Bewegung sind dann die Leute, die tatsächlich auch Gruppen machen, in Gruppen gehen, diskutieren, sich inhaltlich auseinandersetzen und sich vielleicht auch sogar in einer politischen Weise, eventuell in einer politischen Weise für SM einsetzen.*

Okay, also Bewegung die engere...

?? *Würd ich mal sagen, also...*

...Geschichte. So, und jetzt wolltest du wissen?

?? Wie bist du zur SM-Bewegung ...

Also Bewegung. Zur engeren?

?? Kannst natürlich auch, also, auch Szene. Vielleicht muß man's gar nicht so genau trennen.

(Pause) Szene allgemein war der klassische Weg, Sex-Shops, Zeitschriften, Anzeigen, Gruppen, entsprechende Veröffentlichungen. Großer Bereich Internet, mit entsprechenden Chat-Rooms und eben so auch Leute treffen und auseinandersetzen und so weiter ... Ja, doch direkt über, über auch so Zeitschriften-Geschichten oder auch so Anzeigen-Kram oder auch Internet. Das ist schon sehr lange. Aber ich glaub, es war auch Internet, es war ganz, ganz früh das Internet, wo eigentlich es allgemeine Treffen gab, und siehe da, auf diesen allgemeinen Treffen, liefen doch einige rum, die hier und da ein Tuch hatten und kleine Handschellen und was auch immer. Kleine Zeichen und schnell fand sich in einer Ecke das Grüppchen der etwas Andersartigen. So, das war recht früh schon.

?? Und dann bist du zu Gesprächsgruppen gegangen oder wie hat sich das dann weiterentwickelt?

Hm, dann entwickelten sich zuallererst die Treffen von SMern aus dem Internet heraus. Aus, durchs Internet, das durch das Chatten, durch das vierundzwanzig Stunden die Möglichkeit haben miteinander zu sprechen und das geht so ein bißchen ineinander über, daß ich selbst dann mit anderen überlegt habe, einen Kanal anzubieten, der ständig geöffnet sein sollte und für alle Fragen rund um den SM-Bereich offen sein sollte. Und das haben wir auch irgendwann geschafft, unsere ersten vierundzwanzig Stunden, ganz stolz drauf (leichtes lachen) und das wurde halt dort immer größer, das Forum. Und haben da die ersten Treffen organisiert, aus diesem Forum heraus.

?? Aber vorher bist du schon auf Parties gegangen?

Ja, so auf mal auf größere öffentliche Parties weiter weg. Kit-Kat-Club, solche, solche ... mehr so Sex-Kram, Fetisch, so ein bißchen in die

Richtung. Oder auch mal auf normale Parties dann gezielt mit Grüppchen, Frauen-Lesben-Parties gestürmt, mit entsprechenden Assecoires (lacht).

?? Ja. Schöne Vorstellung, (lachend) ja, doch?

Göttliche Frauen-Lesben-Parties ...

?? Ja, mhmh, hat bestimmt Spaß gemacht.

Ja, sehr schön (beide lachen).

?? Gut, deine Beziehung zur SM-Bewegung heute, wie sieht deine Teilnahme heute aus? In der SM-Bewegung?

Verschiedene Gesprächsgruppen, verschiedene. Ich meine jetzt mit, das ist für mich schon unterschiedlich, Frauen-Lesben-Gruppe und die gemischte Gruppe.

?? Ach so ...

Auch jetzt durchaus nochmal auf – Kontakt aufgenommen zu Dortmund und Hannover, dort nochmal reinzuschauen, die sich jetzt ein bißchen umorientiert haben jeweils. Einfach so auch aus Neugier. Ich hatte heute erst ein Telefonat (...?) morgen ist noch ein Treffen so ganz kurzfristig, da noch hinzufahren, da mal zu schauen, ...eine ganze Anzahl von schriftlichem Austausch im Internet über Email-Listen mit verschiedenen Themenschwerpunkten. Sei es reine Frauenliste, reine Theorieliste oder reine Geschichtenliste, reine Praxisliste solche, so eine größere Anzahl. Hm, ja, selbst Treffen organisieren zuweilen (lachend) gehört ja auch dazu ... Die die Neugierseite ist wirklich Austauschen und Dazulernen und mehr erfahren, irgendwie möglichst soviel wie möglich erfahren, oder neue Erfahrungen machen oder neue Erkenntnisse gewinnen. Und die andere Seite ist darauf ausgerichtet, neuen Leuten beim Einstieg zu helfen, den Weg zu zeigen, Gruppen dafür oder Treffen oder Parties, dafür den Einstieg zu finden. Oder auch eine Weile nach dem Einstieg immer noch sich wohlzufühlen.

?? Was erwartest du von der SM-Bewegung?

Eine Politisierung.

?? Aha, inwiefern? (beide lachen)

Ich erwarte mehr Öffentlichkeitsarbeit, ich erwarte mehr Lobbyarbeit, ich erwarte eigentlich dasselbe wie ich es auch von der Schwulen-Lesben-Bewegung erwarten konnte und weiterhin erwarte: politische Arbeit, Öffentlichkeitsarbeit im weitesten Sinne, im besten Sinne zu arbeiten. Gegen gesetzliches Einschränken einer sexuellen Minderheit, für eine Sichtbarkeit zu arbeiten und Antidiskriminierung, dafür zu arbeiten. Auch Anti-Gewalt zu arbeiten, weil ja Gewalt gegen SMler ja auch ein Thema ist, das in Amerika schon viel weiter ausgebreitet ist und hier noch gar nicht so sehr zum Thema geworden ist.

?? Welche Perspektiven siehst du in der zukünftigen Entwicklung der SM-Bewegung?

Die Perspektiven sehe ich natürlich darin, als sexuelle Minderheit genauso wie andere soziale Minderheiten auch freier, offener reden können. Ohne Restriktionen, ohne eingeschränkt zu werden, gesetzlich womöglich noch verfolgt vom Staat für das Tun, was man sich selber wünscht und auch öffentlich und sichtbar sein zu können ohne vor irgendeiner Art von Verfolgung oder Diskriminierung Angst haben zu müssen. Also schon auch die Hoffnung, daß es eben so wie bei den Schwulen und Lesben sich einiges geändert hat, sich auch für SMler, SMlerinnen einiges noch ändern sollte und kann.

?? Und welche Entwicklungen innerhalb der SM-Bewegung, in der SM-Bewegung jetzt, hältst du da für tauglich und welche für weniger tauglich?

Die Hauptsache-mehr-Parties-Bewegung halte (lachend) ich nicht für so tauglich ... Um politische Arbeit zu leisten, die Leute, die sich immer mehr, und auch grade in kleineren Kreisen zusammentun, um zu diskutieren, um weiterzukommen, um argumentativ sich zu verbessern, halte ich da für wesentlich eher geeignet um einen entsprechenden Rahmen zu schaffen.

?? *Ja, gut. Was sind deiner Einschätzung nach die Gründe für die Herausbildung einer eigenständigen SM-Szene und SM-Bewegung? ...*

Sehr viele Gründe haben sich geändert. Also ich denke, so ganz zu Anfang der Bewegung grade, jetzt nicht der Szene, mehr der Bewegung, Anfänge der Schlagzeilen, so wenn man die Blätter liest, das waren ja noch ganz andere Inhalte, ganz andere, ganz andere politische Absichten, inhaltliche Absichten, gab es sicher sehr stark den Wunsch überhaupt mitzubekommen, daß es gleichgesinnte Menschen gibt, daß man nicht allein ist auf weiter Flur, als perverses Sonstwas, und alle andern sind normal und nur man selbst ist irgendwie, hat da ein Tick oder so irgendeine Macke. Um überhaupt Gemeinschaft herzustellen, was ja sehr wichtig ist für das eigene Selbstwertgefühl, es gibt noch welche, die sind genauso wie ich, ne? Was auch ein bißchen überleitet in die Problematik, überhaupt welche zu treffen, die gleichgesinnt sind und auch überhaupt Partnerschaften entwickeln zu können, gleichgesinnte. Ich denke, daß mittlerweile das nicht mehr so das Problem darstellt, weil da hat sich einiges getan und geändert, ich hab jetzt sehr viele Möglichkeiten von öffentlichen Parties, die angeboten werden, es ist nicht mehr so das Problem, die fünf Perversen einer Großstadt müssen sich an einer Ecke der Bahnhofsuhr treffen, damit sie überhaupt zueinander finden, die finden sich auch schon so. Jetzt kommt langsam eher das politisierte Problem dazu, und auch das Problem des Selbstbildes. Also zu Anfang mußte ich immer gucken, gibt's überhaupt noch welche, die so sind wie ich? Oder bin ich wirklich alleine hier im ganzen Land, und jetzt kommt eher so der Punkt, ja ich bin so und ganz viele andere auch so, aber ist das trotzdem richtig. Ist das trotzdem so o.k., wie ich so bin, ne? Oder ist das irgendwie falsch oder verwerflich? Also zu so einem Punkt zu kommen ist ja nochmal ein anderer als überhaupt die Erkenntnis zu gewinnen, ich bin so. Das kommt ja erst eine ganze Weile später in der Regel ... Oder eine Politisierung im Kopf. Also der Punkt, zu merken, ich bin in meinem Schlafzimmer nicht allein und das Private ist anscheinend immer noch politisch.

?? *Das ändert sich ja auch nicht (lacht) hm. Wie empfindest du die gesellschaftlichen und inhaltlichen Beziehungen zu anderen Bewegungen sexueller Minderheiten? Das hatten wir ja eben auch schon, das ist jetzt nochmal speziell die Frage danach. Warum glaubst du gibt es wenig*

Schwule und (lachend) fast keine lesbischen Menschen in der SM-Bewegung? Da kannst du jetzt ja sicherlich einiges zu sagen als selber lesbisch.

Ich meine, das stimmt so nicht. Es gibt nicht wenig Schwule in der SM-Bewegung, es gibt viel mehr Schwule in der SM-Bewegung generell, wahrscheinlich sogar so viel wie Heteros, nur wenn ich die SM-Bewegung als die heterosexuelle SM-Bewegung bezeichne, dann sind es dort wenig Schwule. Genausogut könnten natürlich die Schwulen herkommen und sagen, wir sind die viel größere Bewegung, wir haben auch damit angefangen, die Initiative war die schwule Lederbewegung, zumindest auch hier in Deutschland, und es gibt bei uns so wenig Heteros, ne?

?? Ja.

Ich sehe es so daß diese Gruppierungen, die heterosexuelle und die schwule, diese beiden, daß die so getrennt sind, weil die Schwulen haben es nicht nötig auf Heteroevents zu gehen, die haben selbst viel mehr zu bieten und waren viel früher dabei, da wär es dann eher folgerichtiger gewesen, daß sich Heteros sich bei den Schwulen mal reingetraut hätten, haben sie aber nicht. Eventuell aus einer klassischen Homophobie heraus, daß man mit den Schwulen dann doch nicht so viel anfangen konnte und dann lieber selber nochmal von vorne gepuzzelt hat, das dann neu erfunden hat. Und dann gab es eigentlich erst die zweite Welle der Heterosexuellen SM-Bewegung, ne? Und ich denke, daß diese Stränge parallel verlaufen, liegt vielleicht auch wiederum an unterschiedlichen Lifestyle-Bezügen. Wenn wir das so jetzt, mal so setzen, sagen wir mal ein Großteil der schwulen Geschichten laufen auch grade auch im SM-Bereich auf Sex gegen Sex – und die Heteros befinden sich da noch irgendwo so im Mittelfeld. Die sind mehr noch so im Bereich, das doch arg zu vermischen. Das ist ein anderer Stil. Und so geht das eben getrennte Wege, und das tut es ja schon sehr lange. Also im Prinzip zwei Parallelstränge. Der eine ist zeitlich versetzt. Es gibt fast keine Lesben in der Heterobewegung, also, in der SM-Bewegung heterosexueller Natur, weil sich lesbischer Sex häufig auf gemischten Veranstaltungen, auch SM-Sex, eher als voyeuristisches Objekt fühlt und damit dort schlecht plaziert ist ... Es gibt insgesamt in der Szene höchstwahrscheinlich sehr viel weniger Lesben, die SM-Sexualität leben, selbst wenn vielleicht ein Begehren existiert oder ein Bedürfnis, weil es einen vermeintlichen Konflikt gibt zwischen SM-Sexualität und lesbisch-feministischer Sexualität ... Dieser vermeintliche Konflikt geht davon aus, daß Herrschaft und Patriarchat abzulehnen ist, um es ganz grob zu vereinfachen, und Sadomasochismus Herrschaftsverhältnisse idealisiert, statt sie zu bekämpfen. Das wäre die grobe Verkürzung dieser Sichtweise. Stellt sich natürlich die Frage, stellen sich viele Fragen, und es gibt auch viele Kritikpunkte, man kann es auch so betrachten, daß grade die Zuspitzung des Sadomasochismus gewollt definierte, eigenbestimmte Herrschaftsverhältnisse die klassischen Dominanzverhältnisse eigentlich gerade wieder auflösen. Es gibt da natürlich viele, viele Argumente. Aber das hat sich leider noch nicht so durchgesetzt (lachend) in der lesbischen Szene. Sondern es wird eben eine, es gibt den sehr schlichten Ansatz, daß SM ist eben böse in der feministischen Sicht und insofern nicht akzeptiert, das heißt selbst die wenigen Lesben, die vielleicht dies Begehren haben, trauen sich damit vielleicht auch gar nicht aus dem Schatten.

?? Wie hat sich deine Sexualität durch die SM-Bewegung verändert? ...

(Pause) ich weiß nicht, ob sie sich verändert hat. Sie ist öffentlicher geworden. Weil die Sexualität der SM-Bewegung öffentlicher ist. Vielleicht auch mit dadurch. Sie ist nicht promiskuitiver geworden als vorher, aber vielleicht bewußter promiskuitiv als vorher. Weil das ein Teil der Bewegung ist, also auch ein eher naturalistischer Teil der Bewegung. Es ist viel selbstverständlicher innerhalb der SM-Bewegung offen Beziehungen zu leben oder Sex gegen Sex zu tauschen als innerhalb einer Mainstream- oder normalen sexuellen Szenerie. Und insofern ist das eben mir möglich gewesen dort auch entsprechend das offener auszuleben.

?? ... würdest du sagen, daß den SMerInnen die schwule und oder lesbische Bewegung was gebracht hat?

Na, ich hoffe, sie bringt ihnen noch was. Also ...

?? Also du findest bisher hat's ihnen noch nichts gebracht, oder ...

Ich denke, bisher hat es ihnen gebracht, überhaupt zu erkennen, es gibt sowas wie ein Coming-out, es gibt den Prozeß dessen, sich über eine Sexualität ... Man kommt raus, man findet eine sexuelle Identität, man geht damit, man steht dazu irgendwann, kann das annehmen, sich selbst zu akzeptieren und all diese Geschichten. Und dann vielleicht auch an die Öffentlichkeit gehen. Ich denke, das Vorbild ist angenommen worden, auch sich zu Gruppen, Vereinen zusammenzufinden, sich auszutauschen, Gemeinschaftsgefühl herzustellen, auch das ist in Maßen angenommen worden. In die Öffentlichkeit zu gehen, eine politische Bewegung zu bilden und mit politischer Aussagekraft als wirkliche Öffentlichkeitsarbeit, das ist in dem Sinne noch nicht, hat noch nicht stattgefunden. In Ansätzen, aber noch nicht genug ... Ein Problem davon ist, daß das leider – leider in Anführungsstrichen – SM-Menschen nicht so nötig haben. Ich kann viel leichter als SM-Mensch über die Straße gehen unerkannt, als mit meiner Freundin händchenhaltend. Das heißt ich habe auch diesen, den Druck der Öffentlichkeit nicht, mich zu outen, dazu stehen zu müssen. Das ist im Prinzip auch eine Problematik eigentlich, der SM-Gemeinschaft ... Ich sehe in der SM-Bewegung eine Spaltung.

??Ist überhaupt ein politischer Kern da?

Es ist ein politischer Kern da, es ist ein Kern da, der nach wie vor vehement diskutiert, der aufruft zu Listen gegen diese Kampagne, die gegen die Pornographie gefahren wird und in dem Zuge gleich auch gegen SM mit ... Hm, große Aufrufe sich zur Wehr zu setzen, Statements der Regierung zuzusenden und ähnliches. Es gibt auf jeden Fall einen politischen Kern, aber es gibt auch wirklich im Prinzip die beiden Polarisationen der Schwulen- und der Lesben-Bewegung. Es gibt die Schiene der ›Wir haben jetzt endlich öffentliche Parties, wir haben jetzt endlich öffentliche Stätten, wir wollen unsern Sex leben und Spaß haben‹, und es gibt genauso die Schiene ›Wir wollen‹ – die etwas kleinere wahrscheinlich – ›Wir wollen politische Wirkung zeigen und Instrumente dafür in der Hand haben‹.

?? Kann man durch die SM-Bewegung als SMerIn heute besser leben?

(Pause) Wenn man heute Coming-Out hätte im Gegensatz zu vor zehn, fünfzehn, zwanzig Jahren mit Sicherheit. Also es ist leichter, Kontakte herzustellen, eine Gruppe zu finden, Gleichgesinnte zu finden und eben bei diesem dieser Art von Coming-Out Hilfestellung zu bekommen.

?? Und abgesehen vom Coming-Out? (beide leichtes lachen)

(Pause) doch, ich denke es hilft auf jeden Fall, Kontakt zur Bewegung zu haben, sich austauschen zu können, auch grade in Zweifelsfragen oder Unsicherheiten, einfach das sind Leute da draußen, die sind so wie ich, oder es gibt da Ähnlichkeiten, das ist dann denk ich schon ein gutes Grundgefühl.

?? OK, dann kommt der letzte Punkt, ein sehr spannender Punkt, nämlich SM und Begegnung und die These wäre jetzt, das für das Gelingen einer sexuellen Begegnung ein stimmiges Moment entscheidend ist, was auch immer dieses stimmige Moment ist, ist schwer zu fassen, aber wir nehmen mal an, das muß es geben. Die Frage ist, wenn du vielleicht, vielleicht kannst du auch sagen, was es ist für dich, dieses stimmige Moment. Die Frage wäre dann ein bißchen, was von dir selbst abhängt und was nicht von dir selbst abhängt. Also was von deinem Partner abhängt und was von dir abhängt, was vom S, was vom M abhängt.

Ja (beide lachen). Hm, stimmiges Moment. Es ist wahrscheinlich schwierig dafür einen passenden Begriff zu finden, aber es gibt sowas. Auf jeden Fall ...

?? Und wieviel hängt da von dir ab?

Ja, von mir beziehungsweise von jemand anders hängt genau diese Gegenseitigkeit ja auch ab. Also ich weiß, diese Art von Faszination, von einem überspringenden Funken, die kann auch nur einseitig sein. Wenn und das, wenn ich von einer Person fasziniert bin und so eine Art von Faszination habe, oder von diesem, dieser, diesen Magic Moment empfinde, dann kann das durchaus sein, daß nur ich den empfinde, daß der auf der andern Seite nicht ebenso empfunden wird. Und ich denke das wiederum hängt tatsächlich von einer Art von Ausstrahlung, Charisma, was auch immer ab, die man selbst mitbringt und die auch das Gegenüber mitbringt. Ob das dann auch, ob das überhaupt dann stattfindet, dieses Erkennen, und wenn ja, ob das dann auch beiderseitig stattfindet (Pause) Ich glaube schon, daß es von beiden gleichermaßen abhängt. Aber ich kenne nur die eine Sicht, und ich glaube, daß mich das nur eingeschränkt befähigt, das überhaupt zu beurteilen. Also, ich glaube, daß ich das schwer beurteilen könnte dafür, wie stark das von einer Sub-Seite abhängt. Ich weiß, daß es sehr wichtig ist, wie sehr ich meine eigenen Antennen geöffnet habe in einer Session und darauf achte, welche Rückmeldung verbaler, nonverbaler, sonstiger körperlicher Zeichen und der Ausstrahlung der Person ich mitbekomme, daß viel davon abhängt. Aber wie das von der andern Seite her aussieht kann ich – glaub ich – schwer sagen. Sie muß ja auch so quasi Zeichen senden, damit ich sie empfangen kann.

?? Ja, dann noch eine Frage. Beziehungsweise zunächst eine These. Die These wäre: Liebe hat mit Nähe zu tun und erotische Anziehung hat mit Distanz zu tun. Und SM hat möglicherweise mit einer sehr spezifischen Art von Distanz zu tun. Wie ist das für dich?

Also fangen wir mal beim Anfang an, was war das? Liebe hat mit Nähe ...

?? Liebe hat mit Nähe zu tun und erotische Anziehung mit Distanz.

Ich hoffe, daß überhaupt nichts mit Nähe zu tun hat, weil Nähe grauenhaft ist, aber abgesehen davon glaub ich nicht (lacht).

?? Nähe lehnst du ab?

(Lacht) find ich eher unangenehm ... Das Schöne ist, daß ich auch gute, sehr herzensgute, mir sehr nahestehende Freunde und Freundinnen habe, die Nähe auch als absolut unangenehm empfinden, das auch recht normal finden, daß das doch recht unangenehm ist und das läßt sich auch sehr schön unabhängig von Liebe betrachten, ich würde diese Gleichförmigkeit, also diese Gleichung nie setzen.

?? Also Liebe geht für dich auch ohne Nähe.

Völlig, Liebe sollte ohne Nähe gehen, weil ich's sonst nicht für Liebe halte.

?? *Aha, was verstehst du eigentlich unter Nähe? (Beide lachen) Darf ich mal nachfragen?*

Unter Nähe verstehe ich in diesem Sinne, sich zu nah auf die Pelle zu rücken. Ich bin da extrem allergisch in jeder Beziehung, im weitesten Sinne des Wortes. Das heißt sowohl körperlich als auch rein, wie soll ich sagen, intellektuell oder so. Oder gesprächsweise. Also ich möchte Leute bis zum bestimmten Punkt an mir haben und nicht näher. Das empfind ich als unangenehm, genauso wie gefesselte Hände (lachen). Und ich finde auch, daß eine gewisse Form von Nähe, die aufgedrängt wird, manchmal sehr wenig mit Liebe zu tun hat, sondern einfach nur mit – häufig mit Verlustangst oder ähnlichem. Und daß ich es vor allem … als die wichtigere Frage wäre vielleicht, was empfinde ich als Liebe, weil ich glaube, daß ist der Punkt, um den es sich dreht, weil ich empfinde es eher als Liebe, wenn mich jemand genau so will, wie ich bin, mit all den Freiheitsbedürfnissen, die ich habe und all der Distanzierung von dieser Nähe, die so gerne gewünscht wird.

?? *Und ist SM eine Art von Distanz für dich?*

Es ist in der Tat wahrscheinlich eine Art von perfekt inszenierter distanzierter Nähe. Ist eine sehr große Nähe durch die große Intensität, aber das Instrument ist eben selbst, schafft natürlich wieder auch Distanz. Und das ist einfach perfekt (leichtes lachen).

?? *Für dich (lacht).*

Ja, für mich persönlich ist es perfekt.

?? *Ist es für dich persönlich eine Möglichkeit, Nähe zu haben, ohne daß sie dich stört oder so? Ohne daß sie dir zu nah ist? Also …*

Ja auf jeden Fall, es ist für mich so ein Idealzustand, eine ganz große intensive Nähe zu genießen, ohne diesen ganzen Kitsch drumrum und diese herkömmlichen Formen von ›Man muß sich stundenlang küssen‹ oder sowas ekliges oder (lacht) Händchenhalten oder so.

?? *Also es muß auch nicht vorher irgendsowas wie Nähe da sein, damit man im SM Distanz schaffen kann, um wieder Nähe zu kriegen am Ende oder sowas.*

Nein, das muß kein Wechselspiel in der Form sein. Ich schaffe ja auch durch das Distanzinstrument SM auch die Nähe in dem Moment der Session, ne? Diese Intensität ist ja auch in der Session.

?? Ja, gut, dann wären wir tatsächlich am Ende dieses Fragebogens. Es gäbe jetzt noch die Nachfrage meinerseits, ob für dich irgend eine wichtige Frage vergessen worden ist, oder ob dir noch irgendwas einfällt, ob du eine Frage aufwerfen willst, die nicht gestellt wurde...

Ich glaube daß, was ja nicht so berücksichtigt ist, daß es schon (Pause) wie lang machen die Leute das, ist nicht, soweit ich mich jetzt erinnern kann, berücksichtigt worden, gar nicht. Find ich einen sehr wichtigen Punkt um überhaupt diese Antworten auszuwerten eigentlich. Um damit – um die einordnen zu können quasi und auch vielleicht da zu gucken, gibt es noch Verlaufsentwicklung im Laufe dieser Zeit. Fänd ich jetzt echt so einen interessanten Punkt. Nach fünf, nach zehn, nach fünfzehn oder zwanzig Jahren. Ich glaub schon, daß es die gibt. Und dann auch von der Rollenentwicklung her, zum Beispiel. Oder: Entwicklung, wie auch immer. Rollenentscheidung, wie man zu einer Rolle kommt bzw. zu beiden Rollen und so.

A2 Dokumente von SM-Organisationen und SM-Publikationen

A.2.1 SM Gruppe SMash (Frankfurt am Main)

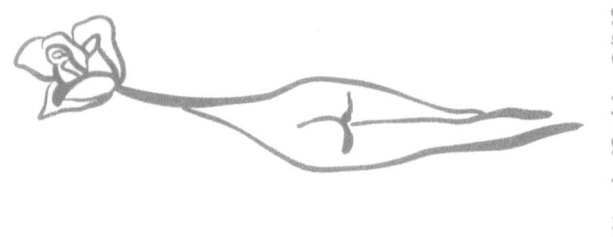

Was heißt hier S/M?

Eine Möglichkeit zu reden.

Anders Sein, anders fühlen wirft viele Fragen auf. Fragen, die am besten mit anderen zu klären sind. Zum Glück ist ein Austausch über diese Fragen in Frankfurt möglich.

• Gleichgesinnte treffen
• Sich austauschen
• Freunde finden
• Ohne kommerzielle Absichten

Andererseits muß ich mich mitteilen, um mein Begehren ausleben zu können.

»Wie sag ich's meiner Gefährtin, meinem Gefährten? Setze ich damit meine Beziehung aufs Spiel? Finde ich eine Person, die sich auf meine Wünsche einläßt, ähnliche Gelüste hat? Wie gestalte ich die Verständigungsmöglichkeiten in einer erotischen Begegnung mit sadomasochistischem Inhalt? Wie setze, wie erkenne ich Grenzen? Wie reagieren Familie und/oder Freundeskreis?«

Zudem gibt es Technisches, nämlich Fragen der körperlichen und seelischen Gesundheit und Sicherheit zu bedenken.

»Wozu ist ein Codewort gut? Was tue ich, wenn mein/e Partner/in bei einer erotischen Begegnung verstört zusammenbricht? Wohin darf ich nicht schlagen? Wie sollte ich besser nicht fesseln? Was ist bei erotischen Spielen mit dem Atem zu beachten? Was ist, wenn Blut fließt? Was muß ich über Safer Sex wissen?«

SMASH S/M-Gruppe in Frankfurt am Main.
Telefon (069) 43 63 99

Was ist normal?

»Mich ausliefern, gefesselt sein, steigert meine Aufmerksamkeit. Ich habe mich völlig anvertraut und bin auf die gesteigerte Aufmerksamkeit meines Gegenübers angewiesen. Jetzt erst lasse ich mich fallen, ich nehme die Liebkosungen entgegen, ebenso wie langsam sich steigernde Reize, Bisse, Schläge. Das Brennen auf meinem Hintern, aber auch das Kribbeln zwischen meinen Beinen nehmen zu. Daß ich jetzt muß ich warten, muß selber Lust bereiten, dann werde weiter ich stimuliert, muß wieder warten. Lange schiebe ich auf Anweisung meinen Orgasmus vor mir her, bis ich ihn kommen spüre und, Körper an Körper, fest umarmt, meine Möse an einem Schenkel zwischen meinen Beinen zum Höhepunkt reibe.«

»Eine Maske vor dem Gesicht, ein weiter Umhang um den Körper machen mich unkenntlich. In einem Raum mit Stimmengewirr lasse ich mich an einen Bock bäuchlings festbinden und warte. Was werden die anwesenden Personen mit mir tun?«

»Ich sitze mit einem Freund in der Kneipe und erzähle ihm, wie ich mit einem Seil seinen Schwanz, seine Eier abbinde. Dabei gehe ich in die Details und spüre, wie ihn das schafft; ich schildere genau, wie ich seine Eichel mit heißem Kerzenwachs beträufele und dieses mit leichten Schlägen wieder entferne, wie ich ihn auffordere, einen Gummi über den gebundenen Schwanz zu ziehen und mich zum Orgasmus zu vögeln, indem er mir seinen Schmerz schenkt. Aufmerksam hört er mir zu. Wir trinken unser Bier aus, bezahlen und verabschieden uns draußen vor der Kneipe.«

»Ich mache einen Stadtbummel mit einem Seil durch den Schritt und kleinen Klemmen an den Brustwarzen und genieße, daß niemand etwas merkt. Am nächsten Tag ist ein kleiner Spaziergang zum Laden an der Ecke begleitet von einem kleinen Klappern, dessen Ursache nur ich kenne: unter meinem Rock stoßen bei jedem Schritt kleine Gewichte zusammen, die an meinen Venuslippen festgeklemmt sind.«

»Gerne lutsche ich an einer Eichel. Vor allem, wenn ich den Schluck Cognac noch im Mund habe.«

Lust ist vielfältig.

Das ist längst nicht alles. Andere mögen und machen anderes, Lust ist vielfältig. Neugier und Phantasie sind keine Grenzen gesetzt. Grenzen?

Sexualität, in welchen Formen und Spielarten Menschen sie auch leben, setzt Einverständnis voraus. Sie basiert auf gegenseitigem Respekt und Achtung. Gewalt fängt da an, wo das gemeinsame Wollen aufhört, egal ob nun ein Kuß auf die Wange oder ein Peitschenhieb die Grenze verletzt. Sind Macht und Ohnmacht Themen einer erotischen Begegnung, ist die Verständigung über diese Grenzen doppelt notwendig, um psychische und physische Verletzungen zu vermeiden. Es geht dabei nicht um reale Gewalt, sondern um die Inszenierung von Dominanz und Unterwerfung

Anders als andere.

Stelle ich fest, daß mich scharf macht, was nicht der Norm entspricht, so habe ich einen Anreiz, bewußter damit umzugehen, als mich einfach nur einem »Trieb« zu überlassen. Einerseits bin ich mit Fragen und Ängsten konfrontiert:

»Warum bin ich so, warum will ich anderen Sex als andere? Warum kann ich mir das nicht abgewöhnen? Bin ich verrückt oder kriminell oder auf dem Weg dorthin? Führt Schmerzgeilheit in eine Spirale von Abstumpfen und Immer-mehr-wollen? Wie ist meine Einstellung zu realen gesellschaftlichen Dominanzverhältnissen, und in welchem Zusammenhang stehen meine sexuellen Bedürfnisse dazu?«

Bericht über Fragebogenaktion „Rund um Smash"
(Ende November 2001)

20 Fragebögen sind abgegeben worden. Die Zahl in Klammer ist Anzahl der jeweiligen Antworten.

Der Gesprächskreis ist durchschnittlich mit „gut" (11) mit Streuung „sehr gut" (3) bis mittel (4) bewertet worden, also 70% finden ihn gut oder sehr gut. Nur wenige finden ihn „schlecht" (1) oder nehmen nicht teil (1).

Teilnehmern gefallen am meisten Themen, -vertiefung und -variation (4), intensive Kommunikation und Meinungen hören (4) und Offenheit (3). Teilnehmer schlagen als Verbesserungen Zugang nach 8 (4), mehr Beachten/Veröffentlichen der Regeln (3), Themenplanung und -veröffentlichung (2) vor.

Der Stammtisch ist durchschnittlich mit „gut" (8) mit Streuung „sehr gut" (5) bis mittel (3) bewertet worden, also 65% finden ihn gut oder sehr gut. Ein paar finden ihn „schlecht" (3) oder kennen ihn nicht (1).

Teilnehmern gefallen am meisten Leute/Gleichgesinnte treffen und wiedertreffen (6), ungezwungene, gemütliche Atmosphäre (4), Informationsaustausch (1). Teilnehmer schlagen als Verbesserungen mehr Teilnehmer (2), Namensschilder für alle (1), SM vermehrt als Thema (1), alternativer Termin (1) vor.

Die Feten 2001 im Fantasy sind durchschnittlich mit „gut" (5) mit Streuung „sehr gut" (3) bis mittel (2) bewertet worden, also 40% finden sie gut oder sehr gut. 45% (9) kennen sie nicht und (1) nimmt nicht teil.

Teilnehmern gefallen am meisten Atmosphäre (2), Ort/Örtlichkeit (2), Spielgelegenheit (1). Teilnehmer schlagen als Verbesserungen mehr Feten (2), verlängerte Dauer (1), bessere Örtlichkeit (1), längerfristige Planung (1), Einladung außerhalb Smash (1), „Jobs" z.B. Postillion d'Amour (1) vor.

Im allgemeinen ist SMash durchschnittlich mit „gut" (10) bewertet worden mit Tendenz „sehr gut" (5). Streuung, also 75% finden Smash generell gut oder sehr gut. Desweiteren bewertete (1) Smash mit „schlecht", (1) kenn Smash (noch) nicht und (3) verzeichneten keine Antwort.

Teilnehmern gefallen am meisten Möglichkeit zum Treffen Gleichgesinnter/netter Leute (5), lockere, offene Stimmung (3), Zusammenarbeit (1), Kontinuität & Niveau (1), Kommunikationsmöglichkeit (1). Teilnehmern wünschen sich meistens weniger Trennung Team/andere Teilnehmer (2), mehr Leute (1), freundlichere Aufnahmen von Neulingen (1). Als Verbesserungen wurden mehr Aktivitäten (2), mehr Spaß & Toleranz (1), mehr Information über andere Gruppen (1), mehr Planung (1) vorgeschlagen.

Teilnehmer würden bei Smash gerne mehr Feten (4), kulturelle Unternehmungen (4) z.B. „Vorträge", „SM in der Kunst", Workshops (4) z.B. Perückenherstellung, Ausflüge zu Feten (2) z.B. Hamburg, Bondagesessions/-Seminare (2) und Kontakt zu anderen Gruppen (2) sehen. Außerdem wurden Werbung für mehr Frauen (1) und ein zwangloser Treffpunkt ohne feste Zeitpunkt (1) genannt

Unterstützung für Smash halten die meisten (85%) für „möglich" (12) und (5) bejahten es. Nur (3) verneinten. Möglichkeiten umfassen generelle Aktivitätsorganisation/-ideen/-beratung (3), Fetenmitwirkung/-organisation (2), Kulturelles/Historisches z.B. Führung im Städel (2), Workshop (1), PR und Design (1), Fotografieren und Kochen (1) und (4) hatten keine feste Vorstellung

SMash

Fragebogen zur Generalversammlung 28. November 2001

Deine Rückmeldung zu den Aktivitäten von Smash hilft uns im Team bei der zukünftigen Planung von Aktivitäten. Wir würden uns freuen, wenn Du Dir ein paar Minuten Zeit nimmst, um uns Deine Meinung und Ideen mitzuteilen.
Bitte gib Deinen Bogen an Karla zurück. VIELEN DANK FÜR DEINE MÜHEN!

1. **Wie bewertest Du folgende Aktivitäten von Smash?** (1 - sehr gut, 2 - gut, 3 - mittel, 4 - schlecht, 5 - sehr schlecht)

a. **Der Gesprächskreis**   1☐ 2☐ 3☐ 4☐ 5☐   kenn ich nicht ☐   nehme ich nicht teil ☐

Was gefällt Dir daran gut? ....

Was können wir besser machen? ....

b. **Der Stammtisch**   1☐ 2☐ 3☐ 4☐ 5☐   kenn ich nicht ☐   nehme ich nicht teil ☐

Was gefällt Dir daran gut? ....

Was können wir besser machen? ....

c. **Die Feten im Fantasy (in 2001)**   1☐ 2☐ 3☐ 4☐ 5☐   kenn ich nicht ☐   nehme ich nicht teil ☐

Was gefällt Dir daran gut? ....

Was können wir besser machen? ....

2. **Wie gefällt Dir Smash im allgemeinen?**   1☐ 2☐ 3☐ 4☐ 5☐   kenn ich nicht ☐   nehme ich nicht teil ☐

Was gefällt Dir daran gut? ....

Was können wir besser machen? ....

3. **Welche Aktivitäten würdest Du bei SMash gern sehen?**

....

....

4. **Würdest Du gern selbst Smash unterstützen?**   Ja ☐   Möglich ☐   Nein ☐

Wenn ja, wie? ....

....

A 2.2 SM Gruppe Schlagseite (Mannheim)

Wir Sadomasochisten

Sadismus / Masochismus : einige Ansichten der Schlagseite Mannheim-Heidelberg, Verein i. Gr.

Gerd, 40, switchender Bondage-Fan:
Die ganze Nacht mit sicher auf den Rücken gefesselten Händen oder einer Spreizstange zwischen den Füßen verbringen, das kann nicht nur geil, sondern auch -trotz weniger Schlaf- in tiefer Seele erholsam sein.

Sabine, Neuling, nach ihrem ersten Fetenbesuch:
Ich hatte nicht gedacht, daß zwischen den Leuten so innige Beziehungen laufen.

Isa, 24, switch:
Sich ausznliefern, das bedeutet: Vertrauen zeigen, Spannung erzeugen, den Körper genießen, Schmerz zu ertragen, sich fallen zu lassen und ... frei zu sein! Darauf stolz sein zu können, ist für mich nicht weiblicher Unterordnung, sondern Emanzipation.

Karin, 20, switch:
Früher hatte ich nur M-Phantasien, heute agiere ich selbstbewußt auf beiden Seiten.

Achim, 28, bi, switch:
Das Schöne an M ist die Unterwerfung, dieses Gefühl ausgeliefert zu sein. Manchmal habe ich Angst vor dem, was kommen mag, aber letztlich weiß ich, daß ich mich auf meine Herrin verlassen kann. Als Notbremse gibt es für uns schließlich das Codewort. Mein Stolz.

Was uns wichtig ist

Die Würde des Menschen ist unantastbar. Das gilt auch und gerade für uns, die wir öfter bewußt mit Macht und Teilen der Gewalt in der Erotik spielen. Wir verabscheuen die mißbräuchliche Gewaltanwendung daher wahrscheinlich mehr als die Durchschnittsbürger.

Auch wenn es so ähnlich aussehen kann: SM ist keine reale Gewalt! SM ist das Spiel von Menschen mit einem gemeinsamen Ziel. Realer Gewalt fehlt einmütiges Wollen.

Sadomasochisten sollten aufgrund ihrer Veranlagung nicht sich selbst ablehnen oder aus Angst vor Diskriminierung isoliert leben. Erst diese Selbstverleugnung kann schließlich zu großen eigenen Problemen führen. Es gibt viele von uns, die inzwischen auch etliche Gruppen und Arbeitskreise gebildet haben, die sich sehr intensiv mit dem Thema und seinen Problemen befassen. Entgegen einer verbreiteten Meinung ist das Verhältnis der Geschlechter auch gar nicht so unausgewogen, nur gehen Frauen den Weg zur Kontaktaufnahme oft verschlungener.

SM als Spielart der Sexualität kann, auf der Basis von Respekt und gegenseitiger Freiheit, gelebt werden.

Die Formen des mit SM verbundenen Praktiken und Vorlieben sind vielfältig. Sie reichen von mehr körpergefühlorientiertem, wie Fesseln (Enge, Muskelspannung) oder Flag (Wärme, Schmerz), bis zu mehr psychischen Komponenten (hilfloses Warten, Benutzen, Unterwerfen). Seltener ist jedoch eine bestimmte Praxis an sich wichtig, sondern diese im Zusammenhang mit einer energiegeladenen Spielsituation mit dem Partner. Ferner gibt es noch diverse Mischformen, auch mit dem Fetischbereich (z.B Gummi, Leder, Ketten usw. usf. ...). Diese Vielfalt ist eine ganze Welt und erfordert deshalb viel Kommunikation und Einstimmung aufeinander.

Ohne entsprechende Abstimmung ist die Entäuschung schnell groß und leicht werden körperliche oder seelische Schäden provoziert.

Wir wollen Sicherheit bei unserem Spiel der Erotik unbedingt auch für die Seele. Vorsicht, Sensibilität und Vorgespräche helfen dabei. Gefährlich ist nicht SM an sich, sondern der klischeebelastete, dilettantische Umgang damit.

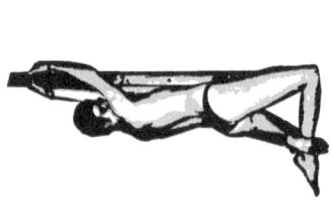

Unsere Empfehlung:: wer sich irgendwie unsicher ist, sei es in Fragen der Sicherheit Fesseln kennen man Nerven schädigen), bezüglich seines Verhaltens gegenüber (schon durch falsches noch unbekanntem Partner oder sei es, daß er sonst Fragen hat, suche Rat bei einer Gruppe oder einem der Arbeitskreise.

Schlagseite Mannheim Heidelberg
c/o A. Marenbach
Fröhlichstr. 25
68169 Mannheim
Beratungstelefon: 0621/1 56 39 08
Internet: www.schlagseite.org

verbindet seinen Mißbrauch, und seine strikte Beachtung muß Ehrensache für jeden S-Part sein.

Ute, 31, bi, switch:
Wer von uns kennt sie nicht, die Zweifel, ob man nun normal sei. Soll man dagegen ankämpfen, oder nicht? Traut sich nicht zu reden, verschligt alles Lesbare zum Thema und findet sich oft doch nicht richtig darin wieder, lernt aber zumindest, daß es Ähnliches gibt. Schließlich eine positive Annehmen: Ich bin so und so, egal wie es andere nennen, auch wenn diese Namen meine Gefühle nicht richtig treffen. Und mit etwas Glück findet man dann endlich Menschen, bei denen man auch der Gefühl hat: hier bin ich auch mit meiner Sexualität zu Hause.

Jens, switch:
Es gibt viele Arten von Schlägen: als Strafe, zur Belohnung, des Aushalten als Gabe des Meisters... Natürlich tut es weh, geschlagen zu werden. Die Schläge so zu dosieren, daß sie insgesamt noch lustvoll bleiben, das ist die Kunst des Top. Und als M bleibt auch noch der Stolz hinterher, es ausgehalten zu haben !

Dagmar, M,
Meine Neigungen auch meiner Umgebung gegenüber immer weniger zu verstecken, sondern selbstbewußt die Fragen nach dem Sinn der Haken in meiner Decke zu beantworten, dabei hat mir die Teilnahme an einem SM-Gesprächskreis sehr geholfen.

Erik, 30, schwul, S:
Auf der Suche nach meiner Form von Sexualität kam ich zu Männern; was mich jedoch nicht vollständig befriedigte, da immer noch eine wichtige Komponente fehlte, die ich noch nicht benennen konnte. Als mich mein damaliger Freund fragte, ob ich mir vorstellen könnte, ihn zu fesseln und mit der Gerte zu bearbeiten, fiel es mir wie Schuppen von den Augen. Heute kann ich mir meine Sexualität ohne SM nicht mehr vorstellen, was nicht bedeutet, daß ich auf Kuscheln, Streicheln, Schmusen u.v.m. verzichte.

Einige Begriffe

"S", "Top", "dominant" und "aktiv" sind mit den handelnden, bestimmenden Partner/innen verknüpfte Begriffe;
"M", "Bottom", "devot" und "passiv" werden für die empfangenden Partner/innen verwendet.
"Bondage" ist eine, oft kunstvolle, Fesselung.
"Flag" ist das Schlagen mit Peitschen, Gerten, u.a.
"Spanking" bedeutet das Schlagen mit der Hand.
"Switcher" wird das Wechseln zwischen der aktiven und passiven Rolle genannt.
"Codewords" oder "Safewords" werden vereinbart, um vor allem neuen Partnern sagen zu können: "jetzt wird es zu hart" ohne "hör auf, "nur ja, ich fühle mich gut" (z.B. "rot, gelb, grün") ohne die angestimmte Atmosphäre durch unnötige Worte zu verlassen. Als weit verbreitetes Codewort ist "Mayday" bekannt, welches z.B. auf SM-Fetten auch die Zuschauer zum Eingreifen legitimiert, sollte es wirklich vom dominanten Part überhört oder gar mißachtet werden.

Klischee und unsere Wirklichkeit

Sadomasochismus ist eine krankhafte Veranlagung. Lust nur durch Zufügen und/oder Erleben von Schmerz zu erleben.

Sadisten sind gefühllose Prügler. Manager unterwerfen sich Dominas, weil sie ihre große Macht im Alltag kompensieren müssen. Ein Sadist will seine Macht aufzwingen. Masochisten sind arme stiefeleckende Kranke.

SM ist eine Welt phantasievoller Spielarten intensiven auch sexuellen Erlebens, die Wünsche nach Lust und Ohnmacht nicht leugnet, sondern selbstbewußt und mit Respekt vor dem Partner einsetzt.

Die Tops sollten ein hohes Maß an Sensibilität besitzen. Gutverdienende haben das Geld, sich einen Besuch im Dominastudio zu leisten. Die Neigung gibt es aber in allen Schichten.
Ein S hat nur soviel Macht, wie der M ihm einräumt. M's sind stolze selbstbestimmte Persönlichkeiten.

In einer SM-Beziehung spielen Vertrauen und Sicherheit eine große Rolle.

SM leben - wie ?

Sie hat die Augen verbunden und trägt nur einen knappen Tanga. Ihre Hände sind sicher über dem Kopf an ein solides Rohr gekettet, eine hinten hochführende Schrittkette "hält" ihr, leicht auf den Zehen zu stehen. Der aufgerichtete Oberkörper bildet mit dem exponierten Po und dem Tonus der Schenkelmuskeln das Bild einer göttlichen Bronze. Meine stolze Spielgefährtin, wann wird sie von mir wieder befreit werden ? Ich genieße ihr lustvolles Aufstöhnen und Winden, das auf meine Schläge, mein Kneifen, Kratzen, Kitzeln, Zwirbeln oder Streicheln folgt, sogar doppelt. Denn ich kann ihre Gefühle mitempfinden, da auch ich die M-Seite bestens kenne.

1 1/2 Stunden stehe ich jetzt solide gefesselt vor dem Holzpfosten mitten im Zimmer. Das Minimum der im ganzen vier Stunden. So wurde es mir boshaft und genießerisch angekündigt. Ab jetzt könnte es soweit sein. Jedes Klappen der Eingangstüre erneuert die Spannung. Bin ich gleich nicht mehr alleine? Und was dann ? Werde ich nach einem erwärmenden Spanking bald befreit, oder bekomme ich für den Rest der Zeit noch das Bleigewicht unten angehängt? Werden ein paar Klammern an den Brustwarzen befestigt, während die am Schwanz befestigte Kette noch nach und nach höher auf die Zehen zieht? Oder bekomme ich für den Rest des Abends die Augen verbunden und werde für den Rest des Abends nicht weiter beachtet? Ein gelegentliches Klopfen auf die abgebundenen Eier zählt ja angeblich nicht. Die Spannung steigt weiter!

Schlagseite Mannheim Heidelberg

Tel: 0621/1563908
Fax: 0621/3189834
email: mail@schlagseite.org

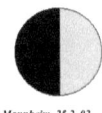

Mannheim, 25.2..02

Schlagseite Mnnheima-Heidelberg,
c/o G.Marenbach, Fröhlichstr.25, 68169 Mannheim

«Vname» «Name»
«Straße»
«plz» «Ort»

Liebe Freunde, hier kommt die Einladung für unsere nächste Fete im Jails!!!
Thema: die Jury

Endlich wieder eine Schlagseitenfete mit netten Leuten anregenden Spielplätzen, Postillion d`Amour und kaltem Buffet...
Nicht so nett sollen die Folterknechte sein, Handlanger einer Jury, welche auf dieser Party tagt.

Die Jury
sitzt von 23:15 - 24:30 Uhr zu Rate, ganz nach dem Thema kein Brot aber Spiele. Hier können sich auslieferungswillige M-Leute melden um sich dem Willen der Jury unterwerfen zu lassen.
Sind die Opfer erst gefunden tut die Jury Ihre Wünsche und Inspirationen per Zuruf den männl. und weibl. Folterknechten kund, welche diese natürlich sofort in aller Öffentlichkeit, an dem Opfer der Wahl vollstrecken.
Den M-Leuten bleibt nur das bange Ausharren welches Geschick sie nach welchem Zuruf durch wen auch immer ereilt. (M-Leute die an diesem Szenario Interesse haben sollten sich unbedingt zwischen 22:30-23:15 Uhr bei der Protokollfüherin der Jury zur "Abklärung" der Rechte, Risiken und Nebenwirkungen melden.)

Postillion d´Amour
sind daran zu erkennen, dass sie (fast) nackt sind und Schwarze Schärpen sowie Silbertabletts tragen.
Ihre erotische Ausstrahlung soll jedoch nicht zu der Annahme verleiten sie seien selbst vorrangig Objekt der Begierde, sondern sie sind Kontaktboten. Mit ihnen könnt Ihr Nachrichten übermitteln lassen, diese Nachrichten können mündlicher (der Postillon richtet etw. aus), schriftlicher (der Postillion übergibt eine schriftl. Nachricht), oder symbolischer (jmd. lässt Handschellen überbringen mit der Aufforderung diese Anzuziehen und sich zum Absender bringen zu lassen)sein. Der Absender muss dafür sorge tragen, dass der Postillion den Empfänger der Nachricht finden kann (zeigen, beschreiben, Aufenthaltsort angeben...) Damit der Empfänger den Absender finden kann auch wenn sich diese noch nicht persönlich kennen.

Wann: Freitag den 29.03.02
Wo : Angelstr. 33 in 68199 Mannheim
Einlass 21 -23 Uhr
Eintritt: 20 Euro

Dresscode: Null Bock auf Dresscodedebatte? Wir auch nicht- deshalb kein Einlass in Alltagskleidung!

Übernachtung: Eigentlich haben wir viel zuwenig Schlafplätze, aber wenn gerade Du Dich rechtzeitig meldest können wir Deinen Schlafsack vielleicht noch bei uns privat unterbringen...

Frühstück:Am Samstag 30.03.02 ab 11:00 Uhr im Helium J7/21 Mannheim Sex macht hungrig um Kannibalismus vorzubeugen Wäre eine Anmeldung hilfreich.

Wir freuen uns auf Euer Erscheinen.

Liebe Grüße vom Team der Schlagseite

Spielregeln

mit **Stil, Takt, Zurückhaltung** und **Respekt**.

Die Räumlichkeiten
Eventuelle Hinweisschilder an den Spielplätzen sind unbedingt zu beachten. Wünschen Akteure, die in geschlossenen Bereichen spielen, keine Zuschauer, so ist dies zu respektieren. Diese Bereiche bleiben dann geschlossen, es wird auch nicht mal kurz hinter den Vorhang geschaut.

Störung von Aktionen
Falls jemand Aktionen stört, z.B. durch Mißachtung von Hinweisschildern, eingreifen in Aktionen, Kommentierung von laufenden Aktionen etc. behalten wir uns vor, von unserem **Hausrecht** Gebrauch zu machen und denjenigen **vor die Tür zu setzen!**

Keine Kameras
Mit den gleichen Sanktionen muß rechnen, wer beim Gebrauch von Kameras erwischt wird!

Spielpartner
Wenn Ihr jemand zum Spielen sucht, besorgt Euch ein klares JA! Fragen kostet nichts, aber **nein heißt nein!**

Bei Fragen oder Belästigungen
Wendet Euch an Personen, die mit einer roten Armbinde gekennzeichnet sind. Diese sind zu jeder Zeit an der Kasse oder im Thekenbereich zu finden. Wir werden versuchen, Euch zu helfen.

Codewort: Mayday
Die Organisationscrew wünscht Euch viel Spaß und einen aufregenden Abend.

A 2.3 SM-Gruppe OSM-Stuttgart

OSM

Offener
SM-Gesprächskreis
Stuttgart

Unsere Anschrift

OSM
Postfach 11 31
73624 Remshalden / Grunbach
o.sm@gmx.net
www.stoeckle.org/osm/index.htm

Literatur zu SM

Grimme, Matthias T. J.: Das SM-Handbuch. Hamburg 1996.
(Erklärt die verschiedenen Spielarten von SM und gibt wichtige Sicherheitshinweise – mit Geschichten und Fotos.)

Califia, Pat: Sinnliche Magie. Ein Leitfaden für abenteuerlustige Paare. Pullenreuth 1996.
(Wie obiges Buch, aber ohne Fotos.)

Passing, Kathrin / Strübel, Ira: Die Wahl der Qual. Reinbeck 2000.
(Kluge und witzig geschriebene Einführung, keine Besprechung von "Praktiken".)

Wetzstein, Thomas A. (u. a.): Sadomasochismus. Szenen und Rituale. Reinbek 1993.
(Soziologische Studie der Universität Trier über SM in Deutschland. Inzwischen vergriffen.)

SCHLAGZEILEN
(Magazin mit Geschichten, Bildern, Kontaktanzeigen, Leserbriefen etc. – erhältlich in Erotik-Shops.)

Wer wir sind

Wir sind ein seit 1992 bestehender Gesprächskreis (keine Partnervermittlung) für Menschen, die sich für Sadomasochismus (SM) interessieren; derzeit haben wir etwa 40 Mitglieder in einem ausgewogenen Zahlenverhältnis von Frauen und Männern.

Unser Anliegen ist, eine Möglichkeit zum Gespräch unter Gleichgesinnten zu bieten und dabei auch Anregungen zum eigenen Nachdenken zu geben. Neben dem Gedankenund Erfahrungsaustausch liegt uns viel am persönlichen Kennenlernen; es ist uns so gelungen, eine für das Thema notwendige vertrauensvolle und offene Gesprächsatmosphäre zu schaffen.

Wir wenden uns ausdrücklich auch an diejenigen, die noch keine oder nur wenig Erfahrung auf dem Gebiet haben. Viele von uns haben selbst erst seit relativ kurzer Zeit SM für sich entdeckt.

Was SM ist

Daß SM eine Form der Erotik ist, die sehr viel mit Phantasie zu tun hat, leuchtet durchaus ein. Auf den ersten Blick scheint dagegen weniger selbstverständlich, daß gerade SM von Vertrauen, Sensibilität und Zärtlichkeit lebt und oft sehr sanft und subtil sein kann.

Wer sich von seine(r/m) Partner(in) z. B. im erotischen Spiel fesseln läßt, zeigt damit sein Vertrauen - ein Vertrauen, das allerdings nur verdient, wer Verantwortung übernehmen kann, einfühlsam genug für die Reaktionen des anderen ist und mit der Macht, die er / sie erhält, umzugehen weiß.

Was SM ganz klar von Gewalt trennt, ist das einmütige Wollen aller Beteiligten. Jede Form von Sexualität, die nicht im Einvernehmen geschieht, wird von SMlern strikt abgelehnt.

Bei SM geht es einfach darum, zusammen mit der / dem Partner(in) auf eine Art schöne und intensive Momente zu erleben. Wir sind Frauen und Männer, die dabei nicht nur die "weichen" Seiten der Erotik als gewinnbringend erleben - aber natürlich haben auch Zärtlichkeiten ihren festen Platz im Liebesspiel von SM-Paaren.

Unsere Treffen

Wir treffen uns jeden zweiten und vierten Dienstag eines Monats in Stuttgart, wobei wir meist ein vorbereitetes Gesprächsthema haben. Unsere Gesprächsrunden (mit jeweils etwa 15 Teilnehmern) leben davon, daß sich alle mit ihren Erfahrungen, Gedanken und Gefühlen einbringen können, und jede(r) ein eigenes Thema vorschlagen oder moderieren darf.

Am ersten Freitag eines jeden Monats treffen wir uns themenfrei zum Stammtisch. Hierzu laden wir auch Interessierte zu einem ersten gegenseitigen "Beschnuppern" ein. Wo dies gewünscht wird, nimmt zu Frauen gerne eines unserer weiblichen Mitglieder Kontakt auf.

Wer uns treffen möchte, braucht sich für unsere Gesprächsrunden nicht in Leder zu werfen, und zu befürchten hat von uns sowieso niemand etwas - wir sind alle "ganz normal".

Uns liegt sehr am Herzen, daß zwischen uns und unseren Gästen eine gewisse Sympathie entsteht, d. h. daß "die Chemie stimmt". Gerade in dem etwas sensiblen Bereich SM erscheint uns das selbstverständlich.

A 2.4 Libertine Sadomasochismus Initiative Wien

LIBERTINE
SADOMASOCHISMUS INITIATIVE

Nummer 29
Dezember 1994

A-1011 Wien / Postfach 63   Telefon/Telefax: +43/ 1 / 586 91 67   Einzelpreis öS 40.-
Treffen jeden Freitag ab 18.00 Uhr im Amerlinghaus; 7, Stiftgasse 8, Teestube, 1. Stock
E-Mail-Adressen: 2:310/39.586 @ FidoNet.Org — 56:75/136.16 @ XNet.ftn

NO NEWS ARE GOOD NEWS
ÜBER DIE VERSCHIEDENEN MÖGLICHKEITEN, DIESELBE INFORMATION AN LESER WEITERZUGEBEN

Zweimal waren LIBERTINE und Sadomasochismus in jüngster Zeit Objekte journalistischer Recherche: Fast zeitgleich waren NEWS und XTRA um Auskunft an uns herangetreten. Jeweils zwei Stunden versuchte LIBERTINE-Obfrau Anita-Daniela den jeweiligen Redakteuren Aktivitäten und Ziele der LIBERTINE zu verdeutlichen, bemühte sich, herauszuarbeiten, was denn eigentlich unter S/M zu verstehen sein und worin der Unterschied zwischen S/M und Gewalt bestünde.
Doch wie unterschiedlich war das Ergebnis:
Im XTRA Nr. 21/94 gelang es Martin C. Prinz unter dem Titel „Schlagende Argumente", die wichtigsten Aussagen des Interviews gelungen zusammenzufassen. Bis auf einen kleinen Übertragungsfehler (S/M ist nicht ein Spiel mit „Gewaltverhältnissen" sondern mit „Machtverhältnissen") werden Sadomasochismus, Obfrau und LIBERTINE klar und auch für den Nicht-Insider verständlich und vorurteilsneutral dargestellt.
Wie peinlich aber gestaltete sich der NEWS-Artikel „Luststätte Österreich" in der Ausgabe vom 10. 11. 1994. Ursprünglich hatten die Reporter behauptet, das Magazin plane einen Bericht über die österreichische S/M-Szene. Daß sich in der Endfassung LIBERTINE und Obfrau inmitten eines Konglomerates von Peinlichkeiten, Banalerotik und Pornographie wiederfinden müssen, läßt uns die Wut hochkommen. Ganz abgesehen davon, daß der „Report", gerade was Anita-Daniela, die LIBERTINE und S/M betrifft, von Unkenntnis und offensichtlicher Begeilung am unverstandenen, nie stattgefunden habenden Sex-Skandalen strotzt, war auch das Versprechen, die zur Veröffentlichung bestimmten Passagen per FAX vorzulegen, nicht eingehalten worden.
Manchen Medien ist eben reißerische Darstellung und Sensationsgeilheit wichtiger als eine ernsthafte Auseinandersetzung mit einem gesellschaftlichen Phänomen wie dem Sadomasochismus. Solange Herausgeber und Chefredakteure S/M nur als eine lukrative Möglichkeit sehen, Auflagen zu steigern, gibt es nur einen Wahlspruch: ONLY NO NEWS ARE GOOD NEWS. Keine Nachrichten sind die besten Nachrichten.
Die LIBERTINE rät daher aus gegebenem Anlaß jedem S/M-Interessenten bei Kontakten mit Journalisten insbesondere von Magazinen wie NEWS schriftlich die Vorlage der druckfähigen Artikelfassung (inkl. Bilder!) auszubedingen und das auch gleich mit einem ordentlichen Pönale von 50.000 Schilling aufwärts.
Saubere Redaktionen sind dazu erfahrungsgemäß auch bereit, auf die anderen braucht man ohnehin keine Rücksicht zu nehmen.
Vorher schützen ist besser, als nachher nach dem in Österreich geltenden Medienrecht tatsächlich nichts ausrichten zu können.
Es gibt nur ein einziges Mittel, sich gegen die überall verbreiteten Versuche, S/M mit Gewalt, Menschenhandel, Zuhälterei und Pornographie das Schmuddeleck für sexgeile Wüstlinge (als die jene Magazine ihre Leser damit in Wahrheit hinstellen), zu wehren: Diese Magazine nicht kaufen und überall unter Freunden und Bekannten vor NEWS und den darin gedruckten Berichten zu warnen:
NO NEWS ARE GOOD NEWS!

LIBERTINE-TERMINE '94

Samstag, 24.12. 1994
S/M - BESCHERUNG
Kerzen, Nadel(n)bäume und Geschenke verteilen. Reservierungen an jedem Freitag bei Wolfgang. ab 23.00 Uhr am angegebenen Ort

Freitag, 30.12.1994
BILANZ DER SAISON
Wir feiern ganz nobel bei edlen Tropfen und dunklen Genüssen. Reservierungen bis 10. Dezember (!) jeweils Freitags bei Wolfgang Mit Mitternachts-Überraschung! ab 19.00 Uhr am angegebenen Ort.

Freitag, 13.1.1995
SAFETY FIRST II
Überlebenstips für Felder und Wälder. Amerlinghaus, ab 19.00 Uhr

Freitag, 20.1.1995
INTIMSCHMUCK-PIERCING
Löcher gibt es (fast) überall. Amerlinghaus, ab 19.00 Uhr

Freitag, 27. 1. 1995
VIDEO TOTAL
Auf der neuen Video-TV-Anlage Amerlinghaus, ab19.00 Uhr

Freitag, 3. 2. 1995
SKLAVINNENLEBEN ANIQUE
Literatur und Fiction, Filmwirklichkeit und Realität. Amerlinghaus, ab19.00 Uhr

Freitag, 10. 2. 1995
AIDS UND DIE FOLGEN
Dr. Dieter Schmutzer steht für alle Information der Prävention und das Umgehen mit HIV-positiven Menschen zur Verfügung.
ÜBERLEBENSWICHTIG!
Amerlinghaus, ab19.00 Uhr

Basis-Info

LIBERTINE: Sadomasochismus-Initiative Wien

Wer ist die LIBERTINE?

Die Libertine Wien ist - nun schon seit über 15 Jahren - Anlaufstelle und Interessenvertretung für alle, die sich für das Thema Sadomasochismus (SM) interessieren.

Plattform LIBERTINE

Die Libertine ist eine Plattform für die bewußte Auseinandersetzung mit SM als Teil einer vielfältigen erotischen Kultur. Libertine steht für einen ehrlichen und offenen Umgang mit SM und Erotik. Bei der Libertine findet man viele Gleichgesinnte, um sich bewußt mit den eigenen Neigungen und Gefühlen auseinanderzusetzen. Wir sind überzeugt, daß diese Offenheit wichtig und gesund ist, und daß die Suche nach einer verantwortungsvollen Umsetzung von Kicks und Kinks geschieht, die sich mit unverletzten Tabus herumzuschlagen oder sich ghettoisiert allein zu fühlen

Sadomasochismus?

Das Kürzel SM steht für eine Vielzahl von Spielarten, erotischen Kicks und Kinks, die man ausleben darf, wenn sie allen Beteiligten Lust bringen. Es geht dabei um eine positive Umsetzung von erotischen Gefühlen, die in irgendeiner Form mit Beherrschung, Unterwerfung, Auslieferung oder auch Schmerz zu tun haben. Das kann, aber muß aber nicht mit Sex oder Fetisch verbunden sein. Neben Lust und Kreativität gehört zu SM die absolute Freiwilligkeit aller Partner sowie die Möglichkeit eines potentiellen Abbruchs, wenn einer der Partner das wünscht. Mit Vergewaltigung, Mißbrauch, Folter oder psychopathischen Verbrechen hat SM daher nichts zu tun. Vielmehr geht es um eine Form von Erotik, die Verantwortungsbewußtsein, Vertrauen, Zuneigung und Kommunikation voraussetzt. Alles klar?

LIBERTINE ist...

Keinerlei kein Partnervermittlungsinstitut. Auch kein Vermittler für kommerzielle Dienste. Schon gar nicht ist die Libertine eine Umsetzung individueller Phantasien zuständig. Und Therapiestelle ist sie auch keine.

Aber es ist möglich, daß man bei der Libertine unter ähnlich empfindenden Menschen eine Hilfestellung, den Partner fürs Leben oder auch das Paradies auf Erden findet - aber das passiert hie und da auch an einer Bushaltestelle.

Let's go outside.

Die Libertine will ein positives, lustvolles Bild von SM zu vermitteln - so weit es alles ist. Mit der Zeit wollen wir damit ganz gezielt Akzeptanz erreichen, der auch wir Andersdenkenden und fühlenden entgegenbringen. Wenn Du heher noch nicht mit der LIBERTINE, SM oder dem SM...

LIBERTINE Wien, Postfach 63, 1011 Wien
+43 664 488 31 12, contact@libertine.at, www.libertine.at

Weitere Gruppen und Veranstaltungen in Österreich

LIBERTINE Innsbruck
Postfach 6, 6027 Innsbruck
email: libertine.ibk@inode.at
web: http://www.sm-innsbruck.at/
Treffen jeden zweiten Freitag im Monat

Bretterbuch Graz
Moderierter SM-Stammtisch, an jedem ersten Freitag im Monat ab 20.00 Uhr, Ort auf Anfrage
Tel. 0699/10713 41 60
email: info@brettbuch-graz.at
web: www.brettbuch-graz.at
oder über das LIBERTINE Wien.

BDSM Linz
Moderierter SM Stammtisch, jeden letzten Freitag im Monat. Ort auf Anfrage
email: bdsm-linz@gmx.at
web: http://www.bdsm-linz.at/

SMaktiv, BDSM-Stammtisch Salzburg
Stammtisch, Abende, dem zweiten Freitag des Monats. Ort auf Anfrage
email: smaktiv.salzburg@gmx.at
oder über die LIBERTINE Wien

LIBERTINE Vorarlberg
Treffen derzeit nur unregelmäßig
email: libertine.vbg@gmx.net, web: ...
oder über eine Kontaktadresse in Wien

Eat me - Beat me
SM-Sonntagsbrunch, jeden zweiten Sonntag, um Monat ab 12 Uhr (Juli, August 17.00) im Café Benno, 2., Eck Alserstraße/Skodagasse
info: Postfach 107, 1101 Wien
email: eat.me@eatme-beat-me.at
web: www.eatme-beatme.at

Vienna Schlagartig
SM-Frauentreff jeweils am 4. Mittwoch im Monat ab 19.30 im Siebert-Café
email: kontakt@schlagartig.org
info: Postfach 215, 1071 Wien
web: www.schlagartig.org

Schlagfertig
Bewußtes SM-Frauensalonation in Wien
email: fronny@chello.at
web: http://www.bdsm-austria.org/demo

TransX, Verein für Transgender-Personen
Postfach 231, 1171 Wien
email: transx@transgender.at
web: http://transx-transgender.at
Treffen jeden 1.Montag und 3.Mittwoch im Monat ab 20.00, Rosa-Lila-Villa, Linke Wienzeile 102, 1060 Wien

LMC Vienna "men only"
Vereinslokal Leonard, 15., Fuchsiengasse 1,
Postanschrift: 1011 Wien, Postfach 34
Tel/Fax: 01/5875580
web: http://www.lmc-vienna.at/

Pervs@Paradise die extraordinary fetish club m/f/sub, powered by Thomas. Jeden zweiten Samstag im Monat in "Ganch", 13., Pocherlgasse 1, ab 22.00, Silvester-Domode. Motto/Theme bei Tiziano €7,50. Abendkasse €10,-
Dresscode: nobody, straight: black/white/red

SMart SM- und Fetisch Café
1060, Köstlergasse 9, Tel. 05-71 65, web: http://www.smartclub.at. Di, bis Do 16.00-02.00, Fr. Sa 18.00-06.00, So, u. Mo geschlossen. Ein Treffen, Party, jeweils am 1.Sa im Monat ab 21.00, im Café Zebra, sonst dress-code. Eintritt €7,-

Aktuelle Veranstaltungen bitte in ZIP, auch im Szenenblättern (Fleg) nachsehen.

LOVE HURTS.

LIBERTINE Wien, Postfach 63, 1011 Wien
+43 664 488 31 12, contact@libertine.at, www.libertine.at

Szene zu tun hattest, laden wir Dich herzlich ein, bei uns vorbeizukommen und Dir selber z.B. beim LIBERTINE-Stammtisch ein Bild zu machen.

Die LIBERTINE kontaktieren

Die LIBERTINE zu erreichen, ist einfach. Entweder per Post an LIBERTINE Wien, Postfach 53, 1011 Wien, per email an contact@libertine.at oder über das telefonische Kontakttelefon 0664 488 31 12 (Mo, Mi 18-22 Uhr, Sa 10-20 Uhr ist auf jeden Fall jemand kompetentes an der Leitung). Und unsere Internet-Adresse ist: www.libertine.at

...Mitglied werden.

Die LIBERTINE wird als Verein geführt. Obwohl alle unsere Veranstaltungen frei zugänglich sind, freuen wir uns über jedes neue Mitglied. Die Mitgliedschaft kostet € 40,- pro Jahr oder € 4,- pro Monat. Dafür bekommt man alle Infos aus erster Hand, unsere Zeitung "Unter Druck", Ermäßigungen bei Festen und Seminaren und vor allem die Befriedigung, eine gute Sache zu unterstützen.

LIBERTINE Aktivitäten

▪ **Themenabende** sind unterhaltsam und interessant, jeweils einem bestimmten Thema gewidmet. Nach einem Vortrag zum Thema gibt es die Möglichkeiten zur Diskussion und für Gespräche. Der Besuch ist kostenlos, anonym und an keinerlei Verpflichtungen gebunden.

Jeden zweiten und vierten Freitag im Monat, 20:00 – 22:00
"Kulturzentrum Amerlinghaus", 1. Stock Stiftgasse 8, 1070 Wien Themen sind z.B. Hentai, Anime, "SM und Eltern sein", "Beine, Füße, Schuhe", etc.
Aktuelle Termine im Termin-Folder!
Frag danach!

▪ Der **Stammtisch** der LIBERTINE ist optimal um erste Kontakte zu knüpfen, Anschluß zu finden, Bekannte zu treffen oder zu fragen, was man immer schon über SM wissen wollte. Auch der Besuch des Stammtisches ist kostenlos, anonym und an keinerlei Verpflichtungen gebunden. Und wenn einem Theorie allein zu wenig ist, kann man auch spielen oder Outfit zeigen - wenn man will.
Stammtisch ist an **jedem dritten Dienstag im Monat**, ab 20:00, im Café Stadart, 1060 Wien, Kostenpreise 9. Im zweiten Raum.

▪ **Bondage Jour Fixe** Der Fixpunkt in Sachen Erotik mit Seil. Das kann sich in der Kunst erotischer Seilfesselung vertiefen, die neuesten Knoten und Techniken ausprobieren, kleine spontane Workshops organisieren und schöne erotische Bondage-Sessions inszenieren, unter Leuten, die diesen Kick verstehen. Das Bondage Jour Fixe ist für alle Interessierten offen. Bring your ropes!
Termin ca. alle zwei Monate, auf Anfrage

magic of pain.

▪ **Seminare & Workshops** der LIBERTINE sind aufschlußreicher als die meisten Uni-Kurse, zugleich aber manchmal ebenso gefürchtet, wie ein Basiskurs Warum/Wie? es dabei oft um Sicherheit, Technik und Wissen geht. Das Gute daran: es macht Spaß und es darf gelacht werden! Themen reichen von "Bondage" und "Flag" bis zur "Kunst des stilvollen Bedienens" und "Kreative Kontaktanzeigen".
Es gibt einen eigenen Seminar-Folder!
Frag danach!

▪ **Kultur** Zwischen Lust und Schmerz, Hingabe und Auflehnung, Macht und Eros, Liebe und Tod, Ästhetik und Obszönität liegt ein weites Mysterium, das Künstler aller Epochen beschäftigt hat. Wir geben im Rahmen unserer Events entsprechenden Künstlern ein Podium. Beispiele (u.a.): "Die Lange Nacht von SM und Kultur", "Jährliches 15 Jahre LIBERTINE Meeting", "Signoras Gummipuppenwelt "Lesung).

▪ **Feste feiern!** LIBERTINE-Feste und -Events sind wunderbar! Ambiente, Location und bekannt faire Preise bieten eine optimale Gelegenheit für individuelle Selbstinszenierung. Beispiele: "Strenges Heurigenfest", "Strenges Badefest", "Walpurgisnachtsveranstaltung"...

▪ **Kontakte zu SM-Gruppen** im In- und Ausland sind für die LIBERTINE wichtig. Mittlerweile gibt es ein dichtes Netzwerk befreundeter Gruppen und Initiativen. Und es wird immer noch dichter.

sense power.

▪ **Mailingliste** SMWIEN gibt es News, Infos, Tips und Diskussionen über (BDSM und Fetisch in Wien. Anmeldung persönlich bei den LIBERTINE-Veranstaltungen oder (wenn wir uns kennen) per Mail an:
smwien-contact@libertine.at
Mehr Info unter:
http://www.libertine.at/smwien-list.html

▪ Unsere **Zeitung "Unter Druck"** erscheint ca. zweimal pro Jahr und berichtet aus der SM-Szene, bringt informative Beiträge über SM, faßt Themenabende zusammen, und bringt alle Ankündigungen, wichtige Szene-Informationen, Rezensionen, etc. damit ihr gut informiert seid. Auch Stories, Bilder, Gedichte und Humor zum Thema SM finden Platz.

▪ Manchmal gibt's auch Probleme: Auf Anfrage vermitteln wir daher gerne Adressen von vertrauenswürdigen **Spezialisten** (Ärzten, Therapeuten, Rechtsanwälten...), die mit dem Thema SM neutral und verständnisvoll umgehen können.

▪ Wir leisten **Presse- und Öffentlichkeitsarbeit** um das Thema SM in ein positives bzw. vorurteilsfreies Weiß im öffentlichen Bewußtsein zu bringen. Dazu schreiben wir Presseaussendungen und Leserbriefe, halten Vorträge, etc.

A 2.5 SMart Rhein-Ruhr e.V.

Vereinszeitschrift des SMart Rhein-Ruhr e.V.

"SM ist Gesund" - Entfernt die ICD10-Diagnoseschlüssel !

Weitere Themen:

- Europride 2002: SM-Akzeptanz schon vorhanden?
- Porträt: Svein von SMIA Oslo
- Reisebericht San José
- Standfest in Münster
- SMart-Grossfete am 31.08.
- Mittelalterparty und Grillfete
- Gastkommentar zur SMJG
- Termine Workshops Leserbriefe

August/September 2002

Schutzgebühr 1,- €

News

Vortragsreihe in Münster
"XYZ - Geschlechterzeichen ungelöst"

In den letzten Jahren gerieten die vielfältigen Differenzierungs- und Normierungsverfahren in den Fokus der theoretischen und politischen Aufmerksamkeit. Und auch in der traditionellen Frauen-/Geschlechterforschung werden zunehmend die eigenen heteronormativen, rassistischen und patriarchalen Mechanismen reflektiert.

Die Vortragsreihe will die Schnittstelle von Geschlecht, Sexualität und Kultur beachten, auf die Räume zwischen den Polen (Mann/Frau, Hetero/Homo, Eigen/Fremd) aufmerksam machen und darüber nach wie vor wirksame Macht- und Herrschaftsverhältnisse hinterfragen.

Die Vorträge richten sich an ein breites HörerInnenpublikum, d.h. Studierende aller Fachrichtungen und Nicht-Studierende können unabhängig von ihren Vorkenntnissen und bisherigen Auseinandersetzungen an der interdisziplinären Geschlechter und Sexualitäten Debatte, die aktuell in Deutschland geführt wird, teilnehmen und sich in die Diskussion einbringen.

Veranstaltungsorte:
KCM
Am Hawerkamp 31, 48155 Münster

ESG
Breul 43, 48143 Münster

Cinema
Warendorfer Str. 45, 48145 Münster

Koordination: Dr. Elisabeth Tuider (Inst. für Soziologie, tuider@uni-muenster.de in Zusammenarbeit mit dem Autonomen Lesbenreferat (Univ. Münster) und mit Unterstützung des Frauen-, Schwulen- und Sozialreferates der Univ. Münster und der Arbeitsstelle Antidiskriminierung der Stadt Münster

Die Termine

25.11.02, 20°°, KCM, Luca Wolf und tiger V. OttoVer(w)irrung der Geschlechter - Zwei? Eins? Oder doch lieber keins???

3.12.02, 20°°, ESG, Lüder Tietz, Doktorand der Ethnologie, Univ. Oldenburg"Heilige Lesben und Schwule": Homosexualität und Transidentität bei "IndiaserInnen" gestern und heute

10.12.02, 20°°, KCM, Karin Kammann, Dipl. Konversionsagentin Gender Identity Zero - über die vornehme Art auf geschlechtliche Definitionen zu verzichten

13.1.02, 20°°, Cinema, Bertram Rottermund, Filmvorführer & Elisabeth Müller, Filmprotagonistin Das Verordnete Geschlecht(Filmvorführung und Diskussion im Cinema)

28.1.03, 20°°, ESG, Stefan Micheler, Doktorand des Historischen Seminars, Univ. HamburgSelbst- und Fremdkonstruktionen von Identitäten: Gleichgeschlechtliches Begehren in der Weimarer Republik und in der NS-Zeit

11.2.03, 20°°, KCM, Robin Bauer, Doktorand der Philosophie, Univ. Hamburg-Zwischen Phantasie und Wirklichkeit - Die Debatte um S/M in queeren Räumen

Ausblick: 29.3.03 Drag-Workshop (13-17 Uhr) & Drag-Party (inklusive Performance der Kings of Berlin)

Teamerschulung

Die Gruppenbeauftragten Nord und Süd laden ein:

Teamerschulung und -treffen am Sonntag, den 19.01.03 von 12.00 bis 19.00 Uhr in der Aidshilfe Düsseldorf, Oberbilker Allee 310, 40227 Düsseldorf, Nähe Philippshalle, wo sich auch die Regionalgruppe Düsseldorf von SMart trifft.

Hauptthemen werden sein:

1. Einführung in die gruppendynamische Systematik (Theorie)

2. Praktische Bearbeitung von Geschehnissen und Vorkommnissen aus dem Gruppenalltag (Praxis)

Diese Veranstaltung soll auch denjenigen eine Hilfestellung bieten, die bisher noch an keiner derartigen Schulung teilgenommen haben.

Daher wird in Kürze auch ein Fragebogen veröffentlicht werden, der über ergänzende Inhalte und Fragestellungen Aufschluss geben soll. Weitere Themen und Anregungen sind daher ausdrücklich erwünscht, wenn sie auch nicht für das Treffen am 19. Januar, wohl aber für weiter folgende Veranstaltungen dieser Art im Neuen Jahr 2003 berücksichtigt werden können.

Ach ja, eins noch: Wie nicht anders erwartet, wird auch hier in Form eines Frühstücksbuffets für das leibliche Wohl gesorgt, auch wenn das nicht im Umfang eines SMart-Gross-Fress-Buffets annehmen wird.

Anmeldungbis spätestens 13.01.03 bitte an: vorstand@smart-rhein-ruhr.de

Die Gruppenbeauftragten Sonja (Nord) und Barbara (Süd)

Kölner Erstbesucher-Statistik

alle Jahre wieder veröffentliche ich Zahlen, die zeigen, wie die Erstbesucher des Offenen Kölner Treffs von SMart erfahren haben.

Die Anteile im Jahr 2002:

Mundpropaganda:	27%
Anzeigen in Stadtmagazinen:	23%
Sonstige SMart-PR:	44%
(davon Website	31%)
Szene- und Fachpublikationen	6%

Es gab keine wesentlichen Veränderungen gegenüber dem Vorjahr.

Die Details in Form einer Excel97-Tabelle maile ich gerne auf Anfrage. Die Tabelle ist auch für andere Inforunden-Teamer zum Führen einer eigenen Statistik geeignet.

Ich führe diese Statistik seit 1997 und ziehe aus den Details folgende Schlüsse:

1. SMart-Info

Trotz der verhältnismäßig sehr kleinen Auflage, die über Boutiquen verkauft wird, kommt das SMart-Info auf einen respektablen Anteil. Fazit: Das aufwändige Format ist der richtige Weg. Wir sollten den Verkauf des SMart-Infos außerhalb von SMart entschieden voran treiben.

2. Veranstaltungshinweise

Veranstaltungshinweise im redaktionellen Teil der Tageszeitungen und Stadtmagazine sind bei SMart bisher ein gänzlich unbestelltes Feld. Hier ließe sich viel Aufmerksamkeit ohne zusätzliche Kosten erzielen. Die Hamburger (Schlagwerk) rennen mit diesem Ansatz bisweilen offene Türen ein. Die sensiblen Veranstaltungskalender monatlich an die Hamburger Stadtmagazine.

3. WWW

Das WWW ist unsere wichtigste einzelne Erstbesucherquelle. Dennoch ist der Anteil des WWW rückläufig (1999: 17%; 2000: 50%, 2001: 31%, 2002: 31%). Fazit: Der Website sollte z.B. durch Linktäusche aggressiver beworben werden.

4. Flugblätter

Flugblätter haben wieder an Bedeutung verloren. Fazit: Das wirksame Auslegen von Flugblättern in Fetisch-Boutiquen, Gaststätten, Schwarzen Brettern (der Unis) sollte wieder aufgenommen/verstärkt werden.

Ulis <ulis@lichtgestalten.de>

Termine

Mo. 06.01.

OT Essen
- Die Signale und Worte des Partners - über die Bedeutung des verbalen/non-verbalen Feedbacks in der Session
- Faszination Bondage - worin liegt der Reiz, aus dem Partner ein "Päckchen mit Schleife" zu machen?
Zeche Carl, E-Altenessen, 20 Uhr
Info: 0234/324 54 84 (Thomas, Di. ab 19:00 Uhr)

Poison Ivy Köln
- Treff für Frauen, Lesben oder als Frau lebende Menschen
"SCHULZ", Köln, 19 Uhr
Info: 0234-5889888 (Susanne)

Di. 07.01.

Bonn
- Einsteigerthemen (Vorschlag Thema: Selbstfindung & Outing)
AIDS-Hilfe Bonn, 19:45 Uhr
Info: 0228-9093461 (Eva)

Frauen Nord
- Gemütlicher Treff in privaten Räumen von Frauen für Frauen
Bochum, 19:30 Uhr
Info: 0234-9505649 (Gisela)

Krefeld
'Café Lindenstrasse', 19:30 Uhr
Info: 02151-771498 (Ralf)

Mi. 08.01.

OT Köln
- Formen von Beziehungen: Monogamie, Polygamie,...
Kulturbunker K-Mülheim, 19 Uhr
Info: 02228/471493 (Carsten)

Kölner Treff
'Monheimer Hof', K, 20 Uhr
Info: 0173-5462853 (Harald)

B(e) - SMart
Einsteigergruppe für BDSM-Neulinge. 'Panoptikum' Essen, 19 Uhr
Info: 0234/324 54 84 (Thomas,Di. ab 19:00 Uhr)

So. 120.1.

Bochum
- SM und Religion
AIDS-Hilfe Bochum, 19:30 Uhr
Info: 0234-9505649 (Gisela)

Mo. 13.01.

Duisburg
- Phantasie extrem - Träume die sich nicht verwirklichen lassen
'Fat Mexican', Hochfeld, 20 Uhr

Düsseldorf
AIDS-Hilfe Düsseldorf, 20 Uhr
Info: 02161-460219 (Michael)

OT Münster
- Erfahrungen der Subs (Marlen)
- Das 'Mayday'-Projekt (Chris der Barde)
'Leeze', Münster, 19:30 h
Info: 0162-4226542 (Georg)
nur für Frauen: 0173-1330710

Di. 14.01.

Krefeld
'Café Lindenstrasse', 19:30 Uhr
Info: 02151-771498 (Ralf)

Dortmund
- Nadelspiele und andere kleine Nickeligkeiten (Gisela und Bernhard)
'Piano', Lütgendortmund 19:30 Uhr
Info: 0231-694442 (Sonja)

Bonn
- Wie kann die Bonner Gruppe insgesamt und speziell für Frauen interessanter werden?
AIDS-Hilfe Bonn, 19:45 Uhr
Info: 0228-9093461 (Eva)

Poison Ivy Bochum
- Treff für Frauen, Lesben oder als Frau lebende Menschen
'Zu den vier Winden', BO, 19 Uhr
Info: 0234-5889888 (Susanne)

Mi. 15.01.

OT Köln
- Inforunde für die Erstbesucher
Kulturbunker K-Mülheim, 19 Uhr
Info: 02228/471493 (Carsten)

Kölner Treff
'Monheimer Hof', K, 20 Uhr
Info: 0173-5462853 (Harald)

Do.16.01.

kinky poetry
Poetry Slam der Initiative zur Förderung der erotischen Individualität in der Literatur (Petra und Armin),
Zeche Carl - Essen, 19:30 Uhr
www.kinky-poetry.de

Wuppertal
- SM - Wie alles begann: (Erfahrungsberichte aus der Gruppe)
Wie bist du bei dir auf SM gestossen und wie kamst du damit klar?
AIDS-Hilfe Wuppertal, 20 Uhr
Info: 02339-3456 (Torsten)

Langendreer
'Bahnhof Langendreer, 20:30 Uhr
Info: 0173-9953200 (Klaus)

Fr. 17.01.

Frauen Süd
- Gemütlicher Treff in privaten Räumen von Frauen für Frauen
privat, Bonn
Info: 0226-4299404 (Ruthild)

So. 19.01.

Teamerschulung
1. Einführung in die gruppendynamische Systematik (Theorie)
2. Praktische Bearbeitung von Geschehnissen und Vorkommnissen aus dem Gruppenalltag (Praxis)
AIDS-Hilfe Düsseldorf, 12 Uhr

Mo. 20.01.

OT Essen
- Inforunde für die Erstbesucher
- Coming out ... und was dann? Befreiung oder neue Zwänge?
- Faszination Cutting - eine erste praktische Einführung (Praxisthema)
Zeche Carl, E-Altenessen, 20 Uhr
Info: 0234/324 54 84 (Thomas, Di. ab 19 Uhr)

Di. 21.01.

Krefeld
'Café Lindenstrasse', 19:30 Uhr
Info: 02151-771498 (Ralf)

Mi. 22.01.

Kölner Treff
'Monheimer Hof', K, 20:00
Info: 0173-5462853 (Harald)

OT Köln
- Coming out ?! Warum, oder lieber nicht...
Kulturbunker K-Mülheim, 19 Uhr
Info: 02238/471493 (Carsten)

B(e) - SMart
Einsteigergruppe für BDSM-Neulinge. 'Panoptikum' Essen, 19 Uhr
Info: 0234/324 54 84 (Thomas,Di. ab 19:00 Uhr)

Fr. 24.01.

Vorstandssitzung
Öffentlicher Teil ab 20:30 Uhr
'Zu den vier Winden', Bochum
Info: 02831/992613

Sa. 25.01.

Workshop Flagellation
Teilnahme nur paarweise, ggfls. können Einzelanmeldungen zusammengeführt werden. Teilnahme 10 Euro, privat, Köln, 14 Uhr
Ulis@fichtpestalten.de

So. 26.01.

Bochum
- SM und Geschichte - Veränderungen im Zeitablauf?
AIDS-Hilfe Bochum, 19:30 Uhr
Info: 0234-9505649 (Gisela)

SMartness
Treff für BDSM interessierte Gothics, Zeche Carl Essen,19 Uhr
Info: 0160-9223681 (Carina, So 15-16 Uhr)

Mo. 27.01.

Duisburg
- Sind Grenzen dafür da, dass sie überschritten werden?
'Fat Mexican', Hochfeld, 20 Uhr

Düsseldorf
AIDS-Hilfe Düsseldorf, 20 Uhr
Info: 02161-460219 (Michael)

OT Münster
- SM und Humor (Fellrox)
- SM & Chats (Gudrun & Marlos),
'Leeze', Münster, 19:30 h
Info: 0162-4226542 (Georg)

Di. 28.01.

Bonn
- "Sexualwissenschaft - Stand der Wissenschaft" (Referat Stefan)
AIDS-Hilfe Bonn, 19:45 Uhr
Info: 0228-9093461 (Eva)

Dortmund
- SM - Nervensägen (Andrea und Frank),
'Piano', Lütgendortmund 19:30Uhr
Info: 0231-694442 (Sonja)

Krefeld
'Café Lindenstrasse', 19:30 Uhr
Info: 02151-771498 (Ralf)

Mi. 29.01.

Kölner Treff
'Monheimer Hof', K, 20:00
Info: 0173-5462853 (Harald)

OT Köln
- Offenes Orga-Treffen
Kulturbunker K-Mülheim, 19 Uhr
Info: 02238/471493 (Carsten)

Do. 30.01.

Wuppertal
- Wir gehen Essen beim Koreaner
AIDS-Hilfe Wuppertal, 20 Uhr
Info: 02339-3456 (Torsten)

Mo. 03.02.

Poison Ivy Köln
- Treff für Frauen, Lesben oder als Frau lebende Menschen
"SCHULZ", Köln, 19 Uhr
Info: 0234-5889888 (Susanne)

OT Essen
- Inforunde für die Erstbesucher
Zeche Carl, E-Altenessen, 20 Uhr
Info: 0234/324 54 84 (Thomas, Di. ab 19:00 Uhr)

Di. 04.02.

Bonn
- Vorstellung des angedachten Bundesverbandes
AIDS-Hilfe Bonn, 19:45 Uhr
Info: 0228-9093461 (Eva)

Frauen Nord
- Gemütlicher Treff in privaten Räumen von Frauen für Frauen
Bochum, 19:30 Uhr
Info: 0234-9505649 (Gisela)

Krefeld
'Café Lindenstrasse', 19:30 Uhr
Info: 02151-771498 (Ralf)

Do. 06.02.

SMart-Life
SMart mal ganz anders
Beginn 19:30 Uhr, Ort bitte unter 0180-2127796 erfragen.

Di. 11.02.

Vortrag Uni Münster
- Zwischen Phantasie und Wirklichkeit - Die Debatte um S/M in queeren Räumen
Robin Bauer, Uni Hamburg
KCM Münster, 20 Uhr
Info: 0162-4226542 (Georg)

A 2.6 AK SM & Christsein

Arbeitskreis SM & Christsein
C/O CHARON-VERLAG
Postfach 304199
20324 Hamburg

E-Mail: AKSMundChristsein@gmx.de
Homepage: http://members.tripod.de/SMuC

INFO - BLATT

Den Arbeitskreis gibt es seit Ende '99. Inzwischen sind wir über 50 Leute, über die ganze Republik verteilt.
SM und Christsein sind zwei Bereiche, die einerseits sehr persönlich und intim sind, andererseits aber gerade in ihrer Verbindung nach Klärung, Austausch und vielleicht auch Veröffentlichung drängen. Christsein verstehen wir nicht konfessionsgebunden, SM beinhaltet alle Spielarten. Nichteinvernehmliche Gewalt lehnen wir ab.

Was uns vereint, ist
- der gemeinsame Glaube an Jesus Christus, auch ein Suchen auf dem Weg oder Zweifel, und
- unsere, wie auch immer gearteten „dunklen", als ungewöhnlich oder auch als abgelehnt empfundenen Formen der Sexualität - sowie
- das Bedürfnis, uns sowohl mit der einen, als auch mit der anderen Seite unserer Persönlichkeit auseinander zu setzen, uns auszutauschen, z.B.
    - Darf ich das als ChristIn?
    - Parallelen und Widersprüche zwischen christlichem Glauben und SM
    - SM & Kirche (Doppelmoral; Kirche als Arbeitgeber)
    - SM in der Partnerschaft als ChristIn (PartnerIn teilt den Glauben oder die Neigung nicht)
    - SM als ChristIn und als Single

Der Kontakt läuft in erster Linie über Rundbriefe, mit Infos, persönlichen Erfahrungen und Artikeln. Wenn Du möchtest, schicken wir sie Dir gegen 10,- in Briefmarken (Porto und Kopierkosten) zu. Die Adressen behandeln wir selbstverständlich absolut vertraulich.
Wenn Du Lust hast, uns Deine Gedanken und Erfahrungen zum Thema an die obige Adresse zu schreiben, nehmen wir sie in den Rundbrief mit auf.

In größeren Abständen kommen wir zu gemeinsamen Treffen zusammen. Im Juni 2000 fand das erste in Berlin statt, das zweite war im Oktober in Aachen. Die nächsten Termine sind bei uns zu erfragen. Inzwischen gibt es auch regionale AnsprechpartnerInnen, Regionaltreffen, einen Hauskreis und eine Mailingliste.

Dieses Blatt darf gern vervielfältigt und weitergegeben werden!

(Stand: 12/00)

A 2.7 SM-Jugendorgansation SMJG

SMJG
Die BDSM-Jugend

www.smjg.org

Eine kurze Selbstdarstellung der SMJG

Was unsere Ziele sind und was wir schon erreicht haben

Dieses Faltblatt wird herausgegeben von: SMJG – die BDSM-Jugend
http://www.smjg.org
email: smjg-team@smjg.org
© 2002/2003 by SMJG
Stand 02/2003 / Version 1.10

Die SMJG

Die SMJG ist eine Gruppe, die es sich zur Aufgabe gemacht hat, Jugendlichen eine Informations- und Kommunikationsplattform zu BDSM zu bieten, um Gefahren durch herumexperimentieren möglichst schon im Vorfeld zu verhindern und den Jugendlichen zu zeigen, dass sie nicht alleine mit ihrer Neigung sind.

Dazu betreiben wir im Internet eine Webseite unter der Adresse www.smjg.org, auf der wir einiges an Informationen zusammengetragen haben.

Um Kommunikation und Erfahrungsaustausch unter den Jugendlichen zu ermöglichen, betreiben wir eine Mailingliste, ein Forum sowie einen Chat.

Die SMJG veranstaltet inzwischen auch Regionaltreffen an verschiedenen Orten, damit Gespräche auch außerhalb des Internets stattfinden können. Hierbei fördern wir die Tatkraft Jugendlicher, indem wir diese in die Organisation und Durchführung der Treffen mit einbinden.

Wir versuchen möglichst regen Kontakt zu anderen BDSM-Organisationen zu pflegen, und streben in Zukunft auch die Zusammenarbeit mit Organisationen außerhalb der Subkultur wie der BZgA und ProFamilia an.

Den Bereich der Jugendaufklärung decken wir bereits mit unserem Kooperationspartner "Klartext Jugend" etwas ab – auch dieser soll noch ausgebaut werden.

Um unsere Aktionen rechtlich einwandfrei zu gestalten, arbeiten wir mit mehreren Rechtsanwälten zusammen.

Was wir wollen

Wir wollen Jugendlichen, vor allem Minderjährigen, eine Anlaufstelle bieten.

Im Internet haben wir dazu eine Webseite mit Informationen und einem Aufklärungs-Forum, welches wir in Zusammenarbeit mit dem Jugendaufklärungsprojekt "Klartext-Jugend" betreiben. Außerdem gibt es bei uns im Internet eine Mailingliste, ein Diskussions-Forum und einen Chat.

Inzwischen veranstaltet die SMJG auch Realtreffen (SMJG-Treffs), bei denen sich die Leute in geschärftem Rahmen mit Leuten in ihrer Altersgruppe austauschen können.

Allgemein sind wir auch zu einer Community für junge erwachsene SMler geworden, die sich für die eingesessene Szene zu jung fühlen. Die Altersgrenze haben wir bei Jugendgruppen üblich auf 27 festgesetzt.

Wir wollen Leuten, die zu uns kommen, Rat und Hilfe geben, soweit wir das können - Tiefgreifende psychologische oder medizinische Behandlung vermögen wir nicht zu leisten und müssen da an entsprechende Fachleute weiterverweisen. Dafür streben wir unter anderem eine enge Zusammenarbeit mit dem Projekt "Mayday" an.

Wir sind ein deutschsprachiges Projekt. Das heißt, wir arbeiten aktiv in Deutschland und den Alpenrepubliken Österreich, Schweiz und Liechtenstein, haben aber auch Besucher aus Luxemburg, Belgien, Holland und Schweden. Wir arbeiten nach heute gängiger (Internet-) Rechtsprechung legal, und bekräftigen, dies auch weiterhin tun zu wollen. Deshalb haben wir regelmäßigen Kontakt zu mehreren praktizierenden Anwälten und lassen unsere Angebote regelmäßig prüfen.

Wir versuchen Kontakte innerhalb und außerhalb der Szene zu knüpfen und arbeiten mit wesentlichen Organisationen der Subkultur zusammen, um eine allgemeine Akzeptanz der Tatsache zu erreichen, dass SM-Neigungen nicht erst ab 18 beginnen. Diese Kontakte sollen auch weiterhin ausgebaut werden.

Was wir nicht wollen

Wir wollen kein Provider für Pornographie, egal ob in Text- oder Bildform, sein. Wir wollen generell nichts auf unseren Seiten, was uns zwingen würde, Minderjährige auszuschließen.

Wir wollen speziell für jugendliche SMler da sein und haben deswegen eine Altersgrenze eingeführt, die bei 27 liegt. Wir sind der Meinung, dass sich Mitte der 20er, auch mit der Ergreifung eines Berufes, die Interessenlage wandelt. Das Segment der älteren SMler bedienen bereits die herkömmlichen Strukturen der Szene. Außerdem sind wir unsere jungen Mitglieder genau deshalb da - weil man eben junge Chat trifft und nur solche Zitat von jemandem aus dem Chat: „ich suche einfach Leute in meiner Altersgruppe. Wenn ich hierher gehe, möchte ich mich mit MEINER Altersgruppe unterhalten, sonst kann ich ja zu #bdsm de gehen!"

Wir fordern Vorstellungen von den Leuten auf der Mailingliste und stellen aktiv Nachforschungen über einzelne Mitglieder an, um die fake-Rate niedrig zu halten und unseren jungen Mitgliedern die Sicherheit geben zu können, sich wohlzufühlen.

Nackte Fakten

Die SMJG

- gegründet: Oktober 2000
- Mitwirkende: 17 Hauptmitwirkende
- Webseiten: über 75.000 Besucher, täglich etwa 240
- Mailingliste: über 330 Empfänger, ~ 7 Mails pro Tag
- Newsletter: etwa 550 Empfänger
- SMJG-Treffs: durchschnittlich 10 bis 15 Besucher

Und das haben wir bereits erreicht:

Seit einiger Zeit der Gründung der SMJG im Oktober 2000 ging es fast stetig aufwärts. Unsere Webseiten werden inzwischen — auch aufgrund einer weitgehenden Verlinkung innerhalb der Szene — etwa 240 mal pro Tag aufgerufen. Auch unsere Mailingliste, das Forum und unser Chat erfahren inzwischen regen Zuspruch.

Seit einiger Zeit betätigt sich die SMJG auch außerhalb des Internet. So veranstaltet die SMJG regelmäßige Treffen an verschiedenen Orten. Innerhalb der Szene gibt es zum Thema Jugendarbeit leider sehr verschiedene Meinungen. Dennoch kann die SMJG inzwischen auf einen beachtlichen Kreis an Leuten, die die SMJG gut finden, blicken. Wie sich auf unserer Internetseite „SMJG&Friends" unter www.smjg.org/friends.php nachlesen lässt, handelt es sich dabei inzwischen nicht nur um wichtige Leute und Gruppen innerhalb der BDSM-Szene, sondern auch um nicht-SMler, die uns gutfinden.

Wir haben uns inzwischen mit mehreren Gruppen auf eine Zusammenarbeit verständigt. Im Januar 2002 waren wir außerdem Brennpunktthema des Onlinemagazins „Lustschmerz", Januar '03 bei den "Schlagzeilen" und auf den CSD-Flyern der Freiburger und Hamburger SM-Gruppen vertreten.

Weitere Infos im Internet unter www.smjg.org

A 2.8 SM-Szene-Magazin Schlagzeilen

Hinweis: Der Abdruck erfolgt mit freundlicher Genehmigung des Charon-Verlages, Hamburg.

A 2.9 Auseinandersetzungen und Reflexionen in der SM-Bewegung

SM-Szene intern

S/M = Gewalt?

(Materialteil)

Materialsammlung für die Arbeitskreise SM & Medien, SM & Recht und SM & Vernetzung und für die SM-Gruppen SMen-Pan, V.l.Gr. Schlagende Männer, V.l.Gr. SMart Rhein-Ruhr e.V., SMart Bremen/Oldenburg, SMeH (Hannover), SMi.a.e.V. (Lübeck) und SMACK (Krefeld).

Vertrauen ist die Voraussetzung für S/M, Kommunikation ist die Voraussetzung für Vertrauen, Gewalt entsteht, wo die Kommunikation versagt und damit auch das Vertrauen bricht oder noch plakativer: Gewalt ist gescheiterte Kommunikation. S/M ist gelungene Kommunikation. Das ist der ganze, wesentliche Unterschied, mehr nicht - aber auch nicht weniger.

■ Warum glaubt einem das keiner so recht. Das hat mehr mit der gesellschaftlichen Realität zu tun als mit S/M. Unsere bundesrepublikanische Industriegesellschaft hat nämlich ein ziemlich gestörtes Verhältnis zu Gewalt, und Hierarchie ist Gewalt per se ist Negatives. Höchstens Naturgewalten dürfen „gewaltig" sein, der Begriff der „elterlichen Gewalt" wird der Schwarzen Pädagogik zugeordnet, Staatsgewalt ist einfach und in jedem Fall Scheiße.

Dabei ist das gar nicht so einfach. Die Staatsgewalt, die einem einen beamteten Gerichtsvollzieher auf den Hals hetzt, schützt einen Schuldner zunächst einmal vor der Selbstjustiz des Gläubigers, der Nachbar, der bei Einbruch die Polizei ruft statt ihn in schönster Wild-West-Manier über den Haufen zu knallen, gewährt sich und dem Kriminellen rechtsstaatliche Hilfe. Staatsgewalt hat auch Vorzüge, auch wenn's kaum ein Autonomer glauben will.

Eine Mutter, die ein Kind am Straßenrand am Kragen packt und zurückzieht nützt ihren körperlichen Vorteil aus und übt zunächst einmal Gewalt aus, nämlich ihre elterliche und zwar durchaus zum Vorteil des Kindes. Ist das jetzt „liebe Gewalt"?

Soweit braucht man gar nicht zu gehen. Es ist schlicht und einfach Gewalt. (Das Kind wird's zunächst auch genauso sehen. Es hätte natürlich auch genauso gut ein beiseite.) Was diese Mutter aber lediglich gemacht hat, ist, daß sie ihre Gewalt benutzt hat, anstelle sie zu mißbrauchen. Das wäre der Fall, wenn sie das Kind am Kragen packt, weil sie Streß am Arbeitsplatz hatte und dafür ein Ventil sucht.

Akzeptiert man einmal diesen korrekten Gebrauch von Macht, die notwendigerweise mit angewendeter Gewalt verbunden ist, kann man auch über deren Mißbrauch sprechen: Kindesmißhandlung (sich), Hamburger Polizeikessel, finaler Todesschuß,

all das sind Dinge, bei der die vorhandene Gewalt in ihrem Gebrauch fehlgeht, im Wortsinne mißbraucht wird. Aber von Mißbrauch zu reden setzt begrifflich auch eine Definition von korrektem Gebrauch voraus, und der führt notwendigerweise zu den Begriffen Verantwortung und Verantwortlichkeit.

Eine Gesellschaft, die jedoch den Begriff der Eltern-Kind-Hierarchien mit dem Begriff der Familie übernimmt, so wie den Begriff der Verantwortung von Eltern und den Grenzen dieser Macht nicht mehr sprechen, Macht und Hierarchie sind unvermeidbar, gerade deshalb muß man über die jeweiligen Grenzen sprechen.

Mein Arzt hat Macht, weil er medizinisch kompetenter ist, genauso mein Anwalt, mein Therapeut, mein Kreditsachbearbeiter ebenso mein Vermieter, mein Arbeitgeber oder meine Familie. Aber diese natürliche Hierarchie wird erst hinter pseudoparitätischen „Partnerschaften", die in dieser Form gar nicht existieren.

Eine Gesellschaft, die so machtbeladene Verhältnisse, wie sie zwischen Arbeitgebern und Arbeitnehmern existieren, begrifflich gleichmacherisch zu „Sozialpartnern" erklärt und so bestehende Hierarchien, Machtverhältnisse, Gewaltverhältnisse hartnäckig leugnet, hat sich der Möglichkeit begeben über Mißbrauch und Verantwortlichkeit zu diskutieren. Deshalb kommt diese Gesellschaft auch mit der Ausübung von Macht, sprich mit Gewalt nicht mehr zurecht. Kriegsspielzeug wird geächtet, nicht aber der Krieg. Die gnadenlose Mechanik des Marktes, beherrscht von seelenlosen Kapitalgesellschaften produziert Rüstungsgüter, Umweltzerstörung und Arbeitslosenschicksale, die nur noch als

Quote erfaßt werden. Ist das keine Gewalt, nur weil sie abstrakter ist? Reduzierte Sozialleistungen führen zu steigender Kriminalität, zu Verarmung, zu mehr und härteren Strafen, das soziale Netz reißt, die Ellenbogenmentalität der Zwei-Drittel-Gesellschaft wird zum Normalfall. Ist das keine Gewalt, nur weil sie uns als unvermeidbarer Sachzwang präsentiert wird?

Wie soll eine solche Gesellschaft, deren politischer Dialog faktisch geschichtet ist, die sich ihre Gewaltanwendung leugnet und sich jeder Verantwortung entzieht, die weder mit Macht, noch mit Hierarchie, noch mit Gewalt, weder mit dem Gebrauch noch dem Mißbrauch irgendwie klarkommt, in der Lage sein jemals ein Phänomen wie SM zu verstehen? Das ist einfach nicht möglich.

■ S/M und Gewalt ein und derselben Gesellschaft, äußerlich ähnlich und doch grundverschieden, müssen in der öffentlichen Auseinandersetzung also zwangsläufig kollidieren, aber nicht weil S/M so unverständlich wäre, sondern unverstanden bleiben muß, will man das Schweigen über bestehende Hierarchien, das größte Tabu unserer Zeit, nicht brechen.

U (Mannheim)

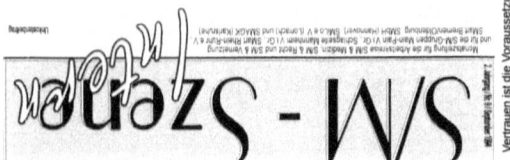

Personality: O – Dominique

Vierzig Jahre nach Erscheinen des wohl berühmtesten S/M-Romans „outet" sich die geheimnisumwitterte Autorin des Romans „Geschichte der O". Paradoxerweise heißt Frau Audry (geb. 1908) mit Vornamen Dominique...

(Danke Bettina)

SM-Szenen

Offizielles Mitteilungsorgan für die Arbeitskreise SM & Metall, SM & Recht und SM & Vermittlung, der SM-Vereine Main-Pfalz V.i.Gr. Schagnelle Mannheim V.i.Gr. und SMart Rhein-Ruhr e.V. und der SM-Gruppen Stiften Hannover und SMU e.V.(München)

Es ist nicht alles Gold was glänzt...

Die nichtkommerzielle Szene diskutiert den Kommerz. Nach Jahren scheinbar unreflektierten Prädikatetragens (Wie-sind-ja-alle-eine-Familie-Solidarität) zwingt die allerorten spürbare Krise zur Auseinandersetzung. Diesmal geht es nicht um Kleidungsvorschriften oder Organisationsfragen, sondern um Standpunkte, Haltungen und Werte. Es ist gewissermaßen eine politische Diskussion.

Bisher war es so, daß der Begriff "nichtkommerziell" überwiegend so verwendet wurde, wie das "Christlich" und "sozial" im Namen der CSU, es heißt halt so, hat aber nicht viel zu bedeuten, schließlich muß ja alles irgendwie heißen.

Trotzdem hat auch das Adjektiv "nichtkommerziell" seine Gründe. Noch vor wenigen Jahren gab es ausschließlich Studios, Nepp-Parties und überteuerte Kontaktanzeigenblättchen, die sich an der Sehnsucht von S/Mlern gesundgestoßen haben. Davon hatten schließlich ein paar Leute genug, es gab Feten, die von S/Mlern für S/Mler organisiert wurden und sogar eine Zeitung, die mehr war das die marktgerechte Randgruppenversorgung via Sex-Shop. Schließlich die Medienarbeit einiger Mutiger, zunächst verheizt aber dann endlich gute Artikel vom Spiegel bis zum Cosmopolitan. Sadomasochistische Pionierarbeit. Sinnvoll war das, für uns alle. Viele kommen so zu ihrer Sexualität und sogar zu Beziehungspartnern finden. Und nun wird es immer leichter.

Aber gab es das umsonst? Finanziell betrachtet, hat es sich vielleicht sogar gerechnet, denn nicht nur wegen der Honorare, denn nun konnten auch diese Pioniere statt vieler sinnloser Briefmarken auf Kontaktanzeigen immerhin ein Bier in Lack, Leder, Latex trinken, Shopadressen austauschen, Tips uns Erfahrungen teilen und alles in allem recht viel Spaß haben ohne noch Abfallgebühren oder Perverszuschläge zu entrichten.

Fortsetzung siehe Seite 3

Fortsetzung von Seite 1:

Aber die ganze Situation nur im Hinblick auf Geld zu betrachten, halte ich für eine sehr verkürzte Sichtweise. Denn bezahlt wurde, ohne American Express zitieren zu wollen, mit einem guten Namen.

Zum ersten Mal, gab es Leute, die bereit waren, mit einem Namen, einem Gesicht, mit einer Persönlichkeit, die sich hinstellten und sagten, ich bin Sadomasochist, ich bin Sadomasochistin, ich gebe mich als so jemand zu erkennen, über mich könnt ihr andere finden, laßt uns aus der geschmähten Schmuddelecke heraustreten, gemeinsam sind wir besser dran. Das war der Preis - und für viele andere die Eintrittskarte, nämlich ein "Hier bin ich!". "Ich bin auch so" und das war genug, aber auch das hat jeden von uns eine Menge gekostet. Man nennt es "Coming Out"- Heraustreten!

Wenn nun ein Coming Out der Preis für Nichtkommerzialität ist, was ist dann kommerziell? Logisch konsequent ist damit alles kommerziell, was irgendeinem Menschen erlaubt, sich weiterhin zu verstecken, eben nicht herauszukommen, seinen Namen nicht preiszugeben. Und ist es denn nicht so? All die ach so diskreten Studios, mit Fantasienamen für den Haussklaven und noch prunkvolleren Künstlernamen der Lady sowieso? Veranstalter wie Gäste handeln nach dem Motto: Keine Namen, keine Adressen, keine Verpflichtungen, Diskretion über Diskretion, ein Name, besser gesichert als ein schweizer Nummernkonto, versteckt hinter Clubmitglied Nr. 2438, wobei man sich nicht mal entblödet, ihm unter diesen kryptischen Zeichen Geburtstags- und andere Glückwünsche zu übermitteln. Eine lebendes Wesen und seine Sexualität - gesichert und gehandelt wie ein Bankresort!

Wir sind alle (k)eine große Familie

zum Politischen in der S/M-Szene

Was hat eigentlich SM mit Politik zu tun? Sollte man solche Differenzen in einer Szene, die sich über eine so intime Eigenschaft wie eine gemeinsame sexuelle Neigung definiert, nicht einmal außen vor lassen und sich freuen, daß es noch so viele „wie auch immer", mit denen man reden, feiern, fesseln und schlagen kann?

Ich will begründen, wie ich zu meinem eindeutigen „Nein, das sollte man nicht" gelange.

Politik fängt nicht im Rathaus an und hört nicht im Bundestag auf. Was wir an Diskriminierung erleben, an juristischen Schwierigkeiten, an allem, gegen das wir uns mittels Öffentlichkeitsarbeit zur Wehr setzen, fußt auf politischen Ideologien - seien es christliche, die Sex nur als Fortpflanzungsmethode zulassen (und selbst da eigentlich lieber dem Heiligen Geist als Fruchtbarkeitsspender überlassen würden), oder konservative, die auf Sauberkeit, Ordnung und unsere letzten Endes Uniformierung pochen und unsere „Andersartigkeit" im Rahmen dieser Ordnung nicht zulassen können. Eine S/M-Bewegung kann demzufolge nur eine emanzipatorische sein, ein Versuch, diese Ideologien zu entlarven und zu bekämpfen.

Und genau hier dürfen wir nicht vor der eigenen Haustür aufhören zu kehren. „Mehr Freiheit für UNS" darf nicht das Motto einer emanzipatorischen Bewegung sein, denn spätestens wenn man den Unterdrückungs-

Fortsetzung auf Seite 5

Fortsetzung von Seite 1

mechanismus erkannt hat, der einen selbst am Boden halten soll, zeigt sich, auf wen er noch angewandt wird.

Zum Beispiel auf Frauen. Wenn in den „Schlagzeilen" eine gefesselte Frau abgebildet ist, dann ist das erstmal ok. Wenn der „Stern" dasselbe tut, ist es das nicht, denn bei ihm gibt es z.B. keine gefesselten Männer. SM wird dort nicht als gegenseitiges Vergnügen mit u.U. wechselnden Rollen dargestellt, sondern als legitime Unterdrückung der Frau, die es offenbar doch „braucht". Dasselbe ist übrigens an der sensationslüsternen Vermarktung der Sina-Geißler-Bücher zu kritisieren, die in der Presse (und auch vom Verlag selbst) indirekt als späte Bejahung Freuds und seiner schwachsinnigen These vom weiblichen Masochismus hochstilisiert wurden.

Ich halte SM prinzipiell für etwas Antisexistisches, weil hier der Wille, das Einverständnis und die Bedürfnisse der Frau eine wesentlich größere Rolle spielen als in der bürgerlichen Gesellschaft, die z.B. per Gesetz eine Vergewaltigung für legal erklärt, wenn der Täter der Ehemann des Opfers ist.

Es ist wichtig, diesen antisexistischen Anspruch zu bewahren und nach außen zu tragen, denn alles andere hieße, unsere eigene Diskriminierung anzuprangern und gleichzeitig eine andere gutzuheißen.

Ähnlich verhält es sich mit unserer Beziehung zu anderen gesellschaftlichen „Randgruppen", wie etwa Nicht-deutschen. Jemand, der nicht aufgrund seiner sexuellen Vorlieben kriminalisiert werden möchte, kann nicht gleichzeitig andere wegen Hautfarbe oder Herkunft aburteilen.

Antirassismus sollte sich also für Smilerinnen von selbst verstehen.

Spätestens hier wird deutlich, warum politische Unterschiede in der Szene nicht geleugnet oder ignoriert werden dürfen. Ein deutliches (fiktives) Beispiel: Stellt Euch vor, Ihr trefft auf einer SM-Fete ein eingetragenes DVU-Mitglied, das sich ungeniert über die „perversen Homos" aufregt, Euch anschließend noch was von „Asylantenflut" vorlabert und schon die nächsten Brandanschläge herbeiwünscht. Würdet Ihr unbedingt mit ihm ins Gespräch kommen wollen, nur weil Ihr beide SMlerInnen seid?

Premiere

Am 8. April 1995 findet in Solingen eine Tanzperformance statt - fast etwas wie ein Musical. Anstelle der üblichen Konsumhaltung wird aber auch vom Publikum einiges gefordert.

„Schwarz/Weiß - Sehen, Hören, Fühlen, Schmecken, Riechen" verspricht einen Erlebnisabend für alle Sinne. Teilnehmen kann man für 55.- Vorverkaufspreis (65.- Abendkasse). Infos unter 0212 75557 (14.- 18.30 Uhr, außer Mo). Beginn: 19.30 Uhr

Ein Beispiel zu den Unterschieden zwischen SM, extrem SM und" mir fehlt ein Name dafür":

Angenommen es fände sich ein Gesprächskreis von Sportlern zusammen.
Es gäbe sehr unterschiedliche Praktiken. zB.:
    Läufer
    Skifahrer
    Schwimmer
    Bergsteiger
    Segler
    Autorennfahrer.

Trotz aller Unterschiede können sie sich, denke ich, als Sportler bezeichnen, auch, wenn es Menschen gibt, die im Einzelfall zB Autorennen nicht mehr als solchen bezeichnen würden.

Dann könnte es Betreber von Extremsportarten geben, die sich auf Grund Ihres Know hows und ihrer Übung (kurz Ihrer Fähigkeiten) vielleicht gar nicht mal so sehr dazu zählen würden. Etwa:
    Taucher
    Skiflieger
    Fallschirmspringer.

Auch Menschen, die üblichere Sportarten extrem ausgiebig oder sehr an den Grenzen betreiben, möchte ich als Extremsportler bezeichnen. zB:
    Marathonläufer
    Kunstspringer
    Apnoetaucher
    Tour de France Fahrer.

Was aber ist mit einem Reinhold Messner, der ohne Sauerstoff auf den Mont Blank geht, oder zu Fuß die Antarktis durchquert? Wobei er sich den ein oder anderen Zeh abfriert?
Was ist mit Moitessier, der nonstop und alleine die Welt eineinhalb mal umsegelt?
Oder mit einem Dr. Hannes Lindemann, der in einem Faltboot den Atlantik überquert hat?

Ich fände es völlig unzutreffend, diese Tätigkeiten als Sport zu bezeichnen, auch nicht als Extremsport. Vermutlich würden die meisten der Menschen, die Unternehmen dieser Art ausführen sich selber dagegen wehren.
Und das obwohl die genannten Aktionen sportliche Elemente enthalten und die Aufführenden oft Sportler sind.
Ich finde es auch verfehlt, bei wissen etlicher Fakten diese Unternehmen als wahnsinnig zu bezeichnen.

Die Bezeichnungen Sport, Extremsport und Wahnsinn, treffen nicht worum es hier geht.

Verstehen versus Liebe

* Suchen wir uns vor der Liebe zu retten, indem wir den anderen "verstehen"?
  Suchen der Unaushaltbarkeit "bloß" zu lieben, zu entkommen?

* Höre ich nicht da auf zu lieben, wo ich verstehe?

* Es beinhaltet eine ganz andere Probe, einen anderen Mut, jemanden zu lieben, ohne ihn zu verstehen.

* Oder liebe ich nur, wenn ich den anderen verstehe?
  Impliziert "den anderen lieben", auch "den anderen verstehen"?
  Wird das "den anderen lieben" mit "den anderen verstehen" verknüpft und daran festgekettet, wird die Liebe dann aufgekündigt, wenn der andere nicht mehr zu verstehen ist?

* Was ist es aber, was wir suchen?
  Verstanden werden alias "Nicht mehr allein/einsam zu sein".
  Oder Liebe, die sich auch durch das nicht verständliche entfaltet und einen Weg findet, überwindet.

* Verstehen: Kontrollieren, (Be)Greifen, Nachvollziehen, Seelenverwandschaft, Anknüpfungspunkte.

* Ist Liebe nicht etwas körperliches und kann nicht mit etwas platonischen, geistigen wie "Verstehen" zusammen gehen.
  Etwas körperliches meint nicht per se Sex, aber so etwas wie Berührungen, ein Blick, etc.)

* Zuweilen das "Sich selbst nicht verstehen können". z.B. Ich weiß nicht, was ich an ihm/ihr finde.

* Im Christentum: Wenn alles Verstehen versagt, kann Gott uns berühren (setzt Liebe ein).

* Raubt Verstehen die Liebe?
  Wonach streben wir? Definieren wir?

  Das Bestreben ist eigentlich "zu verschmelzen", es scheint wir machen daraus ein "wir bemühen uns, nicht einsam zu sein"

* Kann man etwas Fremdes lieben?
  Oft die Angst: Verläßt er/sie mich wenn ich ihm/ihr fremd bin?
  Mit dieser Angst im Hintergrund soll und muß er/sie mich verstehen. Dem Harmonie-Gedanke, wird das wirkliche Verschmelzen geopfert. Der Harmonie-Gedanke soll die Unerträglichkeit der Einsamkeit übertünchen.

* selbst jemanden lieben, ist aktiv lieben

* von der Liebe eines anderen berührt werden, ist passiv lieben

* Was ist, wenn Dinge passieren, die immer wieder mehr Angst machen, als vertrauen zu schöpfen?

* Warum es im S/M Bereich soviele religiöse Menschen gibt.

284

SMash-Essay: Uniformfetischismus — eine „politisch unkorrekte" Leidenschaft?

von SMash-Autor Mathias

Kapitelübersicht:

Die SM-Szene — uniform?
Der moralische Aspekt
Die Wurzeln der Leidenschaft
Authentizität!
Der Funktionär — eine machterotische Rolle
Von der Vision zur Wirklichkeit

Die SM-Szene — uniform?

Als historisch interessierter Liebhaber und Sammler von Uniformen und Ausrüstungsgegenständen bewaffneter Staatsorgane (paramilitärische Formationen, Polizei und, in erster Linie, Militär) aller Länder und Epochen (hauptsächlich derer Europas, Russlands bzw. ehemaliger Sowjetunion und der USA, 19./20. Jh.) vermisse ich ein entsprechendes Angebot in der SM-Szene, um meine Phantasien mit Interessierten und Gleichgesinnten austauschen und leben zu können. Gibt es kein entsprechendes Interesse?

Der vorherrschende „Dresscode" der SM-Szene sowie die damit zum Ausdruck gebrachten Phantasien sind durchgängig geprägt durch eine nicht näher definierte, mittelalterlich anmutende Phantasiesymbolik, die sich vorwiegend in schwarzen Stiefeln, Lederkleidung und Henkersmasken ausdrückt, um hier nur einige besonders markante Standard-Accessoires zu nennen. Bei dieser Form von SM bewegt man sich in einem zeitlichen und geographischen Niemandsland, was den eigenen Phantasien ihren realen Schrecken nimmt und sie moralisch „entschärft", da ja kein Bezug zu vergangenen oder zeitgenössischen

Ereignissen in der Außenwelt besteht.

Das läßt mich völlig kalt. Meine Phantasien bedürfen eines genau definierten historisch-geografischen Schauplatzes. Alles muß stimmig sein und einen Bezug zu realen Ereignissen und Personen der Vergangenheit oder Gegenwart in der Außenwelt haben. Dabei erlaube ich mir zwar manchmal, in meiner Innenwelt Ereignisse, Schauplätze und Personen zu verändern oder hinzuzufügen, dies aber immer in engem Kontakt zum realen historischen Hintergrund der Geschichte.

Der moralische Aspekt

Dieser reale historische Hintergrund provoziert die Frage nach dem moralischen Aspekt meiner Obsession: „Ist Uniformfetischismus eine politisch unkorrekte Leidenschaft?"

Da moralisches Empfinden wie alle Gefühle zuerst immer eine individuelle Angelegenheit ist, hier eine kurze Beschreibung meiner Einstellung:
Als entschiedener Individualist lehne ich jede Form von Gruppenzwang und organisiertem Massenhandeln ab. Diese Grundeinstellung wurde maßgeblich durch meine Beschäftigung mit der Geschichte, vor allem mit den totalitären Ideologien des vergangenen Jahrhunderts und ihren verhängnisvollen Auswirkungen bis in unsere Tage, geprägt.

Jeder Absolutismus, der das Individuum als Bestandteil einer gesichtslosen manipulierbaren Masse sieht, die je nach Belieben einsetz- und „verheizbar" ist, findet meine Verachtung und entschiedene Ablehnung; ebenso die Vertreter derselben, egal aus welcher politischen Ecke sie kommen oder wie rein und edel ihre Absichten auch vorgeblich sein mögen.

DIE WAHRHEIT, egal ob politischer oder religiöser Natur, gibt es nicht — auch wenn ein solcher Irrglaube für die geistig trägen Mitläufer bequem und angenehm ist, können sie doch ihre individuelle Verantwortung an der Garderobe des jeweiligen Regimes abgeben und im Namen von Führer, Partei und Vaterland jedes Verbrechen an ihren Mitmenschen begehen. Den Mitläufern gilt meine besondere Verachtung, denn ohne die Millionen zählenden schlechten Kopien des jeweiligen „Führers" hätte es einen Lenin, Mussolini, Hitler oder Stalin nie gegeben.

Es existieren so viele Wahrheiten wie es Menschen gibt, und jede hat ihre Daseinsberechtigung, solange sie anderen Menschen nicht aufgezwungen wird oder ihnen Schaden zufügt.

Die Wurzeln der Leidenschaft

Soviel zu meinem moralisch-politischen Standpunkt. Kommen wir nun zu meinem erotisch-fetischistischen Standpunkt:

Vorbild und Geburtshelfer meiner Obsession war mein Vater, von Beruf Polizeibeamter. Als Kind sah ich ihn sehr oft in Uniform wenn er zum Dienst ging oder von diesem nachhause kam. Das weckte mein Interesse für Uniformen und für das Millieu ihrer Träger. Die entsprechenden Vorbilder für meine Rollenspiele, „Gute", aber auch sehr bald „Böse", die eine mir damals unheimliche, starke Anziehung auf mich ausübten, holte ich mir aus dem Fernsehen.

Das erste Stück meiner späteren Sammlung war eine Mütze der Verkehrspolizei mit weißem Kunstlederschirm, die mir ein Kollege meines Vaters 1974 schenkte. Mit achtzehn begann ich, zielgerichtet Uniformen zu sammeln, mit dem Schwerpunkt auf Militäruniformen aus dem Ersten und Zweiten Weltkrieg. Inzwischen besitze ich eine interessante Sammlung von Originalstücken und originalgetreuen Replikaten.

Warum sammle ich sie, was fasziniert mich so an ihnen?

Ich genieße nicht nur das Gefühl des Uniformstoffes auf der Haut und den Geruch von blankgeputztem, glänzendem Leder, sondern auch die durch Uniformen symbolisierten „Prinzipien der Macht" — Verläßlichkeit und Sicherheit durch verbindliche hierarchische Strukturen, welche absolute Kontrolle über Untergebene und deren Loyalität gegenüber Vorgesetzten garantieren sollen — üben im Rahmen eines entsprechenden Rollenspiels eine starke erotische Anziehung auf mich aus.

Authentizität!

Im Mittelpunkt des Rollenspiels steht für mich die zur jeweiligen Geschichte passende Uniform. Das Original, notfalls ein originalgetreues Replikat; keine schlechte Kopie, wie man sie aus manchen US-Kriegsfilmen über den Zweiten Weltkrieg kennt. Diese Uniform muß elegant sein und meinen Körper vorteilhaft zur Geltung bringen, mit dezenten Dienstgradabzeichen, nicht operettenhaft-überladen, aber auch kein gesichtsloses „Camouflage"-Drillichzeug.

Ich bevorzuge Dienst- und Ausgehuniformen, maßgeschneidert für Offiziere und Berufsunteroffiziere oder konfektioniert aus der Kammer für Mannschaftsdienstgrade, entsprechend meiner jeweiligen Rolle. Am liebsten hochgeschlossen, alternativ mit offenem Revers und Binder, Lederkoppel mit Schulterriemen, für Mannschaften einfaches Koppel, kombiniert mit Breeches-Hosen mit Schaftstiefeln oder mit geradegeschnittenen Hosen und Halbschuhen.

Beispiele für meinen Stil sind die khakifarbenen westalliierten (französisch-britisch-amerikanischen) Mannschafts- und Offiziersuniformen beider Weltkriege, insbesondere die der U.S. Army aus dem Ersten Weltkrieg. Aber auch „politisch un-korrekte" Uniformen wie zum Beispiel die der Roten Armee, der Miliz (Polizei) und der Geheimpolizei (Tscheka, GPU, OGPU, NKWD, MWD, KGB) oder die der deutschen Wehrmacht und der SS sprechen mich an — zum einen aus ästhetischen Gründen, zum anderen aber auch gerade wegen ihres sinistren Charakters.

Der Funktionär — eine machterotische Rolle

Ich bevorzuge die Rolle des kühl-distanzierten Polizei- oder Militärfunktionärs, der personifizierten Arroganz staatlicher Macht.

Dieser Funktionärstyp ist kein politisch naiver Idealist oder gar Fanatiker, der an das vorgegebene Ideal oder an den Führer glaubt. Dafür kennt er als ranghoher Kulissenschieber und Puppenspieler die Realität hinter den Fassaden des Regimes viel zu gut. Nein, er glaubt nur an sich selbst, an seinen Willen zur Macht und an den Staat als höchste Form organisierter Macht die ihm, dessen Diener, persönliche Macht über andere Menschen als Lehen überträgt.

Die breite Masse der Mitläufer und Ideologen sind diesem Praktiker der Macht zutiefst suspekt: was er ist, ist er aus sich selbst heraus, aus ur-eigener Überzeugung, und bei allem, was er auch an moralisch Verwerflichem tut in seiner Funktion, ist er dabei doch ein ehrlicher, wahrhaftiger, wenn auch wahrhaftig „böser" Mensch.

In seinem tiefsten Innern ist er ein früh von der Welt und den Menschen enttäuschter, emotional selbstverkrüppelter Charakter (was ihm in manchen Momenten auch selbst zu Bewußtsein kommt) — ein Charakter, der aus seinen meist negativen Lebenserfahrungen die Einstellung gewonnen hat, daß alle Menschen im Grunde ihres Herzens schlecht sind und nur die Macht des Stärkeren sie bändigen und kontrollieren kann.

Für ihn gibt es nur zwei Arten von Menschen: Herren und Sklaven. Er zählt sich zu den ersteren, da er jederzeit bereit ist, alles zu tun um seine Ziele zu erreichen — ohne Rücksicht auf moralische oder persönliche Bindungen. Solche „Schwächen", die ihm, dem kalten Rationalisten im „Lebenskampf" als überflüssig und störend erscheinen, unterdrückt er erfolgreich in sich. Seine Innenwelt ist ein totalitärer, hierarchisch organisierter Machtapparat, und er sucht und findet eine entsprechendes Gegenstück in der Außenwelt.

Diese psychische Konstellation macht ihn zum idealen Kandidaten für eine Karriere im Polizei- oder Militärapparat eines autoritären Staates. Er bahnt sich seinen Weg nach oben — vielleicht sogar bis an die Spitze der Hierarchiepyramide.

Die Angst, das Grundgefühl seines Lebens von frühester Jugend an und eigentliche Triebfeder seines Handelns (zum Beispiel die Angst vor einer Verschwörung innerhalb des Systems) ist sein ständiger Begleiter, eine je nach Streßsituation mehr oder weniger stark ausgeprägte Paranoia fester Bestandteil sowohl seines Innenwelt- wie auch des Außenweltsystems, in dessen Diensten er steht.

Von der Vision zur Wirklichkeit

Interessante cineastische Beispiele für den oben beschriebenen Charaktertyp des Funktionärs sind unter anderem der SS-Hauptsturmführer

Aschenbach (dargestellt von Helmut Griem) in Luchino Viscontis Werk »*Die Verdammten*« (»*La Caduta degli Dei*«, Italien/Deutschland, 1968/69), sowie Jewgraf Schiwago (Alec Guinness), Tschekist der ersten Stunde und zukünftiger KGB-Generalmajor, Halbbruder des Arztes und verfemten Poeten Jurij (Omar Sharif) aus David Leans Meisterwerk »*Doktor Schiwago*«.

Die Philosophie der uniformierten Staatsdiener, die nur ihrem Beruf verpflichtet sind, bringt der korpulent-joviale Wehrmachtsoberst Steinhäger (Gert Fröbe) — kein eiskalter Karrierist wie meine bevorzugten Charaktere, sondern ein gewissenhafter, kleinbürgerlicher Beamter, Mitarbeiter der deutschen Abwehr im Zweiten Weltkrieg — in einem Gespräch mit dem britischen Safeknacker und Doppelagenten Eddie Chapman (Christpher Plummer) auf den Punkt: „Ja, ich bin nur ein Polizist, und ich bin stolz darauf. Ich war Polizist unter dem Kaiser und in der Republik, und ich werde es auch nach dem Krieg wieder sein. Egal, ob Deutschland von Kommunisten oder Nationalsozialisten regiert wird, alle brauchen sie die Polizei."

Soviel zu meinen bevorzugten Charakteren.

Von der Vielfalt sinistrer Seelen sich erotisch angezogen zu fühlen, sie in gewisser Hinsicht sogar zu verstehen heißt nicht, Taten wie die ihrigen moralisch zu rechtfertigen. Für diese gibt es keine Rechtfertigung, da sie die Rechte anderer Menschen auf brutalste und nicht wieder gut zu machende Weise verletzen — bis hin zum Mord, dem schwersten und endgültigsten aller Verbrechen.

Durch die intensive Beschäftigung mit diesen Charakteren und ihren Beweggründen wurde mir jedoch bewußt, daß deren Eigenschaften potentiell auch in mir vorhanden sind — wie wohl in der Seele eines jeden Menschen.

Ich nenne es „die dunkle Seite".

Ich habe gelernt, sie zu akzeptieren; vor allem die Tatsache, daß sie für mich seit meiner Kindheit eine beständige Quelle erotischen Vergnügens darstellt. Heute bekenne ich mich zu dieser dunklen Seite, was meine Persönlichkeitsentwicklung im positiven Sinne nur gefördert hat, und möchte sie zusammen mit interessierten Personen ausleben.

Gib Pseudo-S/M keine Chance!

Nicht überall wo S/M draufsteht, ist auch S/M drin!

S/M bedeutet auch Liebe, Geborgenheit und Vertrauen

S/M ist eine Spielart der Sexualität, die so NORMAL ist, wie jede andere Art von Sexualität auch

Weg mit dem Prügel-Image!

Wenn Sie sich berührt fühlen, sich ernsthaft mit den Thema auseinandersetzen wollen und an einer offenen Aufklärung interessiert sind, wenden Sie sich an die nicht-kommerziellen Gruppen.

Anmerkung: Unter dem Einfluß von SMart Rhein-Ruhr e.V. entstandenes Flugblatt aus dem Jahre 1993, mit dem gegen ein profitorientiertes "SM-Event" polemisiert wurde. Relativ frühes Beispiel der integrativ-legalistischen Strömung in der SM-Bewegung, die deren Widersprüche und Bruchlinien verdeutlichen.

A3 Glossar

1. Grundsätzliche Begriffe über SM:

SM – ist (im Sinne diese Arbeit) ein asynchrones sexuelles Verhalten, das durch Hierarchie, Gewalt, Fetische hergestellt wird.

S&M, S/M – variierende Schreibweisen für SM.

BDSM – (hauptsächlich im angloamerikanischen Bereich gebrauchte) Abkürzung für die Begriffe: Bondage, Disciplin, Dominance, Submission und SM.

Bondage and Disciplin – (insbesondere im angloamerikanischen Raum) gebräuchliches Synonym für SM, oft gebraucht von Leuten, die »SM« und »sadomasochistisch« für zu »martialisch« oder zu hart halten, um damit ihre Sexualität zu beschreiben; betont die weniger schmerzorientierten Aspekte von SM (Califia 1994).

Dominance and Submission (D&S) – (insbesondere im angloamerikanischen Raum) Bezeichnung für SM mit meist einer besonderen Betonung von Hierarchieverhältnissen.

Kinky – (wörtlich: verrückt, abartig; im angloamerikanischen Raum gebrauchter) Begriff, mit dem auch die SM- und Fetisch-Szene einbezogen werden kann, aber meist in wesentlich weiteren Sinne gebraucht wird, als Oberbegriff für sehr verschiedene sexuelle Orientierungen, die vom Mainstream-Diskurs abweichen.

Leder – Ein von Schwulen und Lesben geprägter Begriff für eine Subkultur innerhalb der Subkultur. Hier haben sich Leder- und andere Fetischisten (Gummi, Lewis 501), »Motorradfahrer« und schwule SMer bzw. lesbische SMerinnen innerhalb (bzw. neben) der schwulen und lesbischen Subkultur etabliert (Lederschwule, Lederlesben). Da keine explizite SM-Szene besteht, erfüllt die Lederszene die entsprechenden subkulturellen Funktionen für SMerInnen im schwul/lesbischen Bereich.

Power Exchange – im nordamerikanischen Raum verwendetes Synonym für SM.

Sensuous Magic – von der SM-Lesbe Pat Califia (USA) eingeführtes sprachspielerisches Synonym von SM (Califia 1994).

M, M-Rolle – Bezeichnung für die devote, masochistische Rolle, innerhalb einer SM-Begegnung, im Szene-Jargon auch »sub« oder »bottom« genannt. Diskussionen in der SM-Szene über eine Ausdifferenzierung zwischen devoten und masochistischen und »dominanten M-Leuten« (die ihre S-ParterInnen kontrollieren und sich nach eigenen Anweisungen bedienen lassen) mögen zur Selbsterklärung der eigenen Sexualität brauchbar sein. Ich folge diesem Diskurs (aus wissenschaftlichen Gründen) nicht.

S, S-Rolle – Bezeichnung für die dominierende, sadistische Rolle innerhalb einer SM-Begegnung, im Szene-Jargon auch »top« genannt. Diskussionen in der SM-Szene über eine Ausdifferenzierung zwischen dominanten und sadistischen S-Leuten und »devoten S-Leuten« (die ihre M-ParterInnen nach deren Anweisungen bedienen) mögen zur Selbsterklärung der eigenen Sexualität brauchbar sein. Ich übernehme diese Differenzierungen (aus wissenschaftlichen Gründen) nicht.

SM-Begegnung – Gegenüber der Szene-Terminologie, die Begriffe wie »Session« oder »Spiel« (siehe dort) verwendet, gebrauche ich das Konzept der SM-Begegnung. SM-Begegnung versucht die Gesamtheit des interpersonalen Handelns und der interpersonalen Kommunikation zu betonen; dieser Begriff kann auch die konfrontativen, brüchigen, mißverständlichen, gegnerhaften Elemente einer solchen Begegnung beschreiben.

Themen und Techniken – Die Unterscheidung von Themen und Techniken hat sich in der Diskussion innerhalb der SM-Bewegung entwickelt. Themen werden als tauglicher angesehen, um das eigene sexuelle Verhalten zu beschreiben. Ich habe diese Sichtweise für meine Recherchen übernommen.

Techniken beziehen sich auf technische, physische, äußerlich beschreibbare Aspekte des sexuellen Verhaltens. Zu Techniken paßt die Frage: Was wird wie gemacht?

Themen beziehen innerpsychische Aspekte des eigenen sexuellen Verhaltens ein. Zu Themen paßt die Frage: Wie wird eine Empfindung erzeugt? Empfindungen sind eine Art Legierung, in der sich konkrete, körperliche Wahrnehmungen und die durch diese Wahrnehmungen ausgelösten Gefühle (oder umgekehrt) zu einer neuen Einheit verbinden. Themen hängen meist grundsätzlicher mit dem individuellen sexuellen Verhalten zusammen, als Techniken. Im Einzelfall können Bezeichnungen für Techniken auch Themen berühren, wenn sie eine besondere gefühlsmäßige Bedeutung für das entsprechende sexuelle Verhalten angeben. Meist sind Techniken wesentlich variabler als Themen.

2. Begriffe in alphabetischer Reihenfolge

Diese Begriffe sind allgemeine Ausdrücke wie sie in SM-Kontexten verwendet werden. Sie gehören vorwiegend dem Bereich »Techniken« an. Sie sind hier erklärt, um den Umgang mit SM-Terminologie und SM-Literatur (einschließlich schwul-lesbischer Literatur) zu erleichtern (vgl. Califia 1992, 1994, Grimme 1996).

AB, Adault Baby – Ein Erwachsener spielt die Rolle eines Babies.

Age play – Sexuelles Rollenspiel, bei dem Alter und Altersunterschied bestimmend sind. Bei Schwulen und Lesben kann der Altersunterschied ein spezifisches sexuelles Moment beinhalten um Unterschiedlichkeit zwischen den Partnern bzw. Partnerinnen zu betonen (da der Geschlechterunterschied nicht zur Verfügung steht; vgl. Schellenbaum 1991).

aktiv – Bezeichnung für die obere, dominante, sadistische, S- Rolle in einer SM-Begegnung; etwas irreführend, da auch Passive (siehe dort) in aktiver Weise sexuell agieren können.

Animal play – Sexuelles Rollenspiel, bei dem eine oder mehrere der agierenden Personen, die Rolle von Tieren annehmen.

Atemkontrolle – Der bzw. die S-Person schränkt die Atmung des bzw. der M-Person ein. Durch die verringerte oder zeitweise ausgeschaltete Atmung werden bei der M-Person körpereigene Opiate, vor allem Endorphine (siehe dort) ausgeschüttet. Die damit verbundenen Empfindungen können intensive Gefühle z. B. des Ausgeliefert-Seins auslösen. Sie können sich auch zu rauschhaften Zuständen entwickeln, die sich (manchmal) in genitale Sexualität umsetzen lassen. Es werden u. a. technische Geräte wie z. B. Gasmasken verwendet, bei denen mit Hilfe eines angeschraubten Schlauchs die Luftzufuhr reguliert wird (Bolz 1992, Califia 1992, Grimme 1996, Zehentbauer 1993).

AV – Analverkehr

Blood sports – Alles was mit dem Austreten von Blut aus dem Körper zu tun hat. Im engeren Sinn werden darunter sexuelle Techniken mit Messern, Skalpellen, Nadeln bzw. Spritzenkanülen verstanden. Zur AIDS-Prävention werden Ein-Weg-Handschuhe und Desinfektionsmittel benutzt und die Geräte nur einmal benutzt bzw. sterilisiert (Califia 1992, Grimme 1996). Verbreiteter bei SM-Frauen als bei SM-Männern.

Bondage – Fesseln bzw. gefesselt werden

Boots – Schuh- oder Stiefelfetischismus

Bottom – Identisch mit der M-Rolle, die untere, masochistische bzw. devote Rolle innerhalb einer SM-Begegnung.

Branding – Im weiteren Sinne alle Verbrennungen der Haut. Im engeren Sinne werden durch Verbrennungen meist Zeichen an den Körper der oder des M angebracht, ähnlich einer Schmucknarbe oder einer Tätowierung. Da das Erzeugen von klaren Konturen mit Brandings schwirig ist, wird dies oft ein Fachmann (meist ein Piercer) durchführen.

Butch – Lesbische oder bisexuelle Frau mit maskuliner Identität oder maskulinem Erscheinungsbild (Kuhnen 1997, Lauretis 1999)

Butch-Bottom – Lesbisches SM-Rollenszenario, bei der eine Frau mit maskuliner Identität oder maskulinem Erscheinungsbild die M- Rolle annimmt.

Cane, Caning – Rohrstock, schlagen bzw. geschlagen werden mit dem Rohrstock

Chaps – Cowboy-inspirierte Lederhose, die Gesäß und Geschlechtsteile frei läßt; SM-Outfit für Männer und Frauen, bei Schwulen am weitesten verbreitet.

Cockring – Um den Penis (evt. einschließlich der Hoden) befestigter Ring aus Metall, Leder oder jedem anderen Material, der als Intimschmuck (siehe dort) und Erektionshilfe dient.

Code-Wort – Im Angloamerikanischen auch safeword. Unter den Beteiligten einer SM-Begegnung vereinbartes Wort, welches als Zeichen dient, um eine SM-Aktion abzubrechen. Es wird ein Wort ausgemacht, was innerhalb der sexuellen Aktion nicht zufällig oder versehentlich gebraucht werden oder verwechselt werden kann. Das Code-Wort wird vorwiegend als Sicherheitsmoment für den bzw. die M gedacht, es kann aber auch von der die S-Rolle tragenden Person verwendet werden (Califia 1992, 1994, Easton 1995a, 1995b, Grimme 1996, Lee 1979). Auf SM-Events legt der Veranstalter ein Code-Wort fest. Bei Nichtbeachtung des Code-Worts greift der Veranstalter (oder dessen Beauftragte) ein, die Etikette erlaubt aber auch jeder anderen Person, auf die Beendigung dieser Aktion hinzuwirken. Internationales Code-Wort in der SM-Szene ist »Mayday«.

Cutting – Schneiden der Haut (siehe Blood sports)

Cross-dressing – Tragen und Erotisieren von Kleidung, die mit dem anderen Geschlecht assoziiert wird. Frauen und Männer können Cross-dresser sein. Im engeren Sinne wird Cross-dressing als das Spiel mit der gegengeschlechtlichen Kleidung von TV (siehe dort) als das zeitweise (und bewußte) Spiel mit der gegengeschlechtlichen Identität unterschieden. In einer SM-Interaktion ist ein Setting denkbar, bei dem die S-Person die M-Person zum tragen von gegengeschlechtlicher Kleidung »zwingt«.

Demütigung – SM-Aktivitäten, bei denen der Status der die M-Rolle einnehmenden Person von dem eines autonomen Erwachsenen zu einem tieferen Status gebracht wird (z. B. zu einem Objekt, Tier, zu einer Sklavin bzw. Sklaven). Es sollen Empfindungen von Scham, Schande, Bloßstellung oder Degradierung erzeugt werden.

Deprivation – Siehe Sensuelle Deprivation

Devot – Sexuelles Verhalten oder Empfindung einer die M-Rolle einnehmenden Person und deren innerer Antrieb zur (gefühlsmäßigen) Unterwerfung. Devot wird (durch den SM-Szene-Diskurs) abgegrenzt von masochistisch (siehe dort). Im Gegensatz zu masochistischem Verhalten wird unter devotem Verhalten die mehr hierarchiebetonten (weniger die auf die Erotisierung von Schmerzen bezogenen) Aspekte verstanden.

Dildo – jedes Objekt, das für sexuelle Penetration genutzt wird (meist aus Gummi oder Latex)

Dirty – SM-Techniken mit Urin oder Scheiße

Dirty Talk – sexualisiertes Sprechen, bzw. Sprechen zur Erzeugung erotischer Lust.

Domina – Im weiteren Sinn jede dominante, sadistische, aktiv agierende, die S-Rolle einnehmende Frau. Im engeren Sinn stark hierarchiebetonte Rollenzuschreibung; die entsprechenden M-Rollen sind Sklave, bzw. Sklavin (siehe dort).

Dominant, Dominanz – Verhalten oder Empfindung einer die S-Rolle einnehmenden Person und deren innerer Antrieb (andere) zu unterwerfen. Dominanz wird (vom SM-Szene-Diskurs) abgegrenzt von Sadismus (siehe sadistisch). Im Gegensatz zum sadistischen Verhalten wird unter dominantem Verhalten die mehr hierarchiebetonten (weniger die auf die Erotisierung von Schmerzen bezogenen) Aspekte verstanden.

Dresscode – Bezeichnung, daß eine SM-spezifische Kleidung bei einem SM-Event erwartet wird: z. B. Leder, Gummi, Uniform, Stahl, Nackt,

Fantasie, Schwarze Kleidung. Für eine bestimmte SM-Veranstaltung kann ein bestimmter Dresscode vorgeschrieben werden: z.B. nur Uniform, nur Gummi. Der Dresscode sollte verhindern helfen, daß SM-Events von Nicht-SMlerInnen besucht werden können (wird seiner Funktion in den letzten Jahren nicht mehr gerecht).

DS-Beziehung – SM-Beziehung, bei der die beteiligten Personen, die gesamte Zeit, die sie miteinander verbringen, sich in einer hierarchischen Situation befinden oder bei der die gesamte Beziehung durch die Herrschaft der einen PartnerIn über die andere PartnerIn geprägt ist. Echte DS-Beziehungen sind in der SM-Szene selten. Es gibt SM-Paare und PartnerInnen, die bestimmte DS-Elemente zeitweise in ihren Beziehungen eingebaut haben. Szene-Bezeichnung auch 24/7 (siehe dort).

Dungeon – Folterkammer; auf SM-Events, jeder Raum der in besonderer Weise für SM ausgerüstet oder vorbereitet ist

Edge-play – SM-Interaktion, bei der die Beteiligten sich bewußt an (psychische) Grenzbereiche einer der beteiligten Personen (gewöhnlich der, des M) bewegen. Die Themen können Traumas oder Phobien sein. In der SM-Literatur wird ausgeführt, daß das Edge-Play therapeutische Wirkung haben kann, aber kein Ersatz für Therapie ist. Einige AutorInnen beziehen sich auf die Theorie C.G. Jungs über den Schatten (Cowan 1992. Easton 1995a, 1995b). Diese Art zu »spielen« ist in der deutschen SM-Szene selten und umstritten.

Elektro-Spiele – SM-Techniken mit elektrischen (Gleich-) Strom. Unabhängig von der Stromstärke besteht die Gefahr, sogenanntes Herzflimmern zu erzeugen, daß die Pumpfunktion des Herzens ausschalten kann (ähnlich der Wirkung beim Herzstillstand). In der SM-Literatur wird angewiesen, nur unterhalb der Gürtellinie elektrischen Strom anzuwenden (Grimme 1996); wegen der mangelnden Eingriffsmöglichkeiten im Falle eines Unfalls in der SM-Szene umstritten, bei SM-Events teilweise verboten.

Endorphine – körpereigene Opiate, die bei Stress vom Gehirn ausgeschüttet werden, z.B. durch Schmerzen, beim Sport (Langstreckenlauf,

Bungee-Jumping) oder Tanzen. In einem sexuellen Kontext kann der drogenartige Rauschzustand sich in genitale sexuelle Erregung umsetzen (Bolz 1992, Zehentbauer 1993).

Fantasy-Spiele – SM-Rollenspiele mit einem imaginierten Szenario (Victorianisches Setting, Seeräuber und gefangene Prinzessin, Sklavenmarkt auf einem anderen Planeten etc.)

Femme – Lesbische oder bisexuelle Frau mit femininer Identität oder betont femininem Habitus (Kuhnen 1997, Lauretis 1999).

Femme-Top – Lesbische oder bisexuelle Frau mit femininer Identität oder betont femininem Habitus, die die S-Rolle übernimmt (und damit patriarchalische Rollenzuschreibungen konterkariert).

Fetisch – Jede Substanz (z.B. Schweiß, Urin), jeder Körperteil (z.B. Füße), jedes Kleidungsstück (z.B. Korsetts, Uniformen, Schuhe) oder jedes andere Objekt (z.B. Schmuck oder Motorräder), das sexuell erregend wirkt. In der SM-Szene sind Leder, Gummi, Stahl und Peitschen weit verbreitete Fetische.

Fisten – Einführen der Hand in die Vagina oder den Darm. Meist wird eine spezielle Gleitflüssigkeit (Crisco, EOS, KY) verwendet. Die Aufnahme der ganzen Hand wird nur gelingen wenn beide PartnerInnen trainiert sind. Die Hand kann nach dem Einführen zur Faust geballt werden. Es sind Fälle bekannt, wo beim Analfisten der Arm bis oberhalb des Ellbogen eingeführt worden ist. Fisten ist mit sehr intensiven – unterschiedlichen – körperlichen Gefühlen für passive und aktive Beteiligte verbunden. Fisten ist unter Schwulen und Lesben weit verbreitet (Herrman 1991).

Flag (Flagellation) – Schlagen mit Geräten (Rohrstock, Peitsche, Gürtel etc.)

Gang bang – SM-Setting in dem eine Gruppenvergewaltigung »gespielt« wird

Gender play – Jedes Spiel mit Geschlechtsrollen; Überbegriff für TS,

TV und Cross-dressing (siehe dort), wenn ausgedrückt werden soll, daß zwischen diesen Formen von Gender play keine eindeutigen Grenzen liegen.

Genitalfolterung, Genitorture – Manipulation, Folterung, Zufügung von Schmerzen an weibliche oder männliche Genitalien.

Golden showers – Im eigentlichen Sinn: Jemanden bepissen. Im weiteren Sinn jede Erotisierung von Pisse (siehe auch NS)

Halsband – Teil des Outfits oder Statussymbol für die M-PartnerIn. Im schwul-lesbischen Bereich oft Zeichen, daß die Halsband tragende Person einer bestimmten S-PartnerIn »gehört«.

Hankies – Taschentuch-Code. Von der schwul-lesbischen Bewegung erfunden, im geringen Maße von der heterosexuellen SM-Bewegung übernommen: Die Farbe von Taschentüchern zeigt die sexuelle Technik, in der linken oder rechten Hosentasche getragen die S- oder M-Orientierung. Schwarz bedeutet SM, Rot bedeutet Fisten, Grau bedeutet Bondage, Gelb bedeutet Urin.

Harness – Ein aus Lederriemen bestehendes erotisches Kleidungsstück, das mit Metallteilen zusammengehalten und direkt auf der Haut getragen wird. Es gibt Harnesse für den Oberkörper und Ganzkörperharnesse. Ein Harness für Männer kann das Durchstecken des Penis (mit Hilfe eines Metallrings), ein Harness für Frauen kann das Befestigen eines Dildos ermöglichen (ursprünglich schwule Erfindung).

Humiliation – Angloamerikanischer und SM-Szene-Ausdruck für Demütigung (siehe dort)

Herr, Herrin – eine der möglichen Bezeichnungen für S-Männer bzw. S-Frauen mit hierarchiebetonten Bezug

Infantilismus – Rollenspiele, bei denen eine oder mehrere Erwachsene die Rolle von Kindern annehmen

Intimschmuck – Jeder Schmuck, der im Genitalbereich oder an den Brüsten angebracht wird; meist Piercings (siehe dort)

Interrogation – SM-Setting als Verhörsituation

Kaviar – SM-Ausdruck für Scheiße (Abkürzung in der Prostituiertenszene und in SM-Anzeigen: KV)

Klammern – SM-Spielzeuge, meist aus Metall oder Kunststoff, zur Erzeugung von Schmerzen im Genitalbereich oder an der Brust, u. U. werden Gewichte an die Klammern gehängt (es können auch Wäscheklammern verwendet werden).

Klappen – Öffentliche Toiletten, die Schwule für sexuelle Aktivitäten benutzen

Kliniksex – SM-Setting mit ÄrztInnen (bzw. Krankenschwester)-PatientInnen-Rollenspiel. Praktiken mit Klistiere, Einläufe und vaginale oder anale »Untersuchungen«.

Kopf-Orgasmus – Erleben eines Höhepunkts der Ekstase oder der Spiritualität ohne einen genitalen Orgasmus zu bekommen. Ein Kopf-Orgasmus kann zusammenhängen mit der Ausschüttung von Endorphinen (siehe dort) im Gehirn. (Der Begriff wird gelegentlich apologetisch herangezogen, um über das Nichterreichen eines genitalen Orgasmus bei einer sexuellen Begegnung hinwegsehen zu können).

KV – 1. Kesser Vater. Deutscher Ausdruck für butch (siehe dort). Lesbische Szene-Bezeichnung für maskulinen Habitus oder maskuline Identität einer Frau. 2. Abkürzung für Kaviar (siehe dort).

Leder – Weit verbreitetster Fetisch der SM-Szene. Schwarze Lederkleidung wird innerhalb der SM-Szene insbesondere für die dominanten Personen als »Dresscode« erwartet. Im weiteren Sinn als schlagwortartige Bezeichnung für die SM-und Fetisch-Community, insbesondere im schwul-lesbischen Bereich.

Masochistisch – Ein auf die unmittelbare körperliche Konfrontation und die Sexualisierung von Schmerzen bezogenes Verhalten der in der M-Rolle agierenden SMlerInnen (in Abgrenzung zu devot, siehe dort).

Master, Meister – (insbesondere in der schwulen Subkultur) eine hierarchiebetonte Bezeichnung für den S-Mann

Mayday – Code-Wort (siehe dort) der internationalen SM-Szene

Mistress – Eine der möglichen Bezeichnung für eine S-Frau

Military games – SM-Setting mit Militärszenario (Drill, Verhörsituation, Uniformfetischismus)

Modern primitives – Ein von dem US-Amerikaner Fakir Musafar eingeführter Ausdruck für Leute, die physische Erfahrungen, von denen einige schmerzhaft sind, für Initiationen und einen spirituellen Pfad persönlichen Wachstums nutzen wollen (Vale 1989). Diese Szene überschneidet sich mit der SM-Szene, ist aber mit letzterer nur teilidentisch.

NS – Natursekt. Begriff für alle sexuellen Aktivitäten mit Urin. (vgl. Golden showers, Wassersport)

O – Szene-Synonym für extreme M-Frau. O ist eine literarische Figur von Pauline Réage (Réage 1954, 1969)

»Objekt« – »Dieses Objekt«, »zum Objekt machen«. Bezeichnung dafür, daß eine die M-Rolle einnehmende Person zu einem Objekt gemacht wird (Lampenhalter, Stuhl, Tisch) oder dazu »gezwungen« wird.

Öffentlichkeit – Gemeint sind SM-Aktivitäten in der Öffentlichkeit: 1. SM-Aktivitäten auf einer (halb-)öffentlichen SM-Fete; 2. SM-Aktivitäten innerhalb öffentlich zugänglicher Räume (Natur, Parks, Toiletten, Straße, Plätze etc.); 3. »Vorführung« der M-Person in einer ausgewählten Öffentlichkeit (in Handschellen herumlaufen, Knien oder ähnliches in der Öffentlichkeit, mit körperlichen Spuren an den Badesee oder in die Sauna gehen etc.).

Outdoor-Spiele – SM-Aktivitäten außerhalb des Hauses, meist in der Natur (vgl. Öffentlichkeit 2.)

Paddles – Flache Schlaginstrumente, meist aus Holz oder Leder

Pansexualität – Überbegriff dafür, das übliche Trennungslinien der sexuellen Orientierung (siehe dort) zwischen Homo-, Bi- und Heterosexualität überwunden werden. Eine pansexuelle SM-Gruppe wäre eine Gruppe, die alle sexuelle Orientierungen akzeptiert. In SM-Kontexten kann der Begriff zur Charakterisierung von bestimmten sexuellen Kontakten benutzt werden: Es kann z. B. ein heterosexueller Mann einem anderen Mann erlauben, ihn zu dominieren, oder er wird dazu »gezwungen«, sich dominieren zu lassen oder Lesben und Schwule machen SM miteinander, oder eine sich heterosexuell definierende Frau wird von einer anderen Frau penetriert und dominiert.

Passiv – Bezeichnung für die untere, devote, masochistische, M- Rolle in einer SM-Begegnung; etwas irreführend, da »Passive« auch aktiv auf die SM-Interaktion einwirken können.

Peitsche – Entgegen ihrem martialischen Image sind die meisten (für SM-Zwecke hergestellten) Peitschen nicht sehr gefährlich, ihre Wirkung weniger intensiv als z. B. Rohrstöcke und verletzen die Haut nicht. Einige (meist einschwänzige) Peitschen können bei einsprechender Verwendung intensive schmerzhafte Empfindungen erzeugen, ohne die Haut zu brechen. Sogenannte Signalpeitschen, die dafür gedacht sind, Tiere durch das Geräusch, daß durch die Durchbrechung der Schallmauer entsteht, anzutreiben, sind gefährlich oder schwer zu handhaben, weil es schwierig ist, mit ihnen zu treffen und diese die Haut verletzen können.

Piercing, piercen – 1. Temporäre Piercings sind SM-Aktivitäten mit Nadeln oder Spritzenkanülen, um die Haut zu durchstechen und mit der Angst vor Verletzungen zu »spielen«. 2. Permanente Piercings sind Schmuckstücke, die unter der Haut befestigt werden, meist an der Brust und im Genitalbereich (aber auch z. B. im Gesicht oder am Bauchnabel)

Play party – Soziales SM-Event, bei dem SM-Aktivitäten willkommen sind und erwartet werden

Pony – Besondere Form des Animal play (siehe dort), bei dem die die M-Rolle einnehmende Person als Pferd geschirrt, trainiert oder vor einen Sulky gespannt wird.

Poppers – Eigentlich ein Medikament für Herzprobleme aus Amylnitrat, um den Herzschlag zu beschleunigen und den Blutdruck zu erniedrigen mit muskelentspannender Wirkung. Wird von vor allem schwulen und lesbischen, passiven FisterInnen als Droge verwendet, um den Widerstand gegen das Eindringen der Hand zu überwinden.

Red, rot – Hankiefarbe und Kommunikationssignal für Fisten

Ring der O – Ring auf dessen Oberseite (an der Stelle eines Steins) ein O-geformter kleiner Ring befestigt ist. Erkennungszeichen für SMerInnen, ähnliche Funktion wie der Hankie-Code. Bezieht sich auf die literarische Figur O von Pauline Réage (Siehe O).

Rollen-Spiele – SM-Setting, bei denen ein vorher bestimmtes Rollenszenario benutzt wird (Gouvernante-SchülerIn, HerrIn-Stubenmädchen etc.)

Sadistisch – Ein auf die unmittelbare körperliche Konfrontation und die Sexualisierung der Erzeugung von Schmerzen bezogenes Verhalten der in der S-Rolle agierenden SMlerInnen (in Abgrenzung zu dominant, siehe dort).

Safe, sane and consensual – Sicher, geistig gesund und einvernehmlich. Parole und ethisches Credo der internationalen SM-Szene. Versuch, SM von nicht-konsensueller und pathologischer Gewalt abzugrenzen.

Safeword – Angloamerikanischer Ausdruck für Code-Wort (siehe dort)

Scat – Angloamerikanischen und Szene-Ausdruck für Scheiße

Schmucknarbe – Anbringen eines Zeichens oder Bildes durch Erzeugung von Narben. Diese können durch Schnitte mit Messern oder Skalpellen, durch Brandings (siehe dort) und andere chirurgische Verfahren herbeigeführt werden. **Schnitzen** – Schneiden der Haut mit Messern und Skalpellen (siehe Blood sports)

School play – Spezielles Rollenspiel mit Schul-Thema (LehrerIn-SchülerIn). Auf den brittischen Inseln besonders weit verbreitet, in der deutschen SM-Szene eher selten.

Schwarz – Hankiefarbe und Kommunikationselement für SM**Sensuelle Deprivation** – Einschränkung der Sinne (Sehen, Hören, Sprechen) der die M-Rolle einnehmenden Person

Session – Bezeichnung für zeitlich begrenzte SM-Interaktion zwischen zwei oder mehreren Personen, seltener auch als SM-Szene (im Sinne einer einzelnen SM-Begegnung) bezeichnet.

Sexuelle Orientierung – Sexuelle Präferenzen für Männer, Frauen oder beide. Der gesellschaftliche Diskurs unterscheidet zwischen schwuler, lesbischer, bisexueller Orientierung. Der SM-Szene-Diskurs spricht von einer SM-Orientierung, weil die Orientierung auf SM-Sexualität genauso prägend erscheint wie andere sexuelle Orientierungen. Von einer SM-Orientierung kann mit wissenschaftlich unstrittiger Berechtigung in dem Fall gesprochen werden, wenn die Orientierung auf SM wichtiger ist als das Geschlecht des Partners.

Sklave, Sklavin – Hierarchiebetonte Bezeichnung für die die M-Rolle einnehmende Person

Sling – Ein ursprünglich zum Fisten (siehe dort) entwickeltes Liegegerät, daß aus einem Stück Leder oder festen Stoff besteht, das an Ketten hängt. **SM-Fete** – Soziales Event der SM-Szene; manchmal identisch mit Play party (siehe dort), kann aber auch mehr den Charakter einer Tanz- oder Sehen-und-gesehen-werden-Fete haben.

Spanking – Schlagen mit der Hand

Spiel, SM-Spiel, spielen – 1. Nicht unumstrittene SM-Szene- Bezeichnung für SM-Interaktion. 2. Bezeichnung für jede zeitlich eingrenzbare SM-Begegnung zwischen zwei oder mehreren Beteiligten. 3. Kommunikationselement, um das Interesse für einen SM-Kontakt zu signalisieren (»Willst Du mit mir spielen?«).

Stino – Stinknormal. Ein ursprünglich aus der schwulen Subkultursprache entnommener Begriff. Abfälliger Begriff für Leute, die sich in keiner Weise sexuell vom Mainstream abweichend verhalten (also z. B. weder SMlerIn, noch homosexuell oder bisexuell sind).

Sub – Submissive(r) – Eine der möglichen Szene-Bezeichnung für M-Person

Switch, switchen – Bezeichnung, für den Wechseln zwischen S- und M-Rolle. Switcher sind auf beide Rollen generell orientiert. Switchen kann sich aber auch auf eine bestimmte erotische Situation oder eine einzelne SM-Begegnung beziehen.

Tattoos – Tattoos können im SM-Kontext zur Anbringung von Zeichen der S-Person an den Körper der M-Person oder als Beziehungszeichen für beide benutzt werden.

Temperatur-Spiele – SM-Aktivitäten mit Hitze (Kerzen, Zigaretten, Brandings) oder Kälte (Eis, kalte Flüssigkeiten oder Salben). Zigaretten, Brandings und manchmal auch Eis können zu Verbrennungen 2. oder 3. Grades führen.

Top, toppen – Identisch mit der S-Rolle, der oberen, dominanten, sadistischen Rolle in einer SM-Begegnung.

Toys – Bezeichnung für Sex- oder SM-Spielzeuge. Damit können alle Geräte, Mittel oder Substanzen gemeint sein, die für SM benutzt werden (unabhängig von ihrem ursprünglichen, evt. anderen Verwendungszweck).

TS – Transsexuell. Jemand, dessen geschlechtliche Identität nicht mit seinem biologischen Geschlecht übereinstimmt. TS nehmen oft Hormone oder lassen sich operieren, um ihren Körper dem Geschlecht, dem sie sich zugehörig fühlen, anzupassen. Man kann TS von TV (siehe dort) abgrenzen dadurch, daß TS nicht nur das gewünschte Geschlecht erotisieren oder zeitweise annehmen, sondern daß Transsexuelle fühlen, daß sie dieses Geschlecht »in Wirklichkeit« sind. Im sozialen Kontext und in der biographischen Entwicklung sind die Übergänge zwischen TV und TS weniger scharf, als diese Unterscheidungsversuche das suggerieren.

TT, Tits-Turture – Bezeichnung für SM-Aktivitäten mit der Brust (siehe Blood sports, Klammern, Piercing)

TV – Transvestit; Jemand, der die gegengeschlechtliche Rolle »spielt« oder die gegengeschlechtliche Identität (meist) zeitweise anzunehmen versucht. Männer und Frauen können Transvestiten sein. In einem SM-Kontext können TV in der M- oder S-Rolle in einer Begegnung mit einem Nicht-TV in besonderer Weise die Erzeugung von dominanten und devoten Gefühlen beeinflussen oder es kann jemand zum Tranvestismus gezwungen oder als TV »ausgebildet« werden. Im engeren Sinne kann TV vom Cross-dressing dadurch abgegrenzt werden, daß es nicht alleine um die Erotisierung des Tragens der gegengeschlechtlichen Kleidung, sondern um die Erotisierung und die Annahme der gegengeschlechtlichen Identität geht.

Uniform – Fetisch, der sich auf Uniformen von Polizei oder Militär bezieht und der mit oder auch nicht mit Militärspielen in Zusammenhang steht (siehe Military games).

Vanilla-Sex – Abfälliger Begriff für Nicht-SM-Sex

Verbal-Spiele, V/A (verbal abuse) – Verbale SM-Technik, um Gefühle von Beleidigung, Demütigung, Erniedrigung, Minderwertigkeit, Scham, Schande und Schikane beim M zu erzeugen.

Vertrag, Sklavenvertrag – Schriftliches Dokument über die Bedingungen einer SM-Beziehung (Califia 1992, 1994, Grimme 1996, Prezwalski 1995, Sacher-Masoch 1980).

Wachs – SM-Aktivitäten mit Kerzen, das Wachs wird auf den Körper des, der M heruntergetröpfelt. Der Abstand der Kerze vom Körper reguliert die Intensität der Verbrennung. Weiße Stearin-(Haushalts-)Kerzen erzeugen Verbrennungen 1. Grades (keine Narben), Bienenwachskerzen erzeugen Verbrennungen 2. Grades (mögliche Narbenbildung).

Wassersport, Watersports – Jede sexuelle Aktivität mit Urin. Identisch mit NS (siehe dort)

Whipping – Das Peitschen

Windeln – Erotisieren von Windelntragen, meist in Zusammenhang mit sexuellen Aktivitäten mit Urin (vgl. Wassersport, NS) aber im Gegensatz zu AB (siehe dort) hat das Windelntragen keinen unbedingten Bezug zum Babyspiel.

Yellow, gelb – Hankiefarbe oder sprachliche Umschreibung für sexuelle Aktivitäten mit Urin

24/7-Beziehung – 24 Stunden am Tag, 7 Tage die Woche. Hierarchiebetonte SM-Beziehung, bei der die gesamte Beziehung durch die Herrschaft der S-Person über die M-Person geprägt ist. Identisch mit DS-Beziehung (siehe dort).

A4 Literatur[1]

Abe, Kobo. Die Frau in den Dünen. Frankfurt/M. 1990 *F*
Abernathy, Christina. Miss abernathy's Concise Slave Training Manual. San Francisco 1996 *L*
Acker, Kathy. Blood and Guts in High School Plus Two. New York 1984 *F*
Acker, Kathy. Don Quixote. New York 1986 *F*
Acker, Kathy. Große Erwartungen. ein Punk-Roman. München 1988 *F*
Adorno, Theodor W. Negative Dialektik. Frankfurt/M. 1966 *L*
Alexander, Franz. »The Need of Punishment«. In: Intern. Journal PschoAnal. Band 10. 260. (1929) *Z*
Aliti, Anglika. Die wilde Frau. Rückkehr zu den Quellen weiblicher Macht und Energie. Hamburg 1993 *L*
Allen, Kate. Wie es dir gefällt. Hamburg 1996 *F*
Allison, Dorothy. »Public Silence, Private Terror«. In: Vance, Carol S. (ed.) Pleasure and Danger. Exploring Female Sexuality. London 1992 *L*
Amato, Toni. »Lost in space«. In: Antoniou, Laura (Hg.) Leatherwomen II. New York 1994 *F*
Amendt, Günter. Sexfront. Frankfurt 1970 *L*
Amendt, Günter. Haschisch und Sexualität. Stuttgart 1974 *L*
Amendt, Günter. Das Sexbuch. Dortmund 1979 *L*
Anders, G. Lieben gestern. Notizen zur Geschichte des Fühlens. München 1986 *L*
Anderson, Benedict. Imagined Communities. (...)London, New York 1991 *L*
Andreas-Salomé, Lou. »Der Mann als Weib. Ein Bild im Umriß«. In: Neue Deutsche Rundschau, Jg. X. 1899 *L*
Andreas-Salomé, Lou. »Die Erotik«. In: Buber, Martin (Hg.) Die Gesellschaft. Frankfurt/M. 1910 *L*
Antoniou, Laura (Hg.). Leatherwomen. New York, 1993 *F*
Angot, Christine. Inzest. Köln 2001 *F*
Antoniou, Laura (Hg.). Leatherwomen II. New York 1994 *F*
Apollinaire, Guillaume. Die elftausend Ruten München 1985 *F*
Arbeitsgemeinschaft S/M & Öffentlichkeit (Hg.) S/M- Adressbuch. Neumünster/Hofheim 1995 *L*

---

1 Alle Bücher und Zeitschriftenartikel werden in der alphabetischen Reihenfolge des Namens der AutorInnen aufgeführt. Werden mehrere Werke einer Autorin oder eines Autors erwähnt, sind diese untereinander in der Reihenfolge des Erscheinungsdatums der in dieser Arbeit benutzten Ausgaben angeführt. Um die Arbeit mit diesem Verzeichnis zu erleichtern, werden alle Arbeiten mit folgenden Zeichen versehen, aus denen die Art des Buches oder des Artikels hervorgeht:
B Bild- oder Fotografiematerial
F Fiktion, Theater, Autobiographie
L (Sachbuch-) Literatur
Z Zeitungs- und Zeitschriftenartikel
Sind diese Zeichen kursiv (z.B. *L*) gesetzt, handelt es sich um Literatur zu, von oder über SM im engeren Sinn.

Arbeitskreis S/M & Vernetzung (Hg.). S/M-Szene Intern Nr. 6/93–7/95 (Mannheim) *Z*
Argens, Marquis d'. Die weise Thérèse. Eine erotische Beichte. Berlin 2001 *F*
Ariès, Philippe. Geschichte des Todes. München 1982 *L*
Ariés, Philippe. »Paulus und das Fleisch«. In: Ariès, Philippe u. a. Die Masken des Begeherens und die Metamorphosen der Sinnlichkeit. Zur Geschichte der Sexualität im Abendland. Frankfurt/M. 1986 *L*
Armin, T.A. »Faszination & Fetisch. Gay-Sex in Uniform« In: Adam 7/1991 *Z*
Arndt, W.B. u. a. »Specific Sexual Fantasy Themes: A Multidimenional Study.« In: Journal of Personality an Social Psychology 48/1985 *Z*
Arnold, D. O. Subcultures. Berkeley 1970 *L*
Aufmuth, Ulrich. »Von großer Qual und großer Lust – das Körpererleben des Alpinisten.« In: Klein, M.(Hg.). Sport und Körper. Reinbek 1984a *L*
Aufmuth, Ulrich. Die Lust am Aufstieg: Was den Bergsteiger in die Höhe treibt. Weingarten 1984b *L*
Austen, Jane. Pride and Prejudice. (1813) Reprint New York 1966 *L*
Azoulay, Isabelle. Phantastische Abgründe. Die Gewalt in der sexuellen Phantasie von Frauen. Frankfurt/M. 1996 *L*

Bader, Birgit u. a. Das dritte Geschlecht. Transsexuelle, Transvestiten und Androgyne. Hamburg 1995 *L*
Badinter, Elisabeth. Ich bin Du. Auf dem Weg in die androgyne Gesellschaft. München 1987 *L*
Balzer, Philipp und Klaus Peter Rippe (Hg.) Philosophie und Sex. München 2000 *L*
Bannon, Race. Learning The Ropes. A Basic Guide to Safe and Fun S/M Lovemaking. San Francisco 1992 *L*
Barclett, John. The Captive. New York 1989 *F*
Barford, D. »Reading perversion. Psychoanal. Theory and Sex Deviation«. Brit. J. Psychotherapy, Vol.9. 993 *L*
Barring, Torsten. Confessions of a Naked Piano Player. New York 1998 *F*
Bartholomae, Joachim (Hg.). Pauls Bücher. 1.Buch: Die Entwicklung. Hamburg 1998 *F*
Bartholomae, Joachim (Hg.). Pauls Bücher. 2.Buch: Die Wende. Hamburg 1999 *F*
Bartholomae, Joachim (Hg.). Pauls Bücher. 3.Buch: Der Vertrag. Hamburg 1999 *F*
Bass, Ellen und Laura Davis. Trotz allem. Wege zur Selbstheilung für sexuell mißbrauchte Frauen. Berlin 1990 *L*
Bataille, Georges. Death and Sensuality. New York 1962 *L*
Bataille, Georges. Der heilige Eros (L'Érotisme). Darmstadt und Neuwied 1963 *L*
Bataille, Georges. Das obszöne Werk, Reinbek 1977 *L*
Bataille, Georges. Das Blau des Himmels. München 1990 *F*
Battegay, Raymond. Der Mensch in der Gruppe. Bd.1–3, Bern, Stuttgart, Wien 1973 *L*
Baudelaire, Charles. Die Blumen des Bösen. Frankfurt/M. 1976 *F*
Baudrillard, Jean. Transparenz des Bösen: Ein Essay über extreme Phänomene. Berlin 1992 *L*
Baudrillard, Jean. »Die Stadt und der Haß«. In: Frankfurter Rundschau, Seite ZB 3, 30.09.1995 *Z*

Baumeister, Roy F. Masochism and The Self. New York 1989 *L*
Beam, Georg (HG.) Die Welt des Stephen King. Was sie immer schon über den »Meister des Horrors« wissen wollten. München 1992 *L*
Bean, Joseph W. Leathersex. A Guide for the Curious Outsider and the Serious Player. Los Angeles o.J. *L*
Beauvoir, Simone de. »Soll man de Sade verbrennen?« In: Beauvoir, Simone de. »Soll man de Sade verbrennen?« Reinbek 1964 *L*
Beauvoir, Simone de. »Pyrrhus und Cineas«. In: Beauvoir, Simone de. Soll man de Sade verbrennen? Reinbek 1964 *L*
Beauvoir, Simone de. Das andere Geschlecht. Sitte und Sexus der Frau. Reinbek 1992 *L*
Beck, Gad. Und Gad ging zu David. Die Erinnerungen des Gad Beck 1923 bis 1945. Herausgegeben von Frank Heilbert. Berlin 1995 *F*
Becker, H. Außenseiter. Frankfurt/M. 1973 *L*
Becker, Heribert (Hg.). Das heiße Raubtier Liebe. Erotik und Surrealismus. München, New York, Prestel 1998 *L*
Beinstein, Krista. Obszöne Frauen. Wien 1986 *B*
Beinstein, Krista. Im Rausch der Triebe. Erotische *B*
Frauen-Bild-Geschichten. Tübingen 1989 ??
Beinstein, Krista. Gewaltige Obsessionen. Tübingen 1992 *B*
Beinstein, Krista. Rituale der Begierde. Tübingen 1993 *B*
Belasco, Boris. Einer wie ich. Berlin 1999 *L*
Bellion, Regina. Sommerferien. Pullenreuth 1991 *F*
Bellion, Regina. Marmor für Zattek. Pullenreuth 1994 *F*
Benjamin, Jessica. »Herrschaft – Knechtschaft: Die Phantasie von der erotischen Unterwerfung.« In: Snitow, A. / Stansell, C. / Thompson, S. (Hg). Die Politik des Begehrens. Sexualität, Pornographie und neuer Puritanismus in den USA. Berlin 1985 *L*
Benjamin, Jessica. »The Alienation of Desire: Womens Masochism and Ideal Love«. In: Alpert, Judith (Hg.). Psychoanalysis and Women: Contemporary Reappraisals. New York 1986 *L*
Benjamin, Jessica. Die Fesseln der Liebe. Psychoanalyse, Feminismus und das Problem der Macht. Frankfurt/M. 1990 *L*
Berg, Jean de. Das Bild. München 1995 *F*
Berg, Jeanne de. Die Frau. München 1995 *F*
Berg, Robert de. Der Voyeur. München 1995 *F*
Berner, Wolfgang. »Sadomasochismus bei einer Frau. Bericht über eine psychoanalytische Behandlung.« In: Zeitschrift für Sozialforschung, Stuttgart, Jg. 4, Heft 1, März 1991 *Z*
Bersani, Leo. »Foucault, Freud, Fantasy and Power«. In: GLQ 1995, 2, (S.1–2,11–33) *Z*
Bettelheim, Bruno. Symbolische Wunden. Pubertätsriten und der Neid des Mannes. München 1975 *L*
Beurdeley, Cecile. L'Amour Bleu. Die homosexuelle Liebe in Kunst und Literatur des Abendlandes. Köln 1994 *L*

Bijsterbosch, Willem. Der Leibsklave. Berlin, 1996 (Original: Van een knecht. Amsterdam 1986) *F*
Bly, Robert. Eisenhans. Ein Buch über Männer. München 1991 *L*

Bolz, Annette. Sex im Gehirn. Neurophysiologische Prozesse in der Sexualität. Südgergellersen 1992 *L*
Bonaparte, Marie. »Passivität, Masochismus und Weiblichkeit.« In: Internationale Zeitschrift für Psychoanalyse 1/1935 (Bd. 21) *Z*
Bonaparte, Marie. Female Sexuality. New York 1953 *L*
Brame, Gloria G. u. a. Different Loving. The World of Sexual Dominance and Submissing. New York 1996 *L*
Brenner, Ines und Gisela Morgenthal.«Sinnlicher Widerstand während der Ketzer- und Hexenverfolgungen. Materialien und Interpretationen«. In: Becker u. a. Aus
der Zeit der Verzweiflung. Zur Genese und Aktualität des Hexenbildes. Frankfurt am Main 1977 *L*
Bright, Susie. Susie Sexperts Sexwelt für Lesben. Berlin 1993 *L*
Bright, Susie. Susie Sexperts liederliche Lesbenwelten. Berlin 1995 *L*
Buber, Martin. Ich und Du. Heidelberg 1958 *L*
Büchner, Barbara. »Fleischeslust«. In: Nachtstücke. SM-Kurzgeschichten. Hamburg 1995 *F*
Büchner, Barbara. »Der Nachtgefährte«. In: Nachtstücke. SM-Kurzgeschichten. Hamburg 1995 *F*
Büchner, Barbara. »Die Felder der Nephillim«. In: Nachtstücke. SM-Kurzgeschichten. Hamburg 1995 *F*
Büchner, Barbara. »Die Katzenfrau«. In: Nachtstücke. SM-Kurzgeschichten. Hamburg 1995 *F*
Bullough, V. und B. Bullough. Sin, Sickness and Sanity. New York 1977 *L*
Burges, Anthony. Uhrwerk Orange. München 1972 *F*
Butler, Judith. Das Unbehagen der Geschlechter. Frankfurt/M. 1991 *L*

Califia, Pat. Sapphistrie. Das Buch der lesbischen Sexualität. Berlin 1981 *L*
Califia, Pat. Macho Sluts. Boston 1988 *F*
Califia, Pat. Das SM-Sicherheits-Handbuch. Pullenreuth 1992 *L*
Califia, Pat. »Die Grenzen der S/M-Beziehung oder Mr. Benson lebt hier nicht mehr«. In: Thompson, Mark. (Hg.). Lederlust. Der S/M-Kult: Erfahrungen und Berichte. Berlin 1993 *L*
Califia, Pat. Sensuous Magic. New York 1994 *L*
Califia, Pat and Robin Sweeney (edt.). The Second Coming. A Leatherdyke Reader. Los Angeles 1995 *F*
Calogeras, R.C. SM-Objektbeziehungen. In: Forum der Psychoanalyse. Zeitschrift für klinische Psychologie und Praxis, Vol. 10(2). Jun 1994 *L*
Carse, Alisa L. »Pornographie und Bürgerrechte«. In: Balzer, Philipp u. Klaus Peter Rippe (Hg.). Philosophie und Sex. München 2000 (S. 167–210) *L*
Carter, A. Sexualität ist Macht. Reinbek 1981 *L*
Cascio, Denya: »Reflection: first Public Scene«. In: Antoniou, Laura (Hg.). Leatherwomen II. New York 1994 *F*
Cassguet-Smirgel, J. (Hg.). Psychoanalyse der weiblichen Sexualität. Frankfurt/M 1974 *L*

Chesser, Eustace. Strange Loves: The Human Aspects of Sexual Deviation. New York 1971 *L*
Choderlos de Laclos, Pierre A. Les liaisons dangereuses. Paris 1969 *F*

Cleland, John. Die Memoiren der Fanny Hill. München 1970 *F*
Cohn, Ruth C. Von der Psychoanalyse zur themenzentrierten Interaktion. Von einer Behandlung einzelner zu einer Pädagogik für alle. Stuttgart 1975 *L*
Comfort, Alex. Joy of sex = Freude am Sex. Frankfurt/M., Berlin, Wien 1981 *L*
Comfort, Alex. More joy of sex = noch mehr Freude am Sex. Frankfurt/M, Berlin, Wien 1982 *L*
Cooper, Dennis. Trug. Wien 1996 *F*
Cooper, W. M. Der Flagellantismus und die Flagellanten. Eine Geschichte der Rute in allen Ländern. Dresden 1899 *L*
Cowan, Lyn. Masochism: A Jungian view. Dallas 1992 *L*
Crepax. Valentina Volume 2 Magic Lantern. New York 1994 *B*

D., E. Die Kalliphygen. Privatdruck 1906 *F*
D., E. Die Memoiren einer russischen Tänzerin. Wien 1909 *F*
Damaskow, Friedrich. Die Algophilie. Rotterdam o.J. *L*
Dannecker, Martin u. R. Reiche. Der gewöhnliche Homosexuelle. Frankfurt am Main 1974 *L*
Dannecker, Martin. Das Drama der Sexualität. Frankfurt/M. 1987 *L*
Dannecker, Martin. Der homosexuelle Mann im Zeichen von Aids. Hamburg 1991 *L*
Davis, Patti. Bondage – Liebe mich, feßle mich. München 1995 *F*
Deforges, Régine. Confessions of O: Conversations with Pauline Réage. New York 1979 *L*
Deforges, Régine. Das Unwetter. München 2000 *F*
Dejk, Lutz van. »Ein erfülltes Leben – trotzdem ... Erinnerungen Homosexueller 1933–1945. Reinbek 1992 *F*
Deja, C. Frauenlust und Unterwerfung. Geschichte der O und Neun Wochen und drei Tage. Freiburg i. Br. 1991 *L*
Deleuze, Gilles. »Coldness and Cruelty«. In: Masochism. Aus dem französischen übersetzt von Jean McNeil. New York 1971 *L*
Derrida, Jacques. Glas. Paris 1974 *L*
Derrida, Jacques. »Den Tod geben«. In: Haverkamp, Anselm. Gewalt und Gerechtigkeit. Derrida-Benjamin. Frankfurt am Main 1994 *L*
Diski, Jenny. Küsse und Schläge. Stuttgart 1989 *F*
Diversified Services (Hg.) Finding Your Dominant Woman. New York 1994 *L*
Dix, U. Sport und Sexualität. Frankfurt/M. 1972 *L*
Dodson, Betty. Sex for one. Die Lust am eigenen Körper. München 1989 (NY 1974) *L*
Doi, Takeo. Amae. Freiheit in Geborgenheit. Zur Struktur japanischer Psyche. Frankfurt/M. 1982 *L*
Dominguez, Jr., Ivo. Beneath the Skins. The new Spirit and Politics of the Kink Community. Los Angeles 1994 *L*
Dubost, Jean-Pierre. Eros und Vernunft. Literatur und Libertinage. Frankfurt/M. 1988 *L*
Dühren, Eugen. Englische Sittengeschichte. 2 Bd. Berlin 1912 *L*

Dworkin, Andrea. Eis und Feuer. Roman. Hamburg 1991 *F*
Dworkin, Andrea. Geschlechtsverkehr. Hamburg 1993 *L*

Easton, Dossie und Catharine A. Liszt. The Topping Book Or, Getting Good At Being Bad. San Francisco 1995a *L*
Easton, Dossie und Catharine A. Liszt. The Bottoming Book Or, How To Get Terrible Things Done To You By Wonderful People. San Francisco 1995b *L*
Eigner, A. »Zynismus als Kennzeichen von Perversion«. In: 52. Congress of Francophone Psychoanalyse of Roman Countries. Revue Francaise de Psychanalyse, 56, 1992 *Z*
Ehrenreich, Barbara u. a. Gesprengte Fesseln? 20Jahre Kampf um eine weibliche Sexualität, und was wir damit gewonnen haben. München 1988 *L*
Elb, Norbert. Soziale Bewegungen und Parteien. Entwicklung und Entwicklungstendenzen. Frankfurt/M. 1996 *L*
Elb, Norbert. Das Eigene und das Fremde in der sexuellen Begegnung und die Auseinandersetzung von organisierten sexuellen Minderheiten mit der Mainstream-Gesellschaft am Beispiel von SM. Unveröffentlichtes Referat. Frankfurt/M. 1998 *L*
Elb, Norbert. Feindbilder und sexuelle Minderheiten. Unveröffentlichtes Referat. Frankfurt/M. 1999 *L*
Elias, Norbert. über den Prozess der Zivilisation. 2 Bd. Frankfurt am Main 1995 *L*
Emma: »Sadomasochismus. Die Macht der Erotik.« In: Emma 4/1982 *Z*
Engels, Friedrich. »Der Ursprung der Familie, des Privateigentums und des Staats«. In: Marx, Karl und Friedrich Engels. Ausgewählte Werke in sechs Bänden. Frankfurt am Main 1972 (S.15–197) (ursp. Stuttgart 1892) *L*
Eppendorfer, Hans. Der Ledermann spricht mit Herbert Fichte. Berlin 1988 *L*
Eskapa, R. D. Die bizarre Seite der Sexualität. Hamburg 1988 *L*
Eskapa, R. D. Die dunkle Seite der Sexualität. Hamburg 1991 *L*
Eulenburg, Albert. Sadismus und Masochismus. Wiesbaden 1911 *L*
Ewers, Hans Heinz. Alraune. München 1973 *F*
Ewers, Hans Heinz. The complete reprint of Exotique. The first 36 issues 1951–1957. Fw. K. Christy. Köln 1998 *Z*

Faderman, Lillian. »The Return of Butch and Femme: A Phenomenon in Lesbian Sexuality of the 1980s and 1990s« In: Journal of the History of Sexuality 2.4 (April 1992) *Z*
Farin, M. Lust am Schmerz Texte und Bilder zur Flagellomanie. München 1991 *B*
Favret-Saada, Jeanne. Die Wörter, der Zauber, der Tod. Der Hexenglaube im Hainland von West-Frankreich. Frankfurt/Main 1979 *L*
Feshbach, Seymour und Neal Malamuth. Sex und Gewalt. Was sie verbindet, was sie trennt« In: Psychologie heute 6 (1982) *Z*
Fedderke, Dagmar. Die Geschichte mit A. Tübingen 1993 *F*
Fester, Richard. »Was Schöpfungsgeschichten verraten«. In: Fester, Richard und Marie E. P. König u. a. Weib und Macht. Fünf Millionen Jahre Urgeschichte der Frau. Frankfurt/M. 1979 *L*
Fester, Richard. »Frauenherrschaften in aller Welt«. In: Fester, Richard und Marie E.P. König u. a. Weib und Macht. Fünf Millionen Jahre Urgeschichte der Frau. Frankfurt/M. 1979 *L*

Fiddes, Nick. Fleisch. Symbol der Macht. Frankfurt/M. 1993 *L*
Fischer, Caroline. Gärten der Lust. Eine Geschichte erregender Lektüren. Stuttgart 1997 *L*
Flanagan, Bob. Supermasochist. San Francisco 1993 *L*

Flaubert, Gustave. Salammbô. Frankfurt/M 1979 *F*
Fleißer, Marie Luise. Ein Pfund Orangen. Frankfurt/M. 1972 *F*
Flick, Uwe. Qualitative Forschung. Reinbek 1995 *L*
Foelske, Walter. Im Wiesenfleck. Leipzig 1994 *F*
Foucault, Michel. Überwachen und Strafen. Frankfurt/M. 1977 *L*
Foucault, Michel. Im Interview mit B. Gallager und A. Wilson. The Advocate 400 (07.10.1984) Seite 26–30, 58 *Z*
Foucault, Michel. Sexualität und Wahrheit. Bd. 1-3. Frankfurt/M. 1986 *L*
Foucault, Michel. »Was ist ein Autor?«. In: Foucault. Schriften zur Literatur. Frankfurt/M. 1988 *L*
Foucault, Michel. Über Hermaphrodismus. Frankfurt/M. 1998 *L*
Fox, Robin. »Bedingungen der sexuellen Evolution«. In: Ariès, Philippe u. a. Die Masken des Begehrens und die Metamorphosen der Sinnlichkeit. Zur Geschichte der Sexualität im Abendland. Frankfurt/M. 1986 *L*
Frankfurter Leder Club e.V. (Hg). FLC-Post. Die Clubzeitschrift des FLC Frankfurter Leder Club e.V. Jubiläumsausgabe 6/95 Nov.& Dez. Frankfurt/M. 1995 *Z*
Franzen, Peter. Die Flagellomanie und ihre heutigen Erscheinungsformen. Hamburg 1956 *L*
Frayser, Susanne G. and Thomas J. Whitby. Studies in Human Sexuality: A Selected Guide. Littleton, CO 1987 *L*
Freud, Anna. »Schlagephantasie und Tagtraum«. In: Die Schriften der Anna Freud. I. 1922–1936. München 1952a *L*
Freud, Anna. »Negativismus und Hörigkeit.« In: Intern. Journal Psycho-Anal. 33. 265. (1952b) *Z*
Freud, Sigmund. »Totem und Tabu«. Einige Übereinstimmungen im Seelenleben der Wilden und der Neurotiker. In: Freud, Sigmund. Gesammelte Werke. Neunter Band. Frankfurt/M. 1961a *L*
Freud, Sigmund. »Drei Abhandlungen zur Sexualtheorie«. In: Freud, Sigmund. Gesammelte Werke. Fünfter Band. Frankfurt/M. 1961b *L*
Freud, Sigmund. »Ein Kind wird geschlagen. Beitrag zur Kenntnis der Entstehung sexueller Perversionen.« In: Freud, Sigmund. Gesammelte Werke. Zwölfter Band. Frankfurt/M. 1961c *L*
Freud, Sigmund. »Massenpsychologie und Ich-Analyse« In: Freud, Sigmund. Gesammelte Werke. Dreizehnter Band. Frankfurt/M. 1961d *L*
Freud, Sigmund. »Das ökonomische Problem des Masochismus.« In: Freud, Sigmund. Gesammelte Werke. Dreizehnter Band. Frankfurt/Main 1961e *L*
Freud, Sigmund. »Hemmung, Symptom und Angst«. In: Freud, Sigmund. Gesammelte Werke. Vierzehnter Band. Frankfurt/M. 1961f *L*
Friday, Nancy. Women on Top. How Real Live Changed Women's Sexual Fantasies. New York 1991 *L*
Friedrichs, J. Methoden empirischer Sozialforschung. Reinbek 1973a *L*
Friedrichs, J. Teilnehmende Beobachtung abweichenden Verhaltens. Stuttgart 1973b *L*

Fromm, Erich. Die Kunst des Liebens. Stuttgart 1956 *L*
Fromm, Erich. Die Furcht vor der Freiheit. Frankfurt/M. 1966 *L*
Fromm, Erich. Haben oder Sein. Die seelischen Grundlagen einer neuen Gesellschaft. Stuttgart 1976 *L*

Fromm, Erich. Die Anatomy der menschlichen Destruktivität. Reinbek 1977 *L*
Fürstauer, J. Lustperversionen durch Folter und Qual. Konstanz 1970 *F*

Garoutte, Claire. Matter of Trust (..). Tübingen 1996 *B*
Gaspar, Andreas, E.F. Ziehlke und H. Rothweiler (Hg.). Sittengeschichte des Zweiten Weltkrieges. Die tausend Jahre von 1933–1945. Hanau o.J. *L*
Gebhard, P.H. »Fetishism and Sadomasochism«. In: Massermann, J.E. (Hg.). Dynamics and Deviant Sexuality (..). New York, London 1969 *L*
Geiser, Christoph. Wunschangst. Hamburg 1993 *F*
Geißler, Sina-Aline. Lust an der Unterwerfung. Frauen bekennen sich zum Masochismus. Rastatt 1990 *L*
Genet, Jean. Querelle. Reinbek 1974 *F*
Gerrard, Kitt. The Depravities of Marisa Bond. London 1998 *F*
Ghent, Emmanuel. Masochism, Submission, and Surrender. New York 1983 *L*
Gibson, Ian. The English Vice: Beating, Sex and Shame in Victorian England and After. London 1978 *L*
Gilligan, Carol. Die andere Stimme. Lebenskonflikte und Moral der Frau. München 1984 *L*
Gilmore, David D. Mythos Mann. Rollen, Rituale, Leitbilder. München, Zürich 1991 *L*
Girard, René. Violence and the Sacred. Baltimore 1977 *L*
Goldschmidt, Georges-Arthur. Die Absonderung. Frankfurt/M. 1993 *F*
Goy, Vanessa Z.. Qualvolle Liebe. Siegburg 1999 *F*
Gramsci, Antonio. Lettere del carcere. Turin 1968 *L*
Gramsci, Antonio. Marxismus und Kultur. Hamburg 1983 *L*
Grandes, Almudena. Lulú. Die Geschichte einer Frau. Hamburg 1990 *F*
Grandes, Almudena. Ich werde dich Freitag nennen. Hamburg 1991 *F*
Greene, G. /Greene, C. S-M The Last Taboo. A Study of Sado-Masochism. New York 1974 *L*
Griffin, Susan. »Sinnlich, gierig, grausam, tödlich«. (Interview) In: Psychologie heute 5 (1982) *Z*
Griffin, Susan. Frau und Natur. Das Brüllen in ihr. Frankfurt/M. 1987 *L*
Grimme, Mathias T.J. Das SM-Handbuch. Hamburg 1996 *L*

Gödtel, Reiner. Sexualität und Gewalt. Hamburg 1992 *L*
Goldstein, Nigel. Hochzeit auf französisch. München 1985 *F*
Grof, Stanislav. Beyond the Brain. New York 1985 *L*
Grof, Stanislav. Geburt, Tod und Transzendenz. Neue *L*
Dimensionen in der Psychologie. Reinbek 1991
Grunert, Johann (Hg.) Leiden am Selbst. Zum Phänomen des Masochismus. 1981 *L*
Grün, Anselm und Gerhard Riedl. Mystik und Eros Münsterschwarzach 1993 *L*
Guardini, Romano. Die Lebensalter. Mainz 1989 *L*

Haberman, Hardy. Family Jewels. A Guide to Male Genital Play and Torment. Emeryville 200 *L*
Haeberle, E.J. »Sexuelle Minderheiten in San Francisco.« In: Wulf, C. (Hg.). Lust und Liebe. München, Zürich 1985a *L*

Haeberle, E.J. Die Sexualität des Menschen. Handbuch und Atlas. Berlin, New York 1985b *L*
Hahn, Ulla. Ein Mann im Haus. Stuttgart 1991 *F*
Hansen, D. Stock und Peitsche im XIX. Jahrhundert. Ihre Anwendung und ihr Mißbrauch im Dienste des modernen Straf- und Erziehungswesens. 2 Bd. Dresden 1899 und 1900 *L*
Hart, Lynda. Between the Body and the Flesh. Performing Sadomasochism. New York 1998 *L*
Hauch, M. »Perversion als Selbstheilung? Deviantes Verhalten zwischen subjektiver Entlastung und sozialer Destruktion.« In: Sexualmedizin 10/1985 *Z*
Havelock, Ellis. Studies in the Psychologie of Sex. Vol. I. New York 1938 *L*
Hawthorne, Nathan. The Scarlet Letter. New York 1850 *F*
Hayn, Hugo u.a. Bibliotheca Germanorum. Erotica & Curiosa. München 1912 und 1929 *L*
Heitmüller, Elke. Zur Genese sexueller Lust. Von Sade Sade zu SM. Tübingen 1994 *L*
Heller u.a. Der Flagellantismus und verwandte Formen exzentrischer Sexualität in Amerika. Hamburg 1959 *L*
Henderson, Joseph L. »Der moderne Mensch und die Mythen«. In: Jung, C.G. u.a. Der Mensch und seine Symbole. Olten 1968 *L*
Herrman, Bert. Trust. The Hand Book. San Francisco 1991 *L*
Herrmann, Horst. Sex und Folter in der Kirche. München 1994 *L*
Hesse, Hermann. Der Steppenwolf. Frankfurt/Main 1972 *F*
Hirschfeld, Magnus (Hg.). Jahrbuch der sexuellen Zwischenstufen. Eine Auswahl aus den Jahrgängen 1899–1923. Bd.2. Neu ed. von W. J. Schmidt. Frankfurt am Main 1984 *L*
Hirschfeld, Magnus u. Andreas Gaspar (Hg.). Sittengeschichte des Ersten Weltkrieges. Hanau o.J. *L*
Hite, Shere. Hite Report. Das sexuelle Erleben der Frau. München 1977 *L*
Hite, Shere. Hite Report. Bd.2. Das sexuelle Erleben des Mannes. München 1982 *L*
Hitzler, Ronald. »Die Wahl der Qual. Analyse einer aktuellen S/M-Szene«. In: Zeitschrift für Sexualforschung. Stuttgart Heft 3, Sept. 1983 *Z*
Hitzler, Ronald. »Sadomasochistische Rollenspiele. Ein Beitrag zur Ethnographie algophiler Milieus«. In: Soziale Welt 1995, 46, 2 (138–153) *Z*
Hochreither, Irmgard. »Spiel ohne Grenzen«. In: Stern 42 (14.10.1993) *Z*
Hoffmann, Arne. Lexikon des Sadomasochismus. (…)Berlin 2001 *L*
Hoffmann, E.Th.A. (zugeschrieben). Schwester Monika. Reinbek 1981 *F*
Hofmann, Florentine. »Liebe mich, fessle mich!«. In: Cosmopolitan. Zug Nummer 3, März 1994, S.29–32 *Z*
Hopkins, Patrick D. »Rethinking Sadomasochism: Feminism, Interpretation, and Simulation«. In: Hypatia 1994, 9, 1, Winter, (S. 116–141) *Z*
Horney, Karin. »Das Problem des weiblichen Masochismus.« In: Internationale Zeitschrift für Psychoanalyse 12. (1926) *Z*

Horney, Karin. Der neurotische Mensch unserer Zeit. Stuttgart 1951 *L*
Hubert, Henri u. Marcel Mauss. »Esquisse d'une théorie générale de la Magie«. In: Année sociologique 1902 bis 1903 *Z*
Hustvedt, Siri. Die Verzauberung der Lily Dahl. Hamburg 1997 *F*

Irigaray, Luce. This Sex Which Is Not One. New York 1985 *L*
Irsigler, Franz und Arnold Lassotta. Bettler und Gaukler, Dirnen und Henker. Außenseiter in einer mittelalterlichen Stadt. Köln 1300–1600. München 1989 *L*
Isackson, Alex. »untitled poem«. In: Antoniou, Laura (Hg.). Leatherwomen II. New York 1994 *F*

Jacques, Trevor u. a. On the Safe Edge. A Manual for SM Play. Toronto 1993 *L*
Jalka, Susanne. Schmerzlust. Hamburg 1992 *F*
Jansen, Leopold. Grausamer Sommer. Königswinter 1997 *F*
Jelinek, Elfriede. Die Klavierspielerin. Reinbek 1986 *F*
Jo, Marie. Der Liebe ganze Härte. Tagebuch einer liaision dangereuse. Königswinter 1996 *F*
Johnson, V.M. To Love, To Obey, To serve. Diary of an Old Guard Slave. Fairfield, CT 1999 *F*
Jordan, K.F. »Die Reziprozität des sadistischen und masochistischen Moments im Sexualleben«. In: Hirschfeld, Magnus (Hg.). Jahrbuch der sexuellen Zwischenstufen. Eine Auswahl aus den Jahrgängen 1899–1923. Bd.2. Neu ed. von W. J. Schmidt. Frankfurt am Main 1984 *L*
Jost, Vera. Fliegen oder Fallen. Prostitution als Thema in Literatur von Frauen im 20. Jahrhundert. Königstein/Taunus 2002 *L*
Joyce, James. Stephan der Held. Ein Porträt des Künstlers als junger Mann. Frankfurt/M. 1972 *F*
Joyce, James. Ulysses. Frankfurt/M. 1975 *F*
Jung, C.G. »Zugang zum Unbewussten«. In: Jung, C.G. u. a. Der Mensch und seine Symbole. Olten 1968 *L*

Kamasutra von Vatsyayana. übersetzt und herausgegeben von Sir Richard Burton und F.F. Arbuthnot. München 1970 *L*
Kamolz, Klaus. Hermes Phettberg. Die Krücke als Zepter. Berlin 1996 *L*
Karlen, Arno. Sexuality and Homosexuality. A New View. New York 1971 *L*
Kaplan, Louise J. Weibliche Perversionen. Von befleckter Unschuld und verweigerter Unterwerfung. Hamburg 1991 *L*
Kay, Manuela und Angela Müller (HG.). Schöner Kommen. Das Sexbuch für Lesben. Berlin 2000 *L*
Kebir, Sabine. Gramsci's Zivilgesellschaft. Hamburg 1991 *L*
Kennedy, Hansi. »Sadomasochistische Perversion in der Adoleszenz. Eine entwicklungsgeschichtliche Betrachtung.« In: Zeitschrift für psychoanalytische Theorie und Praxis, IV, 4–1989 *Z*
Kentler, Helmuth (Hg.). Sexualwesen Mensch: Texte zur Erforschung der Sexualität. Hamburg 1984 *L*
Kerscher, Ignatz. »Sexualtabus«. In: Schriftenreihe Sozialwissenschaftlicher Sexualforschung Sexualität als sozialer Tatbestand (Hg. Rolf Gindorf, E. J. Haeberle) Berlin, New York 1986 *Z*
Kessel, Joseph. Belle de Jour. Schöne des Tages. München 1995 *F*
Kettenmann, Andrea. Frida Kahlo 1907–1954. Leid und Leidenschaft. Köln 1992 *B*
Kierkegaard, Sören. Der Begriff Angst. Frankfurt/M. 1984a *L*
Kierkegaard, Sören. Furcht und Zittern. Frankfurt/M. 1984b *L*
King, Stephen. Gerald's Game. New York 1992 *F*

Kinsey, Alfred C. u. a. Das sexuelle Verhalten der Frau. Berlin und Frankfurt/M. 1954 *L*
Kinsey, Alfred C. u. a. Das sexuelle Verhalten des Mannes. Berlin und Frankfurt/M. 1955 *L*
Kleeberg, Michael. Barfuß. München 1995 *F*
Klein, Melanie und Joan Riviere. Seelische Urkonflikte. Liebe, Haß und Schuldgefühl. Frankfurt/M. 1983 *L*
Klöpping, Susanne. Produktive Macht und kreative Widerstände: Analytik der modernen Macht und subversive Selbsttechniken im Spätwerk Michel Foucaults. Unveröffentlichte Hausarbeit. Bielefeld 1996 *L*
Kloster, Doris. Doris Kloster. Köln 1995 *B*
Koch, Knut. Barfuß als Prinz. Zwei Leben. Berlin 1993 *F*
Kluge, Friedrich. Ethymologisches Wörterbuch der deutschen Sprache. / Kluge. Bearb. Von Elmar Seebold. 23.erw. Aufl. Berlin, NewYork 1999 *L*
Kohout, Jutta. »Hörigkeit. Dein ist mein ganzer Schmerz«. In: Cosmopolitan 2 (1989) *Z*
König, Marie E.P. »Die Frau im Kult der Eiszeit«. In: Fester, Richard und Marie E. P. König u.a. Weib und Macht. Fünf Millionen Jahre Urgeschichte der Frau. Frankfurt/M. 1979 *L*
Krafft-Ebing, Richard von. Psychopathiasexualis. München 1984 (ursprgl. 1886) *L*
Kroll, Eric. The Art of Eric Stanton. For the man who knows his place. Köln 1977 *B*
Kristeva, Julia. Geschichten von der Liebe. Frankfurt/M. 1989 *L*
Kuckuc, I. Der Kampf gegen Unterdrückung. München 1973 *L*
Kuhnen, Stephanie (Hg.). Butch Femme. Eine erotische Kultur. Berlin 1997 *L*
Kulig, Liesel. Love in Wartime. New York 1992 Kulturgeschichte der Erotik. 10 Bde. Flensburg o.J. *F*
Kundera, Milan. Die unerträgliche Leichtigkeit des Seins. Frankfurt/M. 1987 *F*
Kurth, Lisa. Deutschland einig Schmerzensland. (SM-)Lebensberichte aus Ost und West. Königswinter 1997 *L*

Lacan, Jacques. Schriften. Frankfurt/M. 1975 *L*
Ladamé, F. »Adolescense et solution perverse«. In: 52. Congress of Francophone Psychoanalyse of Roman Countries. Revue Francaise de Psychanalyse, 56, 1992 *Z*
Ladywood, Viscount. Gynecocracy. New York 1997 *F*
Lafont, Hubert. »Jugendbanden«. In: Ariès, Philippe u.a. Die Masken des Begehrens und Metamorphosen der Sinnlichkeit. Zur Geschichte der Sexualität im Abendland. Frankfurt/M. 1986 *L*
La Mettrie, Julien Offray de. Die Kunst, Wollust zu empfinden. Nürnberg 1987 *L*
Largier, Nikolaus. Lob der Peitsche. Eine Kulturgeschichte der Erregung. München 2001 *L*
Lauretis, Teresa de. Die andere Szene: Psychoanalyse und lesbische Sexualität. Frankfurt/M. 1999 *L*
Lautmann, Rüdiger. Die Lust am Kind. Porträt des Pädophilen. Hamburg 1994 *L*
Lautréamont (Isidore Lucien Ducasse). Die Gesänge des Maldoror. Reinbek 1963, 1988 *F*
Lawrenz, C., P. Orzegowski. Das kann ich keinem erzählen Gespräche mit Frauen über ihre sexuellen Phantasien. Frankfurt/M. 1988 *L*
Lawrence, T.E. Unter dem Prägestock. The Mint. München 1955 *F*
Lawrence, T.E. Die sieben Säulen der Weisheit. München 1958 *F*
Lee, John. The Sozial Organization of Sexual Risk o.O. 1979 *L*

Leidholdt, D. »Freie Sklavinnen?« In: Emma. Sexualität. (Sonderband 3/1982/83) *Z*
Lenk, Elisabeth. Justine und Juliette. TAZ die Tageszeitung 17.07.1990 *Z*
Leonhardt, R.W. Wer wirft den ersten Stein? Minoritäten in einer züchtigen Gesellschaft. München *L*
Le Soldat, Judith. »Diskriminierende Toleranz. Zur Theorie der Homosexualität.« In: Journal Psychoanalytisches Seminar. Zürich Nr. 13 (1985) *Z*
Le Soldat, Judith. »Sadismus, Masochismus und Todestrieb« In: Psyche 40.Jg. (1986) S. 617–639 *Z*
Le Soldat, Judith. Freiwillige Knechtschaft – Masochismus und Moral. Frankfurt/M. 1989 *L*
Lévinas, Emmanuel. Jenseits des Seins oder anders als Sein geschieht. Freiburg, München 1998 *L*
Lew, Mike. Als Junge mißbraucht. Wie Männer sexuelle Ausbeutung in der Kindheit verarbeiten können. München 1993 *L*
»Liebe und Verbrechen. Die Wiederkehr des Marquis de Sade«. In: Der Spiegel 23 (1990) *Z*
Linden, Robin Ruth u. a. Against Sadomasochism. A Radical Feminist Analysis. San Francisco 1982 *L*
Linnhoff, Ursula. Weibliche Homosexualität zwischen Anpassung und Emanzipation. Köln 1976 *L*
Lorenz, Konrad. Das sogenannte Böse. Wien 1963 *L*
Lorenz, Konrad. Die acht Todsünden der zivilisierten Menschheit. München 1973a *L*
Lorenz, Konrad. Die Rückseite des Spiegels. München 1973b *L*
Loulan, JoAnn u. a. (Hg.) Lesben Liebe Leidenschaft. Texte zur feministischen Psychologie und zu Liebesbeziehungen unter Frauen. Berlin 1992 *L*
Lutterbach, Hubertus. Sexualität im Mittelalter (..) Köln, Weimar, Wien 1999 *L*
Lyotard, Jean-Francois. Das Patchwork der Minderheiten. Für eine herrenlose Politik. Berlin1977 *L*
Lyotard, Jean-Francois. Ökonomie des Wunsches. Bremen 1984 *L*
Lysebeth, André von. Tantra für Menschen von heute. München 1990 *L*

Mains, Geoff. Urban Aboriginals. A Celebration of Leathersexuality. San Francisco 1984 *L*
Marcuse, Herbert. »Trieblehre und Freiheit«. In: Sociologika I. Aufsätze. Max Horkheimer zum 60. Geburtstag gewidmet. Frankfurt/M. 1974 *L*
Marcuse, Herbert. Triebstruktur und Gesellschaft Frankfurt/M. 1990 *L*

Martin, G.L. »Relationships, romance and sexual addiction in extramarital affairs. In: Journal of Psychology and Christianity 8 (4). 1989 *Z*
Masters, William H. und Virginia E. Johnson. Die sexuelle Reaktion. Reinbek 1989 *L*
Mathews, Harry. Zigaretten. Frankfurt/M. 1991 *F*
Maydorn, Andreas u. a. Wie man's macht. Das schwule Sexbuch. Berlin 1993 *L*
McEvan, Ian. Der Trost von Fremden. Zürich 1983 *F*
Mc Guire, Christine und Carla Norton. Die Leibeigene. Bergisch Gladbach 1993 *F*
McNeill, Elizabeth. Nine and a Half Weeks. A Memoir of a Love Affairs. New York 1978 *F*
McNeill, Elizabeth. Neun Wochen und drei Tage. Erinnerungen an eine Liebesaffaire. Reinbek 1979 *F*

Mechthild von Magdeburg. Das fließende Licht der Gottheit (..). München 1990 *F*
Menge-Herrmann, Karin. »Masochismus bei der Frau und beim Mann. Gedanken zu Unterschieden und Gemeinsamkeiten anhand klinischer Beispiele.« In: Psychoanalyse im Widerspruch, 6, 1991 *Z*
Mérrit, Laura. Laura's Animösitäten und Sexkapaden. Das queer LESBISCHE SEXWÖRTERBUCH. Tübingen 1994 *L*
Merritt, Natascha. Digital Diaries. Köln 2000 *B*
Midori, Fetish Diva. »Foreword«. In: Haberman, Hardy. Family Jewels. A Guide to Male Genital Play and Torment. Emeryville 2001 *L*
Miller, Alice. Das Drama des begabten Kindes und die Suche nach dem wahren Selbst. Frankfurt/M. 1979 *L*
Miller, Alice. Das verbannte Wissen. Frankfurt 1988 *L*
Miller, Philip. und Molly Devon. Screw the Roses, Send Me the Thorns. Fairfield 1995 *L*
Millet, K. Sexus und Herrschaft. München 1971 *L*
Millet, K. Flying. New York 1974 *F*
Mirabeau, Octave. Der Garten der Qualen. München 1991 *F*

Mitchell, Philippa. »Hose runter. Die Freuden des spanking«. In: Für Frauen 4 (1993) *Z*
Mitscherlich, Alexander. Freiheit und Unfreiheit in der Krankheit. Frankfurt/M. 1948 *L*
Mitscherlich, Alexander. Auf dem Weg zur vaterlosen Gesellschaft. München 1963 *L*
Mitscherlich, Alexander und Margarete. Die Unfähigkeit zu Trauern. München 1967 *L*
Moeller, Michael Lucas. Selbsthilfegruppen. Selbstbehandlung und Selbsterkenntnis in eigenverantwortlichen Kleingruppen. Reinbek 1978 *L*
Molinier, Pierre. Pierre Molinier. IVAM Centro Julio Gonzalez 15. Abril–21. Junio 1999. (Katalog) *B*
Money, John. Gay. Straight and In-Between. The Sexology of Erotic Orientation. New York 1988 *L*
Money, John and Margaret Lamacz. Vandalized Lovemaps. New York 1989 *L*
Montagnu, M.F. Ashley (Hg.) Mensch und Aggression. Der Krieg kommt nicht aus unseren Genen. Weinheim und Basel 1974 *L*
Montagnu, Ashley. Körperkontakt. die Bedeutung der Haut für die Entwicklung des Menschen. Stuttgart 1995 *L*

Mookerjee, Ajit. Tantra Asana. Ein Weg zur Selbstverwirklichung. Basel, New Delhi 1971 *B*
Moore, Robert und Douglas Gillette. König, Krieger, Magier, Liebhaber. Die Stärken des Mannes. München 1992 *L*
Moore, Thomas. Dark Eros. The Imagination of Sadism. Woodstock, Connecticut 1990 *L*
Morgan, Te. »A Whip of One's Own. (..)«. In: American Journal of Semiotics 6 (1989), Seite 109–136 *Z*
Morgenthaler, Fritz. Homosexualität, Heterosexualität, Perversionen. Frankfurt/M. 1984. Neuausgabe : Giessen 2004 *L*
Moser, Charles Allen. An Exploratory Descreptive Study of a Self-Defined S/M (Sadomasochistic) Sample. Institute for Advances Study of Human Sexuality. 1979 *Z*
Moser, Charles und J.J. Madeson. Bound to be Free. The SM Experiance. New York 1999 *L*
Mouchy, René de. »Masochism as a pathological and as a normal Phenomenon in the Human Mind« In: International Journal PsychoAnal 30. 1950 (S. 95–97) *Z*

MS Panther Köln e.V. (Hg.) Aufbruch aus dem Kohlenkeller. 30 Jahre Kölner Ledergeschichte. Köln 1994 *L*
Müller, Phoebe. Schlachthof der Lüste. Tübingen 1993 *F*
Musil, Robert. Die Verwirrungen des Zöglings Törless. Hamburg 1957 *L*
Musset, Alfred de. Gamiani oder zwei Nächte der Ausschweifungen. München 1970 *F*
Muthesius, Angelika und Gilles Néret. Erotik in der Kunst des 20. Jahrhunderts. Köln 1998 *B*

Neuner, H.-P.. Die schwule Lederszene und das Phänomen SM. Eine Annäherung von innen. Berlin 1998 *L*
Nick, Peter. Zur Erkenntnisfigur des Beobachters. Entwurf einer anthropologischen Konzeption des erkennenden Subjekts. Tübingen 2001 *L*
Nietzsche, Friedrich. Also sprach Zarathustra I–IV. Kritische Studienausgabe. München, Berlin, New York 1988 *L*
Nitzschke, Bernd. Sexualität und Männlichkeit. Reinbek 1988 *L*
Nitzschke, Bernd. Männerängste, Männerwünsche. München 1994 *L*
Norman, John. Die Erforscher von Gor. München 1984 *F*
Norman, John. Die Vagabunden von Gor. München 1998 *F*
Nössler, Regine. Strafe muß sein. Tübingen 1994 *F*
Nygren, Anders. Eros und Agape. Gütersloh 1957 *L*

Obrist, Brigitte. »Freier sind heimliche Sadisten«. Interview in: Der Spiegel, 31, (1992). *Z*
Otis-Cour, Leah. Lust und Liebe. Geschichte der Paarbeziehungen im Mittelalter. Frankfurt/M. 2000 *L*

Paczensky, Susanne von. Verschwiegene Liebe. Zur Situation lesbischer Frauen in der Gesellschaft. München 1981 *L*
Paglia, Camille. Die Masken der Sexualität. Berlin 1992 *L*
Pasing, K. und G. Ströbel. Die Wahl der Qual. Reinbek 2000 *L*
Pasolini, Pier Paolo. Orgie. (Schauspiel). Frankfurt/M. 1984 *F*

Paulhan, Jean. »Vorwort«. In: Réage, Pauline. Geschichte der O. Paris 1954 *F*
Pauly, Joachim. Die Agolagnien (Schmerzwollust). Hamburg 1956 *L*
Pauly, Joachim. Der flagellantische Komplex. Hamburg 1965 *L*
Peiss, Kathy u. Christina Simmons (Hg.). Passion and Power. Sexuality in History. Phidadelphia 1989 *L*
Pierrejouan, Christian. MS. Berlin 1998 *F*
Picano, Felice. Der Köder. Berlin 1993 *F*
Pilgrim, Volker E. Der selbstbefriedigte Mensch. Freud und Leid der Onanie. Reinbek 1985 *L*
Plummer, K. Sexual Stigma. London 1975 *L*
Polhemus, Ted und Housk Randall. Rituals of Love. Sexual Experiments, Erotik Possibilities. London 1994 *L*
Pollak, Michael. »Männliche Homosexualität oder das Glück im Getto?« In: Ariès, Philippe u. a. Die Masken des Begehrens und die Metamorphosen der Sinnlichkeit. Zur Geschichte der Sexualität im Abendland. Frankfurt/M. 1986 *L*
Pontalis, J.-B. (Hg.). Objekte des Fetischismus. *L*

Pöppel, E. Lust und Schmerz. Über den Ursprung der Welt im Gehirn. München 1995 *L*
Posche, Ulrike und Herlinde Koelbl (Fotos): »Eine Liebe mit Schmerzen«. In: Stern. Hamburg Heft 10, (1. März 1990) *Z*
Powell, Mason. The Brig. New York 1984 *F*
Praz, Mario. Liebe, Tod und Teufel. Die schwarze Romantik. München 1970 *F*
Praunheim, Rosa von. Sex und Karriere. Reinbek 1978 *L*
Praunheim, Rosa von. 50 Jahre pervers. Köln 1993 *L*
Preston, John. Mr. Benson. New York 1992 *F*
Prezwalski, Jim. The Kiss of the Whip. Explorations in SM. San Francisco 1995 *L*
Proust, Marcel. Auf den Spuren der verlorenen Zeit. Paris 1927 *F*
Purdy, James. Die Preisgabe. Berlin 1996 *F*

Ramsland, Katherine. Prism of the Night: A Biography of Anne Rice. New York 1991 ??
Réage, Pauline. L'Histoire de O. Paris, Berlin 1954 *F*
Réage, Pauline. Geschichte der O. Paris, Berlin 1954 *F*
Réage, Pauline. Rückkehr nach Roissy. Paris, Darmstadt 1969 *F*
Reich, Heike. »Kälte«. In: Der grüne Orgasmus. Erzählungen. Asperg 1998 *F*
Reich, Wilhelm. »Der masochistische Charakter«. In: Internationale Zeitschrift für Psychoanalyse 18. S. 66–103 (1932) *L*
Reich, Wilhelm. Die Funktion des Orgasmus. Zur Psychopathologie und zur Soziologie des Geschlechtslebens. Amsterdam 1965, 1979 *L*
Reich, Wilhelm. Charakteranalyse. Köln und Berlin 1970 *L*
Reich, Wilhelm. Die sexuelle Revolution. Frankfurt/M. 1971 *L*
Reik, Theodor. Aus Leiden Freuden. Masochismus und Gesellschaft. Hamburg 1977 *L*
Reynolds, Edward L. Der Flagellantismus in der Photographie. London 1932 *B*
Ribbas, D. »Death instinct in perversations (Le mort perverse – séparation et angoisse de mort)« In: 52. Congress of Francophone Psychoanalyse of Roman Countries. Revue Francaise de Psychanalyse, 56, 1992 *Z*

Ricardo, Jack (HG.). Leathermen speak out. Volume 2. San Francisco 1993 *L*
Rice, Anne. (Psdy. Anne Roquelaura). Gespräche mit dem Vampir. München 1989 *F*
Rice, Anne (Psdy. Anne Roquelaura). Der Fürst der Finsternis. München 1990 *F*
Rice, Anne (Psdy. Anne Roquelaura). Die Königin der Verdammten. München 1991 *F*
Rice, Anne. (Psdy. Anne Roquelaura). Nachtmahr. München 1992 *F*
Richter, Horst-Eberhard. Umgang mit Angst. Hamburg 1992 *L*
Richter, Horst-Eberhard. Die Gruppe: Hoffnung auf einen neuen Weg, sich selbst und andere zu befreien; Psychoanalyse in Kooperation mit Gruppeninitiativen. Giessen 1995 *L*
Robinson, Julien. Weiberherrschaft. Wien 1909 *F*
Rochefort, Christiane. Das Ruhekissen. Frankfurt 1959 *F*
Rohde-Dachser, Christa. »Ringen um Empathie. Ein Interpretationsversuch masochistischer Inszenierungen« In: Forum Psychonal (1986) 2 *Z*
Rohrmann, Tim. Junge, Junge – Mann, o Mann. Die Entwicklung zur Männlichkeit. Reinbek 1994 *L*
Rosen, Michael A. Sexual Art. Photographs that test the limits. San Francisco 1994 *B*
Rousseau, Jean-Jacques. Bekenntnisse. 1782 *L*

Rutschky, Katharina. Erregte Aufklärung. Kindesmißbrauch: Fakten & Fiktionen. Hamburg 1992 *L*
Ryke, Francis und Marina Edo. Rendevous fatal. Berlin 1998 *F*

Sacher-Masoch, Leopold von. Katharina II. Zarin der Lust. Zürich 1982 *F*
Sacher-Masoch, Leopold von. Venus im Pelz. Frankfurt/M. 1980 *F*
Sacher-Masoch, Wanda von. Die Beichte der Dame im Pelz. München-Breitbrunn 1986 *F*
Sade, Donatien Alphonse Francois Marquis de. »Die 120 Tage von Sodom«. In: Sade, Donatien Alphonse Francois Marquis de. Ausgewählte Werke. Hamburg 1962 *F*
Sade, Donatien Alphonse Francois Marquis de. Die Geschichte der Justine oder die Nachteile der Tugend. Bindlach 1992 *F*
Salisbury, Joyce E. Medieval Sexuality. A Research Guide. New York, London 1990*L*
Salisbury, Joyce E. Sex in the Middle Ages. A Book of Essays. New York, London 1991 *L*
Samois (Hg.). Coming to Power. Writings and Graphics on Lesbian S/M. Boston 1981 *L*
Sartre, Jean-Paul. Das Sein und das Nichts. Reinbek 1962 *L*
Schaef, Anne-Wilson. Escape from intimacy. San Francisco 1989 *L*
Schäfer, S. Sappho 70. Henstedt-Ulzburg 1971 *L*
Schäfer, S. »Sexuelle und soziale Probleme von Lesbierinnen in der BRD«. In: Ergebnisse zur Sozialforschung. Köln 1975 *L*
Schäfer, S. Keine ist weiblicher. In: Psychologie heute 7/1977 *Z*
Schaf-Somers, Susanne P. Sadomasochism: Etiology and Treatment. New York 1982 *L*
Schellenbaum, Peter. Das Nein in der Liebe. Stuttgart 1984 *L*
Schellenbaum, Peter. Homosexualität im Mann. München 1991 *L*
Schenk, Holger. Geheimnis, Illusion und Lust. Das Spiel mit der sexuellen Spannung. Reinbek 1995 *L*
Schertel, Ernst. Der Flagellantismus als literarisches Motiv. 4 Bd. Leipzig 1929–1932 *L*
Schertel, Ernst. Der Flagellantismus in Literatur und Bild. 12 Bd. Schmiden 1957 *L*
Schlagzeilen (Hg.) Böse Geschichten und schmutzige Fotos, No. 1. Hamburg 1996 *F*

Schnack, Dieter und Rainer Neutzling. Kleine Helden in Not. Jungen auf der Suche nach Männlichkeit. Reinbek 1990 *L*
Schorsch, E. und N. Becker. Angst, Lust, Zerstörung. Sadismus als soziales und kriminelles Handeln. Zur Psychodynamik sexueller Störungen. Reinbek 1977 *L*
Schorsch, Eberhard. »Die Stellung der Sexualität in der psychischen Organisation des Menschen«. In: Der Nervenarzt. 49. Jg. Berlin 1978 *Z*
Schorsch, Eberhard. »Der Sadismus und die gesellschaftliche Wirklichkeit«. In: Sexualität Konkret. Hamburg 1983 *Z*
Schorsch, Eberhard. »Gewalt in den Beziehungen der Geschlechter«. In: Sexualität Konkret. Hamburg 1983 *Z*
Schorsch, Eberhard. »Sexualität und Gewalt«. In: Wulf, Christoph (Hg.). Lust und Liebe. Wandlungen der Sexualität. München, Zürich 1985 *L*
Schorsch, Eberhard. »Bausteine einer Theorie der Liebe«. In: Zeitschrift für Wissenschaft, Kunst und Literatur. 42. Jg. Stuttgart 1987 *Z*
Schorsch, Eberhard. »Versuch über Sexualität und Aggression«. In: Zeitschrift für Sexualforschung, Jg. 2, Heft 1 (März 1989) *Z*
Schröder, Klaus Albrecht. Die lädierte Welt. Realismus & Realismen in Österreich. Wien 1987 *B*

Schulz, W. »Das Problem der Angst in der neueren deutschen Philosophie«. In: Dithfurt, Hoimar von (Hg.). Aspekte der Angst. Stuttgart 1965 *L*
Schwarzer, Alice. »Weiblicher Masochismus ist Kollaboration«. In: Emma 2 (1991). *Z*
Schwulenreferat im Allgemeinen Studentenausschuß der FU Berlin (Hg.). Dokumentation der Vortragsreihe »Homosexualität und Wissenschaft« Berlin 1985 *L*
Schwulenreferat im Allgemeinen Studentenausschuß der Freien Universität Berlin (Hg.). Homosexualität und Wissenschaft II. Berlin 1985 *L*
Scott, G. C. Harriet hat das Wort. Gießen 1997 *F*
Scott, Gini Graham. Erotic Power. New York 1984 *L*
Scott, Gini Graham. Dominanz und Demut. Die dunklen Seiten der Erotik. München 1994 *L*
Selby, Hubert. Letzte Ausfahrt Brooklyn. Hamburg 1968 *F*
Sellers, Terence. Begierde. Drei Paradigmen unerreichbarer Liebe. Berlin 1988 *F*
Sellers, Terence. Der korrekte Sadismus. Das Tagebuch der Angel Stern. Berlin 1985 *F*
Sennett, Richard. Verfall und Ender des öffentlichen Lebens. Die Tyrannei der Intimität. Frankfurt am Main 1986 *L*
Serner, Walter. Die Tigerin. Eine absonderliche Liebesgeschichte. Erlangen, München 1982 *F*
Seyfarth, Napoleon. Schweine müssen nackt sein. München 1995 *F*
Shainess, H.F. »Die weibliche Sexualität und das erotische Erleben«. In: Eicke, D. (Hg.) Die Psychologie des XX. Jahrhunderts. Bd. 2. München 1970 *L*
Shakespeare, William. »Der Widerspenstigen Zähmung«. In: Shakespears sämtliche Werke. übersetzt von Schlegel und Tieck. Leipzig o.J. (Ursprgl. englische Fassung wahrscheinl. 1596) *F*
Sheldrake, Rupert. Das Gedächtnis der Natur. Das Geheimnis der Entstehung der Formen der Natur. Bern/München/Wien 1992 *L*
Shy, Marlon. Fetisch Park. Die vergessene Kunst vor Liebe zu sterben. Tübingen 1991 *B*

Siegel, Carol. Male Masochism. Modern Revisions of the Story of Love. Bloomington and Indianapolis 1995 *L*
Sigusch, Volkmar. Anti-Moralia. Sexualpolitische Kommentare. Frankfurt/M. 1990 *L*
Sigusch, Volkmar. »Trieb und Bewußtsein«. In: Wulf, Christoph. Lust und Liebe. Wandlungen der Sexualität. München, Zürich 1985 *L*
Sigusch. Volkmar. Über den Fetischcharakter im sexuellen Leben. Reinbek 1996 *L*
Silverman, Kaja. »History d'O: The Construction of a Female Subject« In: Pleasure and Danger: Exploring Female Sexuality, ed. Carole S. Vance. Boston .1984 *L*
Simon, William. »Deviance as History: The Future of Perversion«. In: Archives of Sexual Behaviour 1994, 23, 1, Feb, (S.1–20) *Z*
Sitzmann, V. »Zur Strafbarkeit von sadomasochistischen Körperverletzungen.« In: Pötz, P.-G. (Hg) Goltdammers' Archiv für Strafrecht 2/91. Heidelberg 1991 *Z*
Snitow, Ann u.a. (Hg.). Die Politik des Begehrens. Sexualität, Pornographie und neuer Puritanismus in den USA. Berlin 1985 *F*
Sobota, Heinz. Der Minus-Mann. Köln 1978 *F*
Sontag, Susan. Kunst und Antikunst. Frankfurt/M. 1982 *L*
Sontag, Susan. Aids und seine Metaphern. München, Wien 1989 *L*
Spengler, Andreas. Manifest Sadomasochism of Males: Results of an Empirical Study. Archives of Sexual Behaviour, Vol 6, No. 6, 1977 *Z*

Spengler, Andreas. Sadomasochisten und ihre Subkulturen. Frankfurt/M., New York 1979 *L*
Stamps, Wickie. »Lederfrauen. Sexy Sadie!« In: Wiener. März 1993 *Z*
Stekel, Wilhelm. Sadismus und Masochismus. Berlin/Leipzig 1925 *L*
Stephan, Cora. Ganz entspannt im Supermarkt. Liebe und Leben im ausgehenden 20.Jahrhundert. Berlin 1985 *L*
Stoller, R.J. Perversion. Die erotische Form von Haß. Reinbek 1979. Neuausgabe Giessen 2001 *L*
Strobel, Ingrid. »Justine, Juliette und die Justiz«. In: TAZ Die Tageszeitung (24.02.1988) *Z*
Strotzka, Hans. Macht. Ein psychoanalytischer Essay. Frankfurt/M. 1988 *L*
Stubbs, Kenneth R. with Chyrelle D. Chasen. The Clitoral Kiss. A Fun guide to Oral Sex, Oral Massage, and Other Oral Delights. Larkspur, CA 1993 *F*
Studlar, Gaylyn. »Schaulust und masochistische Ästhetik«. In: Frauen und Film. Heft 39 (1985) *Z*
Sweeney, Robin. »Unfinished Business« In: Antoniou, Laura (Hg.). Leatherwomen II. New York 1994 *F*

Taeko, Kono. Riskante Begierden. Leipzig 1993 *F*
Tagetes, Rinella. Die Regenkönigin. Pullenreuth 1990 *F*
Tagetes, Rinella. Der nächste Sklave bitte! Pullenreuth 1995 *F*
Tasler, Wolf. Er kannte keine Tabus. Berlin 1999 *F*
Taylor, G. Rattray. Sex in History. New York 1973 *L*
TAZ. »Homotaz«. In: TAZ Die Tageszeitung. Berlin (18. Juni 1994) *Z*
Tegtmeier, Bettina. Schmerz-Strafe-Lust. Bekenntnisse von aktiven und passiven Flagellanten(innen). Königswinter 1995 *L*
Tegtmeier, Bettina. Schwarze Anblicke. SM in der Öffentlichkeit. Siegburg 1998 *L*

Thelen, Friedrich. Die Welt der Flagellanten. Hamburg 1960 *L*
Thelen, Friedrich. Das Verhalten der Flagellanten in Realität und Phantasie. Hamburg 1963 *L*
Theweleit, Klaus. Männerphantasien. Männerkörper – zur Psychoanalyse des weißen Terrors. Reinbek 1980 *L*
Thiede, Roger. »Gesellschaft. Abschied von der Liebe«. In: Focus 24 (1994) *Z*
Thirleby, Ashley. Das Tantra der Liebe. Eine Einführung in die altindische Liebeskunst. Frankfurt/M, Berlin, Wien 1982 *L*
Tikkanen, Märta. Wie vergewaltige ich einen Mann. Reinbek 1980 *F*
Tillmann, Lynne. »Tagebuch einer Masochistin«. In: Tagebuch einer Masochistin. Basel, Frankfurt/M. 1986 *F*
Tomassini, Massimo. »Desidentification primaire, angoisse de séparation et formation du perverse.« In: 52. Congress of Francophone Psychoanalyse of Roman Countries. Revue Francaise de Psychanalyse, 56, 1992 *Z*
Townsend, Larry. The Leatherman's Handbook II. New York 1983 *L*
Townsend, Larry. Das Lederhandbuch. Berlin 1998 *L*
Townsend, Larry. Meister und Gegenspieler. Pullenreuth 1991 *F*
Travis, Aaron. Big Shots. New York 1996 *F*
Treut, Monika. Die grausame Frau. Zum Frauenbild bei de Sade und Sacher-Masoch. Frankfurt/M. 1984 *L*

Treut, Monika. »Die Zeremonie der blutenden Rose. Vorüberlegungen zu einem Filmprojekt«. In: Frauen und Film. Heft 36 (1985)   *Z*
Treut, Monika. »Perverse Bilder«. In: Beinstein, Krista, Obszöne Frauen. Wien 1986 *B*
»Trieb in der Wiege«. In: Der Spiegel. Hamburg, Heft 30/1993 *Z*

Ullo, Dr. Die Flagellomanie. (…). Leipzig 1991 *L*
»Urknall der Hormone«. In: Der Spiegel 16 (1995) *Z*

Vale, V. u. Andrea Juno (Hg.). Modern Primitives. San Francisco 1989 *L*
Valverde, Mariana. Sex, Macht und Lust. Berlin 1989 *L*
Vance, Carol S. (ed.). Pleasure and Danger. Exploring Female Sexuality. London 1992 *L*
Vargas Llosa, Mario. Die Stadt und die Hunde. Reinbek 1966 *F*
Veyne, Paul. »Homosexualität im alten Rom«. In: Ariès, Philippe u. a. Die Masken des Begehrens und die Metamorphosen der Sinnlichkeit. Zur Geschichte der Sexualität im Abendland. Frankfurt/M. 1986 *L*
Villeneuve, Roland. Grausamkeit und Sexualität. Berlin 1988 *L*
Vincent, Jean-Didier. Biologie des Begehrens. Wie Gefühle entstehen. Reinbek 1990 *L*
Vogel, Claus. Tempel der Liebesfreuden. Locarno-Orselina 1963 *B*

Wagner, Joe. Die Umkehrung – zwischen Sexualität, Gott und Psychologie. Roman über den Niedergang einer Verdrängung. Berlin 2000 *F*
Waiblinger, Angela. »Ich kann nicht anders als lieben. Dissidente Überlegungen zum Masochismus der Frau.« In: Zeitschrift für Transaktions-Analyse in Theorie und Praxis, 7,2 1990 *Z*

Wedekind, Frank. Frühlings Erwachen. Eine Kindertragödie. Stuttgart 1971 *F*
Weinberg, Martin S. u. a. Dual Attraction. Understanding Bisexuality. New York, Oxford 1994 *L*
Weinberg, Thomas und G.W. Levi Kamel (Hg.). S and M. Studies in Sadomasochism. New York 1983 *L*
Weinberg, Thomas S. (edt.) Studies in Dominance and Submission. New York 1995 *L*
Weininger, Otto. Geschlecht und Charakter. München 1980 *L*
Weiss, Peter. Die Verfolgung und Ermordung Jean Paul Marats dargestellt durch die Schauspielgruppe des Hospizes zu Charenton unter Anleitung des Herrn de Sade. Frankfurt/M. 1964 *F*
Westhammer, Ruth und Jonathan Mark. Himmlische Lust. Liebe und Sex in der jüdischen Kultur. Frankfurt/M., New York 1996 *L*
Wetzstein, Thomas A. u. a. Sadomasochismus. Szenen und Rituale. Reinbek 1993 *L*
Williams, Linda. Hard Core. Macht, Lust und Traditionen des pornographischen Films. Basel, Frankfurt/M. 1995 *L*
Wingate, Bob. Hazing. An Anthology of True Hazing Tales. New York 1994 *F*
Wiseman, Jay. SM 101. San Francisco 1993 *L*
Witzel, A. Verfahren der qualitativen Sozialforschung. Frankfurt/M., New York 1982 *L*
Wolff, Charlotte. Psychologie der lesbischen Liebe. 1973 *L*
Wörenkamp, Heinrich und Gertrude Perkauf. Erziehungsflagellantismus. Sexualkundliche Untersuchungen und ihre Ergebnisse. Wien, Berlin, Leipzig 1932 *L*

Wrede, Richard. Die Körperstrafen bei allen Völkern von den ältesten Zeiten bis auf die Gegenwart. Dresden 1898 *L*
Wright, Susan. Fesseln. Bergisch Gladbach 1999 *F*
Wullf, Christoph (Hg.). Lust und Liebe. Wandlungen der Sexualität. München, Zürich 1985 *L*
Wurmser, Léon. Die Maske der Scham. Berlin, Heidelberg 1990 *L*
Wurmser, Léon. Das Rätsel des Masochismus. Berlin, Heidelberg 1993 *L*

Zehentbauer, Josef. Körpereigene Drogen. Die ungenutzten Fähigkeiten unseres Gehirns. München 1993 *L*
Zilbergold, Bernie. Männliche Sexualität. Tübingen 1983 *L*

Zeitschriften aus der SM-Szene

Charon-Verlag Grimme KG: Schlagzeilen. PF 304199, 20324 Hamburg (www.schlagzeilen.com)
The Eulenspiegel Society (Hg): Prometheus. P.O. Box 2783 New York, N.Y. 10163–2783
Verlag Sachs & Götz GbR (Hg): Twilight. Katzbachstr. 17, 10965 Berlin
Libertine (Hg): Unter Druck. 1011 Wien, PF 63

2005 · 173 Seiten · Broschur
EUR (D) 19,90 · SFr 34,90
ISBN 3-89806-494-8

2005 · 243 Seiten · Broschur
EUR (D) 29,90 · SFr 52,20
ISBN 3-89806-463-8

26 Psychoanalytiker, Sexualforscher und Kulturwissenschaftler aus dem In- und Ausland schreiben 100 Jahre nach dem Erscheinen der »Drei Abhandlungen zur Sexualtheorie« von Sigmund Freud darüber, was ihnen dieses epochale Werk heute noch bedeutet. Ergänzt werden diese Anmerkungen durch einen bislang unveröffentlichten Text von Otto Fenichel mit 175 Fragen zu den »Drei Abhandlungen zur Sexualtheorie«.

Herrn stellt den wissenschafts- und sozialgeschichtlichen Diskurs um die Transvestiten und Transsexuellen im ersten Drittel des 20. Jahrhunderts dar. Die heute nahezu vergessene Rolle des Sexualwissenschaftlers und -reformers Magnus Hirschfeld und seines Instituts für Sexualwissenschaft stehen dabei im Mittelpunkt.

Anhand von weitgehend unbekanntem Archivmaterial beschreibt Herrn den Kampf um juristische und gesellschaftliche Anerkennung, um Abgrenzung zu den Homosexuellen und die Selbstorganisation. Herrn dokumentiert auch die ab 1912 bzw. 1920 aufkommenden Frau-zu-Mann- und Mann-zu-Frau-Umwandlungen: Transvestiten (heute: ›Transsexuelle‹) versuchten, sowohl im Selbstversuch als auch mit ärztlicher Hilfe ihre physische Erscheinung mit der empfundenen Geschlechtszugehörigkeit in Einklang zu bringen.

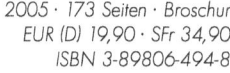
Psychosozial-Verlag

Goethestr. 29 · 35390 Gießen · Tel. 0641/9716903 · Fax 77742
bestellung@psychosozial-verlag.de
www.psychosozial-verlag.de

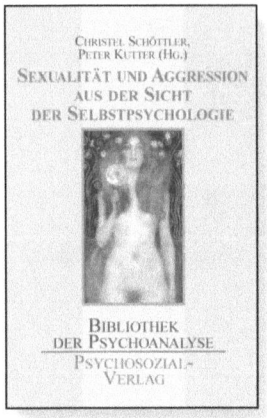

2005 · 134 Seiten · Broschur
EUR (D) 16,90 · SFr 29,–
ISBN 3-89806-474-3

2005 · 267 Seiten · Broschur
EUR (D) 24,90 · SFr 43,–
ISBN 3-89806-482-4

Namhafte Analytiker äußern sich in diesem Band zu zentralen Fragen der Selbstpsychologie und möchten damit zu einem besseren Verständnis sonst schwer verständlicher Phänomene beitragen – wie etwa: Gehorsam gegenüber Autoritäten; Bereitschaft, andere Menschen zu schädigen und zu quälen; Hass auf Ausländer; Ausgrenzung, Verfolgung und Ermordung der Juden während des Nationalsozialismus.

Mit Beiträgen von: André Haynal, Peter Kutter, Joseph Lichtenberg, Paul Ornstein, Anna Ornstein und Ernest Wolf.

Volkmar Sigusch, einer der angesehensten Sexualforscher der Gegenwart, gewährt mit dieser Sammlung seiner besten und bisher nur verstreut publizierten Essays Einblicke in die Fragen, mit denen sich die Sexualwissenschaft befasst – vom Strukturwandel der Sexualität über die Frage, ob Säuglinge einen Orgasmus haben können, bis hin zum Wechsel des Geschlechts.

Besonders reizvoll an diesem Buch ist die Spannung, die dadurch erzeugt wird, dass Sigusch neben leicht lesbaren Traktaten, wie »Von der Kostbarkeit Liebe«, theoretisch anspruchsvolle Beiträge, wie den »Satz vom ausgeschlossenen Geschlecht«, präsentiert. Ein lustvolles Lesevergnügen.

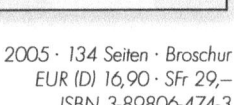
Psychosozial-Verlag

Goethestr. 29 · 35390 Gießen · Tel. 0641/9716903 · Fax 77742
bestellung@psychosozial-verlag.de
www.psychosozial-verlag.de

2005 · 232 Seiten · Broschur
EUR (D) 19,90 · SFr 34,90
ISBN 3-89806-394-1

2005 · 200 Seiten · Broschur
EUR (D) 19,90 · SFr 34,90
ISBN 3-89806-398-4

Was ist Liebe? Was hat eine Affäre mit der eigenen Beziehung zu tun? Lohnt es sich zu kämpfen? Kann eine Therapie helfen? War die Beziehung nicht von Anfang an zum Scheitern verurteilt? Ist die Ehe gar der Friedhof jeder Liebe?

Wolfgang Hantel-Quitmann widmet sich diesen Fragen und kreiert daraus eine »Psychologie der Liebesaffären«, entwickelt an Beispielen aus der paartherapeutischen Praxis, großen Werken der Weltliteratur und den Liebesaffären berühmter Paare.

Für alle, die sich aus psychologischem, literarischem oder rein menschlichem Interesse mit dem Thema beschäftigen – bevor die nächste Liebesaffäre als Ende aller Liebe, moralisch verwerflich oder schicksalhaft missgedeutet werden könnte. Eine vergnügliche und erhellende Lektüre.

Marylin Monroe war die letzten acht Jahre ihres Lebens fast kontinuierlich in psychoanalytischer Behandlung. Andreas Jacke unternimmt ausgehend von den zu Lebzeiten vorgenommenen Diagnosen und mit Hilfe der Theorie des französischen Psychoanalytikers Jacques Lacan eine eingehende psychoanalytische Re-Konstruktion ihrer Persönlichkeit. Er untersucht und interpretiert dazu wichtige Stationen ihrer Kindheit und Jugend, die oft und gut dokumentiert worden sind, ebenso wie ihre langwierige psychische Problematik, die ihrem Selbstmord vorausging.

Psychosozial-Verlag

Goethestr. 29 · 35390 Gießen · Tel. 0641/9716903 · Fax 77742
bestellung@psychosozial-verlag.de
www.psychosozial-verlag.de

2005 · 175 Seiten · Broschur
EUR (D) 19,90 · SFr 34,90
ISBN 3-89806-476-X

2005 · 149 Seiten · Broschur
EUR (D) 19,90 · SFr 34,90
ISBN 3-89806-483-2

Sebastian Leikert entwickelt in diesem Buch eine umfassende psychoanalytische Theorie der Musik. Elemente der Musik wie Stimme, Rhythmus und Melodie werden in genetischer und linguistischer Perspektive befragt. Der Orpheusmythos bildet die Grundlage einer Interpretation dessen, was sich in der Musik vollzieht. In detaillierten Untersuchungen zum »Wohltemperierten Klavier« von J. S. Bach, zum Schlusssatz der »9. Sinfonie« von Beethoven und zu Verdis »La Traviata« werden nun Tiefendimensionen erkennbar, die bisher verschlossen blieben. Kapitel zur Musik der Sprache runden das Buch ab. Mit Bezügen zu Lacan zeigt Leikert mit seinen Untersuchungen, dass es möglich ist, unbewusste Sinnstrukturen musikalischer Werke bis ins Detail offenzulegen.

Wir sagen »Scheiße«, Engländer »fuck«, Spanier »joder«. Warum schöpfen wir Deutsche aus dem analen Lexikon, andere Völker hingegen meist aus dem sexuellen? Ob man zur einen oder anderen Seite neigt, ist aus psychoanalytischer Sicht ein gravierender Unterschied. Gibt es hier einen deutschen Sonderweg? Und war das schon immer so?

Jerouschek widmet der Tatsache, dass die Deutschen sich zur Schmähung eines Dritten unter anderem des Götz-Zitates bedienen, erstmals größere wissenschaftliche Aufmerksamkeit. Ausgehend von den Unterschieden des Schimpfens, versucht er zu klären, ob die Deutschen schon immer eine besondere Vorliebe für das Anale hatten, oder ob diese sprachliche Eigenheit das Ergebnis einer historischen Entwicklung ist.

www.ingramcontent.com/pod-product-compliance
Lightning Source LLC
LaVergne TN
LVHW041656060526
838201LV00043B/452